ちくま学芸文庫

新版 古代ギリシアの同性愛

K.J.ドーヴァー
中務哲郎 下田立行 訳

筑摩書房

図１「まずゼウスから始めよう」。テラコッタ、高さ約１m、470年頃。ここ百年間の折々にオリュムピアで発見された断片を修復したもの（237頁以下）。

右頁・上／図２臥床を共にする若者にキスしようとする男。南イタリア、パエストゥムの墓の壁画の一部。５世紀初期のものと思われる（240 頁）。
右頁・下／B16 若者に求愛する男。若者の持つ鳥は求愛の贈り物（211、237、243 頁）。
左頁・上／B51 男女の性交。膣性交でなく肛門性交であることは明らかである（250、276、309 頁）。
左頁・下／B53 右端、あぶれた男が若者に哀願するが、若者はすげない（211、310 頁）。

B65 男が若者に求愛するが、若者は
性器を手でガードしている（212、
242 頁）。

B76 堂々たる体軀の若者に求愛
する男（196、237 頁）。

上／B80 サテュロス特有の巨根、亀頭は露出している（197、199、298 頁）。
下／B114 男と若者の股間淫（246 頁）。

上／B242 性的なモチーフか？（309 頁）。
下／B250 求愛のシーン。一組は性交中。鹿と一才雄鳥は求愛の贈り物（211、237、238、241、244、246 頁）。

B271 花冠を持つ若者に求愛する男（196、242　248頁）。

上・左／B342 性器に触れようとする男に抵抗する筋骨逞しい若者（196、242 頁）。
上・右／B370 馬並みのペニスをもったサテュロス。ファロス石の亀頭部の目玉に注意（298、305、306 頁）。
下／B462 レスリングをする若者たち。漏斗状の包皮に注意（296 頁、第Ⅰ章註 12）。

上／B470 葡萄摘みの男たち。上の方の男たちの逸物に注意（302 頁）。
下・左／B486 男と若者の股間淫（196、211、246 頁）。
下・右／B494 ファロス鳥を思わせる鳥（R414 を参照。306 頁）。

上／B502 若者に求愛する男。花冠については B271 を参照。犬は求愛の贈り物かもしれない（196、211、238 頁）。
下／B538 一つの衣に包まれた男と若者。多分性交中である（247 頁）。

B598 男の求愛と少年のこまやかな応答（212、243 頁）。

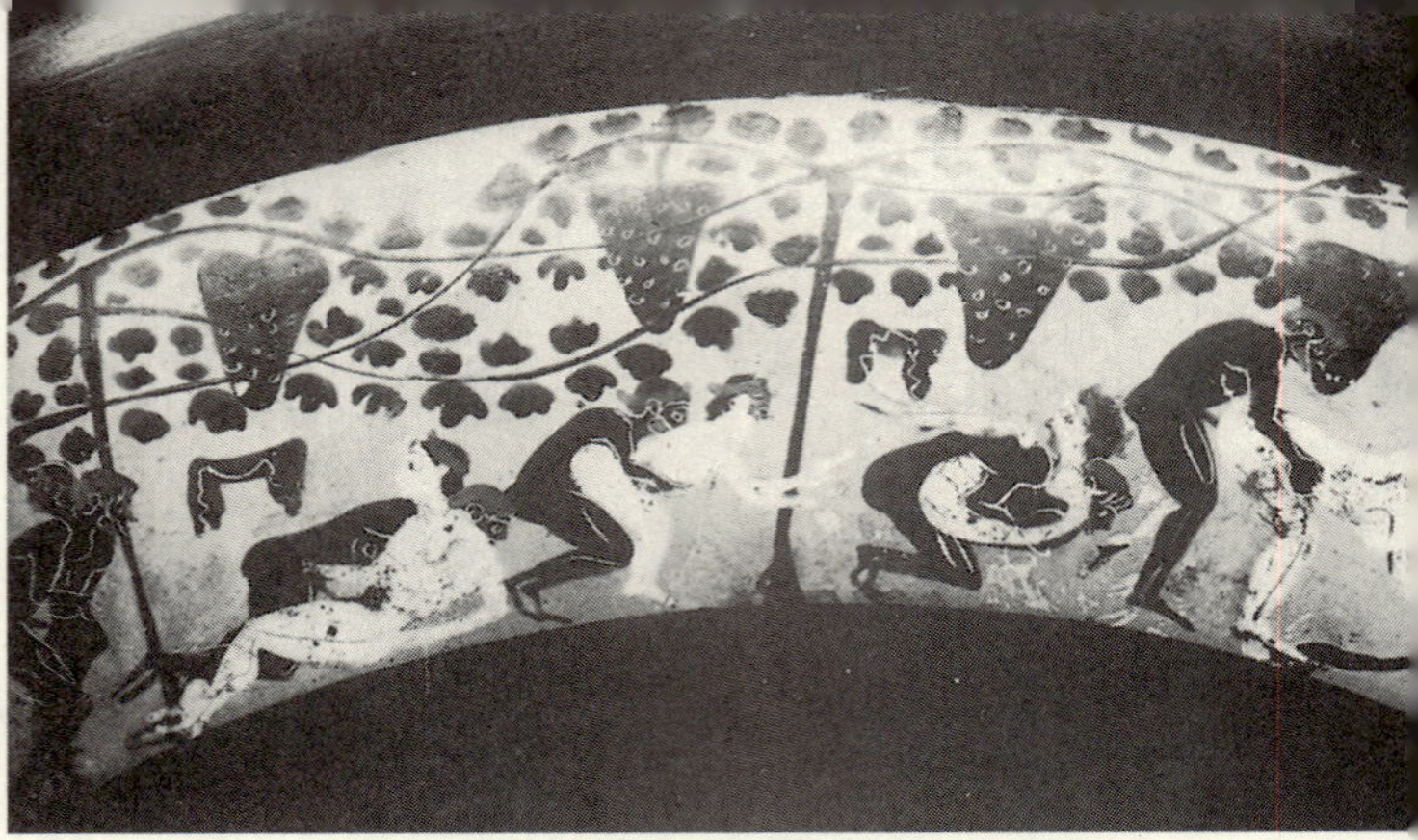

上／B634 左端、股間淫を行う男と若者。他のペアは全て男と女である（210 頁）。
下／BB16 雷を持つゼウスの戯画。亀頭の露出がユーモラスである（199、298 頁）。

上・左／BB24 ペニスの代用品を肛門に押し込みながら手淫する毛むくじゃらのサテュロス（254 頁）。
上・右／C19 肛門か乳首（R55 を参照）を思わせる抽象模様（第Ⅲ章 B 註 23）。
下・左／C28 尻・太股・女性性器を同時に思わせる抽象模様（第Ⅲ章 B 註 23）。
下・右／C32 女性性器を思わせる抽象模様（309 頁）。

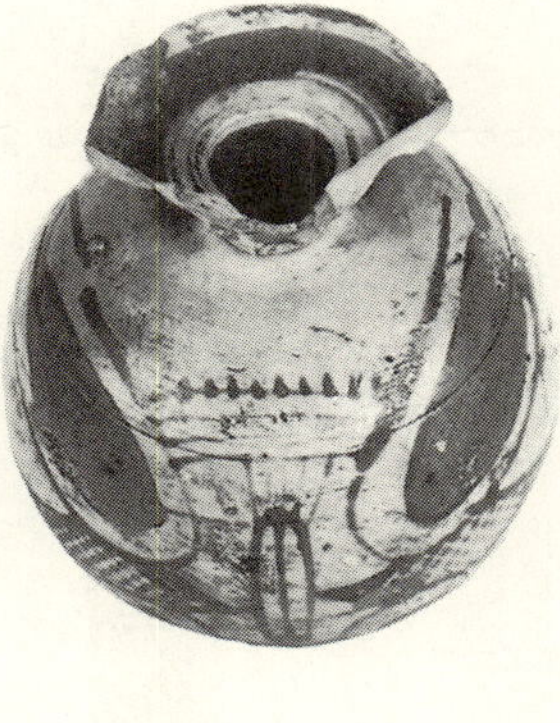

CE33 女に求愛する若者。
女は若者の手を制止する（211、241 頁）。

CE34 女同士の求愛。
花冠については B271、B502 を参照（240、383 頁）。

R27 手応えのある少年を抱く若者（205、244 頁）。

左頁／R55 コロネを攫ってゆくテセウス。二人の顔立ちの相似性、コロネのがっしりした太股、テセウスの恥毛の僅少な点に注意（196、199、212 頁）。

上／R59 手応えのある少年を抱く若者（244 頁）。
下／R82 女をくすぐる若者（227、241、280 頁）。

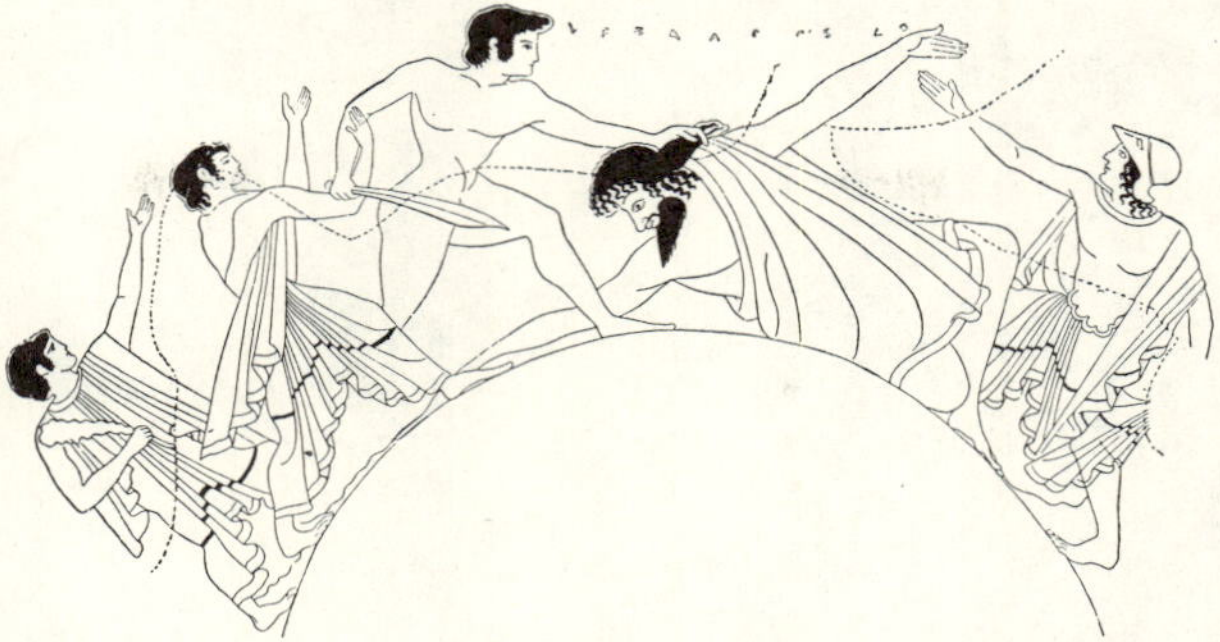

上／R177 アイギストスを殺すオレステス。剣の位置と形に注意（307 頁）。
下／R189 若者が他の若者の肛門に指をあてがう。多分、悪ふざけ（第Ⅱ章 C 註 100）。

上／R196(a) 若者たちの求愛のシーン。少年たちの抵抗の度合は区々である。黒髪も金髪もいることに注意（242、243 頁以下）。
下／R196(b) 女に求愛する若者たち（243 頁以下）。
[R196(a)(b)とも　213、236、283 頁]

上／R200 酒宴の若者たち（227、241頁）。
下／R207 女が別の女をくすぐる（383頁）。

上／R219体を洗う若者(201頁)。

下／R223左端の若者は、多分順番を待ちきれなくなって、別の若者にせがんでいる(227、248、253、296頁以下、第Ⅲ章E註9)。

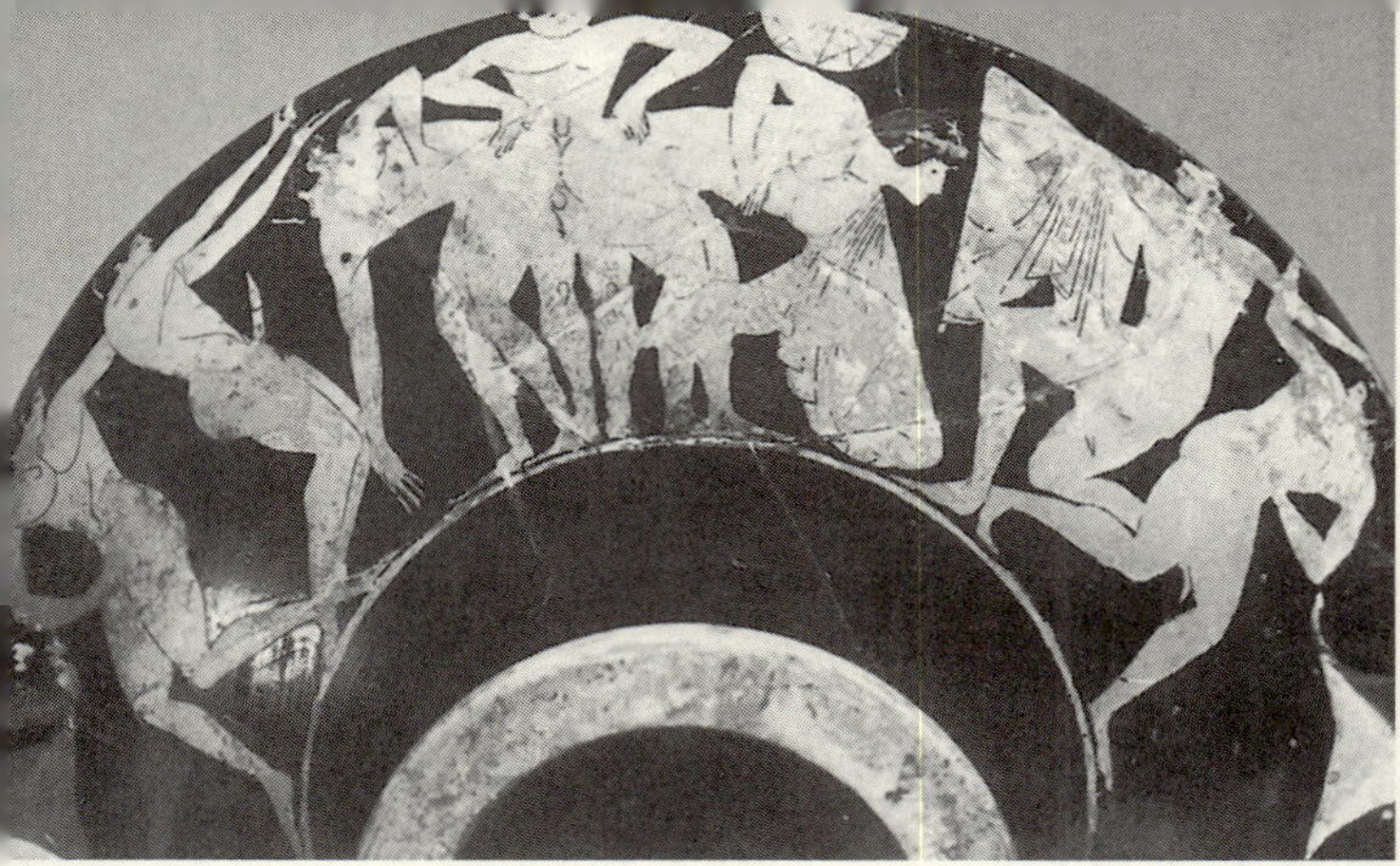

上／R243 若者同士の乱交（227、284、296 頁）。
中／R259 ファロス馬（306 頁）。
下／R283 酒宴で若者を抱く男（241 頁）。

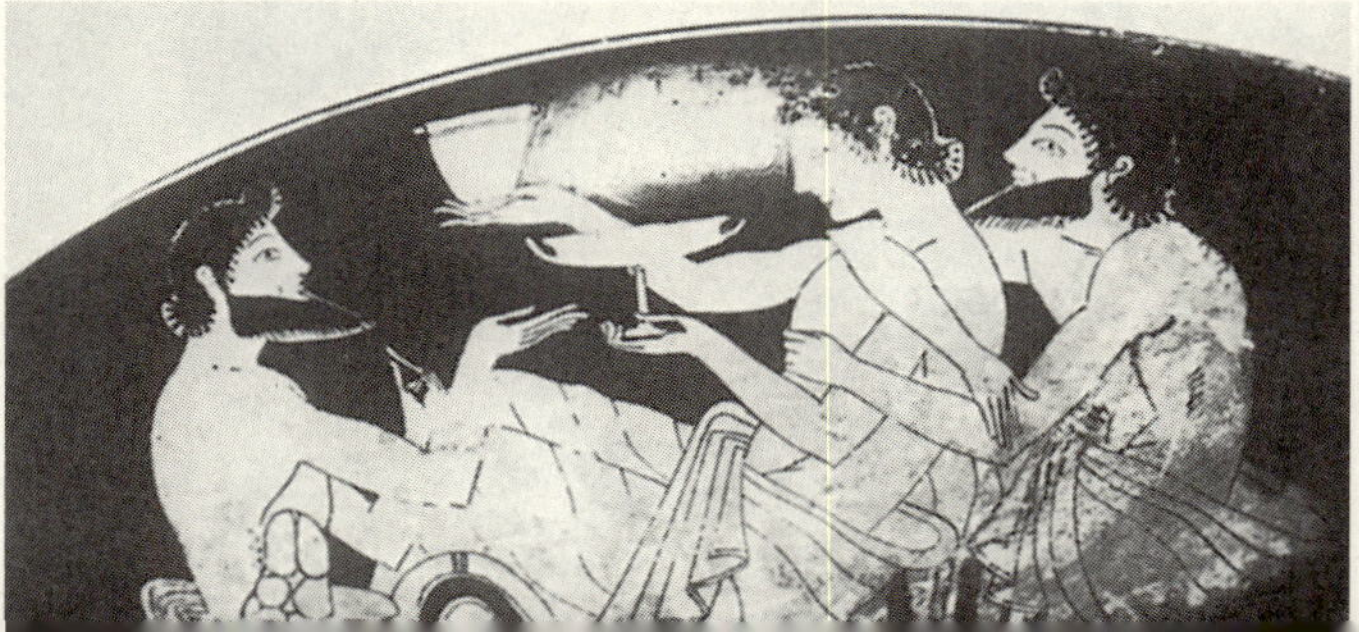

上／R295 どさくさまぎれに少年の性器に触れる男（243頁）。
下／R303 少女を抱く若者（199頁）。

上／R305競技で優勝した少年（196頁）。
下／R313若い競技者たち（196頁）。

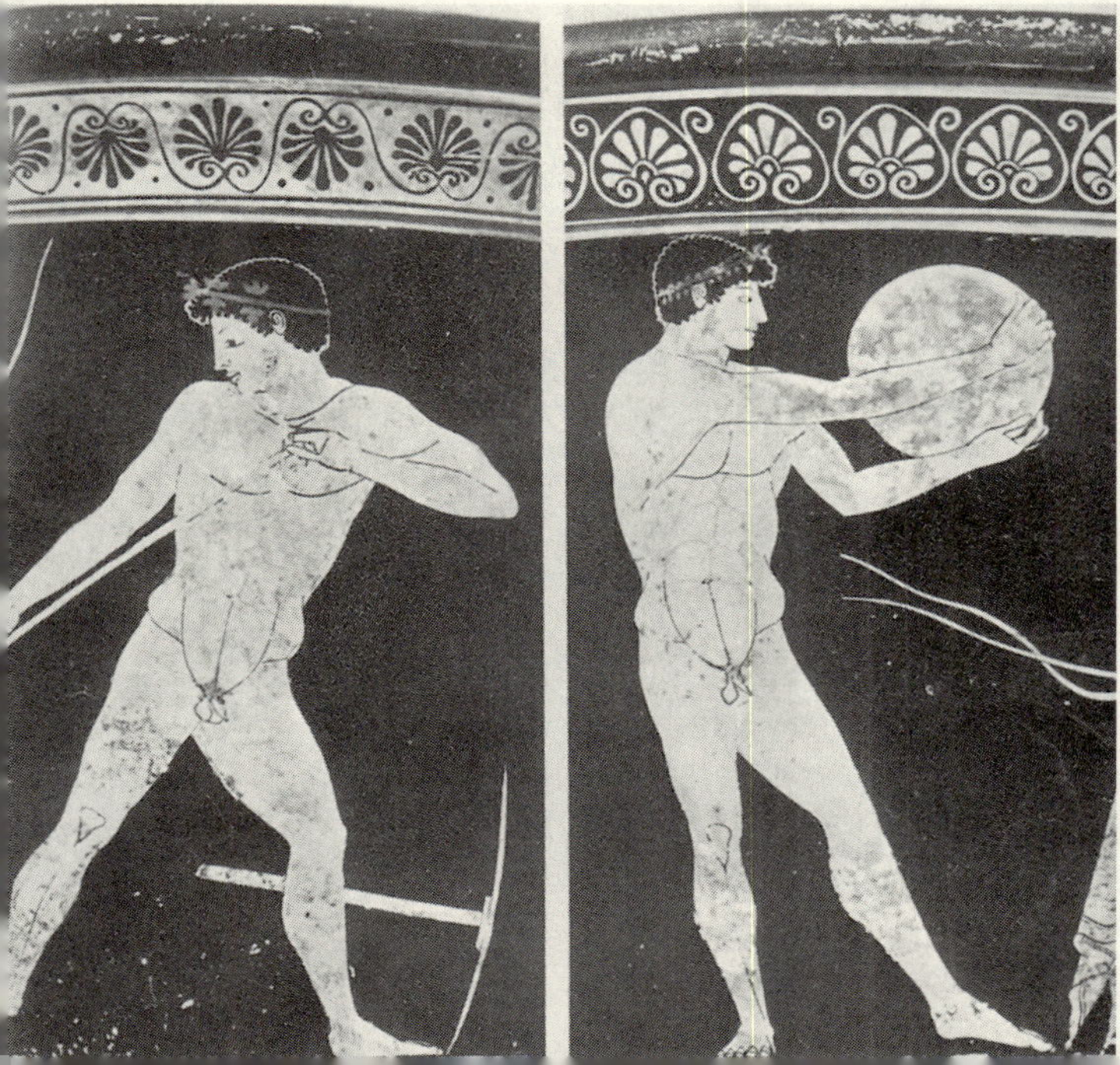

R328 ヘラクレス。筋肉構造と性器の小ささに注意（R699 を参照。293 頁）。

上／R329 サテュロス（212 頁、第Ⅲ章 B 註 6）。
下／R336 重い貯蔵瓶を運ぶ若者（196 頁、第Ⅱ章 C 註 23）。

R348 ガニュメデスを追うゼウス（カバーの図版を見よ）。ガニュメデスは赤毛で恥毛がない。一才雄鶏（B16、B250を参照）はゼウスからの求愛の贈り物（196、199、211、213、237、238、293頁）。

R373 極めて小さなペニスの若者（293頁）。

上・右と左／R406若者を追うポセイドン（196、238頁）。

下／R414ファロス鳥を抱える女、ファロスで一杯の入れ物の覆いを取る。R1071を参照（254、305、306頁）。

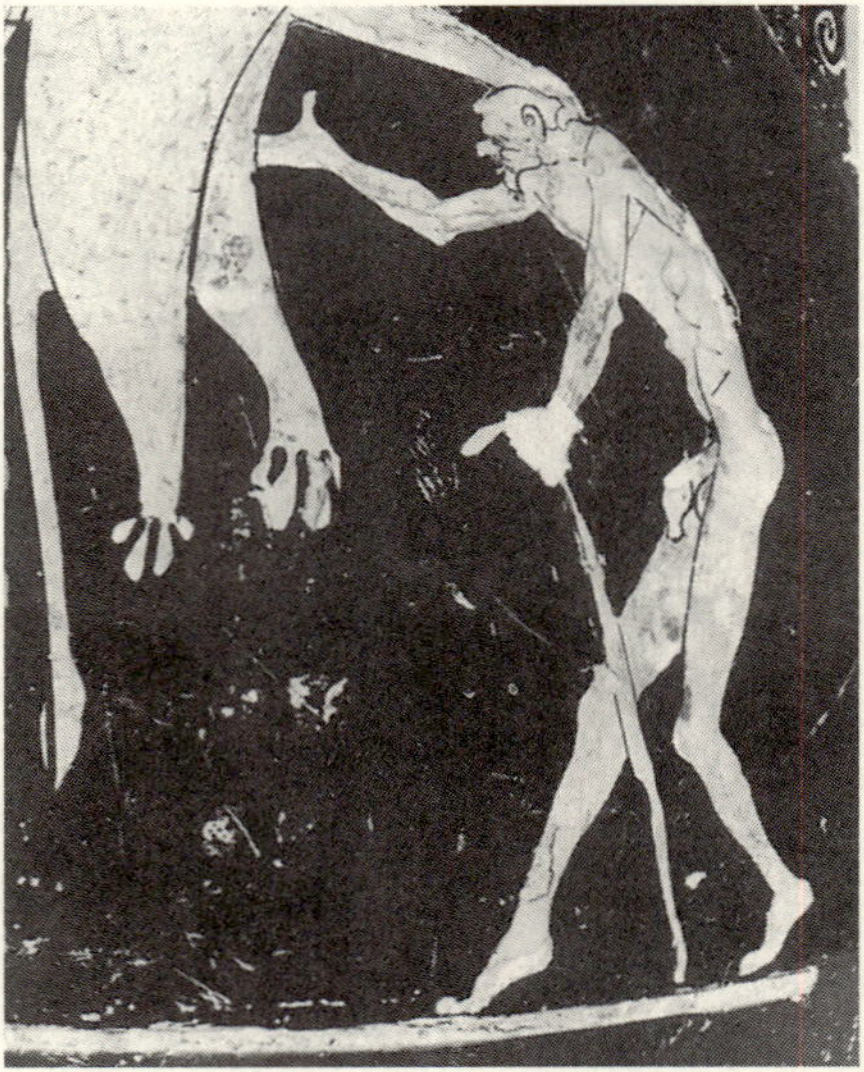

上／R422（ヘラクレスに圧伏される）「老年」の神。ギリシア的基準では顔も性器も醜い（297頁）。
下／R454 体を洗う若者（200頁）。

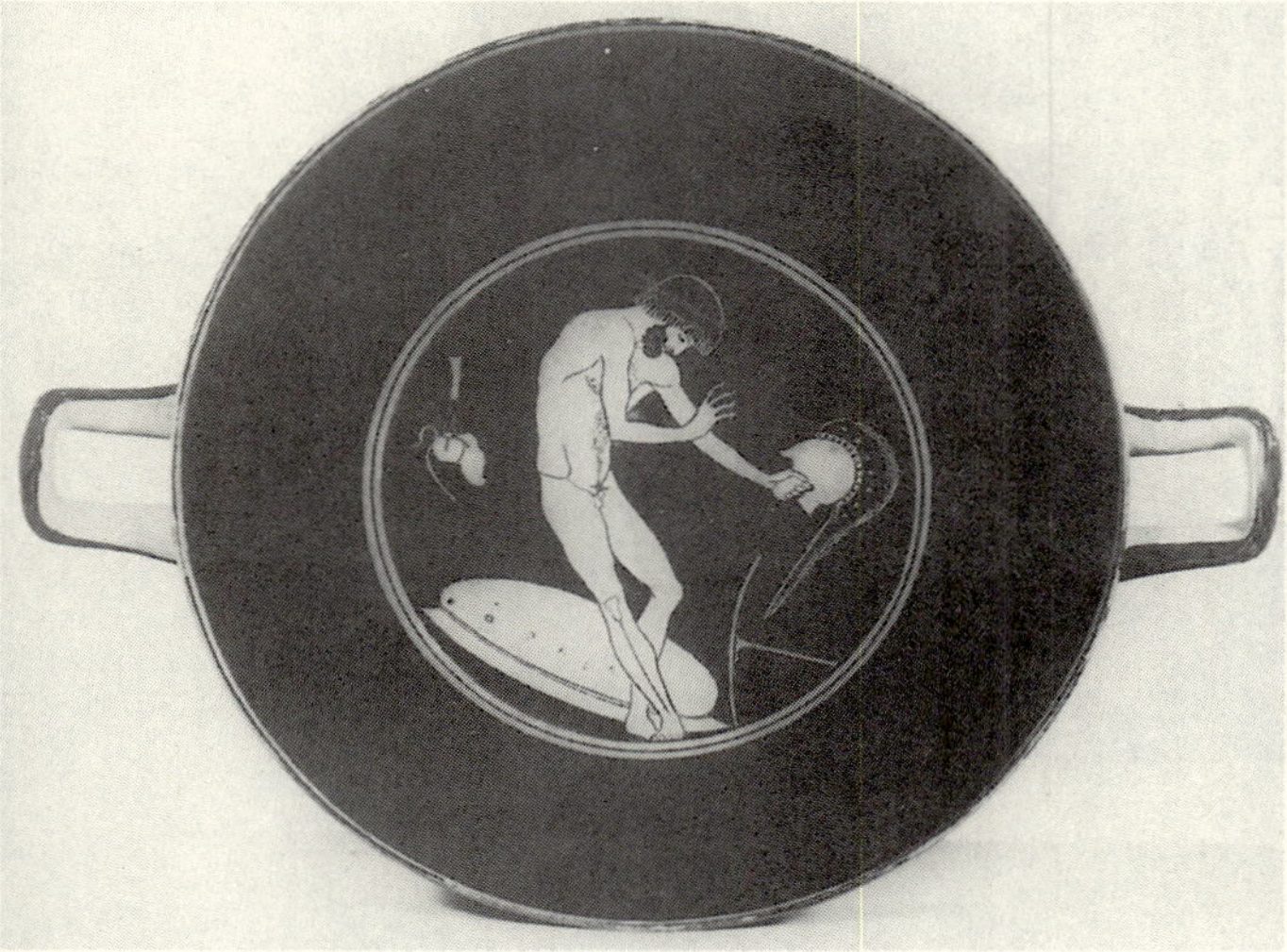

上／R455 異常に体毛の多い裸の男（199 頁）。
下／R456 R458 の若者よりペニスがずっと大きな男（297 頁）。

上／R458 衣をまとう若者（196、278、297 頁）。
下／R462 小さな性器の若者と、大きな性器の男（吐いている）（302、309 頁）。

R471 体を洗う用意をする女（200頁）。

R472 天秤棒に籠をかけて運ぶ若者（200頁）。

R494 寛いだ姿勢の若者（196、280頁）。

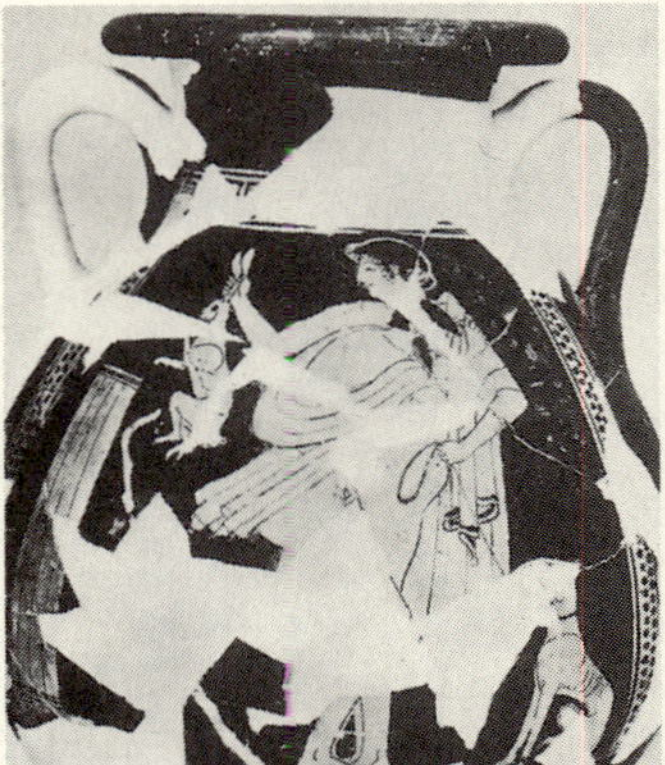

上／R498 急ぐ若者。性器の顕著なことに注意（280、302 頁）。
下／R502 若者と男の股間淫。野兎は求愛の贈り物（237、248 頁）。

上／R520 股間淫に入らんとする男と少年（244、246頁、第Ⅱ章C註59、註66）。
下／R543 男女の肛門性交（250頁）。

上／R545（男のペニスの方向にも拘らず）女の姿勢からみるに、膣性交と思われる（250 頁）。
下／R547 若者を撥ねつける少年（237 頁）。

上・左／R573 股間淫の姿勢を取る男と若者（少年？）（244、246 頁）。
上・右／R603 ヒュアキントスを攫うゼフュロス。ゼフュロスのペニスが、どういう具合か、若者の衣を貫いているように描かれている（206、246 頁）。
下／R577 男女の肛門性交（250、277 頁）。

R637 少年に求愛する男や若者（237、278頁）。

上／R651 年上の男に弄られる少年のペニス（241 頁）。
下／R659 狂乱の女《マイナデス》たちに殺されるオルフェウス。男性と女性の顔立ちの相似性に注意（199、211 頁）。

R682 女をくすぐる男。男みたいな女の腰に注意（198、239 頁）。

R684 若者に求愛する男と、竪琴を振り上げて拒む若者。R682 を参照（75、206、239 頁）。

R699 エジプト王ブシリスを斃すヘラクレス。エジプト人は割礼をきちんと描かれている。ヘラクレスのペニスの小ささについてはR328を参照（299、301頁）。

R712 女に迫る男と若者。若者と女の体形が似ている点に注意（198 頁）。

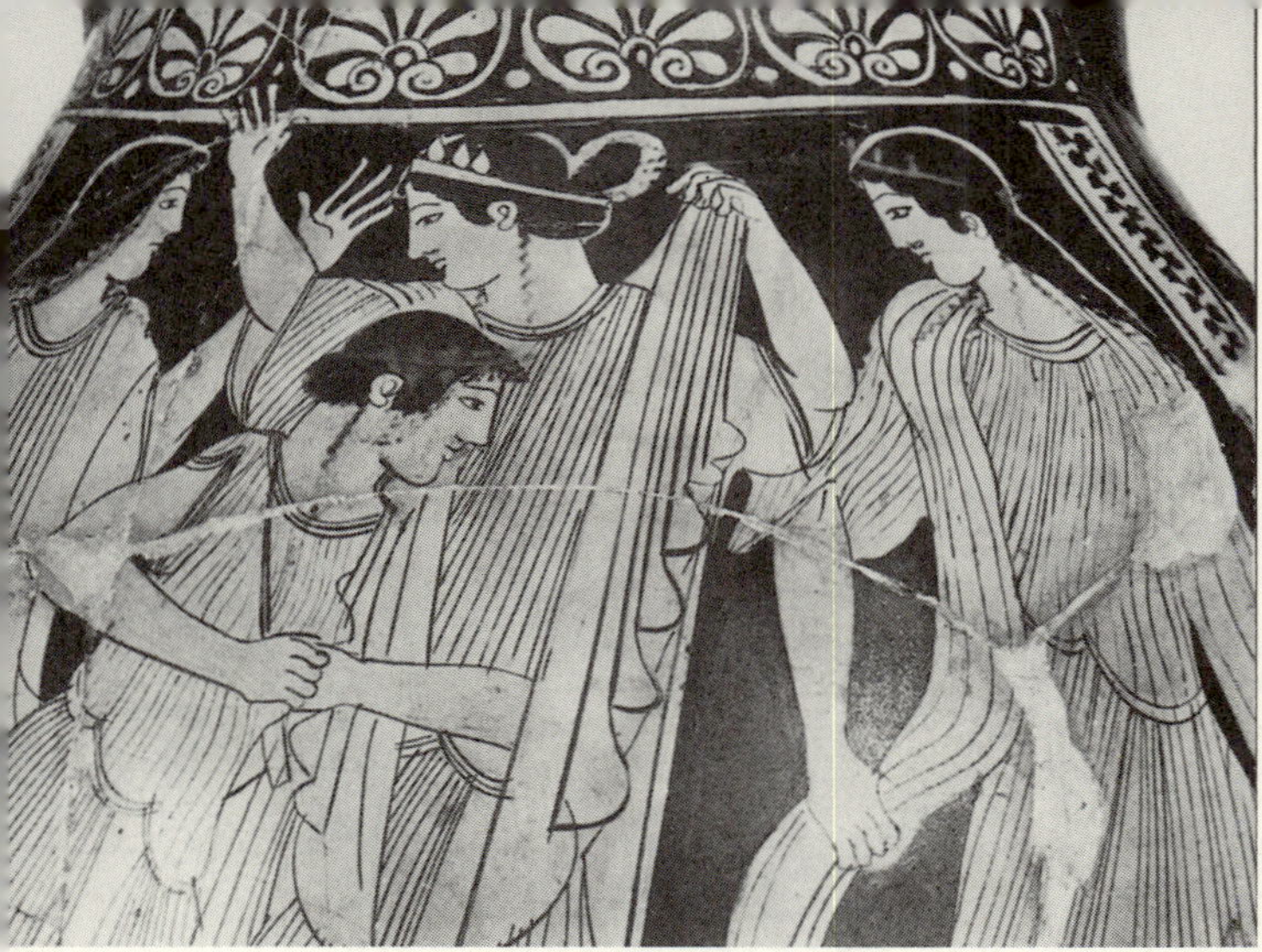

上／R750 若者と女たち。顔立ちの相似性に注意（199 頁）。
下／R758 ゼウスとガニュメデス。R348 を参照（237 頁）。

上／R783 詩の女神《ミューズ》に体を誇示するアポロン（196 頁）。
下／R791 つれない少年に一才雄鶏を差し出す男（236、237 頁）。

上／R829 抵抗するガニュメデスに摑みかかるゼウス（199、211、238 頁）。
下／R833（196、211、237、238 頁）。

上／R851 つれない少年を口説く若者（236頁）。
下／R867 女を口説く男たち（236頁）。

R934 供犠の祭礼の最中に若者と近付きになろうとする男（239 頁）。

R954 肛門性交のため相手の膝の上にしゃがみこもうとする少年（227、248 頁）。

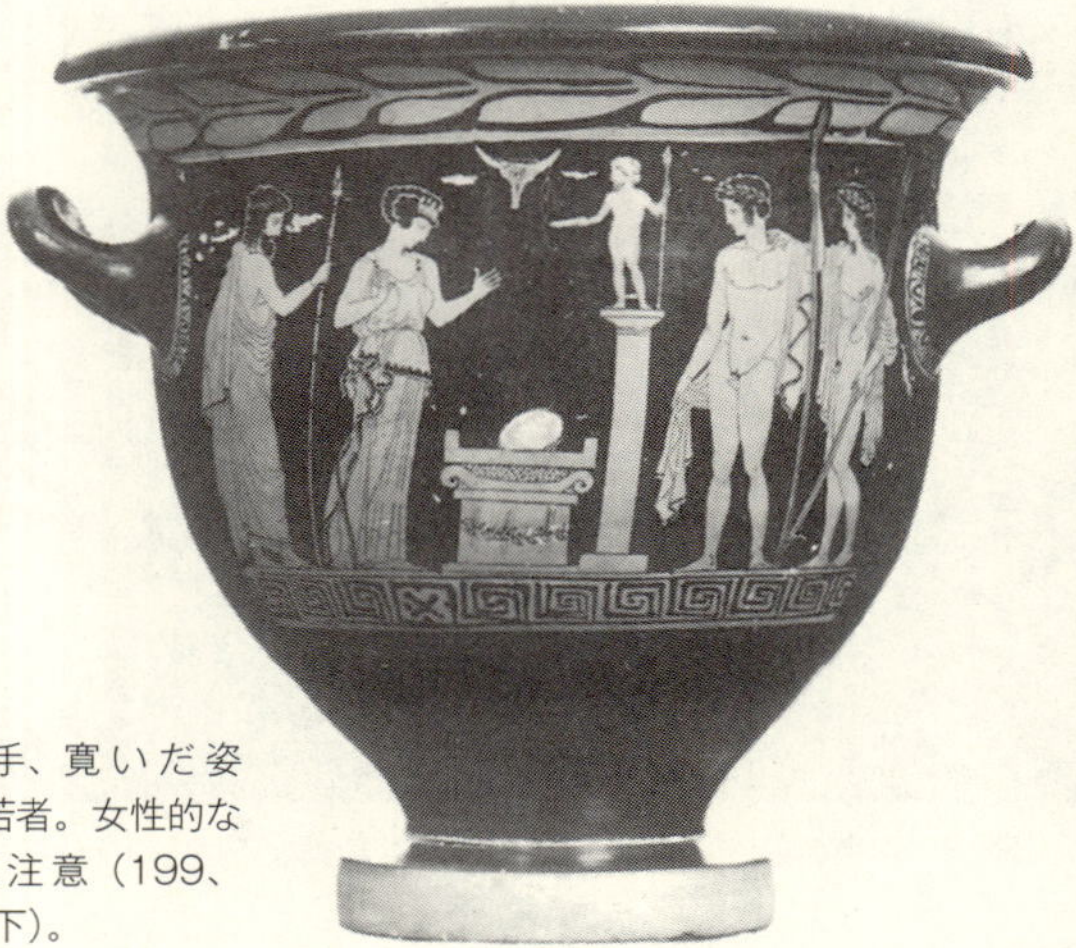

R958 右手、寛いだ姿勢で立つ若者。女性的な形の腰に注意（199、200 頁以下）。

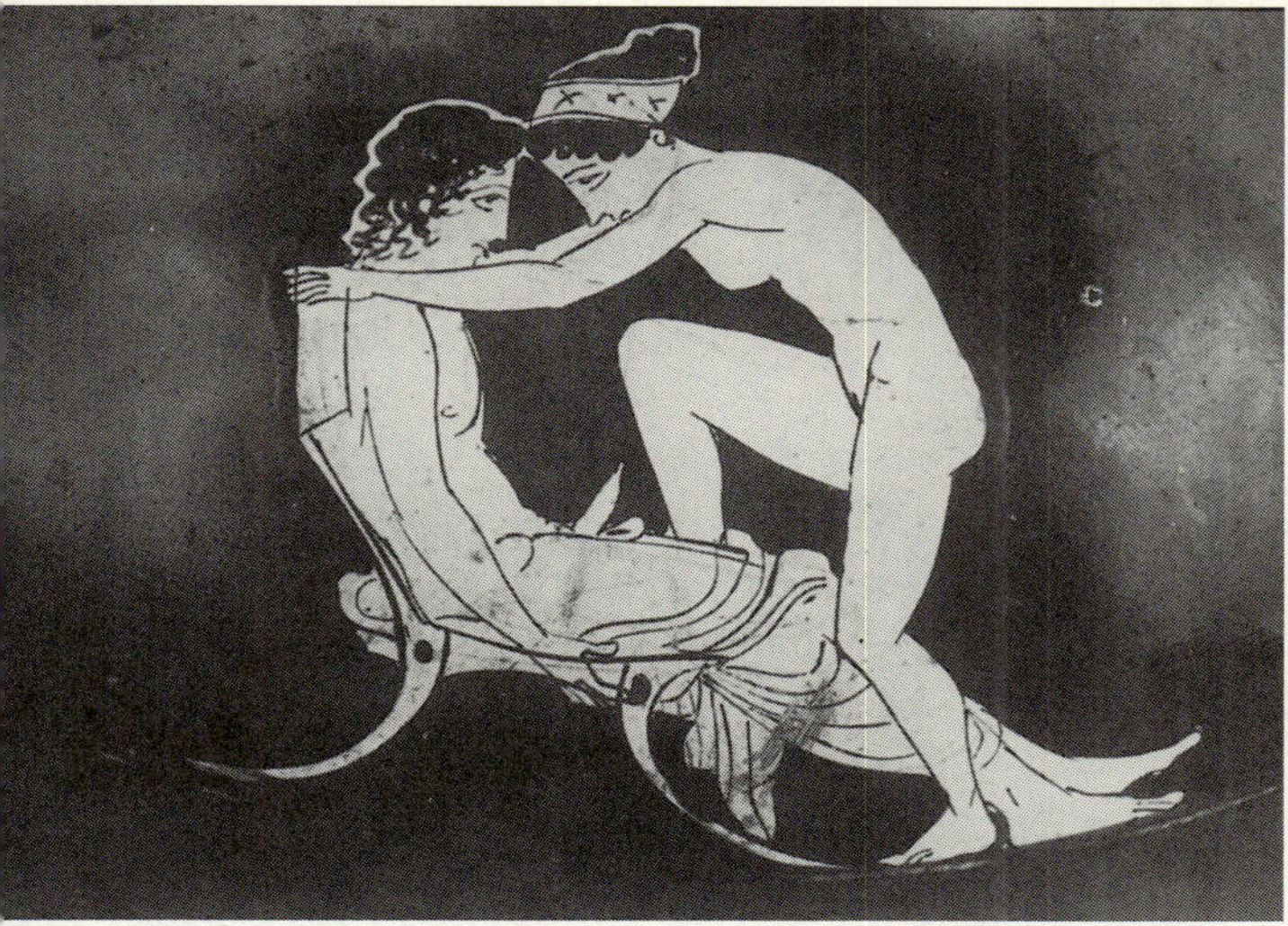

上／R970 性交のため若者の膝の上にしゃがみこもうとする女（252、296、第Ⅱ章C註49）。
下／R1027 衣を身につける若者（296、301頁）。

上／R1047 体を洗う少年。性器の突き出ていることに注意（197、296、302頁）。
下／R1071 籠一杯の張形《オリスボス》と女。R414を参照（254頁）。

R1127 フェラチオと肛門性交（さかさまの股間淫か？）を楽しむサテュロスたち（227、248 頁）。

上／R1135 乳房は女、腰は男（198 頁）。
下／RS12 やや両性具有的に見える翼ある若者（201 頁）。

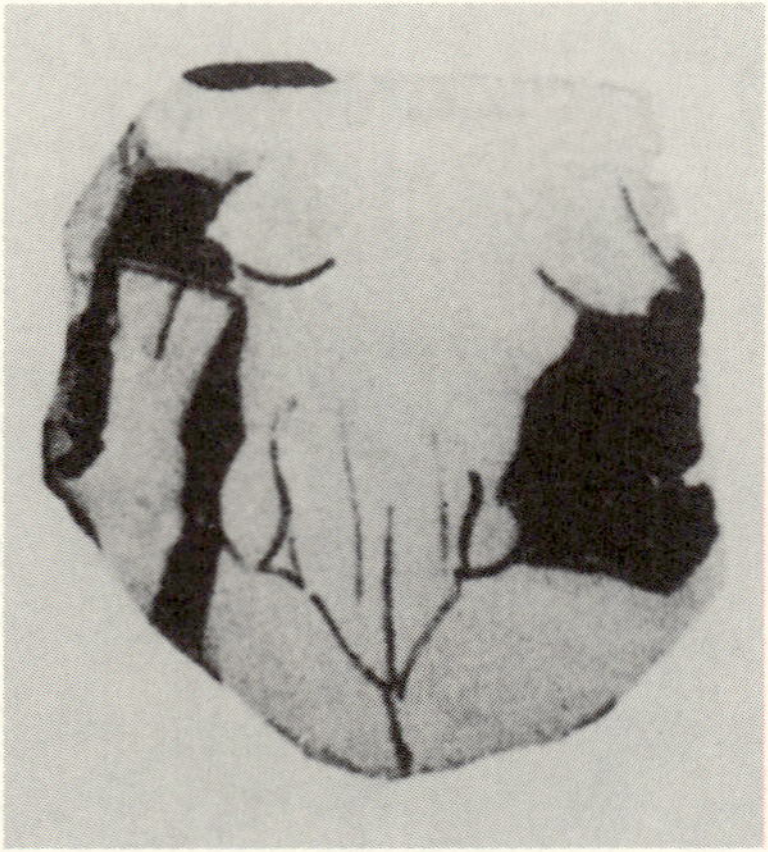

RS20 この人物は疑いなく両性具有である（201 頁）。

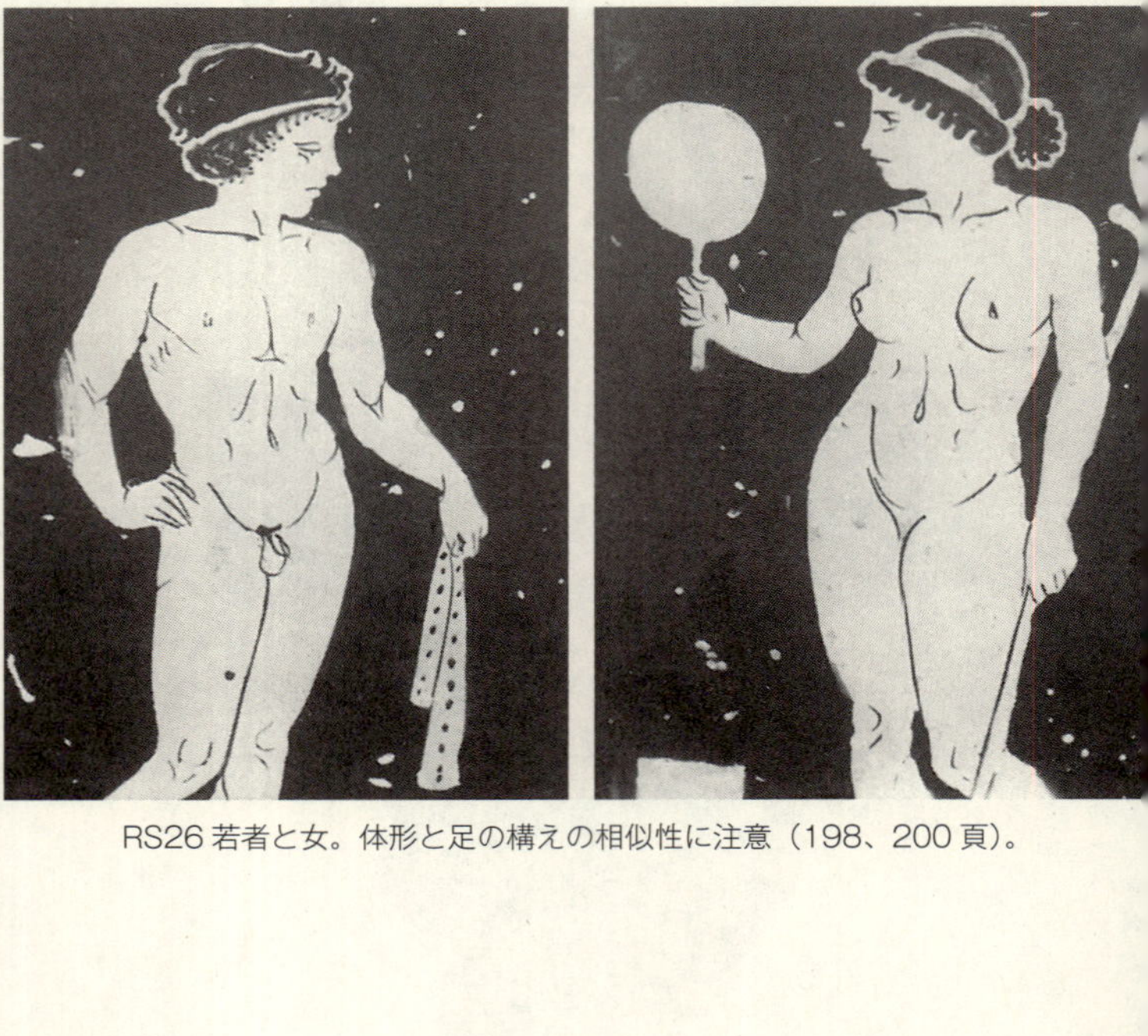

RS26 若者と女。体形と足の構えの相似性に注意（198、200 頁）。

【目次】新版　古代ギリシアの同性愛

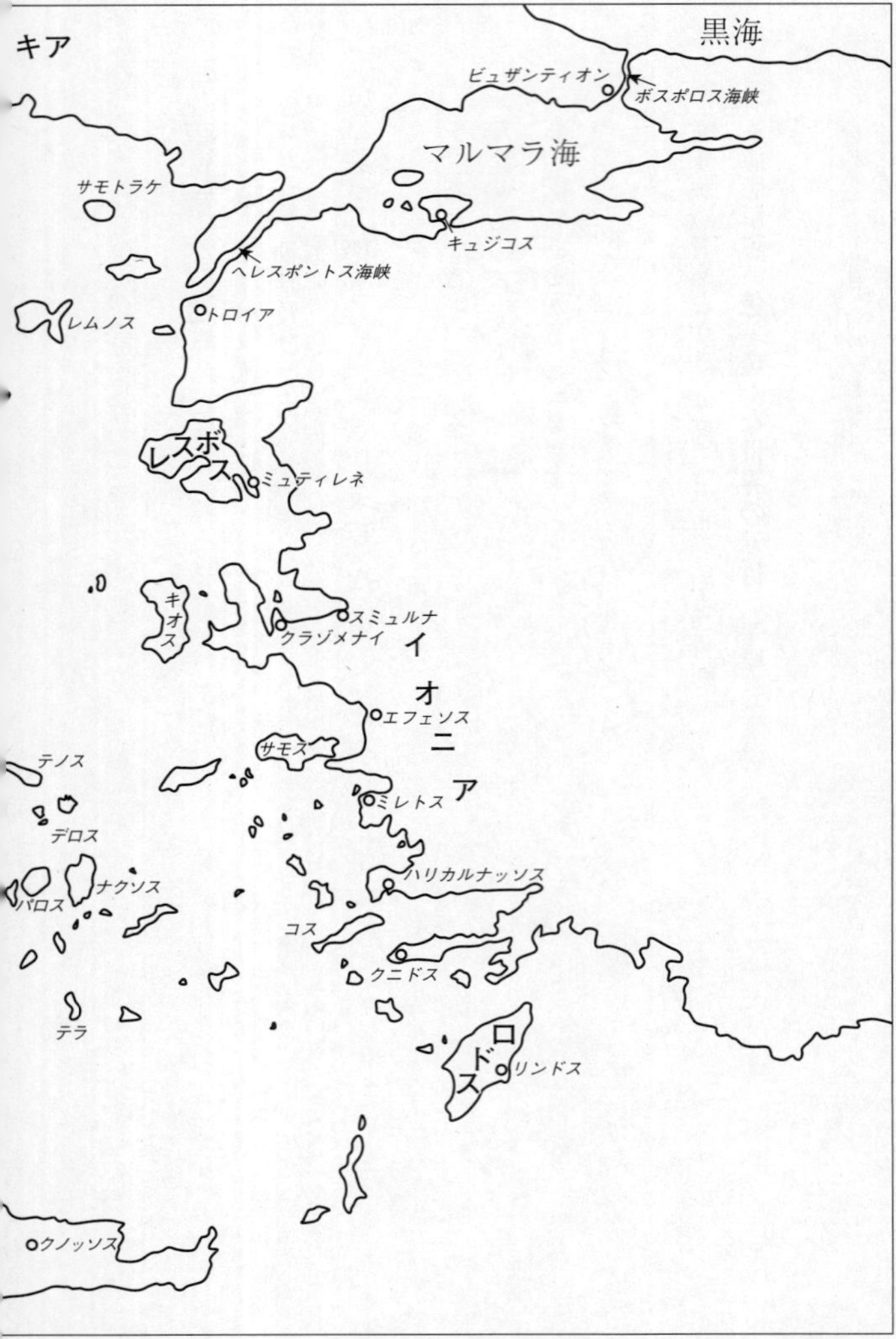

キア
黒海
ビュザンティオン
ボスポロス海峡
マルマラ海
サモトラケ
キュジコス
ヘレスポントス海峡
トロイア
レムノス
レスボス
ミュティレネ
キオス
スミュルナ
クラゾメナイ
イオニア
エフェソス
サモス
テノス
ミレトス
デロス
ナクソス
パロス
ハリカルナッソス
コス
クニドス
テラ
ロドス
リンドス
クノッソス

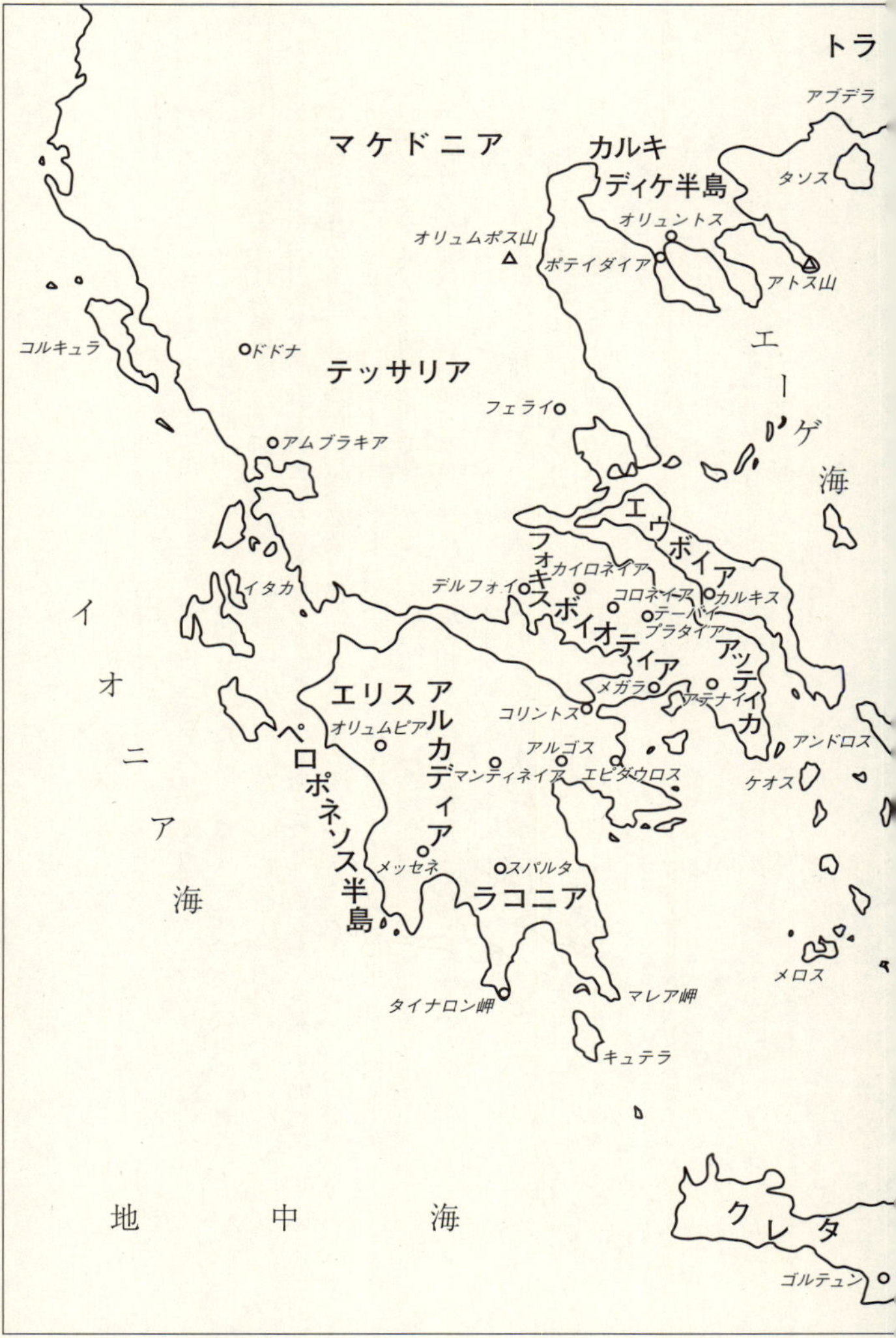

トラ
アブデラ
マケドニア
カルキディケ半島
タソス
オリュントス
オリュムポス山
ポテイダイア
アトス山
コルキュラ
ドドナ
テッサリア
エーゲ海
フェライ
アムブラキア
エウボイア
フォキス
カイロネイア
デルフォイ
イタカ
コロネイア
カルキス
テーバイ
ボイオティア
プラタイア
アッティカ
イオニア海
メガラ
アテナイ
エリス
アルカディア
コリントス
オリュムピア
ペロポネソス半島
アルゴス
アンドロス
マンティネイア
エピダウロス
ケオス
メッセネ
スパルタ
ラコニア
メロス
タイナロン岬
マレア岬
キュテラ
地中海
クレタ
ゴルテュン

凡例

一、本書は K. J. Dover, *Greek Homosexuality*, London 1978 の全訳であるが、ダックワース社のペーパーバック・リプリント版（一九八一年）に付せられた訂正と追加、及び、それ以後の、著者から連絡を受けた補訂を全て訳し込んだ。

一、ギリシア語引用文は、著者の英訳を尊重しながら原典から訳した。そのため、英訳上の問題に関わる原註のうち、日本語版では不必要と思われるものを若干省略した。

一、原書ではギリシア語はローマナイズされているが、本書ではギリシア文字に戻した。刻文のギリシア文字は、一般的な字体で統一した。

一、ギリシア語固有名詞の長母音は、テーバイ等の例外を除き原則として短く表記した。

一、紀元後あるいは後を付けない年代は、すべて紀元前のものである。

一、〔 〕は（ ）内の括弧、［……］はテクストの欠損を示す。

一、本文中の割註は訳者による補註である。

一、B 6、R 4……などは壺絵の便宜的な整理番号であり、※印を付したものは、本書中に写真を掲げてある。

新版　古代ギリシアの同性愛

序文

本書の目的はなにも大袈裟なものではない。つまり、八世紀から二世紀に至るギリシア美術・文学に見られる同性愛的な行動と感情を記述すること、また、それによって、ギリシアの美術・社会・道徳の性的側面に関する、より詳細で専門的な研究への礎を提供することである（更に進んだ研究は他の人々に委ねたい）。

エーリッヒ・ベーテ Erich Bethe は、七〇年前に発表した論文の中で、「学問にとって不倶戴天の敵」である道徳的評価の介入によって、ギリシア人の同性愛の研究が損われてきた、と評したが、今日でも事情は変わっていない。同性愛関係は「ドーリス人の罪であり、アテナイでこれに手を染めるのはほんの一握りの者たちであった」（美術作品という証拠を無視したトムソン J. A. K. Thomson の説）とし、「法的にも世論によっても醜行と見なされていた」（自ら脚注で言及したテクストの含意を無視するテイラー A. E. Taylor の説）とする判断の根底には、アテナイびいきと同性愛に対する嫌悪とがある。ギリシアの文化一般に対する愛着が、その文化内でごく重要であった行動上の特徴を認めることができない、あるいは認めたくない、という気持と結び付いて、「同性愛」もっと言えば「少年への愛」は、ほとんどのギリシア都市において法律で禁じられていた（フラスリエール Flacelière, マルー Marrou）、という主張を生じさせることになるのである。相違に気付いた上で推論を行うという、学者にとってはあたり前の能力がかくも容易に破綻を来す古典研究上の話題を私は知らないし、また、書き手が述べてもいないことを述べたと思われたり、何度も述べたことを述べずに済ましていると非難されたりしそうなのも、この話題ならではなのだ。「ある人々（即ち、性に関する世間の大家及び学問的大家）は密かな同性愛者であり、彼らの『研究』は偽装した自己弁護である。一方、ある研究者や臨床医たちは、出版物や公の場でこそ決して表明しようとしないが、性的倒錯者に対する執念深い憎悪をこっそりと漏らすことがある」というカーレン Karlen の所見は、私の個人的知識からも是認できるものである。もちろん、私は自分の盲点を見ることはできないし、何故私が現在の心境になっているのか、十分に説明することもできない。だが、読者が心に留めて下さるよう、その点を手短かに述べようと思う。

確立した用語法に従えば、「異性愛」と「同性愛」という語を対照的なものと見ざるをえないのだが、私の好みに従えば、「異性愛」を「性愛」と呼び、いわゆる「同性愛」は「擬似《クワシ》性愛」の一区分と見なしたいところである（あるいは「偽《プセウド》性愛」でも良いが、「変則《パラ》性愛」ではない）。そんな好みは偏見のせいだとして、私を凹《へこ》ましたい人があれば、その人は、偏見と判断とを峻別することに自分が邁進してきたことを、まず私に納得させねばならない。

同性愛一般が自然か不自然か、健康か病的か、合法的か非合法的か、神意に添うものか反するものか、そんなことを示そうとする議論はどれ一つとして、特殊な同性愛の行為が道徳的に良いのか悪いのかを教えてはくれない。幸い私は、生殖器に関わる如何なる行為に対しても、(一人、二人、あるいはもっと多数であれ)全ての当事者にとってそれが好ましく快いのであれば、道徳的ショックや嫌悪を感じない。どんな行為であれ――私にとって、また他の何人にとっても――美的見地から魅力的なものともなれば、不快なものともなる。どんな行為であれ、道徳的に良い意図のためにも、悪い意図のためにも行われうる。どんな行為にも、良い結果が伴うこともあれば、悪い結果が伴うこともある。どのような行為も、単に生殖器の方面に関わっているというだけで、祭り上げられたり、貶《おとし》められたりするわけではないのである。

このようなテーマに対する従来の取り扱いに慣れている読者ならば、本書における重点の置き方に驚かれるかもしれない。つまり私は、(サッフォ、ソクラテス、スパルタなど)著名な人物や場所は比較的簡単に論じ、落書、法律用語、身体の刺激と反応の詳細といった問題を、普通以上に詳しく論じたからである。その理由は、私が解決しようとした問題は、そうした有名なものに関するものではなく、ギリシア社会一般に関する問題だからである。

読者はまた、私が男女関係についてあまり系統的な論述をしていないことにも驚かれるかもしれない。そうした読者に思い出して頂きたいことは、第一に、本書はギリシア人の性生活の一要素のみを扱っているということであり、第二に、私の主目的が、極く容易に明瞭に観察される事柄を、日常の経験から思い付くような説明を与えつつ記述することだ、ということである（そうした日常経験では、人々にとって現実的な問題が、問題である「べき」ことと全く異っていることはよくあることだ）。その際私は、（常に巧くいっているわけではないが）あまりに理論的なレベルでの考察は控えるよう努めた。

本書はもともと、ジョルジュ・ドゥヴルゥ George Devereux（一九〇八－一九八五）教授と私の共著とする予定であった。ドゥヴルゥ教授は、他の諸々の義務のため、本書の執筆をすることができなくなったが、私は、執筆中に生じてきたさまざまな問題の多くを教授と議論し、絶えず得るところがあった。だが、人類学と精神分析学における多大の経験と学識を有する教授にこそふさわしい問題には、私は自ら手を着けなかった。また、国内国外の多くの古典学者たちが私に有益な所見、批判、助言及び資料を提供してくれた。誤りは全て私の責任である。

コーパス・クリスティ・コレッジ、オックスフォード

K・J・ドーヴァー

第I章

問題点・資料・方法

1　方針

以下の研究を展開してゆくに当たって、同性愛とは、異性よりはむしろ同性との身体の接触によって感覚的快楽を得ようとする性向である、と定義しておこう。これより他の目的のためには、このような定義では皮相的かつ不十分ということもあろうかと思う。だが、ギリシアの文化は私達の文化と違って、同じ人間が、時に応じて、男色と女色のどちらを選ぼうと、それを快く許し、そのような両種の性愛の交替または共存によって、当人や社会にとって別段の問題が生じることはないと暗黙のうちに認め、(1)同性愛の欲望をあからさまに言動に表すことに対して好意的であり、また、文学と美術において同性愛のテーマが何の憚りもなく取り扱われることを好んだのである。それ故、ギリシアの文化は、夥しくあけすけな具体的事実を示してくれるので、どの作家、芸術家あるいは哲学者の作品を考察する際にも、ことさら議論を構えて、潜伏している同性愛、あるいは抑圧された同性愛の診断を下す可能性はほとんどないのである。(2)

いつ、どのようにして、何ゆえに、あからさまで抑圧されぬ同性愛が、ギリシア人の生活のこのように顕著な特色となったのか？　これは考察するには面白いテーマであるが、六世紀初頭までに、あからさまな同性愛が既に広く行き渡っていたことは疑いないのだから、残念ながら証拠資料の不足という問題がある。また、他の時代、他の地域からの類推を働かせ、多くの相異なる文化に共通の要素を見ることには、かなり啓発される点があるにしても、なおかつ決定的な解答を見出すことは困難なのだ。さらに困ったことには、性行動や性感情が社会慣習の変化——初めこそとるにたらない変化であるにしても——にどれほどの影響を受けるかということについて、生物学者、人類学者、歴史家それぞれの分野で常識となっていることが互いに相違しているのである。(3)

四世紀のアテナイ人があのように容易に同性愛を受け入れ、あのように喜んでその気風に染まったのは何故か、という問題は、表面的には即座に答えることができる。即ち、父や伯父や祖父たちにとって同性愛が受け入れうるものだったので、彼らもそれを受け入れたのである。四世紀に関する興味深く重要な問題は、同性愛の実態はどのようなものだったのか、それは異性愛とはどのような取り合わせになっていたのか、また同性愛的行動といっても、それが善いとか悪いとかいう道徳的・美的評価は古典期ギリシア社会一般の諸価値とどのような関係にあったのか、ということである。この問題に関しては資料が豊富にあるけれども、一つ重大な欠落がある。即ち、ギリシアの美術、文学及び記録資料は、断片や引用の形でしか残っていない詩少々の他は、全て男の仕事であり、女性のいかなる性愛についても、その資料は、男の「同性愛」を証す豊富な資料と比べると些々たるものなのだ。それ故、本書を通じて、「同性愛の」とか「同性愛」と述べた場合、特に「女性の」と明記されていない限り、「男性の」それと理解されたい。

資料は長い期間にわたっており、種類も非常に多様である。それには、例えば、テラ島（エーゲ海南部、キュクラデス諸島中の島）の岩に刻まれた原始的な落書、パエストゥム（イタリア南部の町）の墓の中の壁画、口汚い政治上の軽口や中傷、プラトンによる理想的な哲学教育の論述、クレタ島の諸制度をめぐる古代研究の成果などが含まれる。

ギリシア人についてはあまり知らないが、心理学や社会学への関心から――あるいは他人の性行動に対する普通の人間的好奇心から――ギリシア人の同性愛というテーマに手を着けられる読者諸氏は、慣例でもあり便利でもあるギリシア史の時代区分と、その区分間の顕著な相違についての簡単な手解きを望まれよう。ギリシア文字で刻まれた、現存する最も古い言葉は八世紀のものと推定されるが、現存するギリシア最古の文学作品、ホメロスの『イリアス』も同じく八世紀に成立したらしく、また、この世紀の末には、（装飾に対立するものとしての）美術表現の創始を見た。それ故、ギリシア人が私達に明瞭な姿を見せ始めるのは八〇〇－七〇〇年の間なのである。(4) 古代ギリシア世界の下限は、キリスト教と明らかに相容れぬ思想や感情が公然と表明されることが全くなくなった紀元後六世紀に置かれる。

この一三〇〇年間に、四度の転機があった。第一は四八〇年、ギリシア本土を併合せんとするペルシア帝国の企てが決定的に打ち破られたことで、これが「アルカイック期」と「古典期」の境界である。第二は、四世紀後半、ギリシア本土とエーゲ海の島嶼がマケドニア王国の属国と化し、マケドニア王アレクサンドロスがペルシア帝国を征服し、そのためにギリシア語の話し手とギリシアの文化・制度が中東全域に広まった頃である。第三は二世紀のことで、ローマによるバルカン諸国及びエーゲ海への干渉が強められ、それは、一四六年、ギリシア本土が属州としてローマ帝国に編入されることで頂点に達した。最後の転機は紀元後四、五世紀に西ローマ帝国が次第に解体していったことで、以来、ビザンティウム（コンスタンチノープル）を首都とするギリシア語圏の東ローマ帝国が、引き続き古代ギリシア世界と後の時代の橋渡しをすることになった。

アルカイック・古典両期においては、都市が独立国であって、近代国家を基準とすると、笑止なほどちっぽけなものが多いが、それ自体の法を整え、それ自体の制度と祭儀を守り、近隣諸国と戦争をしたり条約を結んだりしていた。大都市は多くの小都市を「同盟」に引き入れたが、それは対等な都市の連合というより、むしろ大都市を宗主国とする帝国のようなものであることが多かったものの、この種の帝国的支配は栄枯盛衰を免かれなかった。そこで、「ギリシア人というものは……」などと一般論を述べたくなったとき、常に思い出さねばならぬことは、アルカイック・古典両期においては、「ギリシア人」という言葉は、ギリシア本土、エーゲ海の島嶼と主にトルコの海岸地帯、黒海、シチリア及び南イタリアのいたる所に散らばっている何百という独立都市国家を引っくるめていうのであり、それらの都市国家は言語と文化の面で連続体を成してはいるが、それにもかかわらず、政治組織と社会理念の面では著しい相違を許容するものだ、ということである。

古典期ギリシア文学といえば、主としてアッティカ文学のことであり（「アッティカ」とは都市国家アテナイの領土のことである）、また古典期のアッティカについては、他のギリシア世界全体についてよりも豊富な刻文記録が残されているが、他方、アルカイック期の文学はほぼ全てアッティカ以外のものであった。こうした事情のために、例えば三五〇年のアテナイが同時期のイオニア諸都市とどう違ったのか、あるいは、二〇〇年前のアテナイとどう違ったのか、明らかにし難いのである。アッティカが古典期に、特に文学の面で文化的優位に立ったため、アッティカ方言が後に続く時代の標準ギリシア語の基礎となり、中世及び近代ギリシア語諸方言の祖語となることが保証されたが、四世紀末に始まった「ヘレニズム」時代に、アテナイは政治的には力を失ってしまった。文化史の用語としては「ヘレニズム」という語は異教信仰が消滅し尽くすまでのギリシア人に使用しうるが、普通はもっと限定された意味で、紀元前最後の三世紀間を指し、その後は「ローマ期」、または「帝政期」と呼ばれる。

少くともアテナイでは、早くも四世紀、ソフォクレスやエウリピデスの衣鉢を継ぐ天才的悲劇詩人が一人として現れなくなってしまった頃に、ギリシア人がかつての文化を懐しく思い始めたことが窺われる。それは一つには、五世紀の大半にわたってエーゲ海に揮っていた支配権を失ったことに対する、アテナイ人の哀惜の所産であったことは疑いない。

懐旧の情は、諸都市国家がマケドニア君主国、さらにギリシア‐マケドニア君主国に併吞されたことによって、拡散し強められ、ギリシア語世界がローマ帝国に吸収されたことでさらに強められた。こうした成り行きの結果、古典期の文学を規範として尊ぶ風潮が生まれ、副産物としては、多くの教養人たちの強い好古趣味と、今や過去のこととなった古典期に属する形式・文体・社会慣習などのしきたりを文学の上で維持しようとする願望とが生い育ったのである。

こういうわけで、後世の——殊に紀元後一・二世紀の——著作家たちの作品には、古典期に直接関連するものが多く含まれている。何といっても私達にとっては失われた厖大な量のギリシア語文献を、この著作家たちは読んで利用できたのであり、従って、私達が四世紀の作家のことを知るには、しばしば、ローマ帝政期に物された作品中の言及、パラフレーズ、引用によるしかないのである。もっとも私は、ギリシア特有の物の見方と行動がギリシア‐ローマ融合文化のうちに長く生き続けたことを示すだけの資料を積み重ねても役に立たないと判断したし、その融合文化の中のローマ特有の要素については何も述べなかった。ギリシア文明のきわだった特色は、古典期の末までには十分に発展し尽くしていたからである。

何百というギリシアの壺絵に(5)、年上の男が年下の男と話をし、贈り物を差し出し、おだてたり、泣きついたり、くすぐったり、抱きしめたりしている様子が描かれている。そうした絵の大部分は、私達がほとんど知らぬよその文化にはっきりした例が残っているとして、それと比べれば同性愛関係の描写だと解釈せずにも済む性質のものである。結局のところ、色欲に動かされなくても、少年に話しかけたり贈り物をしたりすることはあろうし、自分の息子か甥を抱くこともあろうし、泥棒か逃亡奴隷を取り押えようと手を掛ける場合もあろう。だがギリシアの絵の場合、絵以外の資料を度外視しても、全ての絵を見れば、あらゆる段階の親密さが表現し尽くされているのである。一方の端には、どうやら、寛《くつろ》いで考え考え話しあっている様子の絵があり、もう一方の端には、勃起したペニスを若者の太股の間に差し込んでいる男の絵がある。中間には、贈り物の申し出を憤然として拒んでいる少年や、手を伸ばして少年の性器を触っている男の絵がある。当事者の一方が女である場面と酷似している場合も参考になるのであって、例えば、ある絵では男が半裸の女に贈り物を差し出し、一方、別の絵では、男が同じ姿勢で、同じ贈り物を少年に差し出しており、少年の表情としぐさも女のそれと変らない、という場合もある。あるしぐさは「文化に拘束された」ものであって、その解釈ではひどい間違いを犯すこともありうるが、またあるしぐさは、私達とギリシア人に共通として扱えば理解できる。例えばR52のように、若者が出征するために武装しており、父親が助言を与えながら人差し指を振る場面などがそうである。怒り、悲しみ、喜びを示す表情は普通、描かれた人々の身になってみれば、もっともと思われるものである。姿勢についても、一様な解釈が成立しない場合がもっと多いとはいえ、同じことが言えるのであり、R841で、仲間が一人の女と話している間、当惑し踏ん切りのつかぬ様子で立っている若者は、その女が自分の親友にあれこれと要求するのに嫉妬しているのか、自分が女に対する先手を取ればよかったと思っているのであろうし、R344の、談笑する若者と少年を物悲しげに見つめている男は、若者の恋敵としてやはり少年の愛を求めているのか、二人の会話の成り行きに不安になった少年の縁者なのであろう。R381の少年は、まず間違いなく、三人の青年から口説き攻めに会っているが、R684※（ただし図版の壺絵の裏側であろうか）の、少年に向って話しながら、考え深げに顎鬚を撫でている男は、少年に難しい質問を受けた教師であろう[6]。指さして示すしぐささえ曖昧な場合がある。女が男と話をしながら、片手で裾をわずかに引き上げ、片手で自分の乳房を指さしているR647はまず誤解の仕様がないが、B258の、後に付いてくる男を振り返って、自分の尻を指さしている若者が、本気で誘いをかけているのか、無礼な愚弄のしぐさをしているのかは知り難いし、青年の腕と手の位置が指さすしぐさに似ているのは偶然にすぎないのかもしれない。

絵が性愛に関わるものかどうか決定する助けとなる道具立てが他にもいろいろある。

R636では話をしている男女の背景に、ベッドの端が見えているし、時には、異性愛及び同性愛の情熱の神格化であるエロス神の小さな姿が当事者たちの上方や間を飛び回っている。例えば、R478の男たちと少年たち、R168の乳房を剝き出して若者を抱く女たちの場合である。少年や若者が年上の男から、一才雄鶏や兎などの贈り物を受け取っている絵もよくあるが、それは同性間性交の絵で受け手が手に持っている類のものである。時には、年上の男と年下の男の会話で、例えばR463の「させて！」と「止めて！」[7]のように、当事者たちの中の誰かに、絵師が言葉を添えている場合もある。神話についての知識も役に立つもので、鬚を生やした男が、抵抗する若者（少年か？）を摑もうとして、笏を落とすのを見れば、そこに見られるのは、家庭内のいざこざや政治上の争いではなく、ゼウスが押え難い情熱にかられて、ガニュメデスを求める姿だと分かるのだが、それも、そのような絵を、翼ある暁の女神が、情熱の虜《とりこ》となって、ティトノスに荒々しく手をかける絵と比較できるからなのである。

神々さえその美しさに心をそそられた伝説中の人物ガニュメデスとティトノスの描き方によって、ギリシア人にとって美男子とはどのような特徴を備えていたものか明らかになり、また、そうした特徴は、特にアポロンをはじめとする永遠に若い神々の絵に備わっているばかりか、普通の人間に追い求められ、求愛され、あるいは抱かれる様子を描かれている少年や若者の絵にも備わっていることが観察できる。このことから、あらゆる種類の陶器にさまざまな姿態で描かれている夥しい若者たちの絵を、とりわけ、浅い陶器の内側に唯一人だけ描かれている、普通は裸で、時には衣を着ようとしているか、それとも脱ごうとしている、型にはまった若者の絵を「ピンナップ」として分類することが許されるのである。気付かずにいられぬことは、後にはその割合がやや修正されたものの、古典期初期には、男のピンナップが女のそれを数で遥かに上回っていることである。(8)

こうした絵が、ギリシア人にとって美男子とはどういうものであったかを示す明白な証拠であるが、それは、絵師が醜いもの、嫌悪を催させるようなもの、または滑稽なものを描こうとしている絵と対比することによって確かめられる。即ち、サテュロス(クセノフォン『饗宴』(9)四・一九、「もし私があなたなんかより男前でないとしたら、サテュロス劇の中のどのシレノスよりも醜いことになるかもしれませんよ」を参照)、踊り騒ぎ、すっかりセーブを失くした酔っ払い《コーマステース》(10)、しわくちゃ爺、神話を題材とする茶番狂言用の衣裳を着た役者、醜態を曝しているアジア人や奴隷、あるいは——上記の連中の特徴であるものを併せ持っているので同じことなのだが——簡単な滑稽諷刺漫画などである。ピンナップと醜いものたちとのコントラストによって、顔立ちや体つきばかりか、性器についても、ギリシア人が形や大きさの点でどのようなものを尊び、どのようなものを卑しんだか分かるわけである(二九二頁以下参照)。

だが、私達が読むことのできる文献を、壺絵が直《じか》に「図解している」のだとか、文献の方が壺絵についての「注釈」のようなものなのだ、とか考えてはならない。同性愛関係の描かれている壺の大部分と、同性愛についての考察から生ずる疑問に答える何かが描かれている壺の大半は五七〇－四七〇年に造られたものであり、それ故、性愛を扱った壺絵の最盛期は、プラトンの誕生や喜劇詩人アリストファネスのデビューより半世紀も前に終っているのである。また、ソロンの詩からの幾つかの引用を除けば、アイスキュロス『ペルシア人』(四七二年)以前のアッティカ文学で現存するものはない。つまり、アッティカ文学という資料が豊富になり始める頃、性愛を扱う壺絵の製造は既にきびしく抑制されており(344頁以下参照)、そしてアッティカでは四世紀の間に壺絵全体が衰退し、消滅するのである。五世紀半ばから四世紀末にかけて、南イタリアやシチリアのギリシア系都市で生産された壺には、多くの興味深い資料が見出せるが、それはアテナイからは遠く離れたことだ。付け加えて言うべきことは、六世紀中葉に至るまでコリントスが絵陶器生産の大中心地であったこと。アルカイック期の間は、例えば、ラコニア、エウボイア及びエーゲ海東岸でも絵陶器が大量に生産されていたこと。また、アテナイによるこの美術様式の「専売」は六世紀後半までは顕著でなかったこと。及び、アルカイック期のコリントス人の性に関する行動や考え方を示す文献は取るに足らぬものであること(11)。同じく、ボイオティアに関しても、ここではアテナイが文化、芸術面で優位に立っていた期間中、ある種の壺絵が描き続けられたものの、文献はほとんど存在しないことである。

壺絵というものを、あたかも同性愛的行動に関して文献で述べられている事柄に対する、同時代の図解であるかのように利用しようとすると、資料が時代も場所もまちまちに分布しているため、どうしてもさまざまな制約が伴なってくる。それにもかかわらず、二〇〇年かそれ以上の期間に隔てられた一個の壺絵と文献の一節とが、両者のいずれかが単独ではさまざまな解釈が可能な場合であっても、両者を併せてみれば、お互いの解釈に大いに役立つことが明らかになる場合もあるかもしれない。このことは、見かけほど意外なことではない。というのは、ギリシア人の態度、慣習、制度の移り変ってゆく速度は、より古い文明の推移速度より速いとはいえ——また、アテナイでは他のギリシア世界におけるより速いとはいえ——今日私達が慣れているのに比べると、まだごく緩やかだったからである。ギリシアの文学や社会を解釈するために壺絵を利用する際、最も重大な制約となるのは、時代が違っているとか、地域文化同士が互いに違っている、ということではなく、美術一般も芸術の各々のジャンルも自律的なものである、という事実なのだ。ある時期にある型の行動を描くことが大いに流行ったことが分かっても、その型の行動が実際に増加していたとは限らない。その型の行動を描くことが、壺絵師の用いる壺の表面の形状に格別によく調和しているのかもしれず、大いに称えられ模倣された個性的な壺絵師の好みだったのかもしれず、それどころか、何かつまらぬ偶然からある特殊な画風と結びつき、それ故その画風に期待されるテーマとなったのかもしれない。この点については、ヘラクレスがデルフォイにあるアポロンの聖所から三脚台を運び去ろうとしたという物語が、一五〇以上の壺に描かれ、デルフォイその他の地でいくつかの重要な彫刻となっているのに、現存する古典文学においては、ただ一箇処、ピンダロス『オリュムピア祝勝歌』九・三二以下の遠回しな仄めかしからしか知られていないことを思い出してみるのもよい。神々同士の激しい闘争が、古典期にはアルカイック期ほど喜ばれなかったことは疑いないが、この物語は、三脚台をめぐって争う者たちの構図によって、壺絵や破風彫刻の恰好のテーマとなったことも事実なのである。同様に、壺絵師たちが男女の性交を、女が前屈みになり、男が立って女の背後から挿入する体位で描いている場合が最も多いという事実は、それだけではギリシア人がその体位を好んだことを語ってくれるわけではない。というのは、それは、ギリシアにおける最初期の人物画が「行列」的性格を持つことから発達した構図なのかもしれないのだから。それが実際に好まれた体位であったという推定を裏付けるには、もっと後の証拠文献が必要である（そしてそれは事実多少存在する）。[12]

多くの壺絵には短い刻文が添えられているが、単純な刻文で一番多いのは、（名前が記されている場合も、そうでない場合もあるが）少年や若々しい青年の美しさに対する感嘆の叫びである。女性の美しさに対する感嘆の声は遥かに少い。この事実は、壺絵では女性の裸体画より男性の裸体画の方が断然多いことと符合する。刻文というものは、壺絵中のどの人物、事物、モチーフとも関係が明らかでないものが多いのだから、別個に考えるべきものなのである。壺の刻文は、焼きあげた壺やその破片、岩壁などに塗られたり彫られたりしている落書と切り離して考察してはならないし、文学作品の中で触れられているような落書の類型も幾つか存在する(13)(第Ⅲ章Aを参照)。

こうした部類全部を考察してみると、男性の美しさを賛美する表現の方が、個人的・政治的な悪意と嘲笑の表現よりもずっとありふれていたことが分かるが、また、壺の刻文や落書はどれを取っても、その意味範囲が極めて広い可能性があることをも思い知らされる。ギリシア人はしばしば気まぐれ、せっかち、不真面目、皮肉屋、機知に富み剽軽《ひょうきん》であるため、現代のあまりに真面目な、またはもったいぶった解釈者によって、必ずしも正しい評価を受けていないのである。

3 文献

同性愛について考察する際、その素材を提供してくれる最も重要な五種の資料は、(a)アルカイック後期と古典期の同性愛を扱った詩、(b)アッティカ喜劇、とくにアリストファネスとその同時代の喜劇作者、(c)プラトン、(d)アイスキネスの弁論『ティマルコス告発』、(e)ヘレニズム期の同性愛を扱った詩、である。これらの素材のもたらす問題は、時には他の作者たち、特に四世紀前半を通じて作家活動を行ったクセノフォンと、四世紀の折々にアテナイの法廷で行われた弁論の作者たちによる比較的短い言及や所見を参考にすること

で解決される場合もあろう。(14)

(a)ヘレニズム時代以前の同性愛を扱った詩の主な集成は、メガラのテオグニスに帰せられる詞華集の最後の一六四行（第二巻）である。これは――エレゲイア調(14a)二行詩のみのものもかなり含まれる――一連の短詩であり、主として、少年たちに宛てられているか、少年たちへの思いを述べる、同性愛的性格のものである。この部分がテオグニスの作品全体――「第一巻」は一二二〇行から成る――から切り離されたのは、多分、同性愛感情の著しく表れている詩と、「誠実であれ」「信頼せよ」と厳しく勧告する詩とが並置されていることの耐え難く感じられた中世初期に起こったことであろう。(15)テオグニス自身の年代にも、彼に帰せられる詩のうちの多数が実際に彼の作かどうかという問題にも、議論の余地がある。五世紀初期のアッティカの赤絵式の壺R1053には、「いと見目よき少年よ」と宴席で歌う男が描かれているが、これはテオグニス一三六五行以下の冒頭の「いと見目よく愛くるしき少年よ」という言葉にほかならず、この言い回しは珍しいものではなく、まず詩的なきまり文句だったとしてよい。とはいえ、プラトンの作品中のテオグニスからの引用を参考にすれば、プラトンの知っていたテオグニスの原典と、私たちが「テオグニス」と呼ぶものの少くとも初めの三分の一とは、かなりの程度、一致しているものと推測される。エレゲイア調の教訓詩の盛期は、ほぼ七世紀中葉から六世紀中葉にわたっており、テオグニスの作品中少くとも一箇処――一一〇三行以下――には史実が述べられているが、これは七世紀末とするのが最も妥当であり、また他の数箇処も同じ時期を指すとするのが適切と思われるので、テオグニスに帰せられる詞華集の中核はアルカイック期まで溯ると見てよい(16)。だが、後世の追加竄入《ざんにゅう》は長期にわたっており、おそらくヘレニズム時代にまで及んでいるであろう。

(b)前四二五年から三八八年にかけて、現存するものとしては一一篇の喜劇を書いたアリストファネスと、断片や引用によってしか作品の知られていない他の多くの喜劇詩人たちにとって、同性愛はユーモアの恰好な素材となった（なお、断片や引用のうち、確実に四三〇年代以前の作とされるものは比較的まれであり、また、露骨に性を扱ったユーモアは、四世紀以後人気が衰えた(17)）。喜劇詩人の仕事は、後世の学者にアテナイ社会とはどういうものかという概観を手ぎわよく伝えることではなく、観衆を笑わせること、殊にそうした観衆に、自分が登場人物になったような気持を持たせて、法律・宗教・社会因習によって押し付けられる束縛からの束の間の解放感を与えることだった。それ故、アリストファネスの作品中の登場人物はしばしば、私達の見慣れた因果律の世界より、むしろお伽噺の世界にふさわしい手段によって、法外な野望を達成するのであり、またその成り行き上、将軍、政治家、統治者、知識人及び神々などを侮辱し、騙し、勝利を得ることが許されるのである(18)。

この種の喜劇は、私達の「フォー・レター・ワーズ（猥語）」に相当するギリシア語をふんだんに使用するのが特徴であり、これは、アルキロコスやヒッポナクス（六世紀、エフェソス出身の諷刺詩人）など、アルカイック期のイアムボス[18a]調の詩にも見られる特色である。だがそれは、他のジャンルの文学にはない特色であり、詩にせよ散文にせよ、真面目なギリシア文学の言語は婉曲的であり、泌尿生殖器系統の働きについて触れる場合、曖昧になりがちである。

さらに、詩人が公衆を諭し咎めることをよしとする伝統をも、喜劇詩人は受け継いでおり、そこで、教師としての役割と解放者としての役割がこのように結びつくことによって、実世間に見られるほどには登場人物が――アリストテレス[19]『詩学』一四四八a一六―一八の言葉を借りれば――「善良でない」喜劇世界が生まれる。喜劇には、私達が皆、隣人を騙し、義務を回避したがっているという想定の下に立つ傾向があるし、また男女の愛と男色のどちらの関係をも、そのロマンチックな面はほとんど無視して、極めて露骨な生理学の用語に置き換えてしまうのである（第Ⅲ章Cを参照）。この点について、アリストファネスはおそらくこうも主張したであろうか、「私は、歌舞団《コロス》と、抜け目がなく、粗野で、やや俗っぽく、皮肉屋の登場人物たちとによって、君たちを、互いに欺きあい、自分をも欺いている状態から救い出すのだ」と。だが、喜劇を解釈しようとする場合には、この世にはアリストファネスの喜劇が立ち向かおうとしなかった事柄が山ほどあることを忘れてはならない。喜劇の一節という資料によって一体何が証明されるのか、断定することはしばしば困難であるが、幸いなことに、その一節が何を言わんとしているのか観衆に理解できるのなら、冗談や滑稽な着想の背景として認めねばならぬ世間の慣習や物の見方がどのようなものか究明することは、それほど難しいことではない。

(c)四二八年に生まれ三四七年に死んだプラトンは、眼に見える美しさという刺激によってかきたてられる愛とは、人間に「美それ自体」という万古不易の「形相」(イデア)の理解を迫ってやまない力の、低いレベルにおける一つの特殊な現れである、と考えた。プラトンは、宇宙の根本秩序は人間の理性で理解できるものであり、また、宇宙が現にある通りのものとなっていることの根本原因は善である、という二つの考え方を是非とも信じたいと思い、また、その思いを捨てることができなかったから、[20] そしてまた、善に対する人間の反応は愛と欲望なのだから——というのは、何かを善いという時、私達が言わんとするのはそのようなことだからである[21]——プラトンにとって哲学者とは、理性によって絶えず「上へ」と進歩してゆく過程で、肉体及び(個々の物事から成る)物質界に対する関心から解放されてゆくにつれて、理性と愛とはある一点へと収束してゆき、ついにはそこで一体となるに違いないとますます深く悟るようになるものだ、ということになる。

プラトンは、特に『饗宴』と『ファイドロス』の二作において、その形而上学理論を展開する糸口として、同性に対する愛と欲望を取り上げている。そして、殊にも重要なのは、プラトンが哲学というものを、孤独な瞑想のうちに追求され、師から弟子へと金科玉条の如く伝えられるべき営みとは見ずに、[22] 肉体の美と「魂の美」[23] とを兼ね備えた年下の男性が与える刺激に、年上の男性が反応することで始まるであろう弁証法的過程である、と考えたことである。アテナイの一貴族としてプラトンが活動した社会階層では、強い同性愛の欲望と感情が正常なものと見なされていたことは確かである。また、アテナイ社会一般において、女性の知的能力と忍耐力は低く評価されていた。[24] けれども、プラトン自身の同性愛の取り扱いは、こうした環境の結果であったのだろう。けれども、プラトン哲学における同性愛感情が異常に強く、異性への反応は異常に不足していた、という可能性も捨てるわけにはいかず、それ故、プラトンが描く彼自身の属した時代、地域、階層の同性愛志向は、やや誇張されたものかもしれない。いずれにせよ、プラトンは、本人自らは語らずに、ソクラテスその他が道徳や哲学の問題について議論する様子を描いているのであり（ソクラテス自身は書いたものを何も残していない）、また、プラトンの作になるソクラテス対話篇中のソクラテス以外の登場人物が述べる意見は多種多様である。[25] 例えば、『饗宴』の中でパウサニアスという登場人物がアテナイの世情について語っている言葉は、全て事実に関する客観的な陳述であるに違いないとか、それどころか、事実問題に関するプラトン自身の熟慮の上の意見であるに違いないと単純に推断するなら、とんでもない間違いを犯すことになりかねないのである。パウサニアスの言葉は別の証拠に照らせば事実であることが証明できるかもしれないが――また、私はその通りだと思うが――そういう別の証拠がなくてはどうにもならない。また、「アテナイ人の考えは」という言い方と、「プラトンは、これこれの文脈で、これこれの目的で、パウサニアスに、アテナイ人の考えは……と語らせた」という言い方では実際非常に重大な相違があるのである。その最大の理由は、パウサニアスが実在の人物であり、そして――こう考えてよい理由があるのだが（221頁参照）――ギリシア世界における標準以上に同性愛的な気質を強くもっていたからである。さらに重要なことは、ギリシア世界全体は論外として、四世紀のアテナイ人一般の考えや感情と、プラトン独特のそれとを区別することである。財産と暇があり、哲学と数学に対する限りない熱意を持ち、芸術に対して疑い深く批判的な態度を取り[26]、民主主義を軽蔑したという点で、プラトンはその時代の大部分のアテナイ人と違っていた（なお、作品について言えば、劇的な力、納得のゆく性格付け、活力、気品を、類まれと言ってよい程に総合する文筆力という点でも、プラトンが人と違っていたことをつけ加えるのが公平というものであろう）。

現代の人間が『ファイドロス』や『饗宴』を読む場合――そうした本を、彼らはたぶん書店のポルノ・コーナーで見かけたのかもしれないが――そこに書かれているのは、ギリシア人が同性愛全般について抱いていた見解の精髄であり、それが彼らの公式の代弁者によって明確に表現されたものなのだ、と思い込みがちである。しかし――ギリシア文明を代表して語る権利は言うに及ばず――プラトンがギリシア哲学を代表して語る権利さえ、ソクラテスの他の弟子たちによって認められなかったし、また、プラトンは哲学に大きなはずみを与えはしたが、彼自身の弟子たちも、続く二世代のうちに興った哲学諸派も、彼の教説を天啓として仰ぐことはしなかったのである。

(d)三四六年、アテナイの政治家ティマルコスが告発されたが、その根拠となる法律は、アテナイ市民にして他の男子に売春した者は——即ち、己れの肉体を同性愛のために使用させる代わりに金銭または物品を受け取った者は——政治活動への参加を禁じられる、というものであった。現存するアイスキネスの弁論の現行本では第一番とされている『ティマルコス告発』は、上の告発のための元の弁論を筆録したものであり、この記録には次の二点で特異な価値がある。一つには、これが、もっぱら同性愛関係とその実態を扱うかなり長い——あるエディションでは四五頁ある——現存する唯一のギリシア語文献であること。二つには、元の弁論が、数百人の一般市民からなる陪審団を説得することを意図したものであるのと同様に、筆録版も、告発者には共同社会の一員として政治活動を行う資格があり、一方被告は一市民としての正常な役割を果たすに値しないことを、読者に説得しようと意図したものであることだ。

アテナイの法廷には、私意を交えず陪審団を巧みに指導し、許し難い証言を規制し、論争点に関係のない話題・所見・申し立てを差し挿む話し手を制止する、そのような判事はただの一人もいなかった。[27] 話し手はそれぞれ、信用のできる人物は自分なのだ、公私の生活における模範的な経歴を見れば道理のあることが分かってもらえる善良な市民は、相手側ではなく自分なのだ、ということを陪審団に納得してもらうよう努めねばならなかったし、また、敵にはそれとは反対の外見《ペルソナ》を押しつけようとしなければならなかった。したがって、話し手は、普通の陪審員に胡散《うさん》臭いとか厭わしいと思われそうだ、と考えられるような意見を表明する危険を犯すことはできなかったのである。四世紀の平均的アテナイ人が、どのような社会規則や道徳律に、見かけは敬意を払い、それを守っているふりをしていたのか知ろうと思うならば、法廷弁論家たちが明白に述べている世論や一般論はどのようなものか、彼らがそれとなく述べている言葉の含蓄はどのようなものか、何を自慢し何を非難しているか、価値判断の言葉を挿んだり省いたりしているのはどんな点か、等の問題を研究するに若《し》くはない。[28] こういうわけで、アイスキネス『一』は、古典期のアテナイにおいて、同性愛というテーマについて公の場で述べても差し障りのなかった見解を知るよすがとなる、現存する唯一の原典なのである。これと対照的に、プラトンが著作活動を行ったのは、哲学に関心を持つ読者のためであって（そうした読者は、本の内容に腹を立てたり、ショックを受けたり、うんざりしたりすれば、その本を投げ捨てることもできた）、うまく宥め賺《すか》すことができなければ、財産でも市民権でも命でも奪うことのできる陪審団のために書いたのではなかった。また、アリストファネスの喜劇の中で同性愛がユーモラスに取り扱われているのは薬味に過ぎず、演劇祭で一等を取れるかどうかという問題に深刻に関わる中心主題ではなかった。けれども、アイスキネス『一』を使用する際忘れてならぬことは——五世紀中葉については、法廷弁論という資料が全く欠けているので——三四六年の世情が必ずしも、例えば四四六年の世情と同じだった、とは限らぬことである。

(e)三世紀以後、同性愛をテーマとしてかなりの数の「エピグラム」、即ち——大体は二ないし五対の二行連句から成る——短詩が作られた。そうしたエピグラムは、一連の詞華集に収録されたが、その中でも最も古く最も重要なものは、一〇〇年頃のメレアグロス編『花冠』であった。もっともなことだが、詞華集の編集者は先輩の編集者に依拠すること厚く、いくつかの作品は捨て、新しい作品を加えた。『ギリシア詞華集』と呼ばれるものは、紀元後一〇世紀にコンスタンティノス・ケファラスによって編纂され、それはケファラスに年代の近い『パラティン詞華集』（元プファルツ選帝侯図書館蔵の詞華集）、一三〇一年にマクシモス・プラヌデスによって編纂された『プラヌデス詞華集』及び後代のいくつかの小規模な詩選集に生き残っている。(29)『ギリシア詞華集』第一二巻には、約三〇〇にのぼる同性愛を扱うエピグラムが、同第五巻には男女の愛を扱うエピグラムが収められているが、場違いなエピグラムが所々に混っている点に、分類上少々不注意が見られる。メレアグロスより年代の下るエピグラムは、ギリシア人の同性愛関係における感情と実態について、それ以前の資料から既に知られていること以外はほとんど何一つ重要なことを語ってくれない。[30] 他方、『花冠』に見られる内容は、喜劇の中でそれとなく述べられている言葉や、壺絵の細部との関連でとらえると、かなり価値のある場合が多いが、これはギリシア文化には歴史を通じて移ろわぬ要素が数多く見られるおかげである（271頁参照）。

以下の諸章は資料をそもそもの始まりから年代順に取り上げたものではなく、資料が最も豊富で最も詳細な核心部から始まっている。同性愛に関して、アイスキネス『一』によって提起される種々の問題はかなりの数に上るが、私はその一つ一つを十分に研究することで、三四六年にアイスキネスが陪審団に語ったことが、陪審団の態度や役割との関連で何を意味するのか明らかにするつもりである。それ故、第Ⅱ章が本書の要《かなめ》であり、それに続くのは、私が特殊なケース、副次的な問題と見なすものの研究である。

4 用語

愛や性欲を表すギリシア語、また愛と性欲の一方または両方に関わるさまざまな行為と感情を表すギリシア語については、いずれ論じなければならないであろう（第Ⅱ章B2-3を参照）。だが、それ以外にも、翻訳上の問題が三つ、ほとんど最初から生じてきて、最後までつきまとうであろう。その一つは καλός カロスという言葉から生じるもので、この言葉は、人間、動物、物体、場所に使用されると、「美しい」「風采が良い」「可愛い」「魅力的な」「心ひかれる」の意味であり、行動や制度に使用されると、「素晴らしい」「立派な」「名誉ある」を意味する。強調しなければならぬことは、ギリシア人が人を「美しい」と言う場合、それはその人の品行、知性、才能、気質のためではなく、ただ、姿、肌の色と手ざわり、動作のためだ、ということである。英語では、男は「ハンサム」、女は「ビューティフル」といって区別するが、ギリシア語にはこれに対応する区別がない。カロスの用例が、男性、女性、中性のいずれを指すかは、文法上の形態だけで示されるので、「風采のよい男たちと美しい女たち」の意味で男性複数形を使用したり、「人々の美質、物事の魅力、行動の目立った美点」の意味で中性複数形を使用するために、翻訳が厄介になることがある。翻訳に際して私は、英語ではあまり響きが良くない場合でも、「ビューティフル」で通すことが多かった（本訳では美しい、きれい、など適宜使用した）。そこで、別の言葉を使用した時は、誤解の生じないように、原典でカロスであることを括弧で示した（本訳では必要に応じてルビをふることとする）。

第二の問題は、同性愛関係における「能動的」（または「説き伏せる」「支配的」）当事者と「受動的」（または「受け入れる」「屈服的」）当事者に関するものである。同じ年齢層の者同士が互いに欲望を抱くことは、ギリシア人の同性愛においてはほとんど知られておらず（227頁以下参照）、恋する男の肉体的能動性と、恋される男の肉体的受動性の区別は極めて重要である。多くの文脈において、また詩ではほとんど一定して、受動的当事者は παῖς

パイス（複数は παῖδες パイデス）「少年《ボーイ》」と呼ばれるが、これは「子供」「少女」「息子」「娘」及び「奴隷」にも使われる言葉である。だが、同性愛関係におけるパイスはしばしば背丈の伸び切った若者であった（この点は壺絵に徴して明らかである）。そこで、煩を避け、同時に「少年」という語の曖昧さを避けるために、私は一貫して ἐρώμενος エローメノスというギリシア語を採用した（恋される少年または若者の意、本訳ではほぼ「稚児」と統一する）。これは ἐρᾶν エラーン「恋している」「激しい欲望を抱いている」という動詞の受動分詞男性形である。ただし、パイスという語の出ているギリシア語文献の抄訳をする場合には「少年」という語で通し、また、年下の当事者のおよその年齢が分かっている場合、その関係を記述する際には、「少年」または「若者」という言葉を用いている。年上の当事者については、ギリシア語名詞 ἐραστής エラステースを採用した（愛する男、の意。本訳ではほぼ「念者」と統一する）。この言葉は同性愛にも異性愛にも等しく使用できるが、英語の love の持つ多義性はない（第Ⅱ章B2-3を参照）。ギリシア人は「稚児」の意味で παιδικά パイディカという語をよく使用した。これは形容詞 παιδικός パイディコス「παῖδες パイデスに関わる」の中性複数であるが、例えば「クレイニアスはクテシッポスの稚児《パイディカ》であった」のように、たびたび男性単数のように用いられる。[31] ギリシア語文献でこの語が使用されている箇処を論じる際には、稚児《パイディカ》と表記することとする。

第三の問題は、本来は特殊なタイプの性行動に用いられる厳密な用語が、多くの人に非難される全ての性行動に、いや、性に関係がなくても、どんな理由にせよ歓迎されない行動にまでも、拡大解釈して用いられ易いことに由来する。例えば、πορνεία ポルネイアーという語は、古典期のギリシア語では「売春」を意味するが（98頁参照）、後のギリシア語では作者が反感を持っているどんな性行動についても用いられている（例えば、『コリント人への第一の手紙』五・一）。私達は、例えば wanker（千摺野郎）とか motherfucker（お袋とやったやつ）といった現代の俗語が実際に用いられても、それが性的逸脱を本気で咎めるものだとは、普通受け取らないことを考え合せれば、これに類したギリシア語を解釈するに当たっても、――例えば καταπύγον カタピューゴーン（尻軽男。323頁以下参照）のように語源的に分析できる語にせよ、κίναιδος キナイドス（蔭間）のように語源的に不可解な語にせよ――同様に慎重でなければならない。逆に、例えば文字通りには「醜い・不名誉な・恥ずべきことをする」の意味の複合語幹 αἰσχροποι- アイスクロポイ-のように、それだけ切り離して調べてみれば、性に関わるものとは認め難い語にも、明白な性的意味あいが備わっていたかもしれないことは予期しておくべきである（英語の unnatural を参照）。

第Ⅱ章

ティマルコス告発

A　法律

1　男の売春

三四六年初夏、アテナイ市はマケドニア王フィリッポス二世と平和条約を結んだ。だが、条約の条項に対して、またとりわけ、フィリッポスが条約を遵守すると実際に誓うまでの最後の数日に執った侵略的行動に対して、アテナイ市民が強い不満を抱いたため、フィリッポスの宮廷に出向いて誓約を受けるという使命を終えた使節団は、帰国するや告発の脅威に曝されたのであるが、それは原告側の勝訴に終れば彼らの命取りになりかねないものだった。この告発を焚き付けたのはデモステネスで、彼は使節団の一員であったが、帰国すると他の使節団員と袂を分かったのである。そして、デモステネスと行動を共にし、おそらくは告発者代表に任じられたのが、ティマルコスという男であった。ところが使節団は、ある法律に訴えることで、この脅威に対処しえたのである。その法律とは、両親を虐待し、兵役を忌避し、戦場で逃亡し、遺産を蕩尽し、あるいは他の男に売春行為を行った市民から、民会で演説することを始めとして、さまざまな市民としての権利を剝奪するという趣旨のものであり、かつ、この法律は、こうした理由によって資格を失っているにもかかわらず、禁じられた権利を行使しようとした者を弾劾し、告発し、裁判にかけることを許可していた。さて、ティマルコスが民会で活動し公職に就いていたことは確かであるが、彼が若い頃に売春行為を行ったことは、少くとも（アテナイの陪審団が全てそうであったように、専門判事による指導を欠いていた）陪審団が十分納得する程度には、証明することができる、と使節団側は考えた。そして、この考えが正しかったことは、告発の脅威に曝された使節団員の一人、アイスキネスがティマルコスを法廷に引き出して勝訴することで証明されたのである。ティマルコスは市民権を剝奪され（デモステネス『一九』二八四）、このためデモステネスとその一党の企ては失敗に終った。それから三年後、アイスキネスは上記の使節行の際の背任行為のため告発され、次いで無罪とされた。

三四六年の出来事を示す情報の大部分が、極めて党派的な資料に由来するものなので、どの時点を取り上げても、外国政策の諸問題に関するアテナイの世論がどのような比率になっていたか判断することは困難である。また、ティマルコスの不潔な過去が暴露されたというただそれだけのことで、対フィリッポス二世政策についてはアイスキネスが正しく、デモステネスは誤っている、と市民が確信するに十分であった、などと推定するのは愚かというものであろう。アテナイ市民にとって、ティマルコスが国政参加権を剝奪される理由はどうでもよいのであり、もっと重要だったのは、ともかく法的に剝奪されている権利を彼が行使しようとしている、という事実が証明されたことだったのであろう。つまり、ティマルコスが属していた党派による使節団告発という政治努力が挫折した最も重大な要因は、証明の質がどうあれ、アイスキネスの中傷と嘲弄を陪審員たちが支持したことによって、ティマルコスの社会的、政治的地位が低落したことだったらしいのである。

アイスキネスが二九―三二節で、逐語的引用もまじえながら説明している法律によれば、「春ヲ鬻《ヒサ》ギシコトアル（πεπορνευμένος ペポルネウメノス）」、または「男妾ヲ勤メシコトアル（ἡταιρηκώς ヘータイレーコース）」市民は、市民権の行使を禁じられた（男妾の語は日本語として多少転義を伴うが、敢えて使用する）。

何故なら、己れの肉体を淫行《ヒュブリス》のために売ったことのある者は、国家の利益をも軽々しく売るであろう、と立法者が考えたからであります[1]（ὕβρις ヒュブリスについては本章A4を参照）。

この法律にはっきりと表現されている二種類の行為は、事実、「自己肉体販売」属中の相異なる二つの種なのである。ペポルネウメノス（春を鬻いだ）という語は、「πόρνη ポルネー（娼婦）または πόρνος ポルノス（男娼）として振舞う」という意味の動詞 πορνεύεσθαι

ポルネウエスタイの完了分詞であり、ポルネーは περνάναι ペルナナイ「売る」と同系の語で——それが奴隷女であれば、主人のためにそういう行動を取ることになるが——自分の肉体を性的に使用させるのと引き換えに金銭を受け取る女、つまり「娼婦」を指す普通のギリシア語であった（初出は七世紀、アルキロコス断片三〇二）。また、男性形のポルノスという語も、金と引き換えに男色行為を甘受する男や少年に使用されたことが認められる（クセノフォン『ソクラテスの思い出』一・六・一三、アリストファネス『福の神』一五三―九。初出はテラ島のアルカイック期の落書、*IG* xii. 3. 536）。これに対し、ἡταιρηκώς ヘータイレーコース（男妾を勧めた）は動詞 ἑταιρεῖν ヘタイレインの完了分詞で（不定法は ἡταιρηκέναι ヘータイレーケナイ）、「友達」「仲間」「相棒」を指す普通の語 ἑταῖρος ヘタイロスと同系の語である。ヘタイロスの女性形ヘタイラーという語がしばしば(2)言わんとしたのは、結婚という手続きを取らず、終身契約であるという暗黙の了解もなく、子供を生み育てる意図も持たないが、男の側には、女に愛されているかもしれないという期待がないわけではない、そのような性関係を目的とする男から、十分と思われるだけの扶養を受けている女のことであり、従って、この語は時に「娼婦」よりは「妾《ミストレス》」に近いことがある（本訳では、ヘタイラー・娼婦・遊女などを適宜使用し必要に応じてルビをふった）。ところが、古典期には、動詞ヘタイレインと抽象名詞 ἑταίρησις ヘタイレーシスとはヘタイラーについて用いられた様子はなく、もっぱら同性愛の上で、ヘタイラーに似た役割を演じる男または少年について用いられたようである。

女が普通の娼婦と見なされるか、ヘタイラーと見なされるかは、ある程度は、性交した男の数と、それぞれの男との関係がどれほどの期間続いたかに依った。娼家に居て、毎日次々と来る客を相手にする女は明らかに娼婦《ポルネー》であり、また一年かそれ以上の期間一人の金持ちに囲われて贅沢に暮らし、その間全く(一歩譲って、ほとんど全く)他には誰とも性交したことのない女は、同じく明らかにヘタイラーであった。だが、この二者の境界線は截然たるものではありえなかった。例えば、ある女が、一週間に四人の男と性交し、その度に長続きする二心のない仲になりたいと望み、四番目の男とその望みを果したとすれば、この女をどちらに分類したものであろうか。その上、ある女を「娼婦」と呼ぶか「ヘタイラー」と呼ぶかは、その女に対するどのような感情を表現したいのか、または聴き手の心に呼び起こしたいのか、ということに掛かっていた。(3) アナクシラス断片二一では、両者は献身と愛情の点から区別されているが、春を鬻ぐ女たちを貪欲で嘘吐きだと憤懣やる方なく罵《ののし》る体の同断片二二では、そうした女たちは、冒頭と末尾ではヘタイラーと呼ばれているのに(一行及び三一行)、中間では売女《ポルナイ》(ポルネーの複数形)と呼ばれている(二二行)。また、アテナイの政治家ペリクレスはアスパシアに子供たちを生ませ、またこのヘタイラーは、確かに只者でなく教養があり、恐らく潔癖でペリクレスに貞節を守りとおしもしたと思われるが、エウポリス断片九八によると、息子の一人、ペリクレス・ジュニアは「売女の息子」と呼ばれて辱められたそうである。

「……アルイハ春ヲ鬻ギシコトアル、アルイハ男妾ヲ勤メシコトアル」とアイスキネスが引用する法律によって、同性愛についても、娼婦とヘタイラーの区別に類似した区別があることが暗示され、またこのことは五一節以下でいっそう明らかになる。

さて、アテナイの皆さん、もしそこのティマルコスがミスゴラスの家に留まったまま、更に他の人の所へ行くことがなかったならば、ティマルコスの行状は――そのようなことが節度ある、と言えるとしまして――なかなか節度があったことになりましょうし、私としましても、立法者があからさまに述べておりますこと、即ち、男妾であったという一点を除けば、何一つティマルコスに対して責任を問うことを敢えてしなかったでありましょう。何故ならば、ただ一人の者に対してのみそれをなし、報酬を求めてその行為を行う者は、まさにその点で責めを受けてしかるべきだ、と考えるからであります。しかし、この野卑《アグリオス》な者たち、ケドニデス、アウトクレイデス、テルサンドロスのことは、彼らの家でティマルコスが側仕えする身となったとだけ述べて、あとは省くことにしまして、皆さんの記憶を甦らせ、彼がミスゴラスの家でばかりか、別の人の家で、さらにまた別の人の家で体を用いて報酬を得、その人の家からまた他の人の家へ行ったことを証明しましたなら、ティマルコスは男妾《ヘータイレーコース》を勤めたばかりか、――ディオニュソスにかけて、どうしたら一日中お茶を濁していられるか分かりません――春を鬻いだ《ペポルネウメノス》ことも明らかになりましょう。金も取れば、相手も大勢、行き当たりばったりにそれを為す者は、まさにその点で責めを受けてしかるべきだ、と考えるからであります。

アイスキネスが陪審団の「記憶を甦らせ」る、その事実は三七―四四節でやや詳しく述べられている。アイスキネスは、度量の大きいところを見せるべく「ティマルコスが少年の頃自分の肉体に対して犯した過ちは全て」黙過しようと述べ（三九節）、ティマルコスが初々しい若者《メイラキオン》の頃、ある医者の診療所で日々を過し、それは表向きは医術を学ぶためだったが、実際には男色の習慣に染まるようになった（四〇節）時期から始めよう、としている。ミスゴラスという、立派な市民ではあるが、「このことに関しては異常に熱心な」男が、前金で支払ったうえで、ティマルコスを家へ連れ帰り、自分と一所に住まわせた（四一節）。五三節以下でさらに申し立てが続き、もう金が続かないというので、ミスゴラスに暇を出されると、ティマルコスは次々と、アンティクレス、ピッタラコス、ヘゲサンドロスの家へ行って同棲した。アイスキネスが五二節で「省くことにして」いる「野卑な者たち」のことは二度と言及されないし、それを期待すべきでもない。というのは、「……については何も申しますまい」という言い回しは、相手に痛手を与える申し立てをしながら、同時に、申し立てをしないということで、信用を得ようという、弁論家の月並みなやり口だからである（このテクニックは一〇六、一〇七、一〇九、一七〇節で再び用いられる)。

アテナイの法廷における証言法は、現代の基準と比べると、ひどくずぼらなものであった。アイスキネスは大いに心を安んじて、陪審員たちの多くが被告の身の上をよく知っているという事実に触れているし(四四節「私が真実を話していることは、当時ミスゴラスやティマルコスと知り合いだった人々は皆知っているのであります」)、九二節以下では、法廷で提出される証拠にばかり心を向けずに、ティマルコスについて聞いたことのある噂やゴシップも全て考慮に入れるよう、陪審団に要求するのである(四八、七三、八〇―五、八九以下、一二一以下、一二七、一三〇節参照)。勿論、こうした方針を取るについては、強い戦略上の理由があった。それは、同棲していた男たちからティマルコスが金を受け取ったことを疑問の余地なく立証することは、契約文書が存在しないために、極めて困難だったからである。

ここで一休みして、これまでに述べたことから浮かんできた疑問点を一覧してみよう。

(a)アイスキネスの引用する法律は、己れの肉体の贈与ではなく、販売に関するものであった。そこには「不自然な習慣」とか「とんでもない淫らさ」というようなことは何一つ述べられておらず、とすれば、愛情のためか、それとも冗談に、同性愛の行為に甘んじた者たちには、何の罰も科されなかったように思われる。それは実際に法の意図するところだったのか？　商売ではない同性愛を罰する法律が他に存在したのか？

(b)法律は売り手を罰していた。それでは、買い手は罰しなかったのか？

(c)アイスキネスは、法廷で「春を鬻いだ」という言葉を発しなければならなかったとき、躊躇《ためら》い戸惑《とまど》う気持を表明しており、また「男妾を勤めた」という言葉を用いる時さえ、法律を「あからさま」であるとしている。同性愛の行状について語るとき、アテナイ人の感じる抑制はどの程度のものだったのか？　また、その理由は何だったのか？

2　刑罰

真偽に拘りなく、共同社会全体の中で不都合とされかねない行状を理由に、他人を誹《そし》り嘲ることは、どのアテナイ人にも為しうることであったし、その際、十分には守られていないが、市民の大多数が表向きは信奉している道徳律が、非難の根拠とされた。女色にせよ男色にせよ、性交することに異常なほど熱中していることが明らかになれば、これを道徳的に咎める理由は色々とあった。つまり、好色家は他の人よりも、強姦や姦通の罪を犯したり、性的享楽を購う金を不正な手段で手に入れる誘惑に駆られたりしそうであるとか、遺産を課税の対象となる資産として保管し、あるいは共同社会にとって望ましく有益な目的に使用されるよう寄付するどころか、ヘタイラーや娼婦に入れ揚げそうであるとか、自己犠牲、忍耐力、苦痛に対する抵抗力といった雄々しい美徳が必要とされる状況で、快楽や安逸に走りそうである、というわけだ。(4) また、人を唆して非行に走らせ、そのことで、露《あらわ》には見えない不利益を共同社会にもたらしている、と見なされる者は、非難の的となりがちだった（例えば、他人に売春させ、従って共同社会が将来その人の意見を聞く機会を失わせた者が、これに当たる）。策に富み、道徳をふりまわすのも巧《うま》い論敵が十分その気になれば、意地悪い解釈を付会できぬような行為というものは、思い浮かべるのも難しい。だがこのことは、男娼の客が、法によって規定された罰を受けたかどうか、という明確な疑問とは全く別の問題である。

アイスキネスの弁論から、この疑問に対する解答を得ることは、不思議と難しく、そこで思い出さねばならぬことは、法廷の話し手は、争点を明瞭にすると主張しながら争点を暈《ぼか》すことがこの際有利だと思ったなら、必死になって争点を暈したであろう、ということだ。現代の弁護士にも同じことが言えて、曖昧さを払いのけるのは判事の役割なのである。だからアテナイの法廷では——これはティマルコス訴訟に当てはまることだが（一三二節。一七節参照）——陪審員たちのよく知らぬ法律を拠り所とする珍しい訴訟が起こった場合、話し手は、たとえ法的事実の持つ諸問題について陪審団をまんまと誤らせることはできなくとも、少くとも彼らを自分にとって好都合な心理構造にさせるチャンスに比較的恵まれたわけである。

話し手が法律の実際の文言を伝える時に、見えすいた歪曲をして無事に済むわけがなかったことは当然考えられるが、殊に、話し手が議論上それを必要とし、法廷書記が当該法文を読み上げたような場合（これは普通に行われたことだ）はそうであった。「法律の述べるところでは……」という形式の陳述は、十分な反証がない限り、真実と考えてよいのである。法律から引用された言葉が古風であり、省略があり、さもなくば解釈困難であり、そこで話し手が説明を加えている場合、法律原文の引用が真実である公算は大であるが、話し手の説明が正確かどうかは別問題である。つまり、原告によるものか被告によるものかを問わず、ギリシアにおいては、そのような説明が、現代の法律学者が熟考した上での見解に相当するものだと見るなら、誤ることになろう。また、法廷書記が話し手の指示に従って法文を途中から読み始めたり、読み終えぬうちに中断したりする場合があることも注目すべきである。というのは、前後も読み上げられれば絶対に有りえないような解釈を条文の一部に加えることによって、陪審団を誤らせようと話し手が望んでいるのかもしれぬからである。(5) その上、法文を要約する際、話し手は逐語的な引用と、自分の所見や解釈とを綯交《ないま》ぜにすることもある。一九節がその好例である。(6)

立法者は、「オヨソ雅典《アテナイ》人ニシテ春ヲ鬻ギシ者ハ、九執政官ノ一タルヲ得ズ」と述べておりますが、これは思うにその官職が冠を被る神聖なものだからであり、「又、聖職ニ就クコトヲ得ズ」とは、身体が清浄でないからであり、「又、国家権益ヲ擁護スルノ任ニ就クコトヲ得ズ」と述べ、「又、国内国外ヲ問ハズ、抽籤選挙ヲ問ハズ、如何ナル官職ヲモ永劫ニ司ルコトヲ得ズ。又、布告官タルコトヲ得ズ、使節タルコトヲ得ズ」、また、使節の役を勤めた者を起訴してはならず、雇われて誣告を行ってはならず、また、たとえアテナイ一の能弁であっても、「評議会、民会ノ何レヲ問ハズ、永劫ニ説ヲ弁ズルコトヲ得ザルモノトス」と述べているのであります。

古典ギリシア語の表記法には、このような一節を翻訳する際必要な引用符、ダッシュ、括弧に相当するものがなく、そのため、アイスキネスのこうした発言を実際には聴いておらず、また聴いた者と会うこともできない（三四六年以来今日までの）読者は、引用と注釈を区別するに当たっては、自分なりに判断せざるを得ない。「これは思うに……だからであり」が注釈であることは見易い。「身体が……でないからであり」は、法文と注釈の区別を明らかにする一人称単数が欠けているものの、「九執政官」に関する前注と類似した、「聖職」に関する注釈であり、またこれは一八八節で少々異なる形で繰り返される。「又、国家権益ヲ……就クコトヲ得ズ」の後で「と述べ」と繰り返されているのは、上述の二つの注釈の後で、私達が聴いているのは本来法律からの引用なのだという印象を回復すべく仕組まれたものなのである。「また使節の役を……誣告を行ってはならず」は、ひどく不注意で鈍い聴き手には引用として通るかもしれないが、実際は、ティマルコスが使節団を告発しようと乗り出していたために、挿入されたものなのである。何故なら、使節団を告発することは司法上他のどのような告発とも異ならず、従って、売春に関する法文に、考えられる限りのありとあらゆる告発の中から殊更に一つを選んで、売春者にはその資格が無い、と明記される筈がなかったからである。「雇われて……」は、ティマルコスがアイスキネスに無実の罪を着せるよう買収されたことを示唆しているが、これは法律の一部ではあり得ない。というのは、恐喝や収賄行為は——官職や聖職を司ることと違って——売春の罪なき者に対して法律が認める特典というわけではないからである。最後に、「たとえアテナイ一の能弁であっても」の一句は、実際の法律にはまずありえない性格付けであるが（法律の文体がどのようなものであるかを述べるに足る、アテナイの法文が現存する）、相手は意図の不当さを強弁で包み隠そうとしているのだ、という訴訟当事者常習の申し立てとぴったり符合する（デモステネスの口巧者ぶりに対するアイスキネスの冷笑、九四、一一九、一二五・一六六、一七〇節を参照）[7]。

アイスキネスはミスゴラス（四五節以下）とヘゲサンドロス（六七節）の——要請に応じて、でないことは確かだが——有利になるような宣誓供述書を作成し、そして、それが読み上げられるとき、二人が出廷して己の証言であることを正式に認めてくれるものと期待したようである。(8) ミスゴラスのために作成した供述書の場合——アイスキネスがミスゴラスの好意を出来れば繋《つな》ぎとめておきたがっていることは明らかである（四一節、「他の点では立派な紳士であり、どうにも非難の仕様がないが、このこと〔即ち、男色関係〕に関しては異常に熱心な男」(9)——ミスゴラスとティマルコスの関係の実態を何と呼ぶかは述べなかったし、「本当のことを証言した者に、合法的な刑罰を招くことも何一つ」記さなかった、そして「証人にとって危険にも不名誉にもならぬこと」のみを挙げた、とアイスキネスは主張しているが、彼がそんなことを如何にやりおおせたかは分からない。というのは、本弁論に挿入された、ミスゴラスの証言と称する記録文書（五〇節）は、文中ミスゴラスに誤った父名と出身区名が添えられていることから、後世の偽作であることが露見しているからである。(10) だが多分、「ティマルコスはこれこれの期間自分の家に住んでいた」とミスゴラスが一度《ひとたび》供述してしまえば、ティマルコスが若くてとびきりの美貌を誇った頃、ミスゴラスの家に住んでいる間は、使う金に不自由しなかった、という噂や陰口や（それが事実だったのなら）事実に訴えることで（四一節以下、七五節以下）、二人の関係がどんな性質のものであったか「証明」できる、とアイスキネスは期待できたのだろう（訴訟の結果に見られるように、この期待は正しかった）。他方——おそらくヘゲサンドロスと良好な関係を結んでおくことは、アイスキネスにとって政治的にそれ程重要でなかったためであろうが——ヘゲサンドロスのために作成した供述書は、ミスゴラス用のより「多少明瞭である」

（六七節）とアイスキネスが述べているものの、やはり、記録文書とされているもの（六八節）は、実際の言葉遣いを示す確かな証拠ではないのである。

アイスキネスは「罰」や「危険」について述べているが（九八節参照）、これは七二節で敷衍される。

というのも、私は皆さんが少し前に読み上げられるのを聴いたいくつかの法律を思い出すことが出来ぬほど忘れっぽい方々だとは思わぬからであります。その法律にはこう述べられております。およそこの行為のためにアテナイ人を雇った者、または雇われた者は、両者等しく最高刑を受けるべきものとする、と。そこで、もし本当のことを証言したなら、自分が極刑に値することを示すことになる、そんな証言を明らかに述べようとするほど無謀な者が、誰かありましょうか？

「最高刑」（二〇、九〇節参照）、または「極刑」という言葉で、アイスキネスは死刑のことを言っているのだが、そのことは陪審員の贈収賄との類推から明らかである（八七節）。

その論点からしますと、双方共に法律の規定に従って死刑が目前に迫っているにもかかわらず、一方は贈賄を、他方は収賄を証言することは、万やむを得なかったはずでありましょうが、それはこの、およそアテナイ人を淫行のために雇った者は、また逆に、およそアテナイ人にして己れの身体を辱めるべく自ら進んで雇われた者は、という場合と同様なのであります。……（八八節）……（贈収賄の容疑で）告発された者たちは……死をもって罰せられたのであります。……

アテナイ人は多種多様な犯罪を理由に人々を処刑したのだから、反逆罪や殺人以外の罪で死刑を宣告されたからといって、驚くには当たらない。もっとも、死刑のかわりに、破滅的な罰金刑を科する道が法廷に開かれている場合も多かった。驚くべきは、アイスキネスの弁論中もっと前の部分で読み上げられ解説された法律が実のところ、七二節と八七節に述べられていることの裏付けとなっていないことである。法律は男娼と客の双方に死罪を定めているわけではなかった。法律の規定は次の通りであった。

(a)売春した男が、その後民会で演説したり、官職に就いたり等々の行為をなした、その場合は「男子売春訴訟《ヘタイレーシス》」と称する訴訟をその者に対して起こし、有罪と認められれば、その者を死刑に処してよい。関連部分は、二〇、三二、四〇、七三、一九五節。

(b)少年の父親または保護者が、男色の相手として用いるよう少年を賃貸しした場合、父親（または保護者）と客の両者共に罰を免れない。更に一三節以下を見よ。

(c)自由身分の（即ち、奴隷ではない）婦女または少年の売春を斡旋した者は極刑に処せられる（一四、一八四節）。

(d)自由人か奴隷かを問わず、男性、少年もしくは婦女に加えられた暴行《ヒュブリス》も厳罰を科せられる（一五節以下）。

暴行《ヒュブリス》の性質は本章A4節で論じることとするが、さしあたって、相手を好きなように扱うことを目的とする暴行と解釈しておいてよいであろう。

(c)に引用した法律はティマルコスの場合とは何の関係もない。ティマルコスが他の者を斡旋したとか、売春斡旋で儲けたとか、アイスキネスが主張しているわけではないからである。だが、売春斡旋は死罪を招くことも有りうると述べれば、レトリックとしては、陪審団の胸中に売春から刑罰への連想を定着させるのに役立つ。またこの引用には、ティマルコスはいわば自分自身の売春斡旋者であった、という含みが隠されているのかもしれない（「自己に対する暴行《ヒュブリス》」に関する133頁以下を参照）。ちょうど、アリストファネス『雲』九七九以下で、ある色好みの少年が、「色眼を使って自分を取り持とう《プロアゴーゲウォーン》としながら」と語られているように。

(b)に引用した法律もまたティマルコスの場合とは何の関係もない。ティマルコスが自分の息子または被後見人を賃貸ししたとか、逆に、賃借りして男色の相手とした、とは申し立てられていないからである。だが、この場合も、法律に言及することで、男色と刑罰の連想が強められる。アイスキネスが売春斡旋禁止法より詳しくこの法律について述べていることから、彼はレトリックの上でこちらに一層の重点を置いたのだと推しはかってよく、また細部について検討すると、この推測が正しいことが分かる。確かに、アイスキネスはある重要問題について陪審団を誤らせるためにこの法律を利用しているのだ。陪審団に向かって読み上げられたいくつかの法律は、男色のためにアテナイ人を雇った何者にも「最高刑」を規定している、と七二節で述べるとき、アイスキネスは次の二点で嘘を吐いている。一つには、読み上げられた法律(一二、一六、二一、三五節)にはそのようなことは何も述べられておらず、二つには、父親または保護者によって賃貸しされた少年を雇った客に対する刑罰を規定する法律は、読み上げられたのではなく、アイスキネス自身の言葉で要約されたのである(一三節)。八七節で新たに、「およそアテナイ人を淫《ヒュブリス》行のために雇った者」は罰を免れない、と述べられるが、この場合も、「アテナイ人」とは父親または保護者によって賃貸しされた少年であるという、本質的な条件が省かれている。

そのようなケースについてアイスキネスが述べていることから、法律では、死刑が父親または保護者に対する標準的な刑罰と想定されてはいなかったことが明らかである。というのは、法律では次いで、そのような少年は、成人したとき、父親を扶養するという慣習的義務を免除されると規定されていたからである。この点、アイスキネスは二つの箇処で、あたかも父親によって売春を強いられた少年自身は罰を受けないかのような印象を与えようとしている。

一三節。ともかく、法律は明確に述べております、父親が……売春のために息子を賃貸しした場合、少年自身に対して告発を行ってはならず……

一八節。ここでは立法者はまだ少年本人に向かって語っているのではなく……だが、区民登録簿に(11)（成人として）登録されたときは、……もはや他人にではなく、既にティマルコス本人に向かって語っているのであります。

しかし、一四節ではこう述べられる。

（売春させられた少年に父親の扶養を免除する）法律により、父親は一生子供を作ったことから得られる利益を剥奪されるのであります。ちょうど父親が子供から弁論の自由を奪ったように。

この言葉の含みは、たとえ自分の意志で売春したのではなくとも、成人したとき、少年は法によって（公の場で話す権利を剝奪されるなど）諸々の点で無資格とされることであり、それ故一三節の「告発を行ってはならず」とは、売春させられた時点では、という意味なのである（さらに、少年が成人したとき、今や自動的に剝奪されている諸権利を行使しようとしない限り、いつまでも告発はない〔111頁を見よ〕）。少年の強制売春のケースでは、刑罰が科されるのはその時点では父親または保護者であって、少年ではないと主張するレトリック上の意図は、単に、ティマルコスが既に成人した後に自分の生き方を選んだ点を強調することにある。

(a)の法律表現からは二つ、極めて重要な言外の意味が汲み取れる。一つは――本章A3でより詳しく論じるが――アテナイに滞在または在留中の外国人にはどっちみち官職に就いたり民会で演説したりする権利がないのだから、好きなだけ売春する自由があり、そのために罰せられたり、非市民という身分のために固《もと》より失われている以上に資格を剝奪されたりすることはなかったこと。二つは、アテナイ市民が自分の売春を秘密にせず、抽籤による官職の割当てに参加せず、誰かの不注意のせいで官職に選任された場合は自分が不適任なことを表明し、法律によって禁じられた如何なる行動にも手を染めることを慎んだなら、告発され罰せられる惧れはなかったこと、である。後者が妥当なことは、一連の箇処によって裏づけられる。

三節。さて、ティマルコスに対して、この訴訟全体の責任を負うものは……ほかならぬティマルコス自身であることが明らかになりましょう。と申しますのは、恥ずべき生活を送ったことのあるティマルコスに対して、法は民会で演説することを禁じたのでありますが、この禁令は、私が見る所では遵守が困難ではない、いや、むしろ極めて容易だからであります。

一九節。立法者は、「オヨソ雅典人《アテナイ》ニシテ春《ヘタイレイン》ヲ鬻ギシ者ハ……如何ナル官職ヲモ永劫ニ司ルコトヲ得ズ……評議会、民会ノ何レヲ問ハズ……説ヲ弁ズルコトヲ得ザルモノトス」と述べております。そして、何者かがこうした禁令に違反した場合にそなえて、立法者は男子売春訴訟法《ヘタイレーシス》を作って、最高刑を科したのであります。

三二節。そこで立法者は、その者たちを演壇から締め出し、民会で演説することを禁じているのであります。そして、何者かがこうした禁令に……違反したなら、資格アル雅典人《アテナイ》ノウチ、望ム者ニ資格審査ヲ提起サセヨ」と述べているのであります（四六節参照)。

四〇節。……法律によって行うことが禁じられ、さもなくば民会で演説することすら禁じられる、まさにその行為によって金を稼いで……

七三節。だがティマルコスは、そのような行為をなした後に、法に反して民会で演説を行ったが故に、裁かれているのであります。

一九五節。自分の身体に対して過ちを犯した者たちに、「私達に迷惑をかけるな。民会で演説することを止めよ」と命じて頂きたい。何故なら、この法律も、私人としての生活を送る者ではなく、政治に携わる者を調査吟味するものだからであります。

アイスキネスは七四節で、自分の家や貸し部屋の中か前で客待ちをして商売に精を出し、誰の眼にもそれと見分けがつく男娼を引き合いに出しているが、そこに述べられたことだけでは、この営業が合法的であったことを証明するには不十分である。それは、今日、娼家がいまだその命脈を保っているからといって、売春婦の稼ぎで食べていくことが合法的である、とは「証明」できないのと同じである。だが、デモステネスがティマルコスを弁護して用いそうな（とアイスキネスの言う）議論が先回りして述べられている別の箇処でこの問題は解決する（一一九節以下）。

デモステネスはこう言うのであります、「その理由は、毎年評議会が売春税徴収を請負に出していることを、あなた方皆が忘れてしまったとすれば、不思議なことだからだ。徴税請負人はその商売に携わる者は誰々か、推し量るのではなく、正確に知っているのだ」と。……「事の性質上、必要なのは告発者による非難ではなく、ティマルコスから売春税を取り立てた徴税請負人の証言なのだ」と言うのであります。

国家が己れの禁じた活動に対して定期的な徴税対策を講じた筈がないことは明らかであろう。

さらに、一五八節でアイスキネスは面白い話を語っている。ディオファントスという名の孤児が、孤児を保護することを職務の一つとする行政官に苦情を寄せて、ある外国人が、彼を男色の相手とした代金の四ドラクメを支払わなかった、と申し立てた、というのである。アイスキネスはこの話を紹介するに当たって、「あなた方の内の誰が……知らぬでありましょうか？」と述べているが、これは当てにならない。「皆さんが御存じのように……」とは、真っ赤な嘘を信じさせるために、話し手が法廷でよく使う手口だったのだから。だが、アイスキネスはその行政官を特定しているし（「その補佐官はアゼニア区出身のアリストフォンでありましたが」。アリストフォンは三四六年にまだ活動していた著名な政治家である）、また根っから本当らしくない作り事はほとんど役に立たぬものである。

さらにまたアイスキネスは、男色の相手としてティマルコスを雇った者が、ティマルコスを契約違反で訴える場合を想定して言う（一六三節）。

とすれば、法に反してアテナイ人を雇おうとするその男は、どうして石打ちの刑を受けずに済みましょうか？　そして、訴訟に負けて一ドラクメにつき一オボロスの罰金を科されたばかりか、ひどい暴行《ヒュブリス》まで受けた挙句、法廷から立ち去ることにならないでありましょうか？

陪審団の五分の四以上が被告に有利な判決を下した場合、一ドラクメにつき一オボロス、つまり、賠償請求額の六分の一の罰金が原告に科された。石打ちの刑は、法によって実際に規定された刑罰ではなかった。だが、四八〇年のペルシア襲来に纏《まつ》わる伝承では（ヘロドトス九巻五節、デモステネス『一八』二〇四）、妻子もろとも石打ちにされて死んだ男たちのことが語られているが、それは、彼らがペルシアの要求を呑むよう首唱したために、一般市民の胸中に憎しみと怒りが自ずとかき立てられ、その結果、法の束縛が断ち切られたためだった。それ故アイスキネスが言わんとしているのは、想定されたこのケースでは、原告が——なにしろ原告の手許にも法律文書があるわけで——法による制裁を招くであろうということではなく、暴力となって爆発するような怒りを陪審員たちの心中にかき立てるであろう、ということなのだ。一六三節の「法に反して」という一句で肝腎な点を巧みにすり抜けているのである。以上論じてきた資料から、男娼を利用することは、常に必ずしも法に反するものではなく、ある特殊な状況でのみ違法であることは明白である。

3　身分

注目に値するのは、一九節で要約されている法律に、「オヨソ春ヲ鬻ギシ者ハ……」ではなく、「オヨソ雅典人《アテナイ》ニシテ春ヲ鬻ギシ者ハ……」と述べられ、同様に七二節で、「およそこの行為のためにアテナイ人を雇った者」、九〇節で、「一市民を〈男色の相手とすることで〉辱めた者は」、一六三節で、「アテナイ人を雇おうとするその男は」と述べられていることである。既に述べた通り、アテナイ市民以外の者は誰もアテナイで官職に就いたり民会で提案したり出来なかったから、売春経験者でこうした職務を果たそうとした者を罰する法律に、外国人の行動が抵触することはなかった。また、男色を売っても、それだけでは刑罰を招来することはなかった、と信ずるに足る根拠も見て来た。とすれば、男色を売ることで生計を立てていた少年と男たちは、主としてアテナイ人以外の者だったであろうと推定してしかるべきであり、また、この推定はアイスキネスが演説の締めくくりに述べている部分の一節（一九五節）で裏付けられるのである。

容易に罠に落ちるような若者たちを漁《あさ》る狩人たちには、外国人や在留外人に矛先を向けるよう命じて頂きたいのであります、彼らもその趣味を奪われることなく、あなた方も損害を受けることのないように。

売春宿で商売を営み、その職業に課される税を払う（一一九節以下、一二三節以下）男娼たちはたぶん大部分が外国人であった。一九五節から分かることだが、男色の相手としてアテナイ人が斡旋されない限り、商売人を相手にその「趣味」（προαίρεσις プロハイレシス即ち、「選択」「好み」「生き方」[12]）を満足させることに横槍を入れようという法律は存在しなかったのである。なお、「容易に罠に落ちる」という言葉の含みについては——これは金銭のための服従か感情的な理由からの服従かを区別する鍵であるが——さらに、228頁以下を参照して頂きたい。

たまたま、ティマルコス訴訟以前に、契約による同性愛関係で、詳しい資料の現存するものとしては唯一の例があって、これには、どうにか市民の末席に連なっているものの、便宜上外国人と見なされていた、というのが実情であるらしい一人の若者が関わっていた。

リュシアス『三』（反シモン弁論）で、（名の分からぬ）話し手が、傷害及び殺人未遂の廉でシモンという男に訴えられたことになっていて、話し手は次のように説明している（五節）。

即ち、評議会の皆さん（いわゆるアレイオス・パゴスの評議会のことで、アテナイの最高司法機関）、私達はプラタイア（アッティカとの国境に近い、ボイオティアの都市）の若者テオドトスに対する愛欲に取り憑《つ》かれたのであります。そこで、私は若者に親切にすることで、若者が私を好きになってくれるよう待ち望んでいたところ、このシモンは不法にも力ずくで、自分が欲することを若者に無理矢理やらせようと考えたのであります。

二人の男がそれぞれテオドトスと好い仲になろうと思ったときに突発した暴力事件の正邪について判断することは、まず不可能である。それは、私達には訴訟当事者の一方の側からの資料しか利用できず、従って、そこに述べられている種々の申し立てに斟酌を加える術がないからである。この弁論は――四五節でコロネイア（ボイオティア西部の都市）の戦いに言及していることから分かるように――三九四年の数年後に書かれたものであり、そこでこの年代設定がテオドトスの身分に相当関係があるらしいのである。四二七年のペロポネソス勢によるプラタイア占領から辛うじて脱出したプラタイア人はアテナイの市民権を与えられ

（デモステネス『五九』一〇三以下。トゥキュディデス三巻五五節三、六三節二を参照）、そして、ペロポネソス戦争終結後、アテナイ諸地区の住民資格を取って、一世代近くの間アテナイに留まった者もいる。ところが第一に、プラタイアは三八六年かその後間もなく独立都市国家として再建された（パウサニアス九巻一章四節。イソクラテス『一四』一一―四を参照）。第二に、四二七年の法令は、デモステネス『五九』一〇四―六に引用され論じられているが、発令時またはそれ以降にプラタイア人であると主張する者には誰にでも無差別に市民権を与えるものではなく、全ての主張は――なかんずく、申請者が親アテナイ派であることを示す政治記録について――綿密に調査されねばならないとし、かつ、四二七年の避難民の取り扱いが済んだとき、市民権の提供は終了すべきものとする、と規定していた。第三に、こうした新市民に開放される聖職及び行政職の範囲に制限が設けられ、また、彼らの子孫で、アテナイにおける嫡出の規準を満たさぬ者たちの職にも、その制限が適用される、と規定された。こうした事実を見ると、若いプラタイア人テオドトスがアテナイ市民という身分を全然備えていない可能性がかなり高い。また、仮に備えていたとしても、アテナイ人たちが彼を、純アテナイ系の若者を見るのと同じ眼で見る筈はなかったであろう。五節で話し手が「親切にする」（直訳は、「彼によくしてやる」、即ち、彼の恩恵者である）ことでテオドトスの愛情を確保しようと期待した、と告白するとき、「男妾と旦那《ヘタイレーシス》」の関係を憚りなく公言するのに、もう一歩という所まで来ている。なるほど、意地悪い人間なら、あの年をして愚かしくはしたないことだと考えそうな程の執着ぶりを認めねばならなくなると、きまり悪そうな様子を見せるもの(13)(四、九節)、テオドトスとの情交のために、法による制裁が加えられるかもしれない、という不安は微塵も見せないのである。もっと重要なことだが、話し手はシモンの申し立てに関して次のように述べている(二一一四節。この陳述は、シモンが告発者として既に法廷で弁じた後なので、偽りとは思われない)。

シモンはふてぶてしくもこう申しました、自分はテオドトスと契約を結んだ上で、三〇〇ドラクメを支払ったのだが、私の方が謀《たばか》って彼と若者の仲を裂いたのだ、と。しかしながら、そのようなことが真実であったのなら、彼は、出来るだけ多くの証人を呼び、法に則《のっと》って己れの主張を貫くべきでありました。……シモンの述べたことが如何に信じ難いことか、考えて頂きたいのであります。と申しますのは、彼は自分の資産を全部で二五〇ドラクメと見積ったのでありますが、自分が現に所有しているよりも多額の金で、男妾とするために人を雇ったとは不思議なことだからであります。

シモンの主張は一見、アイスキネスが一六三節で、礫《つぶて》と殴打と罵倒の雨を浴びながら、原告が法廷から逃げ去って行く結果となりそうだ、と想像しているあの架空の訴訟の場合と大本において似てはいた。だが、一つ重大な点で相異があって、アイスキネスの想定した訴訟の場合、売春させられた男はアテナイ人なのである。

男娼から政治に参加する資格を剝奪する法律がいつ作られたかは分からないし、それ故、その法律を作った理由も確かではない（256—265頁参照）。一九節で、「立法者」の言葉を引用したとき、それは六世紀初期にアテナイで法典を編纂したソロンのことだと聴衆が受け取ったなら、アイスキネスは満更でもなかったであろう。だが、それが彼の目論見だったとしても、また、その目論見が心からの確信に基づくものだったとしても——四世紀のアテナイ人は、私達ならもっと慎重に「アテナイの法」と言うような場合でも「ソロンの法」を云々する、そんな時代錯誤を犯す傾向があったのだから——あまり私達の役には立たないのである。もっとも、アリストファネスが『騎士』八七六—八八〇で、この法律の下で勝訴となった告発にはっきりと言及していることから見ると、この法律は四二四年以前に成立したことは間違いない。ひとたび法律が成ると、男娼による売春は当然外国人の専門分野となったであろう。アテナイに居る外国人は市民より低く評価されていたから、外国人の幸福を奪い評判を落とすどんな出来事も、市民に同じ仕方で同じ程度に悪影響を及ぼした場合に考えられるほど、重要視されなかった。[14] 外国人が市民に不正な振舞をした場合、これに対する憤りをかき立てることは容易であったし、市民と外国人の間に訴訟が起こった場合、その判決は、当事者が共に市民であれば結果が予想しにくいような状況であっても、外国人に不利となりがちであった。アリストファネスの喜劇の中の登場人物は、単に「在留外人相手にちっぽけな訴訟を起こした」だけで、自分が有能な弁論家だと思い込んでいる男をからかっている（『騎士』三四七）。アイスキネスが四三節で描いている出来事には教えられるところがあって、その真偽の問題より、この出来事の根となっている、外国人に対する市民の思い上がりの方がはるかに重要である。

……報せがあって、ミスゴラスとファイドロスは、ティマルコスが数人の外国人と一緒になって昼飯をしたためているのを見付けました。ミスゴラスとファイドロスがその外国人たちを脅じつけ、自由身分の若者を堕落させたからには、さっさと豚箱までついて来い、と罵ると、外国人たちは怖じ気立って、用意されたものを放り出して立ち去って行ったのであります。

ミスゴラスとファイドロスは虚勢を張っていたのだが、「アテナイの若者」ではなく、（国籍は問わずに）「自由身分の若者」と言うことによって、この虚勢が一層顕著になっている。たとえこの外国人たちが、ティマルコスとの色情的な絡み合いの絶頂でつかまったとしても、自分が好きだからやっていたのだとティマルコスが言えば、誰も法を破ったことにはならなかった。だが、外国人たちには、市民権を持つ者を告発者として敵にまわす勇気はなかったのである。

4 ヒュブリス

ヒュブリスとは、他人を好き勝手に扱うどのような行動にも適用される言葉である。ただしその行動には、他人の権利を侵害しようが、(究極的に神の裁可に基づくと見なされているかどうかにかかわらず)世間が受け入れている法律や道徳律に逆らおうが、いかなる罰をも逃れおおせようという尊大な自信が伴うのである。他動詞にも自動詞にもなり得る派生動詞 ὑβρίζειν ヒュブリゼイン(「[〜に対して]ヒュブリスを加える」)、及び名詞 ὑβριστής ヒュブリステースと共に、この言葉はホメロス作品中に使用され、また、古典期には、「ヒュブリステースに特有の」を意味する形容詞 ὑβριστικός ヒュブリスティコスが加わった。こうした言葉には強い感情的な非難がこめられているため、アテナイの法廷の話し手たちは、非道な、傲慢な、あるいは侮辱的な振舞として表現したいと思うことをこき下ろすに際して、この一群の言葉をふんだんに用いたのである。例えば、デモステネスは若い頃、後見人が彼の資産を臆面もなく横領したことについてヒュブリゼインという言葉を使用している[15]。

けれども、アッティカの法には、「ヒュブリス罪」と呼ばれる特殊な犯罪があった。他人を叩いたり、押したり、引っ張ったり、押えつけたりする者は「ヒュブリス」の罪で告発されかねなかったのである。ヒュブリス罪の告発は私的な傷害訴訟ではなく、共同社会全体に対する犯罪を提訴するものであり、従って告発者による死刑執行の要求に同意することが陪審団に許されていた。ヒュブリス罪の提訴は、単純な暴行によって受けた傷害に関する私的な賠償請求と同時に行われたが、ある暴力行為が暴行というより、むしろヒュブリスであることを立証するには、その行為が被告側のある特定の気質と生き方から生じていることを――即ち、（世間の眼には犠牲者と映る）被害者に対して支配的な位置を確立したいという被告側の野望から、あるいは、自分には、富や体力や影響力があるのだから、法の下における権利の平等など一笑に付し、他人を家畜同然好き勝手に扱っても構わないのだ、という慢心から生じていることを、陪審団に納得させねばならなかったのである。例えば、デモステネス『二一』一八〇に述べられるクテシクレスの場合、ある宗教上の行列行進の最中に個人的な敵を笞打ち、酔っていたと言い訳をしても死刑を免れなかった。デモステネスの言うところでは、クテシクレスは実際、「自由身分の男たちを奴隷のように扱った」のであり、また「人々が恐れ怒るのは、打つことそのものではなく、ἐφ' ὕβρει エフュブレイに打つことである」、つまり「ヒュブリス」を「助長するために」（または「満足させるために」、「表すために」）打つことである（七二節）。というのは、打たれた人々が勝訴して雪辱を遂げぬ限り、打った者には屈服し、面目は丸つぶれで、「不名誉」な状態を強いられるからである。

犯罪に性的な要素が伴うとき、あるいは、性に関わりない犯罪で告発された場合でも、その犯罪者の性生活のあり様を意地悪く利用できるとき、敵は、自分にとって都合のよい混乱を陪審員たちの胸中に引き起こすために、ヒュブリス系の言葉を、一般的な意味と特殊な意味とで同時に使用しうる。性欲が強く、その満足を追求することにかけては、世間で認められる以上に厚かましく、しつこく、強引な男はヒュブリステースと呼ばれた(これと反対の性格で、一時的な興味や欲望を押し進めるべく行動する前に、立ち止まって考える傾向のある男は σώφρων ソーフローンと呼ばれた。これは常に称賛の言葉であり、文脈に応じて、「分別ある」「慎重な」「自制心のある」「法を守る」「道徳的な」「控え目な」「倹約な」などと訳し得る)。[16] ヒュブリス系の語の一般的でよく使われる用法は上の通りであるが、動詞ヒュブリゼインの主語が成人男子であり、目的語が女か子供の場合、文脈上そうではないことが明示されていない限り、その犯行が女または男の子に対する性的暴行であることを意味する(そのような暴行が、後に検討する、アイスキネス『一』一五で言及される法律の取り扱い対象となっている)。女を強姦しても、計画的ではなく、制御し難い性的興奮の発作から起こったものと見なされうる限り、必ずしもヒュブリス罪の責めを招かなかったらしい。[17] また単に自分の方が力が強いのを頼みに、一人前の若者を強姦するなどは、まず実際問題とは言えないし、大人の男と少年の体力の相違さえ、ギリシア社会においては、社会因習の上で当然のこととされ、そのためなおさら恒常化されている男女間の体力の相違ほど大きな隔たりはなかったであろう。それに、少年が性的に興奮すれば抵抗が弱まるであろう、という考え方がなかったことは、確かなようである。(18) 以上のことから、ヒュブリス罪が成立したのは、計画性を示し、従って抵抗し難い興奮という言い逃れが役に立たない不正な誘惑、脅迫、恐喝、複数の者たちの共謀その他の手口に引っ掛かったために、被害者が嫌々男色の受け手の役に甘んじたと見られる場合であり、このとき、加害者は自動的にヒュブリス罪で起訴される危険に曝されたものと推察されるのである。

だが、「ヒュブリス」という語を、単なる肉体に対する暴行という意味を超えて、拡張解釈して用いても気にも留められないケースについて、アイスキネスがこの語やその同系語を使用する場合、彼の目論見は、法に則った重大な主張を通すことではなく、陪審員たちの胸中に、告発に有利な心理傾向を植え付けることにある。彼はティマルコスが受けた行為にこの言葉を適用して、「ティマルコスの肉体に対してそのような非行とヒュブリスの行為が加えられた」(五五節)とか、「彼は自分の肉体に加えられるヒュブリスを何とも思わなかった」(一一六節)などと述べているが、ティマルコスは自分の意志で売春したのだから――それは、アイスキネスが、この男の性格の堕落ぶりを描くために、他の箇処で強調している通りである(八七節「およそアテナイ人にして己れの身体を辱めるべく自ら進んで雇われた者は」、一八八節「自ら進んで春を鬻いだ男たち」、四〇節「自分の体を売ることに決めて」を参照)――ティマルコスを敵娼《あいかた》とした者は誰一人――これが事実ならヒュブリス罪で責めを受けても仕方のないところだが――ティマルコスを脅し、騙しあるいは無理強いしたとは見られようがなかったのである。「金で人を雇って淫らな行いに耽るのは、無教育なヒュブリステースの振舞であります（一三七節）」（というのは、既に見たように、自分の肉体的欲望の満足を最優先するものは、ヒュブリステースと呼ばれても当然だったからである）と述べることと、契約に基づく合意を、暴漢と犠牲者のヒュブリス関係になぞらえて語ることとは、全く別のことなのだ。だがアイスキネスは、ヒュブリスに関する法律を要約した一五節の次の言葉によって、自信ありげではあるが、遠慮がちに、後の論法の伏線を張っている。

……その法律には明確に規定されております、およそ何者かが子供に対してヒュブリスを加えるなら――言うまでもなく、雇う者がヒュブリスを犯すのでありますが――あるいは男、あるいは女に対してヒュブリスを犯すなら……

ここの「言うまでもなく」は δήπου デープーの訳であるが、この小辞はしばしば、話し手が述べた所見、または引き出した結論に異議を唱えるのは聴き手の方が無理であろう、と仄めかすために用いられた。つまり、明白な事柄に聴き手の注意を促すのは、聴き手の知性を侮辱することになるから、この小辞はこれに対する謝罪と言ってもよいものであり、従って、聴き手を騙して明白でない事柄を明白だと思わせるために使用されうるのである。[19]また、この箇処でも一九節（106頁）と同じテクニックが活用されて、アイスキネスが法律からの引用のうちに、その法律の趣旨に関する、彼一流の偽りの解釈を忍び込ませたことが認められる。賃借りはヒュブリスと同じだ、と率直に論じ得る程強力な根拠はない、と彼は感じたようで、この点、例えば、デモステネスが『三五』二六で、借金を返済しないのは略奪《シューレー》と呼んでもよい、何故なら、それはβία ビアーによって他人から金を奪う結果となるから、と論じているのとは異なる（ビアーによって、とは時には「力ずくで」時には「相手の意志に反して」を意味する）。[20]

アイスキネスが五二節で言及している「野卑な者たち」とは、多分、アリストファネス『雲』三四七―九の「クセノファネスの息子（ヒエロニュモス）」と同種の人々であろう。この人は「髪が長く」「野卑で《アグリオス》」「毛深く」、またその「色気狂いぶり《マニアー》」[21]の故に半人半馬《ケンタウロス》に比べられている。ケンタウロスたちは（有名な賢者キロンは例外として）サテュロス同然抑え難い色欲に憑かれた生き物であり、美しさに唆《そそのか》されると、男女を問わず誰にでも飛びかかる癖があると見なされていた。ヒエロニュモスは頭髪が濃かったようであるが、毛深さは獣性を暗示するものなので、俗に、欲望に対するコントロールの欠如を示すものと見なされた。例えば、アリストテレス作とされる偽書『問題集』四・三二では、「何故に、鳥類と毛深い人間とは好色なのか？」という問題が論じられている。長髪には極めて多様な連想が伴う（212頁以下参照）。ヒエロニュモスの異常な「色気狂いぶり」は厚かましく少年たちの尻を追い回すことであったらしい。こうした解釈には古代のアリストファネス注釈家たちも従っており、また、アイスキネス『一』五二の古注にも、辞書編集者ヘシュキオスの「ケンタウロス」の項目（κ2223-7）の「無骨な」「野卑な」「山賊」「男色者」及び「尻」といった言葉にも影を落としている。この項目の他の部分も無視することは出来ないし、また、アリストファネス『蛙』三八の「ケンタウロスのように」は（ドアをノックすることについて）「やかましく」「激しく」の意味である。尤も、「野卑」を禁止する法律は存在しなかったのだから、アイスキネス『一』五二で、私達に関心があるのは、傲慢不遜《ヒュブリスティク》の行動に向けられる世間の非難なのである。同様に、デモステネス『五四』を弁じたアリストンという人は、騒々しく喧嘩早い若者たちの不良集団に嫌悪と怒りをもって言及しているが、彼らの方は、「Τριβαλλοί トリバッロイ」（トラキアの、多分未開の一部族。アイスキネス『一』五二の古注では、これも「野卑な男たち」の渾名として挙げられている）とか ἰθύφαλλοι イテュファッロイ（「ペニスの勃起した」）といった渾名を付けられることを誇りとしていたのである。

アイスキネスがヒュブリスに関して論点を混乱させようとするのは、ティマルコスの客の中の誰かに確実に刑を受けさせようというのではなく、ティマルコス自身をヒュブリスの罪ある者として描くためであり、そこでそのことを匂わせるために彼が用いた手段は、法律上の人格と肉体とを詭弁的に区別することであった。この論法には二つの段階があって、第一は、客によって加えられた（俗にいう）ヒュブリスに責任があるのは、結局はティマルコスであったというものであり（二九節「己れの肉体を淫行《ヒュブリス》のために売ったことのある者」、一八八節「己れの肉体へのヒュブリスを売った者」）、第二は、ティマルコス自身を事実上の売春斡旋者と見なすものである（一〇八節「他人にばかりか、己れの肉体に対してもヒュブリステースである者」、一八五節「自分自身にヒュブリスを加えた者」）。一七節の議論はこうした論法の御膳立てを意図したものだったのかもしれない。その箇処でアイスキネスは、奴隷に対するヒュブリスでさえ処罰し得る事実に注意を促して、「たとえ誰に対してであれヒュブリステースである者」を怖気付かせることが、立法者の意図であった、と説明している。だが、デモステネス『二一』四六では、同じことが全く異なる関連において主張されているので、アイスキネスの目論見としては、一七節がどのような役割を果たすことになっていたのか、という問題については判断を留保すべきかもしれない。

ティマルコスには「本当に」ヒュブリスの罪があること、またその犠牲者は斡旋者自身の肉体であることを、陪審団（及び、この弁論の後の読者）に納得させられるものと、アイスキネスが本当に期待しえたかどうか疑う人があるなら、本章A2で論じた資料について、殊に七二、八七節でアイスキネスが法律に言及する際、嘘を吐いていることについて、よく考えてみるべきであろう[22]。また、専門的方法で調査した結果によっては、つまり、明白な証拠が不十分ということであれば、性悪な人間も無罪放免にされねばならない、という考え方にギリシア人がなじんでいなかったこと、また逆に、明確な法的禁止事項の一つとすることは難しいが、人々の怒りを呼び起こすような行動を取った人々を審理し刑に処することには、ギリシア人はかなり積極的であった、ということも思い出す必要がある。現代の法廷が取り組む問題は、「被告は彼が為したと申し立てられている事を為したのか、為さなかったのか？」、そして、「もし彼が為したのなら、それは法律で禁じられていることなのか？」ということである。これに対し、アテナイの法廷はむしろ、「この事態を前提とすれば、これに関わった人々をどのように取り扱った場合、社会のために有益な結果を得る見込みが最も大きいか？」と自問したように思われる。現存する弁論の中で採用されている説得の技巧及び論点に関連する善悪の規準から見て、原告も被告も陪審員たちのこうした胸の内の問題に十分気が付いていることが分かるのである。(23)

B　エロスのさまざまな現れ

1　売春容疑に対する弁護

ティマルコスの弁護について確かなこととして知られているのは、弁護が失敗したことと、デモステネスがティマルコスの弁護に当たったことだけである。実際、ティマルコスとミスゴラスの関係から生じた風評について、アイスキネスが半分でも本当のことを述べているのなら、また、アイスキネスは八〇―四節と一一〇節で、民会において話し手がそれとなく述べた言葉や、そうした言葉によって巻き起こされた哄笑について語り、一五七節で、喜劇の「ティマルコスみたいな年増のおかまたち」という科白に加えられた観衆の解釈について語っているが、そうした挿話に少しでも真実の裏打ちがあるのなら、たとえティマルコスがそうした世評は誤りであると釈明しようとしても、頼むに足る拠《よりどころ》はなかったであろう、と推定される。噂や風評を論駁することは人生の最盛期にあってもはなはだ難しく、さらに、噂や風評が現に流れていると言われて、その事実まで否定することは実際上不可能なのだ。また、陪審員は、申し立てられたことについて、自分は全く知らないのに「皆が知っている」と思い込むと、自分に世間並みの知識がないことが多少恥ずかしくなって、大勢に従ってしまい、証拠立てられていないことは確かだという自信があっても、その申し立てを否認するどころではないであろう。ティマルコスの頼みの綱は、ミスゴラスを初めとする男たちとの間柄は商売ではなく感情に基づくものであると主張し、従って、男色の行為に与った返礼に金銭の支払いを受けた証拠を提出するよう敵に挑むことであったに違いない。

被告側から出されそうな弁護方針[1]に先制攻撃を加える意図をもって、アイスキネスが吟味にとりかかるとき、彼はこの告発で終始重要な働きをもつ——被告側に不利な——先入観をあれこれ述べたてることによって、二つの弁護方針に対処している。ところが、第三の弁護方針は、アイスキネスが自分に関する世評と生き方を弁明せざるを得なくなるような、被告側の反撃であることが分かる。

(a)(一一九—一二四節)男女を問わず、売春税を徴収された者たちのリストに名前が記録されていないのだから、ティマルコスが売春したことはあり得ない、とデモステネスは言い出すであろう。これに対するアイスキネスの返答は、まともな市民は自分の生活と行動に対する世間の人々の見方に訴える立場にあるべきで、やむを得ず卑劣なごまかしを弁護の手立てとするようではいけない、というものである（一二一節以下）。

(b)（一二五―三一節）噂というものは周知の通り不公平で信用ならない、という趣旨で「もう一つの論法が、同じ詭弁家《ソフィスト》(2)（即ち、デモステネス）によって組み立てられ、提出されるものと思われます」とアイスキネスは述べる。この論法に対してアイスキネスは、一つには、詩人たちが「噂」の持つ力について述べたことの引用で（これはつまらぬ道草である。「噂」の持つ力ではなく、正しさが問題なのだから）、一つには、デモステネスの少年時代に関する申し立てで（これは勿論、事実であることが別個に知られているのでなければ、「噂」を証拠立てる役には立たない）対抗している。

(c)第三の論法は次のように始まっている（一三二節以下）。

私の耳にしておりますところでは、弁明の進むうちに、将軍方(3)の一人も登壇されるそうであります。角力場《すもう》にも通い、教養階級(4)とも親交があるというので、昂然として勿体振った様子の方であります。私は新種の訴訟(5)を発明したわけではなく、恐しい無教養(6)への道を開いたのだ、と言って、その方は、そもそもこの審理の開始されたことを嘲けろうとするでありましょう。第一に、皆さんの恩恵者、ハルモディオスとアリストゲイトンを持ち出し……（中略）……ἔρως エロースを通じて生じたと言われている、パトロクロスとアキレウスの友情（φιλία フィリアー。本章B3を見よ）を称えるでありましょう……

ハルモディオスとアリストゲイトンは、五一四年、僭主ヒッピアスの弟ヒッパルコスを殺害し——ヒッピアスは実際には五一〇年まで追放されなかったのであるが——言い伝えでは、アテナイを僭主制から解放したものと見なされていた。ハルモディオスもアリストゲイトンもこの壮挙の結果死んだ。ハルモディオスはアリストゲイトンの稚児であったが、ヒッパルコスが彼を誘惑しようとして失敗し、これが争いの始めとなって、あのように劇的な政治的結果をもたらしたのであった（トゥキュディデス六巻五四—九節）。

パトロクロスに対するアキレウスの愛情の特異な点は、『イリアス』に描かれている通り、パトロクロスの死に臨んで示した痛切極まりない悲しみばかりではなく、故郷に帰って安らかな老年の日まで生き永らえることもできたのに、自らに夭折の定めを負うことを知りながら、トロイアに留まってパトロクロスの仇を討とうと決心したことにあった。

将軍何某がティマルコスを弁護して述べそうだ、とアイスキネスが予想したことは要するに次のようなことである。同性愛の関係は最も英雄的な自己犠牲をもたらしうる（415頁参照）。死を賭して僭主を誅殺しようという、ハルモディオスとアリストゲイトンの決意によってアテナイは恩恵を受けた。ティマルコスと彼を愛する男たちとの間柄は、歴史や伝説の中の偉大な同性愛と本質的に似たものである。そして、そのような関係にある男たちが何を語り合っているのか知らない狭量下賤の成り上がり者によって、彼らが男娼として攻撃を受けるようなら、アテナイの精神は地に落ちるであろう、というのである。その上、その将軍は尋ねるであろう、とアイスキネスは語る（一三五節）。(7)

「あなたも体育場《ギュムナシオン》で（美少年に付きまとって）うるさがられたり、少年の念者となったことも数知れないのに、恥しくないのですか?……（中略）……あなたが、誰彼の少年たちに宛てて作った恋愛詩を全て公開しましょう。また、そうした振舞が因となって、あなたが罵倒され、殴りつけられた証拠も提供しましょう」と言うのであります。

こうした申し立てに対するアイスキネスの回答（一三六節）は、現代の読者には驚くべきことと思われるであろう。

私は、δίκαιος ἔρως ディカイオス・エロース（正当な恋）を咎めているわけでも、眉目秀麗な人々は春を鬻いだことがある、と申しているわけでもないのであります。また、私自身 ἐρωτικός エローティコスであったことがあり、今なおそうであることも否定致しませんし、そうした振舞に起因する張り合いや喧嘩沙汰にかかずらったことも否定致し(8)

ません。また、私の作になると彼らの主張する詩につきましては、あるものは拙作であることを認めますが、あるものは、彼らがねじまげて示すような性格のものではないと申しましょう。

この一節から、まともな少年は、器量がよくても、同性愛の関係に掛かり合うことは決してないどころではなく、美少年には必ず念者《エラステース》たちが付きまとうものだ、というアイスキネスの見方が汲み取れる[9]。この裏付けとなることでは、伝デモステネス『六一』一で念者が唱える賛美の詩は、そのような少年にとって名誉よりは困惑（αἰσχύνη アイスキューネー「恥」）の種となることの方がどうも多かったことが示されている。アイスキネスは――喜劇詩人と違って（331頁以下参照）――売春と、彼自身当時者であると公言する別種の性愛を区別しているわけである。ἔρως エロースという言葉が初めて聞かれるのは、弁論全体の前から三分の二程の所にある一三三節であって、ここまでは、「欲望を抱く」（五七節）という言葉が一度使われたのみで、全て売春に関する用語で扱われていた。今や私達が考察しなければならない問題は、ἔρως エロースに δίκαιος ディカイオス（「合法的な」「正当な」「法を守る」）を付け加えることで、アイスキネスは何を言わんとしたのか、また、自分の性格付けの一つとして ἐρωτικός エローティコスの語を許容するとき、彼が正確には何を是認しているのか、ということである。

2 エロスと欲望

ギリシア語に見られるエロス系語群の最初期のものは以下の通りである。[9a]

(a) ἔρος エロス（ο は短い）。これはホメロスでは、女（『イリアス』一四歌三一五行）、飲食物（同じく一歌四六九行他、「飲食の欲望《エロス》を遣る（満足させる）」という常套句で）及び満足させることの可能な欲望を喚起しうる物事（例えば、同じく二四歌二二七行、「哀悼の欲望《エロス》を遣ったとき」）に対する欲望であり、また、ヘシオドスでは最初に生じた神々の一人として人格化されている（『神統紀』一二〇―一二、「不死の神々の中で最も美しい方」）。

(b) ἐρανός エラノス、ἐρατεινός エラテイノス、ἐρατός エラトス、ἐρόεις エロエイス「愛らしい」「魅力ある」などの形容詞。人、場所、事物及び活動に使用される。

(c) 七世紀に動詞 ἐρᾶν エラーン（ἔρασθαι エラースタイ（即ち中動相）も）「……することを欲する」「恋している」が加わった。この動詞のアオリスト形は ἐρασθῆναι エラステーナイであり、「欲望を抱く」、「惚れる」を意味する。古典期・ヘレニズム期を通じて、この語群の語には一貫して性的な含みが伴うので、一見別の用例も性的な隠喩と見なして差しつかえない場合もある。絵画・彫刻などで翼の生えた男児として表現されるエロス神[10]は、私達を否応なしに人との恋に落ちさせる力の人格化である。

五世紀後半のプロディコスは、エロスを「倍加された欲望」と定義し、「欲望」にはごく普通の ἐπιθυμία エピテューミアー（動詞は ἐπιθυμεῖν エピテューメイン）という語を当て、ちなみに「倍加されたエロスは狂気となる」（B七）と付け加えている。同じくクセノフォンも『ソクラテスの思い出』三・九・七で次のように述べている。

（また、ソクラテスは言った）多くの人は、人が少々の錯誤に陥っても狂っているとは思わないが、強い欲望をエロスと呼ぶように、大きな理性のゆがみを狂気と呼ぶ、と。

エロスとエラーンはしばしばエピテューミアーとエピテューメインの同意語として扱われ[11]、それ故、クセノフォン『饗宴』八・二、八・八ではエピテューミアーとエロス系語群の語がさまざまに入り乱れて用いられ、また同書四・六二―四は、熱心な師弟を、互いの知的な利益のために「斡旋し合う」という楽しい箇処であるが、ここでも上の二群の語が比喩的な意味でとりどりに用いられている。また、シモンの訴訟相手は、「他の人々は、恋に落ち《エラーン》ながら欲する《エピテューメイン》ものを奪われ……」と述べているのである（リュシアス『三』三九)。

プラトンの『ファイドロス』には、リュシアスの作と言われる注目すべき箇処(二三〇e—二三四c)が含まれるが、これは想像上の少年に宛てたもので、彼に恋している者よりも彼に恋していない者に「好意を示すがよい」と勧めている。これまでに分析されたところではこの箇処の文体は、プラトンではなくリュシアスの文体であるが、プラトンは(『饗宴』から分かるように)巧妙なパロディー作者であって、表面的なレベルでなら完璧にリュシアスを真似ることができた。それ故、作者の問題は未解決のままとしなければならない[12]。この箇処には露骨な解剖学または生理学の用語は見出されず、むしろ χαρίζεσθαι カリゼスタイ「好意を示す」「頼まれたことをしてやる」「望むことをする」のような表現が見られるが(二三三de、二三四b。二二七cのファイドロスによる要約を参照)、これは男の方が少年に対して気前よく親切に振舞うという意味でも用いられる言葉なのである(二三一c)。また、「望みのことをしおおせた」(二三二d)とか、「私が望むものを得ることができない」(二三一a)なども見られる。こうした慎重な言語表現は、アイスキネスが五二節で、公の場において πεπορνευμένος ペポルネウメノス(春を鬻《ひさ》いだ)のような言葉を発することに、何故あれほどの不本意を表明したのか理解する助けとなる。リュシアス作とされる一文の文脈では、男が少年に恋していないことを明らかにしているのだから、彼が望んでいる「好意」の性質には疑問の余地がない。ここでは、「念者《エラステース》ならざる者」の、エロスとは無縁の肉体的満足に対する欲望と、念者の、憑かれたような、より入り組んだ欲望との間には、何ら言語的な区別が引かれていないのである。念者は、少年の性格については何も知らなくても、最初から少年の優姿《あですがた》を見て色欲をかき立てられ（二三二e）、目に立つほど少年に「つきまとい《アコルーテイン》」（二三二a）、「哀願し」（このことは、戸口に物乞いに来た乞食にも似た描写によって暗示されている。クセノフォン『ソクラテスの思い出』一・二・二九を参照）、だがいつか「欲望を失う」（二三四a）であろう、と想定されている。

χαρίζεσθαι カリゼスタイという語は、プラトン『饗宴』中のパウサニアスのスピーチにたびたび使用され（例えば、一八二a）、少年が念者に「服従すること」、つまり、念者を「満足させること」を意味している（『饗宴』二一七a、二一八dを参照）。このような服従を示す語としては、ὑπουργεῖν ヒュプールゲイン「奉仕する」と ὑπηρετεῖν ヒュペーレテイン「配下として仕える」も使用しうる（後者は他には、船の乗組員、幕僚その他広範な勤務に関して用いられる）。そこでクセノフォン『ヒエロン』一・三七では、

> 全くのところ、一般市民の場合は、稚児がお勤《ヒュプールゲイン》めをするときはいつだって、愛しているから身を任せて《カリゼスタイ》いるのだ、という証しが直ちに得られるのです。なにしろ、何も無理強いしたわけでないのに、言いなりになって《ヒュペーレテイン》いることが分かっているのですからね。ところが、僭主は、愛されていることを、決して信じることができないのです。

次の同書七・六を参照。

つまり私達は、愛に対して愛をもって報いてくれない者がお勤め《ヒュプールゲイン》をしても、有り難み《カリテス》がないし、無理強いして得られた性の交わりは楽しいものではない、と考えたのでした。そこで同様に、臣下たる者たちが戦々兢々として仕えて《ヒュプールギアイ》も、それは僭主の名誉とはならないのです。

また、プラトン『饗宴』中のパウサニアスのスピーチでも、稚児が念者の望みに従うことに、ヒュプールゲインという語も用いられている（一八四d）。リュシアス作とされる一文のテーマを紹介する際、ファイドロスは、「美少年の一人が迫られている……」と述べているが、πειρᾶν ペイラーン「……に迫る」、「……を試す」、即ち（性に関わる文脈で）――成り行きによっては何としても押しまくるつもりで――「誰某は何の役に立つか探る」という語は、クセノフォン『ヒエロン』一一・一一では、公益を重んじる公正な僭主が臣民に期待しうる反応に関して用いられている（なお、ここでも他の箇処でも、ギリシア人のユーモアのセンスを軽視してはならない）。

こうして、人々は陛下を愛する（φιλεῖν フィレイン）ばかりか、陛下に恋する《エラーン》ことでありましょう。従って陛下は美少年たちに迫《ペイラーン》らずともよく、むしろ美少年たちに迫られるのを辛抱しなければならないでありましょう！

同性愛関係について考察してきた言葉は皆、男女の性愛に関する文脈でも使用しうる。ペイラーンは、リュシアス『一』一二の、まだ小娘の女奴隷を口説こうとしていたでしょう、と妻がふざけて夫を咎めるふりをして言う言葉に現れ（アリストファネス『福の神』一五〇、ヘタイラたちとの商談を参照）、カリゼスタイは、例えばアリストファネス『女の議会』六二九などで、女が男に身を任せることについて用いられる（プルタルコス『愛をめぐる対話』七五一Dの χάρις カリスを参照）。また、アナクシラス断片二一・二では、「あれこれ求める」男たちに、女が「快く」従うことについて、ヒュプールゲインを用いている。女への欲望、男への恋《エロス》、及び恋《エロス》とは無縁の男への欲望に伴うさまざまな感情と行為に同一の用語群が使用されているために、本章B1の終りに述べた疑問がますます募ってくるのである。即ち、「正当な恋《エロス》」と、男色の満足を得た代償として、当事者の一方が他方に支払いをする関係との相違は何か、という問題である。「正当な恋《エロス》」という用語は、アイスキネスが初めて用いたわけでなく、二世代前にデモクリトスが、「正当な恋《エロス》とは、ヒユブリスなしに、美しいものを求めることである」（B七三）と定義している。恋《エロス》は、強い憑かれたような欲望として、ヒュブリスを誘発する場合がある、とはギリシアではよく見られる考え方なのだ。(13)アイスキネス『一』一三六とデモクリトスの定義を結びつけて考察すると、次のどちらかであると思われる。

(a)正当なエロスとはエロス属中の一種であり、また「売春」とは「正当でないエロス」の別名、またはその一亜種である。

(b)エロスと売春は、一属中の二種であり、また(i)正当なエロスは、エロス種の一亜種であるか、または(ii)エロスとはこの属中の正当な種であって、売春は常に必然的に不正であるか、どちらかである。

もし(b)(ii)が正しいとすると、「正当なエロス」という表現の「正当な」は冗語である。ティマルコス訴訟の三年後になされた、アイスキネスによる弁論の一節(『三』二一六)は(b)(ii)に与する。

あなた(デモステネス)はモスコスの子アリスタルコスの幸福な家庭に入り込んで、それを破壊したのだ。あなたは、アリスタルコスが亡命する矢先に、彼から三タラントン取り上げた。あなたはあの若者の初々しい美しさの崇拝者だという[14]、自ら求めて得た評判の手前も恥じないで、アリスタルコスから亡命の路銀を奪ったのだ。本当は崇拝者などではなかったのだ。正当なエロスには不正（πονηρία ポネーリアー「悪さ」[15]）を入れる余地などないのだから。

アイスキネスがここで述べているのは、デモステネスは、アリスタルコスの念者であったが、不正な念者であり、彼の行動が「不正なエロス」を暴露した、ということではない。デモステネスはアリスタルコスに対して全く何のエロスも感じていなかった、と言うのである。アイスキネスは、正しく《ディカイオス》ない要素を含まぬ同性愛関係にのみ「エロス」という語を適用したがっているようなのだ。そうした関係には、強姦、ごまかし、脅迫が含まれないことは明らかだが、弁論全体の流れから、売春も含まれないことが読み取れる。『二』一六六で、デモステネスが念者たることを否認されているのは、デモステネスのアリスタルコスに対する仕打ちが、心から幸福を希う人々に対する――つまりは、愛する人々に対する振舞とは言えなかったからである。『二』一七一でも、二人の間柄について、アイスキネスは、「デモステネスは彼の念者であるかのように装い、この若者を上に述べたようなφιλανθρωπία フィラントローピアー（親密な交わり）へと誘ない……」と述べている。φιλάνθρωπος フィラントローポスは、分析すれば「人々を愛する」の意味であり、アイスキネスの時代には常に賛辞であって、親切で、情深く、私心のない人を指した[16]。『二』一三七では、エロスというテーマについて詳しく論じられている。

美しく純潔《ソーフローン》な人々を恋する《エラーン》ことは、愛情深く《フィラントローポス》、思いやりある《エウグノーモーン》魂の感応であり[17]、他方、金で人を雇って淫らな行いに耽るのは、無教養なヒュブリステース（好色漢[18]）の振舞である、と私は区別するのであります。そこで申しますが、堕落することなく（ἀδιαφθόρος アディアフトロース）愛を受ける《エラースタイ》ことは誉れ《カロス》であるに反して、報酬に釣られて春を鬻いだなら、それは恥ずべきことなのであります。

エロスはこの箇処では、感受性《センシティブ》の豊かな者の特質とされている。あるいは、「惚れっぽい」という二義的な含みで使われることのよくある英語を用いて、「susceptible」な者の、と言ってもよいかもしれない。また、しごく当然のことだが――（これと対比される者が「無教養な」と特徴付けられていることから察せられるように）この箇処でも、ホメロスの「教育ある聴衆[19]」に言及される一四二節でも――感受性の豊かさは教育及び修養と関連付けられている。また、リュシアス『三』四四でシモンの訴訟相手が述べる一般論も当面の問題に関係がある。即ち、彼の非難は嘘偽りであるという申し立てに対し、彼は自己弁護して、次のように述べる。

と申しますのは、恋《エラーン》をし、かつインチキ訴訟を起こすことは、同じ一人の者がすること
ではなく、恋はどちらかというと人の良い《エウエーテース》者たちが、誣告はこの上ない悪党《パヌールゴス》がするこ
とだ、と私は考えるからであります。

εὐήθης エウエーテースは、「良い性格の」と分析できるが、意味するところは、自分程には善良でない者たちの魂胆を探るべく、十分の知力を注ぐことのない、あるいはできないために、容易に騙されたり乗じられたりする者のことである。だから、この語は賛辞にもなりうるが（プラトン『エウテュデモス』二七九dでは「無邪気な」。同『カルミデス』一七五cのエウエーティコスは「感じやすい」の意）、「馬鹿」「単純」といった軽蔑の意味で使われやすいのである。πανοῦργος パヌールゴスは、ときには「利口な」に当たる語と対になって、不道徳で恥知らずなペテン師の描写に用いられる。上の話し手は、アイスキネス同様、人の身として同性愛を司るエロスの神に打ち負かされたのはやむをえない、という陪審員たちの同情を買わねばならないのだ。もっとも、恋をめぐる喜怒哀楽を詩に表した色好み《エローティコス》という、アイスキネスの評判に比べると、この人が認めている男娼との契約は生々しくて、ロマンチックな感情というレベルまで持ち上げるのは容易なことではないけれども。

現代の読者が疑問を抱き、その解答を求めるのは、次のような点であろう。アイスキネスの考えによれば、エロスは肉体的行為を伴うのか、それとも排除するのか？「堕落していない」稚児は、どのような誘惑と説得にも抵抗し、一切の「好意」を差し控えるのか、それとも、売春したという陰口を招かぬように、贈り物や契約を拒むだけなのか？ ἀδιαφθόρος アディアフトロース（堕落することなく）を同系語とする動詞 διαφθείρειν ディアフテイレインは「駄目にする」「破壊する」を意味し、人を目的語とする場合は、人を唆して、その社会的役割を果たす妨げとなるような感情・思考・行動を取らせる、という意味で用いられる。従って、（例えば、リュシアス『一』一六のように）既婚の女を誘惑したり、判事や役人に贈賄したり、（有名な、ソクラテスの場合には）若い者たちを伝統や権威に対して無頓着にさせる、といった場合にディアフテイレインという動詞が使用されるのである。こうして見ると、善良な稚児が誘惑に乗ることは決してない、とアイスキネスは匂わせたいようであり、かつ、一三七節で、「堕落することなく愛を受けること《エラースタイ》」と「春を鬻ぐこと」とが対置されているのは、名目はどうあろうと、「堕落」、即ち肉体の接触がある関係には「エロス」という語は使用しない、という意味にさえ取れないこともない。

しかし、一三七節で、念者と嫖客《ひょうかく》、稚児と男娼がそれぞれ対置される際、どちらの場合も売春関係については「支払い（報酬）」ということが述べられており、このこととアディアフトロースという語に伴う金銭上の連想――デモステネス『一八』二九八では、利得の約束や見込みによって「買収されることのない」――とを結びつけると、利得以外の理由による服従についてアイスキネスが沈黙を守っていることが俄《にわか》に目立って来るのであり、また、当然欲望の成就を求める念者については、評価を控えていることも意味深長である。結局、アイスキネス自身念者として振舞ったことが知られていたため、ティマルコスと対決するにあたっては、そのような自分の生き方には差し障りがなく、しかも最も厳格な基準を採用することが、彼の課題だったのである。

デモステネス作とされる、恋愛に関する弁論『六一』の作者は、第一節で、正当な念者《ディカイオス》は「恥ずべきことは何一つしないし要求もしない」と述べているが、これだけでは、何がある行為を恥ずべきものとするのか、という問題は未解決のままである(プラトン『饗宴』一八五bに関する235頁を参照)。

奴隷が体育場を利用すること、及び「自由ナル身分ノ子弟ニ、アルイハ懸想シ、アルイハ付キ纏ウコト」を禁じる法律から引用しつつ(一三八節以下)、立法者は暗に、奴隷には禁じられている良いことどもに取り組むよう、大いに市民たちを励ましているのだ、とアイスキネスは論じている。その論法は次の通りである。(i)奴隷はxを禁じられている。(ii)奴隷はyも禁じられている。そして、(iii)法が市民にxを奨励していることは周知の事実である。それ故(iv)法はyを奨励している。

だが、自由身分の男性が少年に恋し、交際し、付き纏うことを立法者は禁じておらず、またそのようなことは少年にとって害にならず、むしろ純潔の証左となる、と考えたのであります。

——換言すれば、少年の純潔をテストすることになる、というのであり、少年がテストに受かるのは当然のこととされている。

しかし、思うに、少年は責任能力がなく、また、本当に誠実な者とそうでない者とを判別することがまだできないので、立法者は恋する者に自制させ、φιλία フィリアー（愛情）に関する話は、少年が成長して思慮分別が付く年頃になるまで延期させるのであります。念者が少年について回り、少年から眼を離さぬことが、少年の純潔の最も堅固な見張りであり守りである、と考えたのであります。

ここでは、アイスキネスの述べる規定は厳密である。恋している故に少年に付きまとうことは許されるが、それ以外の方法で自分の感情をあからさまに表明することは、少年が彼の性格を判断できる年齢になるまでは許されない、ということである。その年齢とは何歳か、また、個々のケースで、少年が十分な年齢に達したと誰が判断するのか？「φιλία フィリアー に関する話」という言葉によって、どのような関係が示されるのか？

3　エロスと愛

φιλία フィリアーは「愛」一般を指す。動詞は φιλεῖν フィレインであり、形容詞 φίλος フィロスは、「親愛な」の意味であるが、「自分の」とか、「近親関係にある」の意味に変化して用いられることもあり、また、フィロスが名詞として使われるときは、（ふとした、だが感じのよい知り合い関係から、長年の親交までの）「友達」、または「親類」、つまり、格別の権利・義務関係で結ばれていると見られる「愛する人々」または「最も近く親しい人々」の一人の意味である。この語群の語は親と子の愛情に適用される。例えば、アリストファネス『雲』七九―八三。

ストレプシアデス　さて、うまいことこの子を起こすにはどうしたものか？……どうしよう？……フェイディッピデス！　フェイディッピデスちゃん！

フェイディッピデス　何、お父さん？

ストレプシアデス　お父さんにキスして……それから右手を出して。

フェイディッピデス　はい……どうしたの？

ストレプシアデス　どうだ、お父さんが好《フィレイン》きか？
フェイディッピデス　好きですとも！

同じ質問は性的な文脈にも挿むことができる。例えば、クセノフォン『饗宴』九・六では、一組のダンサーが、私的なパーティーでの演技で、ディオニュソスとアリアドネの伝説を演じているのだが、

> ディオニュソスがアリアドネに、「僕のこと好《フィレイン》き？」と尋ね、彼女が誓いを立てるのが聞こえたが、その様子ときたら……居合わせた人々も皆口をそろえて、若者と娘は本当に愛《フィレイン》し合っているのだ、と言い立てそうな程であった。というのも、二人は所作を仕込まれたダンサーというより、前々からの思いを遂げることを許された者たちのようだったからである。いよいよ二人が抱き合ったまま、まるでベッドへという様子で引っ込むのを見ると、酒客たちは……

いかにも、「僕（私）のこと好き？」という問い掛けは、「僕（私）に対して性的興奮を覚える？」と訊くのでは大袈裟だし、そうまで言う必要のない場面で用いられうるが、これは男が女に訊くのか、女が男に訊くのかで、意味が違ってくる。強い性欲は愛を強める

ものだが、普通はこれが愛を生みだし、時には愛によってこれが生じることもある。この点は、プラトン『リュシス』二二一bを参照。また、プラトン『エウテュデモス』二八二bでは、少年のφίλοι フィロイ（友人たち）に、「念者を自称する者たち」も含まれている。だから、ギリシア語では、エロスと愛が常に明確に区別される、と思ってはいけない(20)。事実ホメロスは名詞φιλότης フィロテース（愛）を――フィリアーはホメロスより後の言葉である――「愛《フィロテース》とベッド」とか「愛のうちに結ばれる」といった、性交を指す婉曲表現にも、国家・家庭・個人同士の友好的な、あるいは情愛の籠った関係にも用いている。また、アルカイック期・古典期を問わず、同性愛を扱う詩には愛の告白が頻繁に見られるが、名詞παιδεραστής パイデラステース（少年愛者）や動詞παιδεραστεῖν パイデラステイン（少年を愛する）は、このジャンルの詩にほぼ一定して用いられたエレゲイアの韻律に合わないため、詩人たちはこれをπαιδοφίλης パイドフィレース、παιδοφιλεῖν パイドフィレインと言い換えている（例えば、テオグニス一三四五、一三五七、グラウコス一、メレアグロス八〇・二）。さらに、ἀγαπᾶν アガパーン「満足する」やἀσπάζεσθαι アスパゼスタイ「歓迎する」「を喜ぶ」は、しばしばフィレインと対で用いられ（例えば、プラトン『リュシス』二一五d、二一七b、二二〇d）、アガパーンに対応する抽象名詞アガペーは、後にはキリスト教作家によって性欲の欠如した愛に流用されたが(21)、R20では臥床の上の半裸の女が「アガペー」と名付けられ、また、伝デモステネス『六一』では、念者の稚児に対する（六節）、また女神たちのガニュメデスやアドニスに対する（三〇節）気持を示すのにアガパーンが使われている。従って、古典ギリシア語には、社会から性の介在を許容される人間関係にあって、しかも性愛を排除する、そんな関係を示す「愛」に当たる言葉は存在しないのである。

男女の恋愛は、架空の文学でも実生活でも、ちらと見た優雅なしぐさが馴れ初めとなり、あの、この上なく大きな愛の発露となって頂点に達するが、それを咎める者はない。これに対し、西ヨーロッパでは遥かに昔から、同性愛の恋情《エロス》は本質的に鬼畜にも劣るとされてきており、そのせいか――同性愛そのものを道徳的に非難することは即座に拒むような人々の側にさえ――その恋情《エロス》は男女の恋情《エロス》に劣らず大きな献身の心を抱かせうる、と認めることにかなりためらいが見られるのである[22]。

だが、念者と稚児は、苦痛と死を物ともせぬところを互いに見せようとするため、同性愛が軍事上の目的に利用され、また大きな効果を収めたことは確かであり（416頁参照）、また古代末期においても、私達は凄絶な物語に逢着するのである（例えば、プルタルコス『愛をめぐる対話』七六一c。テロンという男が自分の親指を切断し、恋仇である念者に同様にするよう挑む[23]）。だが、この種の逸話で最も注目すべきものは、四世紀初頭に由来する。クセノフォン『アナバシス』七・四・七には、その肉体美を見て心を動かされたという以上には何一つ知らない若者の身代りに死ぬのを厭わない男のことが語られている。

エピステネスという稚児狂いのオリュントス人がいた（オリュントスはエーゲ海西北に突き出たカルキディケ半島の町）。彼は年頃になりかかったばかりの美少年が……処刑されようとしているのを見ると、クセノフォンの所へ駆けて行って、美少年を助けるよう嘆願した。そこで、クセノフォンは総司令官セウテスの所へ赴いてその少年を死刑にしないよう頼み、エピステネスの気質（τρόπος トロポス）[24]も説明し、また、かつて彼が男前かどうかしか見ずに一団の兵を集めて、彼らと共に勇敢な戦士ぶりを示したことも述べた。するとセウテスは「エピステネス、それじゃあ君はこの者に代って死ぬ気があるのかね？」と訊いた。エピステネスは首をぐいと伸ばして言った、「斬れ、この子がそう言うのなら、そしてそれを感謝するのなら」。それを聞くと、セウテスは少年に、身代りにエピステネスを斬るべきかどうか訊いた。少年はそれを許さず、どちらも殺さないよう哀願した。その時、エピステネスが少年を抱いて言った、「セウテス殿、この子が欲しければ、私と戦わねばなりませんぞ、この子を離しはしませんからな」。セウテスは笑って二人を赦した。

エピステネスがクセノフォンに少年の助命を訴えたのは、少年の行状が道徳的に見て立派だから、というのではなく、美しいもの（この場合は生きた人間だが）を破壊することを畏れたからである。このような考え方をする人間が残忍・無感覚になり、詐術を弄する場合もよくあることだが、(25)エピステネスは、自分の死後の感謝しか期待していないのだから、少年から性的な恩恵を受けようとしてその代価を差し出していると非難することは、まずできない。もっとも、彼がひょっとして、自分の他愛ない空想の実現に賭けたのなら話は別である――美しいお姫様がいまにも処刑されようとしている。夢想家は勇敢にも残忍な王様に自分の首を差し出す。王の心の琴線に触れるものがあって、二人は刑を免れ、美しいお姫様は夢想家の腕の中に飛び込み、尽きることのない感謝によって彼と結ばれる――ただしこの場合、お姫様は男である。

　男が女に恋し、女が男の恋《エロス》に恋をもって報いると、女はἀντερᾶν アンテラーンすると言われ（クセノフォン『饗宴』八・三、一組の若い夫婦について）、女が感じるエロスが愛を生む(26)。この点は、プラトン『饗宴』一七九b、アルケスティスは「エロス故に、愛情という点で」夫アドメトスの両親を遥かに凌いでいたため、両親と違って、喜んで夫の身代りに死ぬ気であった、という議論を参照。これに対し、同性愛関係では、稚児は念者の恋に恋をもって報いることを期待されていないのである。つまり、ἀντεραστής アンテラステースは「恋仇である念者」を意味し、恋《エロス》に対し恋《エロス》を返す者のことではない。また、プラトン『饗宴』一九二bで、同性愛を専らとする男が少年愛好者《パイデラステース》でないときは、φιλεραστής フィレラステース（即ち、「自分の念者を愛する」）である、というのも注目に値する。もっとも、こうした区別は後のギリシア語では崩れる場合がある（例えば、『スーダ辞典』μ 497 で、念者が絶望して自殺し、つれなくしていた稚児は、遂に「恋に報いて《アンテラスティス》（アンテラーンのアオリスト分詞）」念者の後を追う）。だが、古典期の用法はプラトン『ファイドロス』二五五ｄで例示され、そこではエロスの本質が形而上学的な言い回しで次のように説明されている。

> そこで稚児は恋する《エラーン》が、何に恋しているのかとなると、五里霧中の状態である。……（中略）……稚児は、念者の恋心《エロス》の写しである ἀντέρως アンテロース[27]を抱いている。だが彼はそれを恋《エロス》ではなく愛《フィリアー》と呼び、またそう思っている。

クセノフォン『饗宴』八・二一では、稚児と念者の感情の相違が強調されている。

> というのは、少年は性のいとなみの際、女のように男と快楽を共にすることもなく、性に酔い痴れた相手を醒めた眼で眺めているからである。

あけすけに言って、稚児は念者に服従することで何を得るのであろうか？　この疑問に対するギリシア人のお定まりの解答はこうである。肉体的な快楽はない（プラトン『ファイドロス』二四〇ｄを参照）。仮に稚児が快楽を感じるようなことがあれば、πόρνος ポルノス（256頁以下参照）であり変態（377頁参照。ねじまげと訳した）であるとして非難される。「もうあれには向かなくなろうという今になって、お前は求めるのだ！」という主旨の、アスクレピアデス四六は、別に上機嫌というわけでないし、「お前は直に薹《とう》が立って、手遅れになる！」という主旨のエピグラムは、「嘆美され垂涎の的となる喜びも長いことはない」という意味に過ぎない（メッセネのアルカイオス七、八、ファニアス一、テュモクレス一）[27a]。

念者が稚児の心に呼び起こしたいと願うのは、エロスではなく、愛なのである。このことは、上に引用したクセノフォン『ヒエロン』の一節中のアンティフィレインの用例や、同一・三四以下、『ソクラテスの思い出』二・六・二八、『饗宴』八・一六、八・一九、プラトン『ファイドロス』二五五d―二五六a、『饗宴』二一七a、二一八cなどから明らかであり、また、「アリストゲイトンのエロスと（それに応じて生じたアリストゲイトンに対する）ハルモディオスの愛《フィリアー》」に言及するプラトン『饗宴』一八二cにも鮮明である。念者に対する敬意と感謝に呼び起こされた愛に促され、それに思いやりも加わって、稚児は、念者が包まず激しく求める「好意」を示し、「勤め」を果たす。その場合、なるほど、愛は当事者双方にあるが、エロスは一方のみにある――だから勿論、女が自分に打ち込んで一瞬の安息も与えない男を憎むことがあるように、稚児が念者を憎むこともありうる（プラトン『リュシス』二二二b）。アイスキネス『一』一三三では、将軍がティマルコスの弁護にあたって、「エロスを通じて生じたと言われる、パトロクロスとアキレウスの愛《フィリアー》」を称えるとされ、一四二節では、このテーマについて詳しく論じられる。

即ち、ホメロスはパトロクロスとアキレウスのことを随所で物語っておりますが、二人の愛情《フィリアー》の実態を露骨に述べてエロスを暴くことはしないのであります。これは、二人の桁外れの真心は明敏な（直訳は、「教養ある」「修養を積んだ」）聴衆には明々白々だと考えてのことであります。というのも、ある箇処でアキレウスがパトロクロスの死を嘆きながらこう述べているからであります……「パトロクロスの父君メノイティオス殿に約束したことなのに、心ならずも破ってしまった。というのも、私と一緒にパトロクロスをトロイアへと送り出し、私に彼のことを任せてくれるなら、恙なくオプスへ連れ帰りましょう、と大口を叩いたのだから」と。アキレウスがパトロクロスの世話を引き受けたのはエロス故であったことは、このことから明らかであります。

（「明らかである」といっても、稚児はある意味で念者に依存し、念者は稚児に対して責任を負っていた、という仮定に立つ限りでのことである。逆に、プラトン『饗宴』一七九e—一八〇bではパトロクロスを念者、アキレウスを稚児とし、アキレウスが自分の命を犠牲にしたのはパトロクロスへの心酔のあまりだった、としている(28)）。

普通、エロスに関する表現は曖昧であった（ちなみに、アイスキネスがホメロスについて述べるところから見ると、表現を控え目にすることは至上命令であったらしい）。また、人前での行動は礼儀正しく慎重であった（クセノフォン『饗宴』一・二によると、カッリアスが稚児のアウトリュコスを食事に呼ぶとき、アウトリュコスの父親も呼び、そのために誉められている〔八・一一〕）。そうした節度が守られている限り、いかなる同性愛関係の実態も、念者と稚児以外の者には、憶測するしかないことであった。AがBに求める「勤め」または「好意」は優しい頰笑みか？ 彼と一緒に競技を見に行くことを快く承諾することか？ さもなくば何であったのか？ クセノフォン『饗宴』八・二四で、ソクラテスはキスと愛撫について触れただけなのに、一般に、同性愛に関わる肉体の接触に言及する「無作法」を詫びているが、八・四一では、これと全く同じ言い回しで、皆が寛ぎたいと思っている酒宴の席であまり真面目な話をし過ぎたことを詫びているのである。また、アガトンの催した酒宴で、アルキビアデスが客人たちに、ずっと以前にソクラテスを誘惑しようとした顚末を物語るとき、彼は、礼節ある会話の規則をはなはだしく損なっていることを認めているのである。肉体の接触を慎む念者と稚児がいたかどうかは、知られていないし、知りえないことである。恐らく彼らは、人に訊かれれば慎んでいると常に答えたであろうが[29]、教養ある人々の集まりでは、礼儀上、彼らが露骨な質問を受ける惧れはなかった。要するに、男女の愛を基本とする大多数の文化を見ても、A氏に、「それで、君はまだB嬢とやったことがないのか？」と訊くのは通常のことではないのである。たとえその問題が第三者によって喜々として論じられることはあるにしても。

4　つきまといと鞘あて

一三五節でアイスキネスが直面するものと予想した三つの具体的な申し立てのうち二つは、「体育場でうるさがられたこと」と「そうした振舞が因となって、罵倒され、殴りつけられたこと」である。彼は一三六節で第二の申し立てが間違いないことを認めているが、一毫の羞恥も見せぬことから、むしろ誇り高い口調で述べたものと容易に察せられる。第一の申し立てに籠められた批判を彼は当然黙殺するが、その一方で、その申し立ての実質は、「私自身 ἐρωτικός エローティコスであったことがあり、今なおそうである」と繰り返して述べ、認めているのである（一三五節、「少年の念者となったことも数知れない」との関連）。

体育場全体、あるいは特に角力場《すもう》（παλαίστρα パライストラー）[30]では、裸の少年たちを見たり、いつかは話しかけるつもりで用心深く少年の注意を引こうとしたり（これは体育場が、暇のある男たちの社交場としての機能を果たしていたからである）、また、角力を取っているうちに、偶然を装って、気を引くように少年に触れたりする機会があった（プラトン『饗宴』二一七c、「近くに誰もいないとき、この人と僕はよく角力をとった。そして……何と言ったらよいのか。それ以上のことは何も起こらなかったのだから」を参照）。アリストファネス『平和』七六二以下では、「角力場のあたりをうろついて少年たちを誘惑しようとして」という言及があり、『鳥』一三九―四二では、ある登場人物が思い描くところによると、「体育場から、風呂を済ませて帰る」美少年との出会いが、同性愛の誘いを掛ける好い機会なのである。また、プラトンの幾つかの対話篇の導入場面は、格別に美貌の少年たちが角力場に姿を現すことで醸し出される情況を生き生きと伝えている。例えば、『カルミデス』一五四a―cでは、ソクラテスが久方振りにアテナイへ戻って、タウレアスの角力場へ顔を出し、若者たちの中に現在「教養か姿形か、それともその両方で傑出している」者たちがいるか、とクリティアスに訊くと、

クリティアスは、数人の若者たちが互いに罵り合いながら入って来、別に一群の者たちが後に付いて来るのを目にしたところなので、入口の方を見やるとこう答えた。「ソクラテスさん、美少年のことなら、直に分かると思いますよ。あのぞろぞろ入ってくる連中は、今のところ当代最高の美少年ということになっている若者の念者たちで、その若者の露払いなのですから」。

その若者――クリティアスの甥カルミデス――が入って来ると（一五四c）、

さて、そのときも私の眼には、彼が背丈といい姿形といい驚嘆すべき者と映ったし、私

の見たところ、他の者たちも皆カルミデスに惚れ込ん《エラーン》でいるようだった——皆、彼が入って来た途端に、度胆を抜かれて取り乱してしまったのだからね——さらに後続の者たちの中にも多くの念者たちが混ってついて来たのだ。

同じく、『エウテュデモス』二七三aでは、「クテシッポスを初めとして実に多くの念者たち」を従えて、若いクレイニアスが入って来る。初めのうち、少年がソフィストのエウテュデモスやディオニュソドロスと話している間、クテシッポスは離れた所に坐っているが、エウテュデモスが前かがみになったため、自分の稚児の姿が見えないので傍にやって来る（二七四bc）。『リュシス』二〇六eでは、ミッコスの角力場で少年や若者たちが集まって立っている。その中のリュシスは、同じ年頃の少年でクテシッポスの甥のメネクセノスが、ソクラテスとクテシッポスの傍に坐ると、ようやくやって来て同じく傍に坐る。それから、若者ヒッポタレスは、リュシスに首っ丈なのだが諦めているので、「リュシスに嫌われないように」皆の端っこの目立たぬ場所を占める（二〇七b）。

プラトンが描いているようなグループの一人が美少年の念者になると、彼が自分の気持を長いこと気付かれずに済む見込みはなかった。153頁で見たように、少年に「付キ纏ウコト」は、アイスキネスが一三九節で引用する法文中に、明白に恋心を示す行動として認められており、またこの法律は、アイスキネスの解釈によれば、念者が恋《エロス》の対象を適度の距離から黙って見つめることを許可する、いや奨励さえするものであった。ただ、そうした振舞は、同性愛の様式化の一環として、理想的な行動形態に合致するものだったかもしれないが、口説いたのか無言の求愛かという境界は鮮明でなく、容易に踏み越えられるものだ。プラトン『ファイドロス』で念者ならざる人物はそのような境界を認めていない(二三二ab)。

さらに、恋する男たちが稚児たちに付きまとい、それにうつつを抜かすことは、嫌でも目につき[31]耳に入るために、多くの人々は、稚児と念者が語り合っているのを見ると、一緒になりたいという(念者の)欲望が既に満たされようとしているからだ、と思うのです。

カルミデスの先払いをしてソクラテスの前にやって来る若者たちは「罵り合って」いる。何を罵り合っているのだろうか? λοιδορεῖσθαι ロイドレイスタイ(中傷する、罵倒する)は強い言葉だが、ひょっとしたらプラトンは若者たちの粗暴な冷やかしに触れただけなのかもしれない。だが、アイスキネスの言う「張り合いや喧嘩沙汰」とは何をめぐってのことなのか? アイスキネスが、自分の目的はただ、大人しく節度ある少年たちを「野卑な男たち」から救うことだ、と主張しても、陪審員たちはまず受け付けなかったであろう。

稚児や女、また両方に関する喧嘩といえば誰でもすぐ思い浮べることがあり、それは例えばクセノフォン『アナバシス』五・八・四で示されている。この箇処でクセノフォンは、彼の手荒な取り扱いに文句を付けた兵士たちにこう言っている。

私が君を打ったのは、君に何かをくれと言って、くれなかったからか？　何かを返してくれと言って、乱暴したとでも言うのか？　稚児のことで喧嘩をしてのことか？　酔っ払って乱暴したのか？

これを読むと、リュシアスが『反シモン弁論』を書くきっかけとなった争いが思い出される。もっとも、あの場合、若いプラタイア人をめぐるシモンと話し手の鞘あては俗臭芬々たるものであった。女をめぐる鞘あての類例は、リュシアス『四』に見られるが、この弁論は、話し手が訴訟相手と二人で買った女を、手元に押さえておく、という争いごとの所産のようである（九節）。

彼は恥じる様子もなく、眼の下の痣《あざ》を怪我と称し、寝椅子に横になって方々へ運ばせ、重症を装っておりますが、それもたかが一人の遊女のためなのであります。原告は、私に金さえ返却すれば、何もすったもんだすることもなく、その女を我がものとすることができるのであります。

実際リュシアス『三』四三では、シモンとの喧嘩沙汰は、女をめぐる月並な喧嘩と同列に扱われている。

酒の上での張り合いや、勝負事や、悪口や、遊女《ヘタイラー》のことで喧嘩をして怪我したからといって、そういう者たち皆に――よく考えてみれば、誰でも後悔する、そんなことのために――皆さんが……厳罰を科するとしましたら、空恐ろしいことでありましょう。

また、時期的にアイスキネスにずっと近い次の一節、デモステネス『五四』一四を参照。

また彼は次のように申すつもりだそうであります。「この国には、名家の子弟で、若い人々にありがちな遊楽に耽って悪名を流した者が大勢いる……（中略）そうした若者たちの中には遊女《ヘタイラー》に惚れるものもいるのだ」と。そればかりか「自分の息子もそんな一人であり、遊女のことで殴ったり殴られたりしたこともよくある。だから、そうしたことは若者には当然のことなのだ」と。

ここに見られるのは、人々がセックスの相手を我がものにしようとして張り合い、その結果持ち上がる喧嘩のことらしい。奴隷娘を小突いたり引っ張ったりする図は、誰か別の者がその娘を別の方へ連れて行きたいと思って、今にもちょっかいを出そうとしている図と共に、アルカイック期後期及び古典期初期の壺絵によく見られるモチーフである（こうした絵の中の血気盛んな男たちの追求している目的が哲学上の議論でないこと、言うまでもない）。市民身分の稚児は、ヒュブリスを禁止する法律（127―135頁を見よ）によって、奴隷女に対する如き扱いから保護されていたから、動物や鳥類に喩えれば、雄同士の騒々しい争いが果てるのを、見たところ辛抱強く、中立を守って待つ雌のようなものである。本人の同意をえず稚児に手をかけるなど危険極まりなく、また、水を向けられたわけでないのに取り巻き連中の間に割り込もうとするのは自殺行為とさえ言える。まさにそうした事情のために、稚児が念者のうち他をおいて一人を選んで一緒に立ちさった場合、何事が起きるのか、確かなところがどうしてもはっきりしないのである。

5 同性愛の詩

アイスキネス作の恋愛《エローテイコス》詩は一篇も残っていないが、現存する詩作品、殊にテオグニス「第二巻」とメレアグロス編『花冠』を参考にすれば、そのおよその性格は察しがつくのである（プラトン『リュシス』二〇四cdでは、リュシスに恋するヒッポタレスが、彼を頌する詩文を読み聞かせて友人たちをげんなりさせた、と述べられているが、その詩文は、少年の祖先のことにも触れる、ピンダロス風のものだったらしい（同二〇五ｃｄ）。テオグニス詞華集には、全く性とは無関係らしい詩（例えば一三一八ａｂ）、同性愛にも異性愛にも当てはまる詩（一二三一、一二七五、一三二三―六、一三八六―九）、及びもっと多くの、友情と敵意・忠誠と背信・良い忠告と悪い忠告などについて語る、教訓詩・道徳詩・政治詩の中に置かれた方がふさわしい詩が含まれている（一二三八ａ―四〇、一二四三―八、一二五七以下、一二九五―八、一三一一―八、一三五一以下、一三六三以下、一三七七―八〇）。また、少年の美（一二五九―六二、一二七九―八二）や、詩人の恋心《エロス》[32]（一三三七―四〇、一三四一―四、一三四五―五〇、一三五七―六〇〔恋の炎〕）が簡潔に、だが明白に表現されることで恋愛詩としての性格が仄見えているものの、他の点では性に関係付けずに解釈できる詩もある。一三二七行以下の詩は、詩人が、少年の頰に毛が生えぬ限り、「おもねる」ことを決して止めないであろう、と言い切っている点、詩の性格は一層明白である。詩人は少年に話を聴くよう要求し（一二三五―八、一三一九―二二〔「恋の悩みは忍び難いゆえ」〕、一三六五以下）、少年が「与えてくれる」だろうと希望を持って「頼み」（一三二九―三四）、詩人の好意または善行のお返しに「感謝」と「好意」を期待する（一二六三―六）。少年は逃れようとし、詩人は追いかける。例えば、結婚を拒んでいたが結局は折れて出た伝説中の美女、アタランテの逃走に少年のそれがたとえられる一二八七―九四、若さの美は長続きしないと少年が忠告される一二九九―一三〇四（一三〇五―一〇の「つれない」少年に対する忠告――彼も現在の詩人と同様、いつか「アフロディテの仕事」、即ち、愛のいとなみを拒否されるだろう――を参照）、「追跡」は「実現」されることも、されないこともある、と述べられる一三五三―七などが、その例である（一三六九以下を参照）。「実現」は一二七八ｃｄで比喩的に表現される。

たとうれば、力を恃む獅子の如く、親鹿の守る仔鹿を
むんずと摑み、引っ捕えたり、血こそ吸はねど。(33)

これは、九四九―五四の冒頭の対句でもあり、その箇処では同じ調子で「高知りし守りの壁に登れども、市《まち》は荒さず……」と続いてゆく。テオグニスの同性愛の詩を抽出し、「第二巻」としてまとめた編集者が、九四九―五四を同性愛に関するものと考えなかったことは明白であるが、続く詩（九五五―六二）にもっと綿密な注意を払ったなら、編集者の考えは変っていたかもしれない（「濁れる」泉の水はもはや飲まない、という主旨の九五九―六二に注意。なお、カッリマコス二・三を参照）。「日もすがら、美童と伏せる」ことのできる念者は幸福だ、とはテオグニスにしては、稀に見る端的な表現である（一三三五以下）。だが、二、三の詩は、五世紀のアテナイ人は勿

論、多分どの時代、どの地域のギリシア人にも、性交の寓意がたっぷり含まれたものと響いたであろう。例えば、「大麦を喰い飽き」「御者の上手に憧れて内の厩に帰り来た」(34)馬に、少年が譬えられている一二四九—五二。「目前にいる者（即ち、束の間の恋人《エラステース》）を愛する《フィレイン》」少年は、土埃の中に投げ出された乗り手のことは少しも心配せずに、「大麦を喰い飽きて、次の男を乗せる」馬のようだ、と苦情を述べる一二六七—七〇。「汝は岩礁に乗り上げた船」で、「腐れた纜《ともづな》にしがみつけり」(35)と、「我が愛《フィロテース》を離れて迷う」少年に語る一三六一以下などがその例である。「大麦」は、喜劇に見られる「ペニス」を指す俗語であり(36)、「腐れ綱」も、アリストファネスの『蜂』一三四三—四で、フィロクレオンが女に握るよう命じる自分の提燈仄《へのこ》の比喩として用いられている。また、馬、手綱及び乗り手の比喩は、アナクレオン断片四一七以来、男女の交わりに言及する際のありふれた表現となっている(37)。さらに、一二七〇「目前にいる者を愛する」は、一三六七以下に反映している。

　それ、美童には感謝の心あり。されど、女には、心に頼む相手なく
　その場、その場の浮気心、止むことなし。（直訳は、「常に目前にいる男を愛する」）

古代、（異口同音に、というわけではないが(38)）プラトンに帰せられていたエピグラムのうち、一〇番は、「ああ、私の心を恋《エロス》によって狂わせたディオンよ！」という大仰な言葉で

亡きディオンに呼びかけ、三番では、（悲劇詩人でない）アガトンの唇にキスしたとき、詩人は喜びに死なんばかりであった、とされている。

ヘレニズム期の詩の中には、それ以前には見られぬほどの露骨さで生理学的な用語を用いるものもあるが、愛、欲望、感謝、諸々の感情などを歌う時は大抵、その言葉を厳密にとれば（辞書の意味どおりに、と言ってもよいかもしれない）、念者の望みは崇拝する美しい稚児との同席と語らいを独占したいという、ただそれだけだと思えるような言葉を使っている。だから、私達が必要に応じ、断固として、「追跡」とか「実現」というような言葉を具体的事実に置き換えるとき初めて、同性愛の恋情《エロス》を表現する際、因習上やむなく用いられる偽装の程度が明らかになるわけである。また、そうした因習があればこそ、アイスキネスが一三六節で、自分の詩は、中傷者たちが押し付けるような意味を持たない、と主張する余地が残されたのである。

C　自然と社会

1　自然の衝動

アイスキネスには、ただ一箇処、男女の性愛は自然であり、同性愛は不自然であると仄めかす件《くだり》がある。それは、姦通した女が公の祭典に参加し聖域に入ることを禁じる法律について詳しく述べた直後の一八五節である。

さて、あなた方の祖先は、恥ずべき行為と立派な行為に関して、このように明解な判定を下したものでありますが、これに反し、あなた方は、最も恥ずべき行状を咎められてしかるべきティマルコスを無罪放免とされるのでありましょうか？　この、体こそ男であり雄であるが、女の罪（直訳は、「過失」）(1)を犯したティマルコスを？　とすれば、あなた方のうちの誰が、女を現行犯で捕えたとて、罰を加えることができましょうか？　それとも、自然の衝動に従って過ちを犯す女には厳しくし、自然に反して己れに

か？暴力を加えた男《ヒュブリゼイン》の勧告に耳を貸すならば、誰が愚か者と思われずに済むでありましょう

一見、真摯な論法ではある。しかし、同性愛関係一般が不自然である、というのがアイスキネスの真意なら、彼は、他にはソクラテス－プラトン哲学の伝統の一分肢においてのみ展開された観点に立つことになり（373頁参照）、かつ、（彼自身の一三六節での発言を含め）彼の時代の多くの非哲学的な発言に読み取れる考え方と相容れないことになる。さらに由々しいことは、彼が一三八節で取った見解に自家撞着していることで（153頁以下参照）、その箇処で彼は、男性市民が美少年に「付き纏う」ことを法律は積極的に奨励している、という結論を引き出しているのである。

即ち、私達の祖先は、日常の行状、並びに自然が強制する事柄（直訳は、自然からして已むを得ないこと）に関する法律を定めたとき、自由人が為すべきだと考えた行動を、奴隷が行うことを禁じたのであります。

この箇処に続いて、奴隷が体育場に出入りすることを禁じる法律が言及され、ついで、自由身分の少年と恋に落ちた奴隷に対する罰則を規定する法文が引用される。古代後期ま

たは中世初期の、あるアイスキネス解説者は、「自然が強制する事柄」という句に、「善きにつけ悪しきにつけ」という言葉を追加しているが、それはこの一節を、最も広範囲での道徳的選択一般に関わるものとするためであった。ちなみに、この挿入句は写本伝承の一脈に引き続き現れている。(2)

しかし、「善きにつけ悪しきにつけ、自然が強制する」(または、自然からして「避けられない」「必然の」等々)「事柄」とは、善悪に関するギリシア的な話し方・考え方を正しく反映した表現ではない。また、この句は部分的には「善きにつけ悪しきにつけ必要最小限の事柄」という意味にも取れるが、これは体育場や同性愛との関連では意味をなさない。

ところが、「自然が強制する事柄」という表現が性本能を初め、一般に美しい人々を占有したいという衝動を指すとすれば、古典期アッティカの文献に類例が求められるのである。アリストファネス『雲』一〇七五―八二では、背徳主義者「邪論」(擬人化された登場人物)が「自然の強制」というテーマに取り組んで、それを、既婚女性と恋に落ちて姦通する男を例として説明している。メナンドロスの一登場人物は、強姦を情状酌量して、「自然が欲したのだ、自然は法律のことなどちっとも気にしないのだ」と述べる(『調停裁判』一一二三、エウリピデス断片二六五aを引用)。エウリピデス断片八四〇で、ライオス(テーバイ王、オイディプスの父)は、自分が少年クリュシッポスを犯したことに触れ、煩悶の体で「私には思慮はあるのだが、自然が強いるのだ」と語る。こうした背景からすると、アイスキネスの言う「自然が強制する事柄」を説明するには、彼は男が他の男に対して同性愛的反応を示すことは自然であると見なしていた、と仮定するしかないであろう。

それが彼の見解なら、クセノフォンは彼に賛成したであろう。『ヒエロン』の一節（一・三一―三）で、詩人シモニデスと僭主ヒエロンは次のように語り合っている。

するとシモニデスは笑って尋ねた。「ヒエロン殿、それはどういうことでしょうか？僭主には稚児に対する恋心は起こらないとおっしゃるのですか？　それでは、あなたが、一番の美少年と評判のダイロコスに恋しているのはどういうわけですか？」するとヒエロンはこう答えた。「……いかにも、私はダイロコスに恋して《エラーン》います。それは、おそらく人間の自然からして、美しい人々に求めずにはいられないものを、私も彼に求めているからなのです。ところが、私には、自分が得たいと思うものを、相手の愛情と一緒に、また相手の積極的な同意を受けて、手に入れたい、という気持が非常に強いのです」。

ここに見られる「おそらく」という言葉は――クセノフォン『キュロスの教育』五・一・九―一七で真面目な若者アラスパスが唱える――人は美を見てやむなく恋心を抱くよ

うになるとは不道徳な言い逃れである、という見解に照らして理解すべきである。もっとも、クセノフォンがこの見解に全面的に賛成していたかどうか、疑わしい。というのは後の箇処で、アラスパスが美しい女を預けられて「愛欲《エロス》に捕えられた。もっとも、彼がそのようなことになったのは、おそらく少しも不思議なことではなかった」と(五・一・一八)、そして、その結果、「彼女に枕を交わすよう言い寄らずにはおれなかった」(同六・一・三二)と記しているからである。

ἀνάγκη アナンケー「強制」「必要」、及びその形容詞 ἀναγκαῖος アナンカイオスが、必ずしも、絶対に避け難く免れ難いことのみを意味するわけではなく、時には、決然とした抵抗によって克服しうる諸々の力や、機敏さと知性を駆使すれば逃れることのできる苦境についても用いられることを忘れてはならない[3]。だが、だからと言って、同性愛・男女の愛のそれぞれの感情を述べる言葉が同一であることに変わりがあるわけではない。シモンの訴訟相手は、思慮分別が期待される年齢になって、自分が同性愛に囚われていると述べねばならぬことに当惑しながらも、「欲望を抱くことは誰しもあることであります」と述べるのである(リュシアス『三』四)。

ヒトという種の「自然《フュシス》」とは別に、各人は自分の「自然」、即ち、彼が精神的・肉体的に発達してきたあり方を持っている。だから、ヒトの具えている特徴の過不足は相対的なものであると言えよう。他に比べて同性愛傾向が強い人々がいる、というギリシア人の認識に驚く必要はないのである。その認識が最も明白に示されているのは、『饗宴』一八九c—一九三dでプラトンがアリストファネスに語らせている話《ミュートス》の中である。即ち、人間は本来対《つい》であって、各人が二つの頭、四本の脚、二つの生殖器等を備えていたが、ゼウスが彼らを二分することを命じ、以来（民話では通例のことだが、時間の隔たりは無視され、種と個の区別は有耶無耶《うやむや》になっている）[4]我々は各々彼の、または彼女の「片割れ」を求めて歩き回り、それが見付かると恋に落ちる、というのである。この話によると、本来男の二倍体であった者から分かれて生じた者は同性愛の男であり（一九一e—一九二c）、彼らも結婚し子供を作るが、それは「自然に従ってではなく、慣習に強いられて」のことである（一九二b）。本来女の二倍体であった者から生じた者は同性愛の女であり（一九一e）、残りが異性愛者で、本来男女両性体から生じた者なのである。

性的指向という点で人々に相違があることは——これは、アリストファネスの話では、発生論的に決定された——アイスキネスが、同性愛関係に対するミスゴラスの「異常な熱心さ」に言及していることと（四一節）、クセノフォンが極端な少年愛者《パイデラステース》エピステネスの振舞を描く際、τρόπος トロポス——「流儀」「性格」「気質」「性向」——という語を用いていること（159頁を見よ）で、付随的に認められている。また、アイスキネスがπροαίρεσις プロハイレシスという語を使用していることを参照（121頁）。ハルモディオスとアリストゲイトンを奮起させた感情を示すには、エロスを気質《トロポス》と言い換えた方がよいのではないか、とアイスキネスは次の一四〇節で考える（もちろん、被告側が、暴君誅殺者という二人の名声を、伝家の宝刀として抜くことを阻止できれば、アイスキネスにとって都合がよいのである）。

美徳において未だ凌駕されることのないハルモディオスとアリストゲイトンは、節度あり法に適った恋《エロス》――これを、恋と呼ぶべきでありましょうか、気質と呼ぶべきでありましょうか？――に導かれた結果、彼らの業績を称える者たちも、その賛辞において彼らの為し遂げたことに遠く及ばない程の人物となったのであります。

（もっとも、アイスキネスは、「法に適う恋――あるいは、それをどのように呼ぶべきであるにせよ――に導かれた結果」と書いたのかもしれぬ、と一言述べておくべきであろう[5]）。

アフロディテとエロス神は、やや趣は異なるものの、共に、私達をして人々を求め恋に落ちさせる諸々の力の人格化である。ἀφροδίσια アフロディーシア（文字通りには、アフロディテの事柄）という語が性交を意味し、ἀφροδισιάζειν アフロディーシアゼインが「性交する」を意味する限りでは、生殖活動全体はアフロディテの分野であり、私達が「恋に落ちる」と呼ぶ、欲望の対象がとり憑かれたように一人に絞られる過程はエロスの分野である、とする一般論にはある程度根拠がある。驚くにも当たらぬが、この区別は、数多《あまた》のギリシア語文献に暗に示されているものの、明瞭に述べられた箇処はなく、また人格神としてのアフロディテとエロスの関係についても、ギリシア人の一定した見解というものはなかった。アルカイック期には、エロスはアフロディテよりも、世界史の遥かに早い時代に誕生したと見なされ、古典期には、エロスをアフロディテの使者または代理とする傾向があり、ヘレニズム文学では、エロスはしばしば、甘やかされ、始末に負えない女神の息子なのである。その上、女神は異性に対する情熱を、男神は同性に対する情熱を煽るという考え方は、ヘレニズム期の着想としてのみ現れる。例えばメレアグロス一八、

女《め》の神様のキュプリス（アフロディテ）は
　女狂いの火を点す。
またエロス様の操《あやつ》るは
　若衆を慕う恋の綱。
どちらに靡《なび》こか？
　息子か母か？
キュプリス様も言うであろ
「やんちゃ坊やが勝つでしょ」と。

テオグニス一三〇四、一三一九以下では、稚児の美しさは「アフロディテの賜物」であり、また、ヘレニズム期のエピグラムの中にも、男を少年への恋に落とす役割がアフロディテのものとなっている詩がいくつか見出される（例えば、アスクレピアデス一、メレアグロス一一九）。

アフロディーシアは、クセノフォン『ヒエロン』一・二九（パイディカ・アフロディーシアを「種付けのアフロディーシア」と対比して）、一・三六、『ソクラテスの思い出』一・三・八に見られるように、同性間性交を意味しうる。実際、アフロディーシアに関わる一般的な言及は、他ならぬ同性愛の場合を例として取り上げることによってのみ、たどることができるのである。

例えば、クセノフォン『アゲシラオス』五・四では、スパルタ王アゲシラオスをアフロディーシアの点で特異な存在としている、超人的な自己抑制について語られるが、その例として選ばれた出来事は、王が、ペルシアの習慣に従わぬことで反感を買うのも構わず、(6)ある若いペルシア人にキスするのを避けたことである。その理由は、王がその若者に恋慕していたため、恋情をさらにかき立てる結果となることは、何にせよ惧れていたためであった。アゲシラオスが同性愛関係は悪いことだと考えていたとしても、クセノフォンとしては、自分がその性格に惜しみない敬慕を抱いている人物にあっては、そうした関係への衝動は疵とはならない、と考えたことは明らかである。次のクセノフォン『家政論』一二・一三以下を参照。

イスコマコスが言った。「私としては、セックスに狂っている者たちも、それよりもっと他のことに関心を持つよう教えても無駄だと思いますね。稚児に対する興味以上に楽しい生き甲斐や興味を見付けることは容易でないですし……」

性行動が出費や享楽と結びつけて考えられる時も同様で(7)、例えば、クセノフォン『アナバシス』二・六・六、

クレアルコスは、まるで(他の者が)稚児やその他の享楽に金を注ぎ込むように、喜んで戦争に金を注ぎ込んだものである。

クセノフォン『ソクラテスの思い出』二・一・二一―三三には、美徳の女神と悪徳の女(8)神が二通りの生き方から、どちらかを選ぶようヘラクレスに促す場面をプロディコスが描いた有名な寓話の再話がある。一・二四で悪徳の女神が次のように話す。

だって、第一に、戦争とか、いろいろ厄介なことについて思い悩まなくともいいのです

よ。どんな美味しい食べ物や飲み物が見つかるか、何を見聞きしたら、何を嗅いだり触ったりしたら楽しめるか、また、どの稚児さんと付き合えば一番喜びが得られるか、などと考えながら暮せばいいのですもの。

以上三箇処は皆、「稚児《パイディカ》」の代わりに「遊女《ヘタイラー》」としてもよい所であろうが、そうはなっていない。また、エピダウロスのアスクレピオス（ギリシア神話中の医療神、エピダウロスはその信仰の中心地）の聖域で眠る傷病者が体験した奇跡的な治癒の（四世紀末に刻まれた）リストから、興味深い例を付け加えてもよいであろう。*IG* iv 1^{2} 121. 104。

ある男は性器に結石があった。男は夢を見た。美少年と交わる夢だった。夢精《エクソネイローツソーン》(9)すると同時に結石が飛び出した。男はそれを拾い上げ、手に持って出て行った。

性欲の対象はどちらでもよいと言わんばかりに、「少年か女」——この順序は、性に無関係の文脈でも、ギリシア人は「子供と女」と言ったからである——という語句が時に見られる。例えば、クセノフォン『アナバシス』四・一・一四では、指揮官たちが捕虜を全員釈放することに決定したとき、兵士たちはこれに従った。もっとも、見目好い少年か女を可愛がるあまり、人目を盗んで囲っている者もあった。

プラトン『法律』八四〇aでは、その前後でなされる議論から、実際上逆の順序になっているが（372頁を参照）、「少年」と「女」が並置されていることはやはり見過ごせない。

私達は、オリュムピアやその他の競技のことで、タラス（タレントゥム。イタリア南部の町）のイッコスのことを聞いて知っているじゃないか。（中略）噂によると、訓練に精を出していた間はずっと、女にも少年にも決して触れなかったそうだ。

男がどちらにでも容易に方向転換できることは、上に引用したメレアグロス一八にこの上なく明白に表現されている。それに他のエピグラム詩人たちも、自分や他人の心変わりの経験を詠っている。例えば、カッリマコス一一（カッリグノトスは男の、イオニスは女の名）。

カッリグノトス　イオニスに　誓いて言えり、「汝《な》を措きて
我に親しき者あらじ、男女を問はず」
……（中略）……

なれど今、男は稚児に身を焦し、あはれ
娘は……忘れられたり。

以下を参照のこと。アスクレピアデス三七、男が女より強いのと同じ程、今彼を苦しめている「少年に対する情炎」は、「女への恋心《エロス》」より強い、と嘆息。メレアグロス九四、彼の気に入っているのが「女への恋」である今、テロンとアポロドロスはお払い箱（彼は「毛深い尻の締め具合」を「山羊に乗っかかる牧童ども」に任せる）。詠人知らず一、一度は遊び女《ヘタイラー》に、一度は生娘に、そして今は若者に身を焦しているが、その若者からも「流し目と空しい希望」しか得られぬ男の絶望。

「美しい人々への欲望」という言葉はどうしても曖昧になる。というのは、ギリシア語では、複数属格は男女両性で同じ形を取るし、おまけに、情況によって、男性形が男女両方の意味で使われるからである。例えば、クセノフォン『キュロスの教育』五・一・一四、「美しい人々《ホイ・カロイ》は自分に恋するよう人を強いることはない」というような文脈でも、男性主格複数形が用いられている。ここでは、この発言が男女の愛に関してなされているのであるが、そのことは次の言葉で実証される。

立派な男たちも、黄金や駿馬や美女が欲しいのだけれど、自制心が強いから、全てそうしたものに不正な仕方で手を出すようなことはしないのです。

ギリシアにおける大多数の地域共同体の特色として、女たちは世間から隔離されていたから、一般市民家庭の妻女が公の場で男たちに姿を見せることはあまりなかったであろうし、また、自分の商売がどういうものか分かっているヘタイラーたちは、安っぽく見られないために、一般女性の慎み深さを模倣する傾向があったであろう（229頁を参照）。従って、現代なら「ピンナップガール」を思わせるほど世間に知られているのは、女性よりむしろ男性であった。詠人知らず三三は、魅力的な姿形で「独身男性たちを征服する」（五行）男性に宛てた詩であるが――今となっても、ギリシアにおける同性愛の普及度を低く見積もろうというのなら――この詩は一部の独身者をそそる彼の魅力について述べたもの、と取れないこともない。だが「美そのものよりも美しい」（詠人知らず一八）アリバゾスというペルシア人に、「クニドス（小アジア西南端の半島にあるポリス）の市《まち》じゅうを蕩《とろか》さないでおくれ」と訴える詠人知らず一七は、そのような限界を知らぬ風である。また、アスクレピアデス二〇には、ドルキオンという「若い男に目がない《フィレフェーボス》」（エフェーボスは厳密に言うと一八か一九の男）遊女が男たちの少年愛趣味を逆用する様が描かれている。

若者を愛《め》づるドルキオンは

柔肌の美童に似たるかな。
人目にチラと、秋波を送り(10)
　人皆来ませと、愛の女神《アフロディテ》の
疾《と》き矢を放つ心得あり。
　鍔広の帽子は肩より吊し
短き男物のマントは
　裸の太股を露出《あらわ》したり。

一人でも二人以上でも念者がいるため、年上の男たちの注目を浴び、賛美されることに慣れていても、その男自身娘に恋することはありうる。だが、そのような人間関係が描かれる場合でも、女色または男色のどちらかを専らとする者に比べて、その男の方が大きな内面的葛藤に悩む様子は見られない。次のメレアグロス六一を参照（ディオドロスは男の、ティマリオンは女の名）。

華奢な造りのディオドロスは
　独身男の身を焦がす。
なれども今は、ティマリオンの
　婀娜《あだ》な目付きに囚《とら》えられ

甘くて苦い恋の矢は[11]、彼の身内に
　留りぬ。まことにこれは新たなる
不思議を今に見ることよ
　火に火が点いて燃え盛るとは。

テオクリトス『二』では、若い恋人に捨てられた娘が、アルテミスに祈りながら、男を呼びもどす魔法を使うが、四四行以下、

女なれ、また男なれ、彼の人に今添い臥せる者のことを
忘れ果てさせ給えかし。その昔、ディーアの島でテセウスが
編み上げし髪美しきアリアドネを忘れ果てつと人の言うごと。

娘は「若者」とか「少年」ではなく、「男《アネール》」と述べていることから見ると、娘の恋人は彼女に対する能動的役割から別の女に対する能動的役割へ、あるいは、男に対する受動的役割に替わったものとこの詩句は多分理解するものであろう（ただし、227頁注44を見よ）。アイスキネスによると（四二、七五節）、ティマルコスは、金のかかる男妾としてミスゴラスに囲われていた間、ちょうどそのような立場にあった。彼は贅沢な料理や賭け事や

遊女《ヘタイラー》や女楽師に金を費やし、また後年には、女への盛んな性欲を発揮して、アンドロス（キュクラデス諸島中最北の島）在任中に他人の妻を追い回したり（一〇七節）、汚い金を高名な遊女に入れ揚げたりしたと言われる（一一五節）。

こうしたことを全て思い合せてみると、アイスキネスが一八五節で「自然」と「不自然」を対照したのは、単に同性愛を不自然なものの範疇に分類したからではないと考えられ、従って別の説明を求めねばならない。手近な説明が一つある。それは、安全無事・安逸・快楽等の誘惑に抵抗する力を男に与える明敏な精神と堅固な目的が女たちには欠けており、これに加えて、女は男よりも強烈に性交を楽しむ、と一般のギリシア人が確信していたというものである。(12) これに、男色における受け手の役割は肉体的に楽しめるものではない（161頁を見よ）という仮説も加えると、女には自然姦通に走りやすい傾向があり――実際、そのような思わくが主要な理由となって、女が男に近付いて間夫を作ることを未然に防ぐため、女は世間から隔離されたのである――これに対し、男には同性愛における屈伏的役割を好む自然な傾向はない、と推断されたのももっともなことである。同じく、女の売春は、男とさし向いになった女が、「自然に」従属的・依存的な役割をとるものと見られたが、男娼の役割を選ぶ男は、他の男たちに「不自然に」屈伏するものとされる。

ギリシア人は男色の欲望を自然なものと見ていた、という仮説の裏付けとなる資料は全て、仕手の側に関わるものであり、従って私達はなお、同性愛における仕手と受け手の役割の分化がギリシア人にとって極めて重要であったことを示す、豊富な資料について考察しなければならない。

2 男の体形と女の体形

四〇三年に殺害されたアテナイ人クリティアスは、あるローマ時代の作家の引用によると次のように述べたとされる(B四八)。

男にあって最も美しい姿(εἶδος エイドス「形」「形態」「型」)は女性的な面であり、女にあっては、その逆である。

この言葉がどのような文脈で述べられたのか分かっていないので、クリティアスの発言は、名門のギリシア人なら大いに関心を持っていた動物、つまり馬か犬ではなく、人間に関するものだという確証は全くない(男や女と訳した語は雄、雌とも訳しうる)。だが、彼が専ら人間について述べたとしても、あるいは、人間にも拡張できる一般論を意図したとしても、彼が言おうとしたのは、男は鬚が生える以前の美しさを、女は背が高いことを賛美される、[13]ということに過ぎなかったかも知れない。おそらくもっと重要なことは、政治・道徳・宗教上の立場から市民の大半との間に亀裂が生じたため、[14]クリティアスは、どの都市・時代または階級の代弁者とも見なされえず、従って、別個の資料から強力な裏付けが取れるのでなければ、若者または少年の持つ女性的特徴が同性への欲望をかきたてる刺激になったことを示すために、彼の言葉を用いることはできない、ということである。

同性愛の男たちとの日頃の付き合いによって豊富な情報が与えられているのに、[15]今日の一般人には、同性愛者はこういうものだ、という紋切り型の考え方が根強く染み付いている。それは、優美な顔立ちと、か細い体格を持ち、姿勢・しぐさ・動作・声は女を模倣し、そのため、「妖精」とか「三色すみれ」といった呼称で呼ばれるのがぴったりの男だ、というものである。ところが、アイスキネスによる悪口の中に、ティマルコスが風采や物腰の点で女性的であると記されている箇処はなく、むしろ「風采は他を凌駕し」（七五節）、ὡραῖος ホーライオスで（四二節。一二六節参照）、εὔσαρκος エウサルコス（四一節）である、とされている。「風采は……」は、デモステネスと同性愛関係にあった若者にも用いられた言い回しである（『三』一六二）。ホーライオス「適切な生長段階にある」という言葉は、動物でも植物でも、あらゆる生物に使用できるが、人間に用いられた場合は、最も魅力的で好ましい年齢にあることを意味する。また、この言葉は、現代ギリシア語では「美しい」「可愛い」「上品な」の意味で用いられ、καλός カロスに取って代わっている（これは、カロスが「良い」一般を意味する言葉になっているためである）[16]。「よい肉を持つ」と分析できる、エウサルコスという言葉は稀語であるが、クセノフォン『スパルタ人の国制』五・八では、「血色が良い」及び「丈夫な」と一緒に用いられ、「肥満し、醜く、弱い」と対比されている（直訳では「身体面で良い状態にある」、即ち、「大きく強い」を意味する動詞εὐσωματεῖν エウソーマテインを参照）。二六節によると、ティマルコスは後年、民会での熱烈な演説の最中に衣を後に撥ね返して、「深酒と自堕落な生活のために」不健康で醜くなった姿を人眼に曝した、という。この表現は、ティマルコスの暴飲暴食と女色への過度な耽溺を指すと見るのが一番自然であろう（四二、七五節を参照）。

要するにアイスキネスの考えでは、男たちに惚れられ、従って――少年自身は勝った方に「好意を示す」気がない時でも――男たちの恋の鞘当ての対象となる少年たちが、老若男女または「好み」の如何を問わず、一般民衆によって格別の器量よしと見なされるような者たちであることは、自明の理なのである（一三六、一五五―七節）。そうした美少年の中には傑出した運動選手も含まれ（一五六節以下）、また念者たちが体育場へ吸い寄せられることから見ると（一三五、一三八節。165頁を見よ）、日焼けした肌と程良く発達した筋肉がチャームポイントと見なされていたに相違ない。この仮説はアイスキネス以前及び以後の時代の個々の例によって裏付けられる。クセノフォン『饗宴』一・八―一〇に描かれる宴席で、「闇の中の光にも似た」美貌によって客人たち皆を茫然自失せしめた若者、アウトリュコスは、全アテナイ競技のパンクラティオン（ボクシングとレスリングの混った荒々しい競技）で優勝したばかりであった（同一・二）。また、メッセネのアルカイオスは九で、ペイタノルなる少年を御大層にも「アフロディテ第二の御子」と呼び、少年がオリュムピア競技で優勝するよう祈り、ゼウス様が、誘惑に駆られて、ガニュメデスの代わりにペイタノルをオリュムポスの山へ連れ去ろうとなさらないように、と希望し、また、「神々しい」少年の方も「魚心あれば水心」というわけで詩人が報われるよう祈っている。また、詠人知らず三〇の作者は、ボクシングで勝った直後とて「体じゅう血だらけ」の少年にキスしたことを自慢しているのである。

四世紀――か、おそらくやや以前――に、女性的な容姿の男性の方へと人々の趣味が変化していったのかもしれない、という疑念には、壺絵に見られる人間の体形・姿勢・動作の変遷を考察することで、多少の裏付けが得られる。五世紀半ばに致るまで、「賞美される」男性の姿形（76頁を見よ）は次の点が最も目立ち、かつ一定した要素となっている。即ち、広い肩、厚い胸、大きな胸部の筋肉、腰上の大きな筋肉、細い腰、突き出た臀部及び強靭な大腿と腓《ふくらはぎ》である。こうした要素全般を備えた壺絵の例は、B76※・B271※・B342※・B502※（求愛される若者）・B486※（念者と番《つが》っている若者）・R12（若い競技者）・R55※（テセウス）・R305※（競技で優勝した少年）・R313※・R326・R332（投げ槍または円盤を持つ若い競技者）・R336※・R458※・R494※（ピンナップの若者）・R340・R701・R783※（アポロン）・R348※・R833※（ガニュメデス）・R365（ヘラクレス）・R406※（ポセイドンに追われる少年または若者）・R716（少年に求愛する若者）・R737（片膝を付く若者）などである。個々の特徴について付け加えると、B20（走者）・B526（若者）・R1115（若い競技者）の太い大腿、R1067（走る若者）の太い大腿と腓《ふくらはぎ》、R1047※（少年か若者）の非常に厚い胸、などである。以上のような姿形が賞美されたことを、コントラストによって確証する例は、B80※の太鼓腹をしたサテュロスたちや、R261の、太った若者が仲間の非難嘲笑に抗議する図が挙げられる。また、顔と体の重要度の違いは、プラトンの『カルミデス』一五四ｃｄで巧妙に説明されている。

するとカイレフォンが私を呼んでこう訊いたのだ、「ソクラテスさん、あの若者をどう御覧ですか？　きれいな顔をしてるじゃありませんか？」

「うん、抜群にね」と私は答えた。

「だけど、あの子が服を脱ぐ気になれば、顔など眼に入らなくなりますよ。姿形のきれいなことときたら、大変なものですからね」

ソフォクレス断片三二〇（ガニュメデスの太股が「ゼウスを燃え立たせた」）、及びアイスキュロス断片二二八（アキレウスはパトロクロスを失って、彼の太股を思い起こす）から判断すると、太股は強力な刺激であったらしい。429頁以下を参照。

アルカイック期と古典期初期の壺絵では、裸の男性は裸の女性より遥かに多く描かれている。女性の姿態を描く際、男性の骨盤と女性の骨盤の相違によって決定される、腰部・

腹部・鼠蹊線（大腿と腹の境界線）の配置具合における男女間の相違に、絵師が忠実に従っていることとも時にはある。そのよい例は、R8・R321・R571・R671・R805・R809・R917・R930・R1107・RL2・RS26※・RS81である。だが、多くの場合、男女の身体は乳房と外陰部が出ているかどうかによって区別するしかない。このよい例としては、男女共に描かれているR712※がある（女たちのがっしりした腓《ふくらはぎ》にも注意）。また、R20・R86・R152・R476・R733・R813・R938に描かれた女たちの場合、ごく広い肩と厚い胸も目に付く点である。特殊に、大腿骨頭の上方に、男性の特徴である筋肉の出っ張りを持つように、女が描かれている場合がある。R309の女楽師がその最も目立つ例であり（彼女の鼠蹊部の傾斜が急である点、歩幅が広く動作が活発な点にも注意）、また、上に挙げたR20等に加えて、R682※（男にくすぐられる娘）・R926及びR1135※をも参考のこと（最後の絵は断片に過ぎないが、そこに見えている人間の胴は、女性の乳房と極端に男性的な腰が一体となっている）。

　見たところ、どの壺絵師も顔には類型を用い、また、神々や人間を描く場合、滑稽さや恐ろしさを取り入れる動機がない限り、この類型に固執したらしい。こうした類型は、長い期間にわたり、大勢の絵師を通じて、驚くほど僅かな変化しか見せぬのである。つまり、中位の高さの額と真直な鼻、どちらかというとふっくらとしているが幅広くはない下唇、いくぶん括《くび》れて丸い顎《あご》、そして、きりっとしているが（六世紀末以後は）普通の大きさの眼に、皆が満足しているのだ。これと対照的に、サテュロスたちの特徴は、かなり禿げ上っているか、蓬髪の下の、皺のよった額、出目、短くて天井を向いた鼻、大きな厚い唇であり（例えば、B80※・R6・R235）、一方（喜劇の仮面にも似た）噴飯ものの醜貌を持つ男たちは（BB16※・RS163）サテュロスの特徴を一つ以上備えているか、さもなくば、（RS159・RS171のように）魁偉な鷲鼻と骨張った頤《おとがい》を有する。

黒絵式の壺の絵師たちの中には、女性の顔と髪のない男性の顔とを区別するため男の方により広く見開かれた大胆な眼を与えた者もいるが、どの時代をとっても、男女に全く同じ顔の輪郭を与えるのが通例であった。例えばR659※（オルフェウスとバッコスの巫女たち）・R750※（若者と女たち）・R958※（若者たちと女たち）を見よ。また、男女の背丈を同じにすることも普通のことであった。R303※は、若者の背丈を、彼が抱いている少女よりずっと高く描いている点で異例である（R514を参照）。壺絵では、男女いずれの胴体にも、ほとんど常に体毛が欠如しているが（例外はR12の若者とR455※の鬚の生えた男）、これは、男を女に同化するよりは、大人の男性を若い男性に同化しようとする恒常的な傾向を反映するものである。このことは、現に陰毛が描かれていないことにも明らかであり、R348※・R692・R829※などのガニュメデスの絵では十分理解できるが、R55※・R57・R387などの、もっと年長の若者や若々しい英雄たちの場合は非現実的である。

壺絵においては、五世紀中葉までは女が男に同化されるのが普通であったのに、その後は次第に男が女に同化されるようになった、という議論が成立する。こうした同化方向の逆転は、殊に、片足には体重がかかっておらず、従って胴体が完全には直立していない、寛いだ姿勢に顕著である。立居振舞というものは、当人の好きに為されることもあれば、時代慣習の要請に応じることもあるが――ちなみに、男女の体の相違が姿勢の相違を決定するわけではないと私は思う――ギリシア壺絵に見られる姿勢について考察する際、腰の形・人物画から伝わってくる全体的な印象・皮下脂肪の配分などを、ばらばらに切り離して扱うことは実際的でない。（初期赤絵式の碗には、例えばR454※のように、円形の枠という制約の中での、構成上の実験と見るべきであろうが、私たちの眼にはひどく不自然なポーズと見える絵の描かれたものもあるが、これは度外視することにしよう。もっとも、R471※とR472※で女と若者の取り扱いが似ているのは注目に値するが）[17]。R958※では、一人の若者が、両足はしっかり地に付いているが、明瞭に女性的な形の腰を片方突き出しており、また、この絵師は腰から鼠蹊線に至る線を申し訳程度にしか描いていない。男、特に、若者と若い神々の立像または坐像は、そのポーズが女性と区別できなくなる。その例は、RL4・RL64・RS26※（男と女）・RS56・RS60・RS64（RS77の女を参照）・RS68（RS69の女を参照）・RS85（ディオニュソス。RS89の女を参照）・RS109である。英雄たちは「女性的な」姿勢で立ちながら、しかも、RS28・RS32（ヘラクレス）のように、極度に男性的な腰をしている場合もあるが、RS101の若い英雄、オレステスとピュラデスの腰は女性的であり、RS27の男も同様である。男性の腹部も、RS31のオレステスやRS73の若者におけるように、僅かではあるが、庇護された柔弱な生活を思わせるには十分の丸みを帯びている。RS52のディオニュソスとサテュロスを参照。ディオニュソスは、例えばRL32のように、全体として丸ぽちゃの印象を与えることがあるが、それは南イタリアのギリシア植民地で描かれた多くのエロス神や類似の超自然的存在に一般に見られる特徴である。例えば図RS16・RS113・RS129・RS133・RS137である。こうしたエロス神たちは、RS12※・RS13のように、両性具有の傾きがあり、RS20※[18]は、十分に発達した乳房と男の外陰部を備えており、疑問の余地なく、両性具有者である。古典期初期以後、胸部の筋肉が女の乳房と見紛うばかりに描かれている若者の例がちらほら見受けられる。例えば、R219※（若者）・R1137・R946（武装した若者）・R1119（きびきびと武装する若者）。だが、姿勢と動作の点で大きな相違が見られるから、こうした例は、後に見られる広汎な「女性化」の先駆とはまず考えられない。事実、女性化は後の壺絵に見られる一般的な潮流であり（343頁を見よ）、その時期にはサテュロスさえ柔和で上品になり、復讐の女神たちももはや恐ろしい存在でなくなる。とすれば、この時期に描かれた男の絵が柔弱であることを過大視してはならないわけだ。今や、寛いだ姿勢の身体を描くことは、壺絵・彫刻の両分野において、共通の、技術的に興味ある問題となっていた。それに、どの芸術形式にもある程度の自律性があるのだから、芸術家が、ライバルや近い先輩によって開拓された興味深いテーマに取り組み、その結果、たとえ一般民衆の趣味が徐々に変化していこうと、それを忠実に表現するという行き方から離れることにもなる。にもかかわらず、絵師の関心の対象が、剛健活発な動作から休息（あるいは波打つ衣の襞に隠れた動き）へと推移していったことは、同性愛の歴史に無関係であるとして度外視するにしても、両性具有者の描写において頂点に達する解剖学的偏好を無視してはならないし、また、四世紀には、その一五〇年前よりも、女性的な少年や若者が同性愛の欲望を刺激することが多かったのかもしれない、ということも考慮に入れる必要がある。

3　男らしさと女らしさ

アッティカ喜劇では、顔の毛が薄いなどの女性的な身体特徴を備えている男、あるいは、華美な服を着るなど、アテナイ社会が女性的であると分類している振舞をなす男は、他の男たちとの関係においても、性的に女役を演じようとすること、他の男たちも同じ目的で彼を求めることが当然のことと普通想定されている。だが、喜劇における過度の単純化と強い対照とは、喜劇世界（第Ⅲ章C）――悲劇における英雄的な世界と同様、独自に様式化した世界――の構成要素として取り扱う必要がある。そこで、この節では、別タイプの資料に注意を向けることにしよう。

ミスゴラスは男色関係に対して「異常に熱心《キタロードイ》」である、と四一節で述べる折に、アイスキネスは、「また常に歌うたいや楽士《キタリスタイ》を召し抱えておく習いで」と付け加えている

（κιθαρῳδοί キタロードイ「竪琴《キタラー》の伴奏で歌う者」、κιθαρισταί キタリスタイ「竪琴弾き」）。現存する四世紀の喜劇からの引用には、ミスゴラスに言及するものが三つある。その一つ、ティモクレス断片三〇では、ミスゴラスが「花の盛りの若者たちに逆上《のぼ》せ上って」いることしか分からないが、アレクシス断片三はもっと興味深い。

お母さん、お願いです、ミスゴラスが来る、ミスゴラスが来ると
脅かさないで下さい！ 僕は歌うたいじゃないんですから！

アンティファネス断片二六・一二一―八にも面白い言葉遊びが見られる（シノペは若くない娼婦の名、話し手は女漁師）。

それから、この穴子さ。シノペよりも背骨が太くなっちまってるけど、店に来て最初に買うやつは誰だろうね？ ミスゴラスはこんなもの食べやしないんだから。だけど、こっちにかれい《キタラー》が一尾。かれいと見ると、手を出さずにはいられないんだよ。そればかりじゃない、あいつは歌うたい《キタロードイ》ならだれでもいい、人の知らないうちにくっついちまってるんだ、本当だよ。

以上三人の喜劇詩人たちは、ティマルコス告発のあったとき、まだ活発に創作活動を行っていたが、引用した三篇の劇の年代が正確には分からない。だから、引用箇処はアイスキネスが述べたことに対する別個の裏付けとはならず、彼の申し立てを喜劇に利用したに過ぎないのかもしれない。

この告発の二世代前にエウリピデスは（古代には高名であったが、現在は断片と引用によってしか知られていない悲劇）『アンティオペ』で、伝説上の兄弟、アムフィオンとゼトスの議論を展開している。アムフィオンは、伝説的な名歌手であり、芸術と知的探究に打ち込んでいるが、ゼトスは頑健不屈の農夫かつ戦士である。ゼトスはアムフィオンを非難して言う（断片一八四、一八五、一八七）。

お前が引っ張り込もうとしている詩の女神《ムーサ》とかいうものは、変人、役立たず、怠け者、飲んだくれで、金遣いの荒いやつだ。
お前はそのように立派な素質に恵まれて生まれながら、女まがいの姿格好のけばけばしさはどうだ……。また、お前は窪んだ盾を上手に扱うことができまいし、人を守るために、果断な策を練ることもできまい(19)。
有り余る程の財産があるからといって、家庭のことには無頓着で打《う》っ棄《ちゃ》らかした儘、音曲に溺れて、いつまでもそんな楽しみを追い求める、そんな男は家庭と国家にとって無

用の長物となり、友人たちにも無視されるだろう。甘い快楽に負けるとき、天性は失われてゆくものだからな。(20)

アムフィオンはこれに対する返答（断片一九〇、一九二、一九八、二〇〇）において、音楽と歌を賛美し、財産の管理に明け暮れる俗物根性を貶《けな》し、国を救うには腕力より知力の方が重要だ、と言明する。(21)競技上・軍事上の訓練と結びつく肉体労働と、芸術的・知的探求の対立は、ギリシア文学史を一筋の糸のように貫いている。音楽や歌はほとんど四肢の筋肉を発達させる役にたたないし、そうしたことに耽っても富が蓄積されるわけではないから、ゼトスのような人々が逆の立場の人間を軟弱だとして非難することは常に可能であったことは言うまでもない。(22)プラトン『饗宴』一七九dでファイドロスはオルフェウスを軽蔑しているが、その理由は、伝説によればオルフェウスが亡き妻と一緒になるために自分も喜んで死のうとしなかったためで、「竪琴弾き《キタロードス》だから、意気地がないと思われた」からである。ミスゴラスが音楽家を偏愛したことから、初期の壺絵に描かれている類の若い競技者や戦士を彼が好まなかった、と推察できそうである。

竪琴と若者の美しさの取り合わせは、絵画では稀なことでない。パエストゥムの壁画に描かれた若者は一張《ひとはり》の竪琴を持っているし（図2参照）例えば、R527・R667・R1143のエロス神も同様である。また、竪琴を持つ少年が若者に抱き締められているR27※、竪琴を持つヒユアキントスがゼフュロス（西風の神）に追われ、捕まえられるR603※とR847、男が竪琴を持つ少年を追うR634、男が少年の腋の下に触ろうとして手を伸ばし、少年が身を守ろうと竪琴を振り上げるR684※、R716、男が竪琴を持つ少年に垢擦り棒を差し出すR875、ティトノスが暁の女神を追い払うために竪琴を振り回すR912を参照のこと。だが、アテナイでは、竪琴を弾き、その伴奏で歌うことが、少年の中等教育における重要な科目の一つであったことを忘れてはならない。そのことは、アリストファネス『雲』九六四—七二とプラトン『プロタゴラス』三二六aから明らかであり、またプラトン『リュシス』二〇九bでは、若いリュシスが竪琴《リュラー》を取って歌って聴かせるよう両親に頼まれるものと想定される（『雲』一三五四—六参照）。それ故、若い男が屢々竪琴を持つ姿で描かれていたり、また同時に、同性愛癖のある男たちが、音楽と青春期との強い連想のために、音楽家たちに特別魅力を感じることがあっても、それは当然のことで、驚くには当たらないのである[23]。

ティマルコス告発弁論中、関連する部分がもう一箇処ある。どうやら、デモステネスは「バタロス」という具合の悪い渾名で苦労したようである。この言葉はエウポリスの一節（断片八二。文脈は分からない）では、ヘレニズム期の注釈家たちによって「尻」と解釈されていた。デモステネスは（アイスキネス『一』一二六によると）、それを、子供の頃乳母につけられた渾名だと主張していた。もしこの渾名が本来「バッタロス」であって、政敵が意地悪く歪曲したのなら、もとは「吃音者」の意味だったかもしれない。いずれにせよ、アイスキネスは一三一節で、この渾名を、少年の頃のデモステネスの「軟弱さ《アナンドリアー》（直訳は、男らしくないこと）と κιναιδία キナイディアー」のせいにしている（『二』九九、「ある種の恥ずべき行状《アイスクルールギアー》とキナイディアー」を参照）。「軟弱さ」はアイスキネスが後の弁論で度々デモステネスに向けた非難で、殊に勇気の欠如を指している。「気性は軟弱で女のような」（『二』一七九）、「軟弱な戦列離脱者」（『三』一五五）。『二』一三九、『三』一六〇、二〇九、二四七を参照。キナイディアーという語は不明瞭であるが、アイスキネスが『一』一三一と『二』九九で、男色の受け手となったという理由でデモステネスを非難しようとしていることは、まず疑いない。また、『一』一三一におけるアイスキネスの論法は、デモステネスの過去に関する噂を現在の事実が立証している、というものだった。

> というのは、もし誰かがあなたの上等な衣と柔らかな下着を剝ぎ取って……判事たち一人一人の手に取らせて回ったとすれば、彼らは、あらかじめ告げられていない限り、手にした衣類が男のものか女のものか、判断に苦しむであろう、と思うからなのだ。

ここでは、「軟弱さ」と女物の衣類とは、紛う方なく、男色の受け手の役割との関連で述べられている。また、それらは間接的には女性的な体形とも関係づけられているのである。といってもそれは、しぐさや動作に現れて、アイスキネスの描くようなタイプの男性を特徴づける、平均以下の筋肉の発達と不快や欠乏に対する異常な敏感さとが推測されるであろうという限りでのことだが。

ティマルコス訴訟の一六年後に書かれたアイスキネス『三』の一六二節の表面的な意味合いは、デモステネスの場合、衣類に関する女性的な趣味を始めとする種々の「軟弱さ」と、男色における仕手の役割とが両立していた、ということである。

アリスティオンというプラタイア人がおります……彼は若者の頃には稀に見る美貌の持ち主でありましたが、その頃、長い間デモステネスの家に住んでいたのであります。が、彼の行状が如何なるものであったか（直訳は、何をされ、何を行っていたか）となりますと、人々の述べる所はどちらともつかず、また、私としましても、何とも申し上げにくいことなのであります。

アリスティオンがアテナイ人ではなく、プラタイア人であるとされていることは興味深い（本章A3を見よ）。陪審団はアイスキネスの曖昧な言葉に刺激されて、（「誰が誰に何をしたのか?」といった類の）淫らな穿鑿をすることになるが、[24] 考えられることは二通りある。その一は、デモステネス自身が受け手となったこともある、ということであり、その二は、デモステネスが仕手だったとすれば——ミスゴラスがティマルコスを利用したように——

売春することなど平気な恥知らずの若者を彼が利用していた、ということである。アイスキネスは一三六節で色好み《エローティコス》であることを自認しているが、それと同じ意味で、デモステネスが事実若者の念者であった、と申し立てても、政敵の評判に深手を負わせることは期待できなかったであろう（149頁で論じた一七一節、及び『二』一六六を参照）。法廷における罵詈嘲弄はテクニックとしては、喜劇に見られるものと瓜二つであり、従って、悪意ある捏造を排するものではなかった。[25] しかし、上に挙げた引用箇処は、女性化と受動的同性愛行為との連想を、実際の政治活動のために利用している、という点で、世間の考え方を知るために重要なのである。

人間の肌の色は、生まれ落ちた時から男と女で違うわけではないのだから、子供時代以降日光に曝された時間に左右され、その時間はまた、所属する社会が、どのような活動を奨励し、または抑制するかによって決定される。パエストゥムにある「海人《あま》の墓」の壁に、五世紀初期に描かれた若者は、寝椅子に彼と共に横たわる男には過ぎた美貌であるが――この画家は、彩色陶器の工匠と違って、自由に色を選ぶことができたにもかかわらず――男と同じく浅黒い肌をしている点、注目に値する。[26] 若い男子は戸外で体を鍛え、女性は日光を避けるべきものとするギリシアに根強い風習に従って（アリストファネス『女の議会』の女たちは、男の扮装をして民会を招集しようとしたとき、肌の色を褐色にしようと大童《おおわらわ》である〔六二―四〕）、アルカイック期の黒絵式の壺絵では、男と若者は黒く、女は白く描くのが一般の習慣であった。ところが、赤絵式では（少々の例外――殊に四世紀――があるが）、男女共に赤褐色である。黒絵における対比が特に顕著なのはB634※で、この絵では、性交中の十組の男女が、男は黒、女は白とする区別の例となっているが、股間《すまた》淫を行う男と若者の絵も描き添えられており、こちらは両者共黒く塗られている。黒絵においても例外が散発的に見られるが、それは多分種々の動機があってのことである。例えば、オデュッセウスとその仲間がキュクロプスの目を潰す様子を描く、アッティカ幾何学模様（七世紀）の絵は、三者共に顔は明るい色で、仲間とキュクロプスの体は黒、オデュッセウスの体は太く黒い輪郭で囲まれた明色である。[27] またB686では、白い色の若者が黒い色の男たちと共に走っている。[28] 人物画には、例えばB328のように、描かれた人間の性別にやや疑問の余地が残るものもあり、また、B518のように、白い表面が剝離して継ぎ接《は》ぎ状になっているために性別の判断がつかない場合もある。こういうわけで、アルカイック期と古典期初期の壺絵からは、女の場合は望ましいとされていた白い肌が、若い男性にあっても望ましかったと推定するに足る根拠は得られない。四世紀の赤絵式の壺絵では、女性像には白がよく用いられているが、これから得られる情報はさらに曖昧である。[29] 詩人は非常に魅力的な少年をエロス神に譬えることがあるが――これは最大級の賛辞である。例は、メッセネのアルカイオス九、アスクレピアデス二一、三八、メレアグロス八二、八三、八九――少年神エロス自身は、RL35とRL41では白く描かれている（前者では海の女神テティスも白いが、他の女性像及び、当然だが、ペレウスは褐色である。後者では、ポムペなる女性も白く描かれているが、ディオニュソスは褐色である）。ディオニュソスは、早い時代には有鬚の神であったが、後には鬚のない青年神と想像され[30]、またRL52では白く描かれているようである。

髪の長さも、肌の色と同じく、文化によって決まる（「短い」髪は、断髪のためか、結髪のために短いのである）。そこで、ごく早い時代の異性への求愛シーンで（CE33※）、短髪の若者が片手を長い髪の女の顔に、片手をその性器に向って伸ばしている姿が見られることから、これと本質的に似た同性への求愛シーンにおいて、念者と稚児にこれと同じ髪型の相違が見られる場合、それは、画家（及び多くの念者たち）が稚児に備わる際立った女性的特徴を賞美したことを意味する、と推定したくもなるのである。異性に求愛し、あるいは追い回す多くの絵、例えばB16・B53※・B102※・B130・B250※・B482・B486※・B502※などで、このような髪型の違いが見られるのは確かなことである。また、B267では、絵の焦点となっている若者は長髪で、他の若者たちは短髪である。赤絵式の絵に見られるガニュメデスは普通髪が長く（R102・R348※・R829※・R833※。R496の輪まわしをする少年を参照）、神々・英雄・伝説上の人物にも同じことが言える。例えば、アポロン（R383）、エロス神（R527）、オルフェウス（R659※）、オレステス（R546）、ファオン（RL2）（ファオンについては三八五頁を参照）。けれども、どの時期をとっても、絵師による髪型の選択にはかなりの気儘さが認められる。例えば、

B65※では稚児の髪は短く、B170では念者のそれより短く、B598※では、器の片側に描かれた少年の髪は短く、反対側の少年のは長い。R55※では、テセウスとコロネなる女性の髪型は同一である。R329※では、あるサテュロスの髪は短く、別のサテュロスの髪は長い。ゼフュロス(西風の神)の髪がまっすぐで、その稚児ヒュアキントスの髪が波を打っている、という対比の見られるR847から判断すると、おそらく、波状の髪が直線状の髪よりも魅力的と考えられていたらしい(R770にも同様な、エロス神の波状の髪と少年の直線状の髪の対比が見られる)。古典期には、長髪を指す言葉からの連想は多様であった。勇猛な戦士、スパルタ人は髪を長く伸ばし(例えば、ヘロドトス一巻八二節八を参照)、そしてアリストテレス『弁論術』一三六七a二九—三二によると、彼らは、髪が長いと奴隷的な手仕事をする邪魔になるから、長髪は自由人の徴《しるし》だと考えていた、という。他方、アテナイのスパルタ崇拝者たちは、髪を切らぬことを清潔・安逸・装飾に対する男らしい無関心と結びつけていたらしい(アリストファネス『鳥』一二八二。プルタルコス『リュクルゴス伝』二二・一を参照)。アリストファネス『騎士』五八〇から(リュシアス『一六』一八における、ほぼ確実な校訂の裏付けもあって)明らかなように、長髪は最も富裕な階級に属する若者たちの特徴であり、その結果、κομᾶν コマーン「髪を長くしている」という言葉は、喜劇では「勿体ぶる」「自惚《うぬぼ》れる」の意味で用いられた(例えば、アリストファネス『蜂』一三一七)。従って、長髪と同性愛の関連は、厳密には、偶然的なことに過ぎない。ただ、長髪は、男性であれ女性であれ、セックスの対象をひたすら追い求める者の全般的な毛深さ・肉欲・がむしゃらさに似合っている場合もあろうし（132頁以下参照）、あるいは、心地よい柔弱な生き方に、従って、女性的であること、喜んで受け手の役を勤めることに釣り合っている場合もあろう（204頁以下を参照）。

男性は暗色、女性は明色という対照関係を仮定し、これに、ゼウスがガニュメデスを攫うところを表したオリュムポス出土のテラコッタ像で、神の髪と鬚が黒く、ガニュメデスの髪が明褐色であることを考え合わせると、女にあっては金髪が好まれ（これは時には事実である。例えばB486）、また、稚児にあっても金髪が好まれているとすれば、それは稚児が女に同化されている徴である、と思われるかもしれない。だが、この場合も、気まぐれが大いに働いていて、金髪のアキレウス（R748）や赤毛のガニュメデス（R348※）の傍に、R196※の、黒髪も金髪もある数人の人物画[31]や、R705の、一人は金髪一人は黒髪の一対のエロス神や、R351の、それぞれ黒髪と金髪に塗り分けられた、幼児ヘラクレスと彼の双子の兄弟などを並べねばならないのである。ソフォクレスも加わっていた、ある対話をキオスのイオンが記しているが（断片六）、これによると、古典期のギリシア人が普通アポロンの髪を黒いものと思っていたことが明らかである。逆に、R16・R210など、いくつかの壺絵では、巨人族を始め未開野蛮な人間たちが金髪を生やしている場合もある。

四世紀以降、稚児における女性的な特徴が次第に好まれるようになったことが、ヘレニズム時代の詩から窺われる。テオクリトス『七』一〇五では、アラトスが血道を上げている青年フィリノスは μαλθακός マルタコス「柔らか」「軟弱」であり、リアノス三・三は、少年の「肉体の πίον ἀκμή ピーオーン アクメー」を賞味している。ピーオーンは不明瞭な言葉であるが――例えば、肥沃な土地の形容にも用いられる――人間に用いられた場合は、「太った」の意味で、柔弱で贅沢な生活という含みを持ち（アリストファネス『福の神』五六〇、プラトン『国家』四二二d、『政治家』三〇九bを参照）、アクメーは「最盛期」「絶頂」の意味である。従って、ギリシア人がリアノスの詩句を、ふっくらと艶やかな身体以外の何か、隆々とした競技者の筋肉などを描いたもの、と受け取ることはまずありえないであろう。アスクレピアデス二〇、メレアグロス七六に見られる ἁπαλός ハパロス「しなやかな」「柔らかな」「なめらかな」は、女性を男性と区別するだけでなく、青春期を成人以後と区別する。他にも、ἁβρός ハブロス（ポリュストラトス一）、τρυφερός トリュフェロス（メレアグロス六二）など、安楽な生活、繊細、神経質などの含みを持ち、従って、特に女性的な体形を指すわけではないが、間接的に女性的な性質を暗示する言葉が見られる。[32] メレアグロス九八は、「白く花咲く《レウカンテース》」少年と（「花《アントス》」は美を示す普通の語）、「蜜色の肌の《メリクルース》」少年に対して相等しい情熱を証しており、このことから、若い男性の色白の肌は必ずしもヘレニズム期のギリシア人の好みに合わなかったわけではないことが分かる。[32a] このことは驚くに当たらない――私達は、美人見本集に載っている特徴を備えた者だけを恋するわけではないのだから。また、四世紀前半に書かれたプラトン『国家』の一節から、実態を垣間見ることができる。ソクラテスがグラウコンをからかって、「色好み《エローティコス》」としては、次のことを思い出さなければいけない、と語る（四七四ｄｅ）。

> 色好みの少年愛好者というものは、若盛りの少年とあれば誰を見ても、胸が疼き心が乱れてしようがないものなのだ。皆、ちやほや世話を焼いたり、可愛がったりするだけのものはある、と思えるのだね。それとも、君たち、美少年に対してそんな風にしていないだろうか？　君たちは、少年の鼻が天井を向いていると、愛嬌があると言って褒めるし、鷲鼻は王者のような風格があると言い、その中間の少年は非常に整った顔立ちで、浅黒い者は見るからに男らしく、色白の少年は神々の子供[33]というわけだ。「蜜の黄色の《メリクローロス》」という言葉だって、少年が若盛りでさえあれば、肌が土気色《オークロス》[34]でも平気なものだから、念者が、そのことを体裁よく言い替えている。そうでなくて、誰の発明だと思うのかね？

本節と前節（つまり第Ⅱ章Ｃ２、３）で考察された資料から明らかなことは次の通りである。アルカイック期後期と古典期初期の美術において、また（どの時期を取っても）同性愛が直接的に表現されるか、好意的に記述されている文献箇処の大半においても、紛れもなく男性的な身体特徴と男性特有の生活様式が同性愛の刺激となっていること。しかしながら、時折、どこか水面下に柔らかな白い肌が仄見えることで示されるように、少くとも古典期後半にさしかかる頃までには、同性愛者の嗜好が決して一様ではなくなっていたこと。(35)従って、現実に行われたことと、公の場での発言や文学的伝統の主調となっていた感情・実践の理念型との重大な相違を問題としなければならぬであろうこと、である。本章C6において、同性に対する求愛と性交の様式にそのような現実と理念の相違があることをはっきりと主張する理由が見られよう。

4 追う者と逃げる者

『饗宴』でプラトンが描く、悲劇詩人アガトンの家での晩餐会の席で、客人たちは代わるがわる、エロス神を称えて一席弁じている。話し手たちが例として挙げる恋は、大部分が同性愛に関わっており(第Ⅲ章Dを見よ)、また、作品中、エロスに関するプラトン自身の教説が披瀝される部分では、男性が他の男性の美に感応することが、理想美を理解することを目的とする哲学的共同作業の出発点とされている。さて、話者の一人、パウサニアスは、同時代のアテナイ人一般が同性愛問題に対してどのように対処しているか述べ、その対策に見られる(念者に声援を送りながら、稚児を念者から保護する、という)見かけの矛盾を合理的に説明し、その対策に潜在する価値観と、より普遍的な道徳的価値評価の体系との調和を図る理論を展開する。一八二a―cで、パウサニアスは、地域による相違を引き合いに出している。

また、恋《エロス》に関するしきたり《ノモス》(36)も、他の諸国のものは、規定が簡単なので理解しやすいのですが、ここやスパルタのものは込み入って《ポイキロス》(37)います。つまり、エリスやボイオティアを初め、住民が弁舌に堪能でない国では、念者に好意を示すことは立派なことだ、と簡明に規定されており、従って、それを恥ずべきこととするものは、老若を問わず、誰もいないでしょう。これは、彼らが訥弁《とつべん》であるため、若い者を口先で説き伏せようなどという面倒を嫌うからだと思われます。一方、イオニア地方やその他多くの、異民族支配の下にある地域(38)では、念者に好意を示すことは、恥ずべきこととされています。

エリスやボイオティアで同性愛関係に無頓着なことに対する――アッティカ人は弁舌さわやかである、という見地からの――理由付けを真に受ける必要はない。また、パウサニアスが上の引用に続けて述べる、イオニア地方などで同性愛関係が指弾を受けることの理由付けについても然りである。なお、その理由とは、同性愛関係から生じるものとされる、愛・相互の忠誠心・野望によって僭主が脅威に曝されるから、というものである（お定まり通り、パウサニアスは一八二cでハルモディオスとアリストゲイトンの例を引く）。同性愛関係に対するアテナイ人の態度の「込み入り加減」は、一八二d―一八四cで詳細に展開される（スパルタに関しては、第Ⅳ章Aを参照）。パウサニアスがまず列挙していく実状を局外者が見れば、アテナイ人は念者と稚児の間柄を大いに持てはやしたものと推察することになろう（一八二d―一八三c）。

実際、考えてみれば、世間では恋心を包み隠すより、明けっ放しに恋する方が立派だと言い、また、人より器量は劣っていても、血筋が良く優秀な者に恋することが、殊に立派だと申します。また、恋する男に世間から寄せられる激励は大変なもので、とても醜行をなす者に対するようではなく、思いを遂げれば天晴なこと、失敗すれば恥曝しと見られるのです。そして、念者が思いを遂げようとして呆れたことをしても、褒められてよい、という仕来りがありますが、仮に、別の目的を実現したいと思ってそんな振舞に及んだなら、喧々囂々の非難を浴びることでありましょう……もの[39]を頼むに当たって、泣き付いたり追い縋《すが》ったりし、誓いを立てたり、恋人の玄関口で眠り、奴隷でさえ厭うような卑しい労役をも辞せず……（中略）……恋する男の場合は、そうしたことを何くれとなく行ううちに好感を持たれるようになり……（中略）……そういうわけですから、この国では念者に惚れて親密になることは、極めて立派なことと見られている、と誰しも思うことでしょう。

けれども、この直後にパウサニアスが問題とする事実を見ると、彼の述べる通り、上と正反対の結論に到るであろう（一八三ｃｄ）。
ところが、恋されている《エローメノイ》少年に父親が付き添いを付け、その付き添いに言い含めておいて、少年が念者と話すことを許さない。同じ年頃の仲間たちは、何かそんなことが起こりそうなのを見ると咎めだてする。さらに、年上の者たちも、少年の仲間たちが咎めだてするのを、間違った言い草だとばかりに、妨げたり叱ったりすることはない。そういう事情を見れば、誰しも、今度は逆に、ここではそうしたことが極めて恥ずべきことと見られているのだ、と考えることでしょう。

ここまでは、アテナイ人が公に示す態度を、事実に添って記述したものである。パウサニアスの記述が正しいか誤っているかはともかく、推論の垢にまみれてはいない。家族が少年を念者たちから保護しようとすることは、クセノフォン『饗宴』八・一九では当然のこととされ、プラトン『ファイドロス』二五五ａには、少年たちが一人の少年に念者の言うことを聴かないよう諌《いさ》める、という記述がある。プラトン『リュシス』二〇八ｃ、二二三ａからは、少年の監督を任せられた奴隷の権威がどのようなものか、およそ見当がつく。

さて、パウサニアスは続けて、アテナイ人の仕来りに見られる見かけ上の矛盾は、善いエロスと悪いエロスを判然と見わけたいがために生じた、と説明する（一八三ｄ―一八四ｂ）。

「精神よりも肉体に恋している」（一八三e）念者は、稚児が成人に達すると興味を失い、いつまでも愛情と感謝の気持を忘れない、という約束を破る。これに対し、稚児の「優れた性格」に恋する念者は、性格は青春の美と違って不変であるから、「一生離れることがない」。こうして（一八三e—一八四a）、

私達の仕来りが望むことは、念者たちをこそ万全の吟味にかけること、そして少年が善い念者には好意を見せ、悪い念者は避けることなのであり、それ故に、念者には追うことを、少年には逃げることを奨励しているのです。つまり、コンテストを催して、念者と少年が、それぞれ一体どちらの部類に属するか試そうというわけなのです。

ここに至って、アテナイ人の同性愛問題に対する対応に関する、新たな情報が提供される（一八四ab）。

上に述べた理由で、第一に、たちまち罠に掛かることは恥ずべきこととされておりますが、これは、多くの物事の十全な試金石であると考えられている、時間の介入する余地を与えるためなのです。第二に、金銭や政治力に動かされて罠に掛かることも恥ずべきこととされており、これはひどい仕打ちを受けて怖気付き、敢然と抵抗しえなかった場

合でも、金銭面の援助を受けているためか、政治目的を達成するべく一役買ってもらっているために、撥ね付けえなかった場合でも、同じことなのです。[40]

慎重な言葉遣いは、私達が既に観察し、より具体的な事実に即して解釈することを学んだものに他ならない（145頁以下）。即ち、「好意を示す《カリゼスタイ》」（一八二a—c、一八三d、一八四a b、一八四d e、一八五a b）、「お勤めをする《ヒュプールゲイン》」（一八四d）、「追う」（一八四a。一八二eを参照）、「逃げる」（一八四a）、「捕える」（一八二d、一八四a）、「哀願する」（一八三a）、「達成する」（一八三a b、一八四b）。パウサニアスが「精神より肉体に恋している者」と「恋される少年の優れた性格に恋している者」を区別する時（一八三e）、後者に、肉体的達成への欲望、あるいは、遂にそれが差し出された場合、それを受け取ろうとする心の傾き、を全く認めていない、などと思うのは誤りであろう。

パウサニアス自身は、アガトンが一八ばかりの頃、その念者であり（『プロタゴラス』三一五d e）、また、その十数年後にも（『饗宴』の設定年代は四一六年）――アガトンは既に定評ある劇作家となっていたが――それに変わりなかった、とプラトンによって描かれている（『饗宴』一九三b。クセノフォン『饗宴』八・三二を参照）。アガトンが、四一一年から四〇五年までのいずれかの時期に、マケドニアへ移住したとき、パウサニアスも彼に付いてそこへ行ったらしい。[41] それ故、彼が、同じ念者とはいっても、恋情《エロス》を持続する関係へと昇華していく者たちを、当面する稚児に対する興味がもっと醒めやすい者たちよりも上位に置いたこと、従って、持続期間の長さそのものによって、当初の同性愛関係が正当化される、と考えたことには、強い個人的理由があったのである。

パウサニアスは、アテナイ人の対処の仕方がどのような動機に由来するものか説明しているが、これを真に受けたり、本質的に理に適っている、と見る必要はない。彼が描いている状況――即ち、念者に共感を抱き、だが同時に、恋を寄せられた少年を保護し、「たちまち罠に掛かる」少年を批判する、という状況は、異性愛指向が強く、同時に、かなりの行動の自由を女たちに許している多くの社会に見られる状態と驚くほどよく似ているのである[42]。

第一に気が付くことは、そのような社会における男女の間柄も、ギリシア社会における同性愛の間柄も、対等な者同士が互いの感情に報いた結果生じるのではなく、高位の者が低位の者を追い求めた結果生じるもの、と見られていることだ。恋を寄せられる者の長所として賛美される点は、社会内部の支配階層（ギリシア社会の場合は、成年男子市民）が、被支配階層（女と子供）の長所と認める点に他ならない。アナクレオンは断片三六〇で、自分が恋を寄せる少年にこう語りかける。

童《わらわ》べや　処女《おとめ》の目《め》許《もと》

汝《な》は聴かず　我がもとむれど。
我が魂《たま》の　手綱を繰ると
知らざるが故。

「処女の目許」とは、すぐ頬を染め（プラトン『カルミデス』一五八ｃなど）、内気で（同『リュシス』二〇七ａ、二二二ｂなど）、控え目な性格に見合う表現である。『カルミデス』一五九ｂで、カルミデスは、σωφροσύνη ソーフロシュネーとは何か定義するようソクラテスに訊かれて、彼らしく躊躇するが、結局、「街を歩くにも、立ち話をするにも、……何事も、静かに整然と行うこと」だと答える。アリストファネス『雲』九六三以下で、「正論」（擬人化された登場人物）は古き良き時代の少年たちを称える言葉の冒頭に、こうした美徳を置いている。

先ず、子供のつぶやき声さえ聞かれるようなことがあってはならなかったし
次に、音楽の先生《キタリステース》の家へ行くときは、整然と並んで道を歩かねばならなかった……

「色眼を使って自分を取り持とうとしながら」鼻声で念者に話しかけたり、食事をするとき、御馳走に真っ先に手を付けたり、「くすくす笑ったり、脚を組んだり」する少年は、

「正論」の繰り言によれば、堕落した現今の産物なのである（九七九―八三）。そこで、稚児が念者に、二人のうち、物乞いはどちらで、施す（かもしれぬ）のはどちらか、「つんと気取って」当て付けるとき、念者があたふたすることもある。クセノフォン『饗宴』八・四で、ソクラテスは、自惚れた色っぽい少年の役まわりを演じてみせる。

「誰にも惚れていないのは、アンティステネス、君一人だけか？」

アンティステネスが答えて、

「とんでもない！　あなたに首っ丈ですよ！」

ソクラテスは彼をからかい、つんと気取ったふりをして、

「今は邪魔をしないで！　見たら分かるでしょ！　他のことで忙しいんだから」

「何だと！――自分の取り持ちのくせに！――いつでもそうじゃないか。神霊《ダイモニオン》のお告げを口実にしたり、何か他のことに夢中になっていて、僕と話をしないんだ」

「どうか、アンティステネスさん、打《ぶ》つことだけは勘弁して！　他のことなら、あなたが辛く当たっても、今も、これからも、喜んで我慢しますから。でも、とにかくあなたの恋《エロス》は秘密にしておきましょうね、あなたは僕の心ではなく、姿形のよさに惚れているのですから」

同性愛における年下の当事者はパイス（または、言うまでもなく、パイディカ）と呼ばれる。それは、成人と変わらぬ背丈になって、顔に鬚が生え始めており、従ってネアーニスコス、メイラキオンまたはエフェーボスと呼ばれる方が適切な場合でも、同じである。(43) プラトン『リュシス』二〇六deでは、少年《パイス》たちと若者《ネアーニスコス》たちには明確な区別があり、また『カルミデス』一五四bで、カルミデスについてソクラテスがこう述べている。

> まだ少年《パイス》だったあの頃でさえ、並々ではなかったからね。おそらく、今はもうすっかり青年《メイラキオン》になっていることだろう。

カルミデスが姿を現すと、カイレフォンはソクラテスに、「あの若者《ネアーニスコス》をどう御覧ですか？」と訊く（一五四d）。『エウテュデモス』で、クレイニアスは若者《ネアーニスコス》（二七五ac）とか、青年《メイラキオン》（二七一a、二七三b、二七五ade）と繰り返し呼ばれるが、彼の念者の一人クテシッポスが居場所を移すのは、「彼の稚児《パイディカ》を眺めたいものだから」である（二七四c）。また『リュシス』二〇五bcでは、少年《パイス》と若者《ネアーニスコス》が、共に、若々しいリュシスを指している。メレアグロス一二・一一七は、「一八歳の少年《パイス》」を抱くという、幸せな艶夢について記し、クセノフォン『アナバシス』七・四・七では、少年愛好者《パイデラステース》エピステネスをあれほど嘆美せしめた若い男は、クセノフォンによって、「年頃になりかかったばかりの美少年《パイス》」とされている。若い男性は、一旦鬚が生えると、間もなく稚児期を終えるものと考えられていたが、プラトン『プロタゴラス』三〇九ａでソクラテスの友人が彼に次のように語るのは、それがためである。

此の間もアルキビアデスを見て、まだ美少年だと思ったよ。もっとも、ソクラテス、ここだけの話だが、やはり男だよ、もう鬚もだんだん生えてきてるもの。

プルタルコス『愛をめぐる対話』七七〇ｂｃに記録された、ビオンの警句、即ち、稚児に生え始めた鬚が「エロスの圧制から念者を解放する」を参照。アリストファネス『騎士』一二四二に見られる、腸詰屋の暮しぶりが醜悪なのは、単に「少々お釜を掘らせた」こともあるためではなく、成人してからそんな手段で金を稼いだためなのである。

若い男性の美しさを評する彩色刻文が壺に夥しく見られるが、それは個人名を挙げていない場合は常に、パイスといい、決して「若者」にあたる語を用いることがない。比較的少数の、女性の美に言及する壺の刻文では、同じくパイスという語が、女性定冠詞 ἡ へーを付けて用いられている。アリストファネス『平和』八六九以下では、トリュガイオス（主人公の農民）と超自然的存在竜田姫《オポーラー》（稔りの秋の神）の婚礼の準備が行われるが、ここでも同様に、

「姫御前《パイス》は身を清められた」と語られるのである。

クテシッポスは、彼が恋を寄せる少年クレイニアスと同じく若者《ネアーニスコス》であり（『エウテュデモス』二七三a）、カルミデスの念者たちの、少くとも幾人かは、若者《ネアーニスコス》たちである（『カルミデス』一五四a）。このことから、同年輩の者同士の同性愛関係もありえたこと、[44]そしてその関係は、おそらく慣習的に、当事者の一方が稚児《パイス》という呼称を受け入れることによってカムフラージュされたこと、が推測される。だが、壺絵では、そのような関係はあまり取り上げられない[45]。私の知る例はB696（一つのマントにくるまれた二人の若者）、R200※（若者が傍に横たわる別の若者を愛撫し、片足を彼にからめている。R82※の男女の性愛の絵に極めて近い）である。他の例はどこかピントが外れているか、特殊または二義的である。C74（酔っ払いたち《コーマステース》〔77頁を見よ〕の破廉恥な振舞）。CW16（当事者は共に男性であると確認することが困難で、年齢を推定することはなおさら難しい[46]）。R223※（蹲踞の姿勢をとる若者が、友人たちが女との色事に耽っているのを見て我慢できなくなり、別の若者を自分の勃起したペニスに向かって引き寄せようとする[47]）。R243※（珍しい「乱交」のシーン。二人の若者が背を向け合って前屈みになり、三人目が二人の尻の間にペニスを押し込もうとしている[48]）。R954※（小さいながら明らかに堂々と勃起した少年が悩ましげな様子で椅子に凭れ、もう一人の少年が彼の意に添うべく椅子に乗ろうとする〔二人はおそらく事後に位置を交換するのであろう[49]〕）。R1127※（サテュロスたち）。R1167（少年か若者が、別の若者の半立ちのペニスの下に柄杓を差し出している）。

念者が稚児より若い場合は、けしからぬこととされた。クセノフォン『アナバシス』二・六・二八では、メノンをとても信用し難い悪人として描くうちに、彼は、自分はまだ鬚が生えないのに、鬚の生えたタリュパスを稚児《パイディカ》としていた、と述べている。もっとも、プラトン『カルミデス』一五四cによると、少年たちがカルミデスの美貌に恍惚《うっとり》としているが、この種の英雄崇拝は奇矯なことではない。要するに、人は人生の同時期に、念者であり、かつ稚児でありえたが、同一人に対してその両者であることはありえなかった。クリトブロスに関する、クセノフォン『饗宴』八・二を参照。

アイスキネス『一』一九五は、「容易に罠にかかる若者たちの狩人」に触れているが、狩猟は、同性愛の追求によく用いられる比喩である。以下を参照。プラトン『プロタゴラス』三〇九a、アルキビアデスの美貌を狩りに「猟犬を率いて出かけた」ソクラテス。同『ファイドロス』二四一d、念者が稚児を好むこと、狼が小羊を好む如しと譬える。(50) 同『リュシス』二〇六a、狩りの比喩。メレアグロス一一六、「稚児《パイス》狩りの犬」。リアノス五・一、「私は仔鹿を一度は捕まえたのに、逃がしてしまった」等々。追跡・逃走・捕獲を意味する言葉がこのように使用され、かつそれが極めて頻繁であることから、稚児は念者の獲物または犠牲である、という見方の裏付けが得られる。狩猟はスポーツであり、しかもギリシア人の愛好するスポーツの一つである。即ち、追跡の目的は捕獲であるが、捕えられるのを待ってじっとしている獲物は、狩りの楽しみを損ない、逆に、ハンターたちとしのぎを削る獲物は彼らの敬意と愛情を勝ちえるのである(狩りに際して出会う困難が大きいほど、首尾よく捕えた場合の喜びも大きい)。獲物が人間であり、目的が性交である場合、狩りの難しさによって、目的の価値は高められ、従って、ハンター仲間との激しい競争の挙句、結局捕獲に成功すると、ハンター自身が筆舌に尽くし難い自信を得る。古典期アテナイにおける男色追求と、例えば、一九世紀イギリス社会における女色追求との類似を認識するには大層な世間知が必要なわけではない。自分がどのように扱われようと文句の言えない女奴隷や、自分のためか、自分の主人のために金を稼がねばならない娼婦が存在する限り、アテナイの若い男性は——裕福であれば尚さら——性欲の処理に不自由することはなかった。だが、金で買ったセックスは、情緒的な面での欲求の満足、つまり、自分というものゆえに評価され迎えられている、という実感を与えてはくれない。そこで、一般市民家庭の子女は家族によって男たちとの接触から保護されていたから、誘惑者はやむなく同性に対して矛先を向けたのである。男女の性愛が正当とされる社会では、若い男が、誘惑するつもりで女たちを追い求めても、同輩や年長者によって大目に見られるばかりか、ものにしたと信じられる場合は、大部分の同輩・年長者の羨望の的となり、多くの者によって公然とほめそやされる。逆に、若い男が女を求めようという素振りも見せないと、嘲笑、軽蔑、いや不信を以って遇せられることさえある。他方、誘惑に乗った女は、男が一見称賛に値する目的を達成するのに協力したというわけで、敬意または同情を勝ち得るどころか、全く逆の結果となる。追跡は男性に、逃走は女性に割り当てられた役割であり、両者は、各々の役割を首尾よく果たしたかどうかで、判断され評価される。(51)従って、親たちは、息子と娘に対して——はっきり言うかどうかはともかく——それぞれ異なる命令を出す傾向がある。世間的な角突き合いも、私達が子供に言い聴かせる内容を左右する要因の一つである。つまり、敗者がなくては勝者はなく、その逆も真なりというわけで、私たちにとっては、自分が勝者となり、他人が敗者となることが、重大事なのである。(52)仮に、私の息子が隣人の娘たちを誑《たら》し込み、ところが隣人の息子たちは私の娘を落とすのに失敗したとすれば、私は自分が保護するよう期待されているものの保護者として、隣人より細心かつ有能であること、また、私の家庭の一員であり、甲斐性と男らしさを持つよう期待される者が、そういった美点を大いに備えていること、この両方を共に実証したことになる。同様に、アテナイ人の父親は、一四歳の息子には、体育場から帰る途中、見知らぬ男と口を利かぬよう厳しく言い渡す反面、二〇歳の息子が隣家の一四歳の少年を「捕獲」した、という噂に満更でない気持を、思わず目の色や口元の綻《ほころ》びに漏らしたとしても、それは人間らしい振舞というものであった。

今日の——あるいは最近までの、と言ったほうが適当かもしれない——異性愛者の役割に関するしきたりと、古代アテナイにおける同性愛者のそれとは、二つの重要な点で相違しており、互いに一長一短がある。一方では、美貌の息子を持つアテナイ人の父親は、非嫡出の赤子が誕生した場合生じる経済上・戸籍上の問題について思い煩う必要はなかったのであり、その限りでは、少年の同性愛関係に対して、父親は子女の場合ほど抑圧的な態度は取らぬもの、と推定してもよかったのかもしれない。他方、青春期の間ずっと、男たちとの接触を口やかましく禁じられ、男たちを皆一様に不信の目で見るよう仕向けられた女は、処女である娘という是認される役割から、花嫁・主婦・母親という是認される役割へ移行することが困難だと感じる場合があるのに反して、少年は念者の接近を撥ねつけても、大人の男子市民となってから市民としての役割を果たすのに、過去の純潔が支障となることはない。その点から見ると、少年（またはその父親）が念者というものを――彼らの振舞が如何に洗練されていたにせよ――黙認した理由が一体何であったのか、理解するのは容易なことでない。

とはいえ、考えてみれば、いくつかの理由が思い浮かべられる。醜男ではなく男前でありたいという気持は誰しも同じだから、念者の注目を受けることは、醜くないことを保証されるに等しく、それだけでも少年にとって願わしいことなのであり（ソクラテスが自分を誘惑しようとしなかったとき、若いアルキビアデスは「恥をかかされた」と感じた〔プラトン『饗宴』二一九d〕[53]）、また、少年が面目を施せば父親も鼻が高いわけである。だから、気前のよい念者は――この際、気前のよさとは、露骨に金銭に換算して評価できる贈り物から、自分の時間・便宜・利益を犠牲にするという慎ましい行動まで、多岐にわたるが――感謝される。忍耐強い念者は、少年の正義感に訴えることで報いられることがある（私達には、忍耐は報酬を受けるに値する、と考える傾向がある）。不幸で自暴自棄になった念者は同情される。軍事・競技または芸術上の才能を示した念者は、少年の渇仰《かつごう》の的となり、模範とされる。そして、好感の持てる念者は愛されるのである。以上に挙げたようなケースでは全て——殊に、念者が大家権門の出であるか、少年の見習うべき、真に卓越した模範である場合には——仮にも、少年の方に、念者に服する気持があるのなら、父親の反対も弱まることがある、と見てよい。もちろん、仮に同性愛の欲望そのものが道徳的欠陥と見られており、その結果、「私は誰某は本当の友だと考えていた」（あるいは、「私は誰某が私の息子に良い影響を及ぼすものと考えていた」）、「だが、彼が……を望んでいることが分かった」という非難の声が聞かれることもあるとすれば、念者が欲望の成就を願って、どんな手管を弄しようと、あまり役に立つとは思えない。しかし、既に見たように、アテナイ人の少年も父親も、念者が欲望を抱いていることを欠陥と見なしていた様子は一向になく、従って批判は、「……だが彼は……だけを望んでいた」という形しか取りえなかったのである。

古代の同性愛社会と現代の異性愛社会との類推を更に押し進めるには、「現代」という言葉を拡大解釈して、一九世紀の文学におけるイギリス上流社会の描写を含むものと考えればよい。この種の文学にあっては、善良な女が性交を欲したり求めたりすることはない。(54) 彼女は結婚さえ欲しない。ただ、性格が善く才能のある男が彼女に結婚を求め、父親の同意を得、彼女との交際を通じて常に忍耐と気転と節度を示し、そして、型通りの質問と返答を核心とする、教会での長々しく煩雑な儀式に彼女と共に参加するなら、その後は、男が望むときには常に、彼と性交するのである。男は、いつ何時といえども、結婚のこの側面に直接触れることはなかった。女は、性交を享楽することがないか、あるいは、自分から誘うことはない。女がそれを受け入れるのは、男を愛しているからであり、また、それが彼女の義務だからである。女が、自分と夫がベッドで何をするか友達に話すことはないし、男も、紳士であれば、同様である。今述べたような、求愛と結婚の結果ということを離れて性交を追求する女は、彼女がそれを好むからであろうと、金を稼がねばならぬからであろうと、しきたりに従っている女たちとの付き合いから締め出されるのであり、そして、遵守可能なしきたりから脱線する因となる気質と道徳的性格を備えていることが、たとえ短期間でも、実証されてしまうと、彼女がいつかそのような付き合いに復帰することは困難なのである。こうした道徳規範の諸要素は、地域と階級によって変化があっても、今日まで根強く残っている。結婚とギリシア人の同性愛との類似は完全なものではない——何といっても、男女関係には子供を生み育てる側面があり、また、宣誓という、婚姻の儀式に属する行為は、その場所が教会であれ登記所であれ、パートナー同士の睦言や社会による彼らの関係の許容とは本質的に違う出来事なのだ——だが、共通の要素を無視することはできない。

性交には何ら直接的に言及することなく、同時に、立派な既婚者たちは性交を慎んでいる、と仄めかすに到ることもなく、結婚については多くのことが語られうるし、事実語られてきた。ちょうどそれと同じように、アイスキネスは、稚児が善い念者に示す好意については一切言及を省き、しかも、そのような好意を示すことはどんな状況であれ悪いことだ、という意見を述べて、自ら墓穴を掘るようなまねをせずに済むと判断している。彼の見方によると、稚児は、譴責を免れるつもりなら、極度に控え目かつ慎重でなければならず、また、念者の深い感情が詩となって発露するなら、それは「清純な」解釈の可能な詩でなければならず、また、念者が結局どのような報いを受けようと、それは長期の自制に対する報酬でなければならないことが明らかである。けれども、こうした条件が揃えば、結局行われることは、習わしとなっている人々の遠慮が盾となって、批評や描写の対象とならずに済む。プラトンの描くパウサニアスはこれに較べると少々遠慮が足りない。彼が承認するエロスは長期にわたる関係であり、その間、稚児の抵抗によって念者は大変な負担を強いられるが、抵抗が止むはずの状況というものがある。パウサニアスは、他人の希望や命令に完全に屈伏することは、アテナイ社会の眼から見ると、もしその目的が技能・知識その他の美点について自己改善を企てることであるなら、非難と軽蔑を免れる、と主張する（『饗宴』一八四c）。彼が心に思い描いているのが、徒弟・訓練生・生徒・弟子といったものであることは疑いない。この原則が同性愛にも適用された場合には（一八四d e)、

念者と稚児とが、それぞれに心得を抱いて、即ち、一方は、好意を見せてくれた稚児に対してはどのような助力を与えようと、その助力は正しいという心得を、他方は、自分を賢明かつ高邁にしてくれる者に対しては、どのような奉仕をしようと、その奉仕は正しいという心得を抱いて、両者相見《まみ》えるとき……（中略）……その時こそ……その場合にのみ、稚児が念者に好意を示すことは立派なことである、と言えるのであり、これは他のどんな場合にも当てはまることではないのです。

要するに（一八五b）、

こうして、徳のためとあれば、どのような状況で、どのような好意を示そうと、それは立派なことなのです。

婉曲的な言い回しを平明な言葉に言い換えるならば、突きかかってくる教師のペニスを股間または肛門に迎え入れることは、適切な指導に対して生徒が支払う謝礼、あるいは見方を変えれば、年下の者が、愛し尊敬するようになった年長者に差し出す贈り物である、というのである。個々のケースではどの場合も、こうした二つの見方は、それぞれ半ば真実を突いているのであろう。仮に、一方が他方より真実に近いとしても、それが何方《どちら》かは、稚児自身を除けば、誰にも知り難い。ともあれ、稚児が同性愛行為そのもののために率先して身を委せるなど、パウサニアスを始めとするギリシアの同性愛信奉者またはその弁護者の許容するところではないのである。

5 求愛と性交

念者たちによる「懇願」が文献中に言及されていることから予期されたことだが、壺絵には、念者が稚児を諄々《じゆんじゆん》と口説いたり、泣き付いている様子の描かれたものがある。例は、B142・B146・R196※・R789・R791※（贈り物を持つ男と衣にきっちりと身を包んだ少年）・R851※・R853（若者は裸、少年は着衣）など。R867※では、男と若者たちが同じように女たちを口説いている。Beazley[55]がB622の男と少年の絵と比較しているB266には、膝を少し屈めて哀れっぽく女の顔を見上げる不幸な男の図が見られる。稚児は時には不安げであり（R529）、時には腹を立てていることが一目瞭然である。R322では、少年が若者に話をする際、議論をしかける具合に、拳の親指と人差指で輪を作っているが（R589の男女を参照）、これは明らかに合意を示すものではない。というのは、口をへの字に歪めて嫌な顔をしている様子は、ちょうど、R361で、ペニスを勃起させて地面に坐っている男に、裾をめくられて中を覗き込まれている女と同じだからである。R547※では、若者から急いで離れようとする少年が、拒絶のしぐさとして、手を斜め下方に憤然と突き出している。R638の若者は、顔をそむけながら、腕を突き出し、指を拡げている様子から見ると、男の差し出す贈り物を撥ねつけているのだ。R863の少年は、坐っている若者にちらりと盗み見られて、恥ずかしそうに眼を閉じるところと見える。

贈り物として慣例化しているものがいくつかあるが、殊に、一才雄鶏（B76※・B190・B254・B262・B267・B614・B622・R348※・R405・R758※・R791※・R833※など。ゼウスがガニュメデスを攫ってゆく様を表す、オリュムピア出土のテラコッタを参照[56]（図1））、野兎（R418・R502※・R637※・R638）及び狐（B107など）が挙げられる[57]。雄鹿は、運ぶのが容易でないが、B250※とB262に贈り物として見えている。アリストファネス『鳥』七〇七には、鶉、青鶏《セイケイ》（鷭《バン》の仲間）、鵞鳥、一才雄鶏が、『福の神』一五七には、馬と犬が稚児への贈り物として挙げられている（プラトン『リュシス』二一一e「良い友の方が鶉や雄鶏や……馬や犬よりもよい」を参照）。B16※で男にさも愛しげに抱かれている、片膝をつこうとする若者は、種類は分からないが、鳥を一羽抱えている。いくつかの絵で念者のお伴をしている犬は、贈り物のつもりの時も、そうでない時もあろう。B76※（この絵で、犬は稚児の性器を嗅いでいる）・B262・B592など。R720では竪琴と毬が[58]、R875では垢擦り棒らしいものが、R642では金銭が少年に差し出されている。女の場合、贈り物としては、一才雄鶏の例も無いわけではないが（B84）、R589・R627・R632・R728・R817のように、金銭を提供される方が多い[59]。性交には、自ら、祝祭や人生の明るい面という連想が伴うから、求愛や抱擁の絵では、当事者が二人とも花冠を持っている場合がある。例えば、B250※（数組の向い合う若者と男）・B254（花冠を持つ少年と一才雄鶏を持つ男）・B450（性交中、花冠を持っている女たち）・B502※（若者のところへ花冠を持って犬を連れて来る男）・B610（若者と話をする間花冠と一輪の花を持っている裸の女）・CE34※（親密な間柄の二人の女〔383頁参照〕）・CW16（花冠を持ち[60]、もう一人の男によって肛門に挿入されている男〔女か?〕）・R627（腰かけた女が若者に花冠を差し出し、若者は女の外陰部へと手を這わせる）。

男や若者が女を——勿論、市民身分の女ではない[61]——小突いたり、引っ張ったりする様子が屡々描かれているのに対し（B299・B334・R144・R519・R843など）、ヒュブリスに関する法律によって自由な生まれの少年たちが保護されていることを反映して、美術には、少年に暴行する図が稀である。もっとも、神々をヒュブリス故に非難することはできなかったから、暴漢が人間の場合は稀だ、という意味である。B186とR348※のゼウスは有無を言わせぬ態度でガニュメデスに命じ（ペロプスを追うポセイドンも同様である。ペロプスは、まさに逃げようとする刹那、不安げに後を振り返っている〔R406※〕）、R405・R829※・R833※ではゼウスがいきなりガニュメデスに摑みかかり、ガニュメデスは激しく抵抗する。オリュムピア出土のテラコッタ（1図）では、ゼウスは（もう抵抗を止めた）ガニュメデスを小脇に抱えて、オリュムポスの山へと大股に立ち去って行く。R770のエロス神はいきなり少年に飛びかかり、R693の牧羊神《パン》は、ペニスを勃起させ、全速力で若い羊飼いの後を追う（パンが女を急襲するRL60を参照）。ゼフュロスはヒュアキントスの腕を摑み（R847）、中空軽々と運んでゆく（R574）。暁の女神はティトノスに襲いかかり、ティトノスは竪琴を振るって女神を追い払おうとする（R912・R391・R801を参照）。人間である念者による稚児のそのような取り扱い[62]が美術に見られる場合、それは恐らく、神の如く振舞いたい、という願望の現れであろう。実際、B186の裏側にはそのようなシーンが描かれている。以下を参照のこと。B194（男と若者）・R663（男と少年）・R1095（ペニスの怒張した男と一人の少年――あるいは奴隷か?・）。R279の、男が若者の手首を摑んでいる絵は、恐らく、暴行よりむしろ「捕える」しぐさとして分類すべきであろう。

供犠に参加している男が、通りかかった裸の若者の肩に手を掛け、若者は立ち止まる気がないように見えるR934※には、確かに「捕える」しぐさの分類が当てはまる。他方、ヘルメスがガニュメデスの肩に手を掛けているR692では、ヘルメスはゼウスの代理として行動しているのである。手を伸ばして稚児の腋の下に触れる接近法にはもっと躊躇《ためら》いが見られる。例えばR684※であるが、尤も、この絵の少年はそれを悪くとって、R912のティトノスのように、身を守るべく竪琴を振り上げている。R35・R628・R682※では、女に対して同じ接近法が試みられるが、このうち第三の絵では、女は裸であり、男は女の腋の下よりも片方の乳房を狙っているのかもしれない。念者がもっと遠回しに自分の気持を明かす手段として、稚児の頭（B262）か顔（B166）に愛しげに手を触れることがあるが、これは、母が子供に（R741）、主人が善良な若い奴隷に[63]（R480）、男が女に（R623. この絵では男が臥床に寝そべり、女は腰かけている。B566の興奮したサテュロスと女を参照）、女が別の女に（CE34）※、若者が、出征するに際して父親に（B79）、あるいはディオニュソス神が母セメレに（B152）なすしぐさと同じである。酒宴の席で、客人たちが普通二人ずつ横になる臥床は、同性への求愛にも女への求愛にも役立てられた。もっとも、稚児は念者が同伴する客であるのに対し、遊女・踊り子・女楽士は先ず臥床の上に招き寄せなければ、本格的な抱擁や愛撫（B338など）を始めようがないという点で違っている。C42（七世紀末）の、男が片腕を若者の体に回している絵は、仮に、続く二百年間の愛欲の絵の数々が現に存在して私達の解釈に影響を及ぼす、ということがなければ、まともな人なら誰でも友愛を描いたものと解釈するところである。R795とR797（酒宴の男と若者たち）では手で触る様が明瞭に描かれているが、それらは親密な会話のしぐさに過ぎないのかもしれない。だが、パエストゥムの壁画については疑問の余地がない[64]（2図）。同じ臥床に寝ている若者への欲望を抑えかね、男は片手を若者の頭の後ろへ回して、キスするため二人の顔を近付けようとするが、若者の方はそれを押し止めるように手を差し出している。男の見開かれた眼と開いた両唇を見つめる若者の表情には何も読みとれない（隣の臥床の男の方がもっと驚いた様子である)。R283※に描かれる酒宴の若者は、一人の男にワインを手渡そうとする最中に、背後から別の男による熱烈な喉輪締めの抱擁を受け、ワインを零《こぼ》さずには身を振り解くことができない。R200※では、若者が傍らに仰臥する若者の腰に脚を搦《から》め、片手を愛しむように若者の頭に置いている。よくあることだが、この場合も男女の愛の類似例があって(R82※)若者が笛吹き女の腰に脚を搦め、片手は女の首を抱き、片手は左の乳房を弄《まさぐ》っている。

壺絵に見られる同性への求愛で最も特徴的な構図は、Beazley のいう、「上下」の構えである[65]。つまり、念者が片手で稚児の顔に触れ、片手を稚児の性器に伸ばすのである(B426・B578 など)。この形態の接近の最初期の例、CE33※(七世紀)が女に対するものであることは興味深い。女は完全に服を身に着けており、若者の手首を摑んで押し退《の》けている。「上下」の場面における稚児は普通裸であるか、少くとも衣が脇に垂れて前を曝すに任せている。B102では、一人の若者は触れられることに何ら抵抗せず(彼は片手には石突きを地面に付けて槍を握り、片手には花冠を持っている)、しかるに、器の裏側の絵の若者は男の手首を摑んで制止している。抵抗の絵も無抵抗の絵も共に、六世紀前半から五世紀前半まで綿々と連なる実例が見られる[66]。B510※では稚児が無抵抗のペアの方が多いと見られ、また、絵の上部が失われているR651※の念者が重要目標を射止めたことは、稚児のペニスを握手するように弄《いじ》っていることから明らかである。B250※の一人の若者は相手を諫止する様子だが、男が指で触り、男の水平に勃起したペニスも触れぬばかりに迫っているのに、自分の性器を保護してはいない。B271※の若者は男の左手首を――即ち、顔に近付いて来る手の方を――摑んでいるのに、性器に触れることは許している。B65※の若者は自分の性器を手で覆ってガードしているが、通例は、念者の手首を摑んで防戦する。例は、B64・B342※・B458・B558があり、また、R463には、「させて!」――「止めて!」という応答が刻まれている(76頁参照)。R196(a)※の数組の若者と少年は、誘惑の諸段階の見事な図解である。あるペアでは少年が、自分の後頭部に、気が付かれぬようそろそろと手を回してきた若者の腕を摑んで制止しようとする。別のペアでは、少年は今にも落ちそうである。即ち、少年は若者の顔をじっと見上げ、若者の右上膊《じょうはく》を握って面目を保ってはいるが、それは若者の指が少年のペニスを弄《もてあそ》ぶ妨げとはなっていない。これら二組の間に位置するのが、最もドラマティックなペアである。若者は膝を少し屈め、切々と哀願するように顔をのけぞらせ、ペニスは膨らみ、右手の指は詮方なげに拡げられている。一方、少年は、昂然と頭をもたげ、若者の腕をきつく摑んで目標から遠離けている。この器の絵が殊に興味深いのは、器の反対側に描かれた数組の男女のペアとの対照の妙による。即ち、こちら側の絵では雰囲気が全く違うのだが、それが思いもよらぬ具合なのである。若者たちと女たちは互いに全く触れ合ったりせずに、辛抱強く、かつ用心深く話し込んでいる様子であり、このシーンでは、かすかなしぐさや声の抑揚が、先に見たシーンで腕に力を入れるのと同じだけの意味を持つのである。[67] 男性が女性の性器に片手を近付ける図は、同性愛の場合の類例に較べるとそれ程多くはない。例は、R62・R627（探春する若者たち）・R619・R1079（女たちに猥りがわしく言い寄るサテュロスたち）・B610（男が裸の女に「上下」の構えで接近する。女は一輪の花と花冠を持っている）。R295※の酒宴に描かれた男は、自分の頭に裸の少年が花冠を被せる機会をとらえて、その少年のペニスを弄《いじ》ろうとするが、少年は奴隷かもしれず、いずれにせよ軽いおかしみがこの絵の基調と見える。なお、アリストファネス『鳥』一四二では、隣家の若い息子を誘惑しようという、男の試みにつき、ὀρχιπεδίζειν オルキペディゼインという言葉が用いられているが、「話しかける」「キスする」などの語と組みになっているから、この語は多分「ふぐりを摑《オルキペダ》む」の意味であり、従って、壺絵のペニス弄りと同一ではないが、非常によく似た行為を指すのである。

R196(a)※に見られたように、稚児は明らかに愛情の籠った反応を示すこともあり、他にもいくつかの壺絵にそのような反応が描かれている。若者が男の鬚に触れるとき（B12・B594）、ひょっとしたら彼は、「離して！」という哀訴のしぐさをしているのかもしれない。[68] しかし、どこか顔の一部に触れることは愛情のしぐさでもあり――これは、ごく自然なことである（240頁を参照）――そこで、B598※の場合、器の片面には、少年が男の鬚に触れる様が、裏側には、少年が飛び上って男の首に抱き付こうとする様が描かれている（これは哀訴のしぐさではない）。ごく初期の壺絵B16※では、男と若者が片膝をついて向かい合い、若者は鳥を抱え、男は片手を若者の項《うなじ》に回している。画家は、この絵の描かれている器の内面が円形であるために、膝をつこうとする、または、はね起きようとする姿を描く気になるにしても、そうせざるをえない、というものではない。だから、若者は愛情から同意したのだという、この絵から伝わってくる印象に、この画家が気付いていなかった筈がないのである。R27※・R59※・R539※では、少年が念者の愛しげな抱擁を受け入れている。このうち、第三の絵の少年は、R520の少年のように、男の頭に手を回すことで積極的に報い、一方、男のペニスは少年の太股に近付いている。この形の、愛のしぐさは当然男女の愛の場面でも見られる。例えば、B302・R569及びR630（この絵では、女は、そのくせ、恥ずかしそうに男の手を自分の膝から押しやっている）。男色の類似例がまず見出せそうにないのは、RL68で、この絵では、裸の女が男の腕を取って自分の方へ引き寄せるのである。

念者のペニスは、何ら肉体の接触が成立しないうちから勃起している場合があるが（例えば、B107※・B250・R642）、稚児のペニスは、健康な青年なら、ペニスが否応なく反応すると予想されるような状況にあっても、縮んだままである（例えばR573※）。B250※の青年の一人は、上の一般論に対する例外のよう見えるが、ひょっとすると彼のペニスは男の腹によって押し上げられているのかもしれない。(69) BB20の場合、人物画が未熟なために解釈が難しいが、求愛シーンのペアの中には、稚児のペニスが念者によって擽《くすぐ》られたために勃起したと見られるものがあることは確かのようだ。通例では――160頁以下で、資料文献から観察されたように――稚児は、結局は念者に好意を示す決心をする場合はあっても、自分自身性欲を刺激されてその気になるわけではない。性交の最中に念者が稚児の性器を弄ることを示唆する絵は壺絵には見られない。ところが、肛門性交が事実上同性愛者の性交の唯一の方式と想定されている喜劇においては、二つの箇処で（330頁を参照）、念者は稚児を刺激してオルガスムスに至らせる場合もあろうことが暗示されている。絵に描かれた稚児たちの示す節度（ソーフロシュネー。223頁参照）は、醜く、卑猥で、酔っ払ったサテュロスたち、この自らの衝動に従う無節操な生き物たちに見られる、あきれるほどの節度の欠如と対比することができる。彼らは、恰好の穴を備えた生き物が手に入らないと、しきりと手淫に耽るが（例は、B31・B118・B126・B138・B178）それよりは馬・騾馬・鹿の方を好む（B154・B336・B362・B554・CE20など。B24・B122・B158・B287・B366・B378・R762に見られる、サテュロスたちが思わくありげに動物に近付いてゆく様子を参照）。[70] 壺の頸部さえ奉仕を強要される[71]（R148）。対照的に、手淫する若者（R173）や、動物に挿入する若者（B354）は、画題として稀である。喜劇には、手淫を奴隷に特徴的な行動として扱う傾向が多少見られるが、それは彼らが自由身分の男たちに比べると性的捌《は》け口という点で回数・質ともにあまり多くを期待できなかったからである。アリストファネス『蛙』五四二―八で、ディオニュソスは自分を奴隷に見立てて、主人が「ミレトス産の敷物の上で踊り子にキスしながら云々」を見つつ、「自分の豆のサヤを握り締め」、そこで主人に顔を殴られる様子を想像している。R18には、ペニスの、勃起はしていないが膨脹した奴隷少年を、腰を掛けた若者が殴る絵が見られるが、これは（『蛙』より百年前の）絵師が同様の出来事を描こうとしたもの、と理解してよいかもしれない。(72)『騎士』二一―九で二人の奴隷は手淫の通《つう》として話しているし、『平和』二八九―九一は、巷のざれ歌に不朽の名を留めたペルシアの将軍ダティスを、異国の奴隷になぞらえ、午睡の時分に手淫を楽しんでいるところを描いて笑いを誘っている。『雲』七三四にただ一つ、男子市民による手淫の例が見えるが、その箇処で行う者は、下品まるだしのストレプシアデスである。(73)

求愛が聴き届けられると、念者と稚児は互いに向かい合って立ち、念者が稚児の胴に腕を回し、稚児の肩か、さらにその下にまで頭を下げ、膝を曲げてペニスを稚児の股間、陰嚢の直ぐ下に突っ込む。(73a) 例は、B114※・B130・B250※・B482・B486※・B534・R502※・R573※で、以上は、どの絵でも、念者は大人の男で稚児は若者である。(74) B458は、男が若者の顔を見上げている点で稀であるが、ひょっとしたら、若者はまだ完全に屈服したわけでなく（肝腎の所で、器に損傷がある）、男はなお哀願の最中なのかもしれない。R520※では稚児は少年であり、男の視線は稚児の喉に注がれているが、まだ最終的な体位は取られていない。身長の差がかなりあるから、男は中腰になって曲げた膝を少年の脚の向う側にまで突き出さねばならない。神々も男たちと同じ方法を好んでいる。R603※では、ゼフュロスがヒュアキントスを抱いて飛び去ろうとしており、二人とも衣を身に着けているが、絵師が描き添えたゼフュロスのペニスは、どういう具合か、ヒュアキントスの股間に押し込まれている。特にこのタイプの性交を指す原語は διαμηρίζειν ディアメーリゼイン、即ち、「大腿《メーロイ》の間で……する」であることがほぼ確かである。この語が最初に見られるアリストファネスの『鳥』では、この動詞は男女どちらをも目的語に取り（七〇六では男性、六六九では女性）、また、一二五四ではペイセタイロスが神々の使者にして虹の女神であるイリスに向って、「両脚をはね上げて」お前をディアメーリゼインするぞ、と脅しているが、これは、何種かある対面式膣性交の一方式を指すと見るのが最も自然であろう（252頁を参照）。同性愛が画題として最も盛んに取り上げられた時期に属するB406の底の刻文は ΑΠΟΔΟΣ ΤΟ《アポドスト》 ΔΙΑΜΗΡΙΟΝ《ディアメーリオン》となっているが、これは「君が約束した股間《すまた》淫をさせてくれ」（あるいは「股間淫に対する当然の代償を払ってくれ」）と解釈できる。(75)

※B538では、男と若者が、互いに向かい合って、一着のマントに身を包んでいるが、立位でも臥位でも、同性愛者の性交をこのような仕方で隠すのが習慣であったのかもしれない。アスクレピアデス一・三以下、「愛する者たちを一つ衣が隠すとき」、及び、ソクラテスのマントの下に這い込んで誘惑しようとするアルキビアデスのがむしゃらな試み（356頁を見よ）を参照。だが、隠蔽された行為は壺絵師にとって退屈な画題であるから、彼らは、B592のように、念者が稚児をマントの中へと招いている様子を描いたり、マントを肩か

けに用いたりする方を好んでいる(76)。

同性愛者の肛門性交が壺絵師によって描かれるのは、股間淫方式とは対照的に、同世代の者たち（CW16・R223※・R954※。227頁以下を参照）、酔っ払いたち《コーマステース》（C74）または、サテュロスたち（R1127※）が関わっている場合だけである。今日では一般に、肛門性交が同性愛の遂情《すいじょう》に特有の方式であると考えられており(77)、また、ギリシア喜劇では、『鳥』七〇六（上述）を除けば、それが唯一の方式と想定されている（330頁参照）。そして、ヘレニズム期の詩において、肉体の次元で現実に行われることが十分明確に言及されるとき、見られるのは肛門性交ばかりで、股間淫は全く取り上げられないのである。そこで、ディオスコリデス七には、妻君が妊娠している時には、「彼女を稚児姿のアフロディテと思って、薔薇のような尻を楽しみたまえ」という、友人への勧めが見られ、リアノス一は、老人でさえむずむずする程美しい、少年の「栄えある尻」に恍惚として呼びかけるのである。メレアグロス九〇は、青春期を過ぎて容色の衰えた少年に宛てられ、今や、「毛皮が後からのしかかる者たちに宣戦を布告している」と述べる。またメレアグロス九四は、女への愛を述べて、昔の稚児たちとその「毛深い尻の締め具合」を放棄する。同性愛におけるフェラチオは、壺絵に見る限りでは、サテュロス特有の行為である（R1127※）。もっとも、ポリュビオス一二・一三には次のように見える(78)。四世紀末、アテナイの政界において重きをなしたデモカレスが、ある喜劇詩人に「体の上の方で男妾《ヘータイレーコース》を勧めたことがある故、聖火を吹くに適した人間ではない」と非難された、と。また、アイスキネス『二』八八では、デモステネスが「肉体的に――声を発する部分においてすら――不浄である」と非難され、さらに、テーバイのクラテス一は、このタイプの行為に関する、蘊蓄を傾けた冗談である。λαικάζειν ライカゼインという動詞を「フェラチオする」と解釈して正しいなら（224頁参照）、フェラチオは喜劇中で呪詛・抗議・嘲笑の対象となっている。それは明らかに、支配する側から屈伏する側に強いられる行為と見なされており[78a]（253頁）、また念者が稚児のペニスを自分の口に含むのを好んだことを暗示する箇処は全く見られない。メレアグロス七七――これは、一人の念者に八人の稚児が同時に奉仕する、という空想である――に描かれたような、他の男性による手淫は、黒絵式壺絵の断片B702によって――あまり分明ではないが――示唆されている。

これまで見てきたように、壺絵師によって描かれた求愛の次第は、同性に対すると女性に対するとで、実質的に変わらない。ところが、遂情行為は、性的対象が男性の場合は股間淫方式が通常であるのに、それが女性の場合は例が見当たらないのである以上、根本的に異なっている。[79] 従って、男女の性交の方式がどのようなものであるか、また、同性愛の肛門性交が、どのような状況で実行され、脅しに使われ、あるいは人格の象徴として用いられているかを考察すれば、売春と「正当なエロス」との間に、慣習的に重要な区別が設けられていた事情が多少とも明らかになってくるかもしれないのである。

6　支配する側と屈服する側

壺絵に描かれている男女の性交で、ごく普通に見られるのは、女が前屈みになり（両手を地面についている時もある）、男は立って女の後ろ下方から挿入する体位である。例は、B134・B450・B518（男は膝をついている）・B666・B676・C78・CE36・CE37・R361・R434・R545※（女は頭を地面につけそうなほどである）。B60及び、B586を参照（男は近付いてゆくところで、まだ挿入していない）。挿入を受けているのが、女の膣ではなく肛門であることが明らかな場合もいくつか見られる。[80] 明瞭な例はB51※で、この絵では細心に描かれた陰門は到底挿入箇処でありえず、また、R543※では、女の陰毛とペニスの挿入点との隔たりを絵師が意識せずに描いたとは思われない。その他多くのケースでは（B670・CP16・R577※など）、挿入位置がごく高いから、絵師が肛門性交を描こうとしたと推定するのが理にかなっている。背後からの膣性交であることが明らかな描写はそれほど多くない[81]（B516・R490）。女が前屈みになり、男がその背後に立つ、という特徴的な構図は、五世紀末、アリストファネス『女だけの祭』四七九―八九に描かれている。ここで話し手は実は男であるが女に扮装しており、女の手管を「告白」して言う。

夫は傍に寝ていたの。でも私には好い人があった。

私が七つの時にあげた人なのよ。
その人が私に焦がれて来て、戸をカリカリ引っかいたの。
私、直《じき》に分かったわ。それで、そっと寝床から離れた。
「お前、どこへ行く?」って夫が訊いた。「どこって
あなた、お腹がキリキリと差し込むの。
だから、おトイレに行くのよ」「じゃあ行っておいで」というわけ。
それから、夫はネズの実とウイキョウとシソの実を磨り
私の方は、戸ほぞに水を垂らして
外に出て色男と会った。そして、突きまくられたのよ。
道神様《みちのかみ》の隣で、前屈みに月桂樹にしがみついて。

アリストファネス『福の神』一四九—五二に、コリントスの娼婦《ヘタイラー》たちは、金持ちの客が来ると、「直ぐにその男に尻の穴《プロークトス》を向ける」とあるが、これから見ると、娼婦たちは普通簡単な避妊法として肛門性交に固執したのかもしれない。だが、避妊法という説明は、アリストファネス『平和』八六九の婚礼の準備に関してはまず役に立たないであろう。ここでは、奴隷が、「姫御前は身を清められました、見事なお尻《ピューゲー》も!」と告げるのだが、この箇処はむしろ、トリュガイオスの花嫁が「臀部」に挿入される実際の部位については無

関心であることを示すものと思われる。また同八七六では、里神楽姫《テオーリアー》（秋祭の擬人化）の肛門が鑽仰の的となっているようである。

正常位での膣性交はR247に見られる（一つ衾《ふすま》に被われた若者と女）。女が脚を上げて男の肩に載せている場合は、B662・R192・R506・R507などに見られる（R490では若者が女の脚を押し上げている）。アリストファネス『鳥』一二五四「お前の両脚をはね上げてやるぞ！」、及び『女の平和』二二九「天井に向かってスリッパを差し上げません！」という表現は、このやり方を述べたものである。時には、男が立ち、女が両脚で絡み付くことがあり、B694に見られる体位は本質的にこれと同じであるが、ただこの絵の女たちはマッシュルームのような腰掛けを支えとしている。R970※では、若者が椅子に坐り、女は蹲踞の姿勢で若者のペニスを迎え入れるために椅子に乗るところである。仰臥した男の上に女が俯し、または坐って接する、女の「政治的勝利」の図は、――R1151の複雑怪奇な乱交図の一部はひょっとするとその直前かもしれないが――壺絵には例が見られないようだ。ところが、アリストファネス『蜂』五〇一及び『女だけの祭』一五三は、女が騎手のように男にまたがる、騎乗位に言及しているのである。

男女の性交と、壺絵師の描く念者と稚児の股間淫との興味深い対比は自ずと明らかである。ほぼ一定して、女は「屈服的」体位を、男は「支配的」体位を取る。即ち、女は前屈み・仰臥または支えられた姿勢であり、男は上体を起こしているか、女の上にのしかかっている。他方、股間淫においては、稚児は直立の姿勢を取り、頭や肩を屈めるのは念者の方である。いわば「一般的挿入可能性」に関してもこのような対比が存在する。即ち、男色におけるフェラチオの絵は欠如しているのに対し、若者が女の口にペニスを押し込もうとしている絵や（R156. R223※を参照）、男が女を棒切れで脅して「尺八」を強いている絵（R518）が見られるのである。だが、この類の媚に対する返礼はないのであり、R192は、裸の女が寝そべった若者に跨がってはしゃいでおり、そのために女の陰門が若者の顔の間近に迫っているが、まずクンニリングスの絵とは考えられない。それに、クンニリングスが大好きだという評判の、アリフラデスなる男は、アリストファネス『騎士』一二八〇—九と『蜂』一二八〇—三で攻撃されているが、そこに展開される憎悪・嫌悪の言葉があまりに露骨なために、この話題のせいでアリストファネスのユーモア感覚の調子が狂ったのではないか、と思われるほどである（『蜂』の一年後、『平和』八八三—五では、アリフラデスについて述べる語り口はもっと上品になっている）[82]。R156とR223※に見られるプレイは二箇処への挿入であり、前者では、若者のペニスを口に含んでいる女の脚を男が開き、後者では、同じくフェラチオしている女が、若者によって張形《オリスボス》（模造ペニス）を押し込まれようとしている。R898の三人組は、女が結局は、一人の男には膣に、もう一人には肛門に、同時に挿入されるという意味の絵かもしれない[83]。

　例えばB49やR506で女が性交を楽しんでいることは疑いなく、対面位にあるときは、両当事者がお互いに愛情をこめて見つめ合っているが、これは、念者の顔が隠れて見えない間まっすぐ前方を見やっている稚児の姿と対照的である。それ故、女たちが張形を用いて性欲を擬似的に満足させる姿が絵師たちによって描かれているからといって驚くには当たらない。R132とR212には共に二本の張形を用いる女が見られるが、二本目はR132では肛門に、R212では口に用いている。R152では女たちが体を洗っている背景に一本の張形が吊されている。R227、サテュロスに挿入されながら張形を振り回す女。R1163、固定した張形に向かって体を沈める女たち。R114、壺の尖った底に向かって体を沈める女。R593、ペニス型の注ぎ口のついた器から飲む女。また、R414※・R1071※の鉢一杯の張形を参照（ただしこれには宗教的な意味があるのかもしれない[84]）。喜劇では女たちの貪欲さや酩酊がよく語られるが、同様に、オリスボスの使用についても言及が見られる。殊にアリストファネス『女の平和』一〇七—九（この箇処から張形が皮製であったことが分かる）、及びCGF 62. 16–28（「本物の魔羅に似ている……月が太陽に似ている程だけど」）。ヘレニズム期では、ヘロンダス『六』と『七』に、ある女が他の女にすすめられて、用心深くて腕の立つ靴職人から張形を買う話が見える。女たちと同様に、だが壺絵師の世界のまっすぐに立っている稚児たちとは違って、サテュロスも肛門に挿入されるのが大好きである。BB24※では野卑で毛むくじゃらのサテュロスが手淫しながら、自分の肛門に棒を突っ込んでおり、CW12では、固定した張形に向かって体を沈めている。壺絵師たちは時に、「ペニス」「亀頭」「勃起」といった類の意味を有する語構成要素が目立つ名前をサテュロスに付けて楽しむことがあって、[85] R44のサテュロスは、直訳では「血管の受け手」を意味するフレボドコスと呼ばれているが、血管《フレブス》はペニスを指す滑稽語として知られる。[86]

もし潔癖な性格の稚児が(1)念者との接触による官能的快楽を追求したり期待したりせず、[87](2)念者が心服するに足る人間であることが分かるまではいかなる接触をも忌避し、(3)自分の体のいかなる開口部にも挿入することを決して許さず、[88](4)接触の際の体位において屈伏的役割を演ずることによって女に同化することが決してないならば、しかも念者の方は稚児が規則(3)と(4)とを破ること、規則(2)についてはある程度の柔軟性を保つこと、さらにひょっとして規則(1)をも場合によっては少々踏み越えることさえ望むならば、一人の男性が他の男性による肛門への挿入に甘んじるのはどのような状況においてであろうか？ また、こうした屈従を社会はどのように見るのであろうか？ ギリシア人から見てこれら「正当なエロス」の規則を破った男性は、男性市民という身分から離脱し、女及び外国人と自己を同列に置いた者であることは、まず疑いないように思われる。男娼がこうした規則を破ったと見なされるのは、彼が客に経済的に依存しているため、客が欲することを為さざるをえないからに過ぎない。また、逆に言えば、同性愛の年上の当事者（たち）が欲することは何でもなしたと信じられる男性は誰であれ、売春したものと見なされるのである。ポリュビオス一二・一五・一以下によると、ティマイオス（F124b）は次のように主張している。

アガトクレスは、青春期に至るや、最も無節操な者たちを相手にする下劣な男娼《ポルノス》、黒丸《コクマル》烏《カラス》、鵟《ノスリ》となり、誰でも望む者の前に裏門を差し出した。

ここの黒丸烏は多分、あつかましさと破廉恥を象徴しており、ギリシア語では「睾丸の三つある」《トリオルケース》の意の鵟はおそらく、根っからの男娼《ポルノス》の特徴と見なされる、飽くことを知らぬ肉欲を象徴している。

屈従する側の男性が男子市民としての役割を放棄するのは、性行為において女に同化するためばかりとは限らない。嫌だという者に対して為せばヒュブリスとなるような行為の犠牲者となることを意図的に選んだ場合でも同じ結果となる。アッティカ法によってヒュブリスに厳しい制裁が科されることの骨子は、犯人は、犠牲者から法の保護下にある市民としての体面を失わせることによって、犠牲者の「名誉を失墜させる」《アティーマゼイン》ものであり(89)、犠牲者が体面を回復するには、訴訟を起こすことによって、事実上、共同体に彼我の立場の逆転を訴えて犯人を貶《おとし》めるしかない、という点にあった。だから、自ら選んで他の市民の意のままになる対象として取り扱われることは、市民としての自己の地位を放棄することだったのである。何故男娼の道を選ぶことがこのような見方をされたのか、まだ十分に明らかでないというのなら、同性愛の肛門性交が愛情表現とも美の刺激に対する反応とも見なされず、仕手の受け手に対する優位を証す攻撃的行為と見なされていることを思い起こせば明らかになる筈である。テオクリトス『五』では、羊飼いラコンと山羊飼いコマタスが歌合戦を展開するが、この手合わせでは獣性と嘲笑が重要な役割を演ずる。三九―四三は、

ラコン　汝《なんじ》より、よろしきことを学びしと
　あるは聴きしと思い出づるはいつの日か？……
コマタス　汝《な》が釜を掘り貫いて汝《な》の泣きし時。雌山羊ども
　しきりと鳴けるこの辺《あたり》、雄山羊が雌を突き回りけり。
ラコン　かの折に、汝《なんじ》が掘りし尻《いしき》より、汝《な》が墓穴の浅くあれかし、傴《くぐせ》の君よ。

牧童たちは淋しさを紛らすのに家畜かお互い同士で我慢しなければならない、というのはごく月並な戯言《ざれごと》であるが、この箇処では、コマタスが自分は雄、ラコンは雌の役を演じた折のことを回想することでラコンをやっつけているのである。その行為がラコンにとっては苦痛であり、それでもラコンがその行為に甘んじたことは、コマタスの勝利の一部を成しており、また、ラコンの応酬はコマタスの絶倫ぶりに対する意地悪な冷やかしである。同一一六―九でも同じ調子である。

コマタス　忘れしか、汝《なんじ》が菊を摘みし時、しっかと歯をば喰いしばり
かの樫の木にしがみつき、あっぱれ腰をつかいしよな。
ラコン　憶えなし。されど、かのとき、家の主《しゅ》が汝をここに縛り付け
手ひどく笞で打ちしこと、これわれのよく知る所なり。

この箇処に見られる侮辱的な点は、ラコンが（アリストファネス中のあの若妻のように、木に摑まって）（二五一頁参照）女の役割を果たすことを楽しんだことである。今度は、ラコンもそのような事実を否定し、またその返答の性格から、ラコンがコマタスの侮辱をどのような意味合いで理解しているか分かる。古《いにしえ》の北欧叙事詩では、「甲は乙を妻として用いた」という主張は、乙にとって耐え難い侮辱であるが、甲の品行に対する罵倒とはならないのである。[90]

人類学の資料から、時代も地域もさまざまの多くの人間社会で、よそ者、新参者、闖入者に対して、その従属的地位を痛感させるために、暴力的な鶏姦が行われたことが分かる。[91]ギリシアの神プリアポスは、果樹園や庭の守護神として、盗人なら男女にかかわらずいつでも強姦できるよう、巨大なペニスを備えた姿で表された。[92]また、ある種の霊長類の場合、その集団社会のなわばりが侵犯されそうになると、敏感な雄はペニスを勃起させるが、[93]あ

るタイプの境界標識——アテナイの家の表玄関の傍に普通立てられていた勃起したファロスを持つヘルメス柱像もその一つに数えるべきである——から、そのような行動上の特色は人間という種にも続いているのではないかと思われる[94]。さらに、ある種の動物にあっては、集団社会に属する雄の間でのランクに、通常、下位の雄が支配する雄に向かって尻を向けることによって表現される（もっとも、支配する雄によるマウンティングはおざなりで形式化している）[95]。多くの言語では、「鶏姦された」とか「ファックされた」という言葉が俗語表現として「負けた」「やっつけられた」の意味で用いられ[96]、アッティカ赤絵式壺の一つ（R1155）はこうした見方を絵にしたものである[97]。即ち、ペルシアの服装をして、「私はエウリュメドン。前屈みになって立っている」と告げる男は、その言葉通りの姿勢をしており、一方、半立ちのペニスを握ったギリシア人が、引っ捕えようという様子で、男につかつかと歩み寄る。この絵は四六〇年代前半にエウリュメドン河（小アジア南部の河）の近くで「女々しい」ペルシア人を打ち破ったことに、「雄々しい」アテナイ人が意気揚々としている様を表したものであり、「我々はペルシア人の尻《けつ》を掘った（打ち破った）！」と豪語しているわけである。

このように支配する側の男性が屈服する側の男性に女の役割を押し付けることは、姦夫に対するアテナイ流の珍奇な取り扱いの根拠となっている。即ち、妻を寝取られた夫、または権利を侵害された、女の保護者は、姦通の現場を押さえた場合、姦夫を殺してもよかったが、もう一つの報復手段として、姦夫の陰毛を焼き払い、大きな二十日大根をその肛門に押し込むことで、赤恥をかかせることもできたのである（アリストファネス『雲』一〇八三以下。ルキアノス『ペレグリノスの昇天』九）。女たちは陰毛を焦がして短くするのが普通だったから、(98)このような罰は、姦夫が女に変貌したことを象徴するものであり、従って、世間の眼から見て、姦夫を永続的に被害者の下位に置いたことになり、二十日大根は被害者のペニスの代用というわけであった。(99)同様の考え方が、より上品な表現に変わっているものの、コリントスの壺絵（C62）の根底にある。即ち、この絵では、テュデウスが妻のイスメネとペリクリュメノスとが同衾している現場を押さえ、妻を刺し殺すが、その間にペリクリュメノスは逃げ去るのである。ところが、慣例通りテュデウスは黒く、イスメネは白く描かれているのに、この場合、武器を手にして怒り狂っている寝取られ亭主から逃れ、ほうほうの体で裸で駆けてゆく姦夫ペリクリュメノスもやはり白く描かれているのである。

アイスキネスのティマルコス告発弁論に触発された諸問題に関する長く遠回りな探究によって、二組のモチーフ群の対照が明らかになった。即ち、一方には、報酬を受け取る、平気で――さらには自《みずか》ら欲して――男色における屈服的役割に甘んじる、屈んだ姿勢または低い姿勢を執る、他の男のペニスを肛門または口に受け入れるといったモチーフがあり、他方には、報酬を撥ねつける、見込みのある念者が己れの価値を証明するまでは如何なる身体の接触をも頑《かたく》なに延期する、そのような接触による官能の喜びを一切慎む、直立の姿勢に固執する、究極的行為の間は相手と眼を合わせることを避ける、本当の挿入は拒絶するといったモチーフがある。ギリシア人の見方では、こうした対照こそ男らしさを放棄するか、堅持するかの境目なのであった（なおこの見方の曲直は私達一人一人が自分で判断するしかない）。だから、念者が執拗に求愛する際、稚児の性器には触れるが、臀部や肛門に触れぬのは、なかなか意義深いことなのである。(100) そこで、男娼となれば一生市民としての諸権利の行使を禁じられたこと、また稚児が正当な同性愛の礼儀作法を遵守した場合にはそのような権利剝奪がなかったこと、この二つの事実から、両者の相違が法によって厳密に定義されていたであろうとか、それればかりか、売春に関する如何なる申し立ても、横領や詐欺に関する申し立てに劣らず明白に、法廷において証明ないし反論しえたであろうとか、ひょっとして思われかねない。だが、一組の男たちの同性愛関係は、二人が一緒に何を行おうと、またそれが如何に卑しい金銭関係に基づくものであろうと、秘密を守り、慎重に事を運び、口を噤《つぐ》むことで糾弾から守られたし、(101) 一方では如何に礼節あり抑制のきいた心情的な関係であっても、悪質なゴシップの種となるのは訳もなかったのである。売春とは結局何であろうか？　金銭の支払いがあって条件が取り決められるときは、その点に疑問の余地はない。だが、(102) 他ではちょっと考えられないような気前のよい贈り物（237頁を参照）の場合はどうであろう？　それとも自発的な槍投げの指導は？　有力者への口利きは？——あるいは、愛する者、好きな者、可哀相に思う者、励ましてあげたい者に、性的快楽のことなど露ほども思わずに、日頃与える贈り物や奉仕は？　アイスキネスがティマルコスに対する訴訟の外堀を埋めるためにあれほど噂や風聞の力を頼りとしたのは意味のないことではないのだ。仮にアテナイ人の若者が、自分は金さえ払えば「ものになる」と世間で見られていることに気付けば、思慮分別のある者なら、衆人の考えによれば自分に資格のないとされる諸権利をしぶとく行使しようなどという気はさらさら起こさぬことであろう。また百貫デブの若者にしても、体つきのもっと見映えがし、戦場ではより有能な共同社会の守り手となる市民に話しかけるのはふさわしくない、というので公然と嘲罵の的となる事態は避けようとするかもしれぬ。一方、自分の美貌に引かれる男たちの世話になることなど平気な、「浮気」な若者は、大勢の友人がいて、敵によるさまざまな申し立てを笑い飛ばし撥ねつけてくれるなら、政治の舞台に乗り出すことに、それほど躊躇いを覚えなかったであろう。そのような若者は危険を承知で賭に出たわけであるが、それがどう転ぶかは、若い頃には予見することのできない、重要な政治問題に対する諸勢力の力関係にかかっていたのであり、ティマルコスの場合、それが裏目に出たのであった。

　人が売春の道に入るにはさまざまな理由があろうが、それは屢々、そうでもしなければ当人またはその扶養を受ける者たちが飢えることになるからである。だが、念者の阿諛追従に含羞《はにか》みながら折れて出た貴族の少年には、そのような已むを得ない事情があったわけではない。それでは、世論が稚児に対してはかくも厳格な、念者に対してはかくも寛容な態度で臨んだのは何故か？　一つには、世論を醸成する成人男子たち自身、若い頃には念者に屈服したことがあるため、仮に自分が男娼に見立てられでもしようものなら、かんかんになって怒るような気分になっていたため、ということもあるかもしれない。だが主たる理由は、ギリシアの法律に含蓄される価値判断や個々の作家や話し手によって公然と表明される価値判断にあっては、ある人間の道徳的に良い気質なり意図なりが、当人の制御しえない状況によって、どの程度まで歪められ挫折させられるものかという点に屢々、ほとんど注意が払われていないことなのだ。そうした価値判断にとってもっと関心があるのは、人間が物として良いか悪いか、共同体のメカニズムの作動部品として効率が良いか欠陥があるかという点なのである。[103] 因襲的な見解によれば、貧乏人は悪人であった。というのは、貧乏人はその貧困ゆえに、騎士や重装歩兵として共同体に益することができないし、歌舞団の衣裳や、聖所内の立派な奉納物にふんだんに金を注ぎ込むことによって公の祝祭を絢爛たるものにすることも（従って、神々を宥めることも）できないからである。同様に、貧乏人は競技や音楽の技に長じることもできない。要するに、貧乏人は、[104] 彼を含め誰でもが成りたいと思うものに成れず、なしたいと思うことをなせないのである。馬・犬・道具・庭木などに対するのとほとんど変わらない、このような人間評価は、貧困の原因について何が語られようと聴く耳を持たない。そして、そのような人間評価を認めまいとすることが、私達の道徳観に計り知れない混乱を来す一因となっているのではあるが、逆に、全く異なる類の評価が同時に妥当であることを認めまいとするのは、ギリシア人の道徳観に見られる悲しむべき弱点であった。プラトンの描く（民主主義的な考え方には無縁の）クリティアスは、ἐργάζεσθαι エルガゼスタイ「（労働によって）作る」と ποιεῖν ポイエイン「作る」「創造する」との相違を詳しく論じる際（『カルミデス』一六三b）、こう述べている。

> 僕はその相違をヘシオドスから学んだのです。彼は仕事は恥ではない、と言っています。そこであなたはこうお思いですか、ヘシオドスは、あなたがたった今挙げたような（職人や商人などの）仕事を「働くこと」とか「果たすこと」と称していたのなら、靴職人や塩魚売りや部屋に坐っている者であっても恥ではない、と言ったのだ、と？

「部屋《オイケーマ》に坐っている」という言い回しが、「売春宿で男娼として商売する」ことを意味することは、アイスキネス『一』七四「部屋《オイケーマ》に坐って、この商売に従事していることを隠さぬあの者たちをごらんいただきたい」という言葉や、娼婦や男娼に言及している箇処から明らかである。法廷で、一般庶民からなる陪審団に向かって話すときに、向うみずにも靴職人を男娼と同列に置く話し手はいなかったであろう。[105] だが、エウクシテオスという男が、自分と母親がリボン売りであったという「非難」に対処する際に示す困惑ぶり（デモステネス『五七』三一—五）から、アテナイ市民全体が奴隷や在留外人や逗留中の外人に対して選良意識を持つ気風にどれ程染まっていたか、また、平均よりかなり多くの富と暇を持つ人々の価値観に則《のっと》る傾向がどれ程強かったか窺える。[106] アナクレオン断片三八八・四以下の、「パン焼き女や売春を厭《いと》わぬ者たち」に関する部分、及び、テオフラストス『人さまざま』六・五「宿屋をするにも、売春宿を営むにも、収税請負人となるにも……向いている（これは「無頼」な人間について）」を参照。

一度《ひとたび》売春をした男性が市民権の完全な行使を許されなかったことの理由付けとしては、次の二通りのどちらでも構わなかった。即ち、彼は、劣等な立場を甘受するという、その行動を通して、己れの本性を曝露したから、とも言えたし、彼生来の本性が如何なるものであれ、以後彼の道徳的な能力と志向が売春によって決定されたから、とも言えた。[107] 概してギリシア人は、生得的な才能と気質よりも、実践と習慣の影響に重きを置いたので、習慣と性格の因果関係についての彼らの確信が、その習慣そのものをもたらした原因・理由に関わる情報を斟酌することで、動揺するような傾向はなかった。それ故に、既に見た通り（115頁）、アテナイ人の少年が、欺かれたり、父親の側の権威の濫用によって、売春を強いられた場合も、アテナイ人の若者が、恐らくは父親の意見を無視して、取り決めた金額の見返りに、他の男に屈従することを選択した場合と全く同様に、諸権利を剥奪されたのである。

第Ⅲ章　特殊相と展開

A　秘めざる恋

ギリシア人の同性愛的な気質をよく示し、それを支える縁《よすが》ともなった具体的事実があるが、それを私達に教えてくれるのはアリストファネスの喜劇の二つの箇処である。一つは『アカルナイ人』一四二―四で、そこではトラキア王シタルケスの許から戻って来たアテナイの使節が、次のように報告する。

全く、シタルケスのアテナイへの惚れこみようといったら！
アテナイ人を恋い焦れるあまり、あちこちの壁に
「アテナイ人　きれい」と落書してまわっていましたよ。

二つ目は『蜂』九七―九であり、ここではフィロクレオン家の召使が、老主人の裁判気狂いぶりをこう述べている。

ご主人は、ひょっと戸口の落書に
「デーモス　きれい」などと見かけようものなら
傍《そば》へ行って、「投票箱《ケーモス》　きれい」と書き添えるほどです。

ピュリラムペスの息子デーモスは非常な男前で（プラトン『ゴルギアス』四八一ｄｅではカッリクレスに恋されたことになっている）、『蜂』のこの箇処から見るに、彼の美貌は四二〇年代末の庶民の落書の中で誉めそやされていたらしい。（「投票箱」と訳した）「ケーモス」というのは、法廷で票を投げ入れる壺の漏斗状の口のことである。『アカルナイ人』からの引用箇処は、シタルケス王の熱烈なる親アテナイ感情を示すに際して、壁に「誰某《だれそれ》（稚児の名）きれい」（日本式に言えば「誰某命」といったところ）と書きつける念者に、彼を見立てているわけである。この風俗は、ヘレニズム期のエピグラムの中でも何度か言及されている。特にアラトス一では、

アルゴス生まれのフィロクレス、祖国《くに》で「きれい《カロス》」の聞えあり
コリントスの碑《いしぶみ》(1)や、メガラの墓標にも謳われて
遥かなる、アムフィアラオスの湯治場まで、「きれい」の落書
絶えることなし。

詠人知らず二七・一—四、

「きれい《カロス》、きれい《カロス》」を言い重ねても、まだ言い足りぬ
きれいさよ、ドーシテオスの見目よさよ。
木々の幹にも、白い壁にも、可愛いその名は
刻まねど、胸をはなれぬ恋ごころ。

メレアグロス九四・一、「今はもう、テロン　きれい、とは書くまじ」を参照。詠人知らず二七から推察するに、この種の落書(2)は、賛嘆の言葉がそのまま文字の形に移行したものであろう。ピンダロスが『ピュティア祝勝歌』二・七二に織りこんだ「猿でもきれい、子供たちには、いつもきれい」も同様で、子供たちが和毛《にこげ》のペットを愛撫しながら「やあ、可愛い、可愛い！」と言っているのが聞こえてくるようである。明らかに性的な文脈で言われている例は、テオクリトス『八』七二以下である。

昨日《きのう》、雌牛を追ってると、眉のつながった美少女が、洞穴の蔭から
僕を見て、きれい、きれい、と言ってくれたが

つれない言葉のひとつさえ、お返ししてはやらないで……(3)

絶望的な念者は、「誰某《だれそれ》　きれい」をもって「誰某に恋をしている」ことの宣言としたようである。次のカッリマコス二・五以下を参照。

リュサニアスよ、お前はきれい、ほんとにきれい。なのに
そう叫びもせぬ中に、「あの子は他人《ひと》のもの」と山彦の声。(4)

次のものを参照。カッリマコス五・三「あの子はきれい、とびきりきれい！」（この詩の作者は少年の健康を祝ってワインを生《き》のままで飲もうとしていて、ワインを水で割らず、その水にこの詩を語りかけているようである）。詠人知らず一八・一「ペルシアの母たちよ、きれいなお子を産まれたが……」。

この種のエピグラムの初出は、アリストファネスの『アカルナイ人』や『蜂』より遅れること一世紀半である。「誰某　きれい《カロス》」の落書の実例は、アリストファネスより一世紀前に始まり彼の時代まで連綿と見られるが、この事実ほどギリシア文化の連続性をよく示すものはない。例えば、*IG* i². 925「リュシアス　きれい」、926「きれい　アルキアス」、この二つはアテナイのアクロポリスから出た。923「…」オスは見てきれい、語って楽し」

（綴字法から判断するに、これを刻んだ男は無筆に近いが、詩を作る才はなかなかのもの）。*IG* xii. 2. 268（ミュティレネから）「ファエスタス（ママ）きれい、とオゲステネスは言う、彼が書いた」、これは賛美する者の名がいつも分からないわけではないことを示して興味ぶかい。*IG* xii. 5. 567（ケオス島から）「アテナイ人ボエトス　きれい」。

落書に見る感情表現が必ずしも恋に関するものばかりではなかったことを示すためには、石に刻まれた例はなくとも、カッリマコスの断片一つ（六四）で十分であろう。

　モーモス（あら捜しの神）自ら
壁に書いた、「クロノスは賢い《ソフォス》（即ち、何にでも答える）」と。(5)

テラ島の岩に残されたアルカイック期の落書の中には、カッリマコスよりも優に四世紀は古いかもしれないものが幾つかあるが、そこに次のようなものがある。*IG* xii. 3. 540 (I)「ラキュディダスは善い人《アガトス》だ」。545 (1415)「……」ロノスの息子コラクス（?）は善い人だ」。541（及び三〇八頁）「……」クスは最高《アリストス》だ」。547「ピュキメデスはスカモタス家の中で最高だ」。1414「キュドロスは最高だ」。540 (III)「クリモンは一位で……」（以下は理解できない）。581 (1437)「アイネシスは逞しい《タレロス》、メニアダスは第一だ」。540 (II)「エウメロスは最高の踊り手」。543（及び三〇八頁）「バルバクスは上手な踊り手で……」。

546「ヘレクラテスは上手な［踊り手?.］(5a)」。

現存する落書が全て人を誉めるものばかりだと意外の感もあろうが、そうでないものもある。例えば、*IG* i² 921（アテナイから出た）「アリセモス　きれい、ポリュティメ　フェラチオする女（ライカストリア）(6)」。アテナイで人気のあった悪口は *καταπύγων* カタピューゴーンとその女性形 *καταπύγαινα* カタピューガイナである。「カタピューゴーン」の本来の意味は恐らく「肛門性交に応じる男」であり、その女性形は θεράπων・θεράπαινα テラポーン・テラパイナ（下男・下女）や *λέων*・*λέαινα* レオーン・レアイナ（雄ライオン・雌ライオン）などの一対語《いっついご》に倣って形成されたが、少くともアリストファネスの時代までには、あるいはもっと早い時期までに、これらは口語英語の bugger（下種野郎／男色者）と同じく特殊な意味は持たないようになっていた。現代語で対応させようと思えば、恐らく louse（下種野郎）と bitch（スベタ）が一番よいだろう(7)。アッティカ地方の赤絵式の壺に刻まれた言葉からは次のようなものが知られる。*SEG* xiii. 32「アンテュレはスベタ」、同所「シケラはスベタ」、R994「ピュトドロスはきれい」。メリス（?）によるとアルカイオスは下種野郎」、*SEG* xxi. 215「エウフロニオスに言わせりゃ、ソシアスは下種野郎、奴がそう書いた(8)」、テノス島から出た *SEG* xv. 523「アケストルの息子ピュッリエスは助平だ」（原語オイフォレースは多分、荒淫の意(9)）、「トレッサはスベタ(10)」。

古代の著作家からは（壺絵一般と同じく）無視されているが、現代の学者がギリシア人の同性愛的な気質を研究するときには当然ながら重視してきた具体的事実を考察するにあたっては、以上のような背景をおさえておかねばならない。その具体的事実とは、名前入りの人物の、あるいは名無しの少年の美しさを称える、夥しい壺の刻文である。ここでいう刻文は落書ではなく、焼く前に土器面に着色されたものである。[11] 従って、壺絵師はそれをデザインの一部だと考えたし、見る者としては、この種の刻文はいずれも、画家の気持か、依頼人（遺族が墓碑を注文するのと同じ位簡単に彩色壺を注文できたことは言うまでもない[12]）の気持か、土器作製当時の一般大衆の気持か、を表現していると一応は想像してみるであろう。

刻文中に人物の名前が入っている場合、名前の前か後に「（は）きれい《カロス》」がくる。例えば「ニコン　きれい」、「きれい　ニコステネス」。これだけだと素気ないが、いろんな修飾語がつくことがある。例えば、R78「少年レアグロス　きれい」、R204「エピドロモス　きれい、全く！」（R50・R1015参照）。B94「テオグニス　きれい、ゼウスにかけて」、B422「ソストラトス　飛びきりきれい」、B410「アンドリアス　一番きれい」、R299「カイラス（ママ）　きれいきれい」。（270頁の例も参照[13]）。誉められるのが女性であることはずっと稀である。例えば、B222「シメ　きれい《カレー》」。καλός カロス（きれい）は女性形だとκαλή カレーとなるし、ギリシア語の個人名が男か女か分かりにくいということはまずないので、男性美の賛美と女性美の賛美ははっきりと区別がつく。男性の名前が圧倒的に多いのは、男性の絵が圧倒的に多いことと、市民家庭の男性が町を自由に歩きまわり、運動競技や合唱コンクールに参加できたのに、女性の方は比べものにならない位人目につくことが少かった、という事実に対応している。これらの刻文で「きれい」と名指しされた個人の中には、他の資料からも知られる者が何人かいる。例えば、R997「アイスキュロスの息子エウアイオン」。『スーダ辞典』（α 357）の異読を採って「エウアイオン」と読んだが、これは悲劇詩人アイスキュロスの二番目の息子の名前である。これらの刻文の多く（恐らくは大部分）が実在の人物の美しさへの礼賛を表現しているということを否定するのは、僻事《ひがごと》であろう。しかしまた、それぞれの刻文は壺絵師か依頼人かが壺に名前を刻まれた人物との同性愛関係を熱望していることを示している、と言い切るのも、データ全般に照らしてみれば極めて困難であろう。私達としては、言われていることは同じでもその動機は実に様々であったと認めざるをえない、といったところか。

まず初めにおさえておかねばならないのは、美しさを誉めそやすタイプの刻文が壺の刻文として最も早く現れたわけではないし、いついかなる時代にもそれが唯一のタイプであったわけではない、ということである。七世紀の末以前に、コリントス及びアッティカの壺絵師は、神話の情景を描いた横に「ヘラクレス」とか「ネッソス」とかの名前を添えて説明とした。六世紀になるとこの慣行は拡大され、「竪琴」とか「蜥蜴《とかげ》」といった「もの」

の名が記されることもあった。絵と絵の間の空白を薔薇模様《ロゼット》・菱形・ダイヤの組み合わせその他で埋めるのは、初期のギリシア壺絵の一般的特徴であったが、この装飾としての機能を名前の書き込みが引き継いだ。それは壺絵師たちが horror vacui（空白恐怖症）を払いのけてしまった後も永らく続いたが（小さく、端正で、たっぷりスペースをとった文字が六世紀末から五世紀初の壺の刻文の特徴である）、B51※のように意味をなさない文字の羅列でしかない刻文もあることからみて、少くとも何人かの壺絵師は、文字入れはデザインの一部であって意味伝達の手段ではないと心得ていたものと思われる。陶工と絵師の「署名」が始まるのは五七五年頃で、ソフィロスなる人物が現存する最古の例——B6「ソフィロスが私を描いた」——を提供してくれる。そして、絵を「パトロクロスのための（葬送）競技」と説明している。ここでは、土器そのものがいわば一人称で語っているが、これは、墓石に「私は誰某の墓です」、像に「誰某が私を奉納した」と刻まれることがあるのと軌を一にする。この他の土器の語り口を挙げると、B109「私はタレイデスのもの」、B454「入らっしゃい、私を買って」、R90「私を呑んでね、私はたっぷり入るわ」（字義通りには「私は口を開けている」）、R1039「私を招待して、あなたが呑めるように[14]」。エウテュミデスの有名な自慢の言葉、R52「エウフロニオスにはなかったほどだ」は「エウフロニオスはこんな良いのを作ったことがない」という意味であるが、土器そのものが発言しているともとれよう。壺の刻文には更にもうひとつのカテゴリーがあるが、それは絵の人物の発言と想定すべきものである。例えば、R463「やめて」(76頁参照)、R577※(男女の性交で)「じっとして」、R825(歌い手が言う)「君と僕のために……[15]」。人物像に向きあって「アキレウス」と書いてあれば、それは「この像はアキレウスを描いたものである」と告げているわけであるから、壺絵の中に肖像画はありえなかったのかどうかを考えてみなければならない。但し、絵師がそれぞれに採用したのは標準的な顔や姿であった(198頁以下参照)から、ここで言うのは本来の意味での肖像画ではなく、若者の絵に名前を添えることは「これは私が描きうる最も美しい若者で、誰某はこれほど美しい」ということを告げることにもなりうる、そういう意味での肖像画なのである。R904で酒盛りする若者たちが「エウアイオン」「エウアイネトス」「カッリアス」(いずれも別の壺の刻文において「きれい」と言われている名前である)と標示されていることからみて、(この土器は四四〇年頃の遅いものではあるが)「理想化された肖像画」の仮説で多くの「誰某はきれい」の刻文を説明してみることも、少くとも検討には値するように思われる。肖像画らしく見える例を多数集めるのは困難なことではない。例えば、B218(馬車に乗った花嫁花婿)「リュシッピデス　きれい、ロドン　きれい」、B222(泉のほとりの女たち)「シメきれい」、B434(泉のほとりの女たち)「ニコ、カッロ、ロドピス、全く、ミュルテ(?)きれい」、R78(レスリングする若者たち)「少年きれい、レアグロス[16]」、R90(運動競技に勝って冠を受ける少年)「エパイネトス　きれい」、R164(若者たち)「少年は飛びきり、飛びきり、レ［アグロス？］」（飛びきり飛びきり〔ΚΑΡΤΑ ΚΑΡΤΑ〕は飛びきりきれい〔ΚΑΡΤΑ ΚΑΛΟΣ〕の書き誤りと思われる）、R458※（ピンナップ的若者の装い）「アリスタルコス　きれい」、R514（酒盛）「ディフィロス　きれい、ニコフィレ　きれい」及び「フィロン　きれい」、R569（女が若者に抱きつき誘惑する）「ヒケテス　きれい」（男と女の恋のシーンでは、美しさを誉めそやされるのは男であるところがこの種のものの特徴である）、R628（女たちに言い寄る男たち、若者たち）「アンティファネス　一番きれい」及び「ナウクレア　きれい」、R637※（少年たちに言い寄る男たち、若者たち）「ヒッポダマス　きれい」、R918（裸の女）「ヘディステ　きれい」、R1019（若者、女、婢女）「ティモデモス　きれい」及び「花嫁　きれい」、R1031（片膝つく若者）「レアグロス　きれい」。

しかしまた、賛辞の対象となりうる人物が絵の中にいないために、「理想化された肖像画」の仮説が適用できないような例を長々と列挙してみることもたやすい。B94（絵はない）「テオグニス　きれい、ゼウスにかけて」、B202（ヘラクレスと戦車）「ムネシラ　きれい」、B214（ヘラクレス、海神トリトン、騎兵、若者、戦車戦）「ムネシラ　きれい、コイロス　きれい」（ムネシラという女性名にあたるような女性の姿はない。コイロスΧΟΙΡΟΣは若者の一人の名かとも考えられるが、普通名詞としてのχοῖροςは女陰の隠語でもあることを思い出すべきである）[17]、B318（葡萄の木）「クセノドケ［……］きれい」、B410（美声の鳥女《とりおんな》セイレン）「アンドリアス　一番きれい」、B422（ディオニュソスとサテュロスたち）「ソストラトス飛びきりきれい」、R35（女をくすぐる男）「アンティアス　きれい」及び「エウアルキデス　きれい」（この絵の男がアンティアスかエウアルキデスのどちらかであると仮にしても、そのどちらでもあるというわけにはいくまい）、R70（洗濯する二人の裸女）「エピリュケ　きれいヘリコパ」――ここまでは二人の女に対応する。しかし次に男の絵はないのに――「スミクロス（男の名）　きれい」、R132（張形二つを手にした裸の女）「ヒッパルコス（男の名）　きれい」、R438（嘔吐する男）(18)「レアグロス　きれい」、R476（陰毛を焼く女）「パナイティオス（男の名）　きれい」、R742（アテナイの王エリクトニオスの誕生）「オイナンテ（女の名）　きれい」、R690（ヘラクレスとアポロン）「アルキマコス　きれい、エピカレスの息子」、R691（オレイテュイアをさらう北風）「クレイニアス　きれい」、R779（勝利の女神）「きれい　カルミデス」、R887、R890（女と婢女）「ディフィロス　きれい、メラノポスの息子」、R1023（サテュロスとワイン袋）「ヒケテス　きれい」。

　このような場合には、器《うつわ》はその器の面の何ものにも関係しないように見えるメッセージを運ぶ手段ということになる。誰がメッセージをこしらえるのか、そして、誰にそれを伝えたいと望むのか？　念者が器を注文して自分の稚児を誉めそやす言葉を入れさせ、こうして酒盛に集まる客たちに自分の想いのほどを知ってもらった、あるいは、念者が稚児に与えるためにその器を注文した、こういった想像が可能であろう。いくつかの刻文はこの仮説によく合いそうである。例えば、B430（戦車に乗る女神）「コロネ　きれい、好き」、

B442（戦車競走）「ニコン。ミュノン。ヒケテスは私にはきれいに見える」、R12（若い運動選手）「ねえ、少年、君よ」及び「きれい、全く」、R369（踊る若者たち）「アリステイデス、君はきれい《カロス》」（どうにかKAとだけあり、ΛΟΣは省略されている）、R478（男と若者）「アイシミデスは分かる男にはきれいに見える」（妙な綴りだがこう解釈できようか）、RL16（槍をもつ若者たち）「きれい、いとしい《フィロス》、ミキオンは」（「私には」の意か）。BB60「クレウイカはきれい、書いた人にはいとしい《フィラー》」を参照。この仮説はまた、時折現れる προσαγορεύω プロサゴレウオー（私は挨拶する、話しかける、言葉をかける）という刻文の説明にもお出まし願えるかもしれない。例えばB358（ボクシングする者たち）など。但し、ヘルメス像（304頁参照）の前で若者が手淫を行うR173[19]の場合には、挨拶の言葉は若者がおどけて男根像に語りかけているものともとれよう。

美しさを誉めそやされる人物の名前が全く記されず、単に「少年」（とか「少女」）とされるだけの場合が非常に多い。このような刻文の中には、その絵の中の理想化された肖像を指していると解釈できるものがいくつかある。例えばR82※（女をくすぐる若者）やR247（共寝する若者と女）「少年　きれい」、そしてまた、R484やR494※（ピンナップ的若者）やR498※（走り去る若者）など。しかしながら、人名の入った刻文の場合と同じく、いかなる種類の肖像画とも考えがたいものが多い。例えば、R507（女と交わる禿げかけの男）「少年　きれい」、R619（サテュロスとバッコスの狂女《マイナス》）「少女　きれい」、R766（ディオニュソスと狂女《マイナス》）「少年　きれい、少女　きれい」。

この種の刻文を目して、念者たちが特定の稚児を念頭において注文したものと考えるのは間違いかもしれない。既に見たように、どれ程の数とも知れず誰とも知れぬ男たちが、水際だった若い男性の美しさに対して賛嘆の念を抱いたことは、壁や戸口や岩に記された無名の落書が裏づけるところであった。そこで私達としては、壺絵師たち自身が、当時の世間の意見や風聞から思いついた誉め言葉を絵の中に入れるかどうか選択した、という線を考えてみるべきかもしれない。抽象的な模様をテーマとするB322は次のような会話を構成している。「きれい　ニコラス。ドロテオス　きれい。私もそう思う、本当。もう一人の少年メムノンもきれい。私にとっても彼はきれい、（そして）いとしい」——あるいは恐らくこうか——「私もきれい（な少年）と好い仲だ」。R912（曙の女神《エオス》とその愛人ティトノスを描く）とR913（オルフェウスの死を描く）に記された「パントクセナ　コリントスできれい」を見ると、アラトス一の冒頭「アルゴス生まれのフィロクレス　アルゴスできれい」が思い出される。これはコリントスで評判の遊女、そして、酒宴に集うアテナイ人士が、実物のパントクセナをほとんど知らないままにこれを大いにもてはやしそうな、そんな遊女についての言葉かもしれない。B326「ミュスはきれいと考えられている、本当に」やR160「フィロコモスは好かれてる」（原語 φιλεῖν〔愛する〕は彼の人気を言うのであって、恋愛関係を言うのではなかろう）と比べてみるとよい。*IG* xii. 3. 549（テラ島から出た）[20]

「……」スは「誰の眼にも?」きれいだ、と私は言う」をも参照。(「少年　きれい」が装飾モチーフを構成する文字の羅列以上のものと見なされた時期には) 壺絵師がこの「少年　きれい」を自由に絵に書き加えたのではないか、と疑ってみてもおかしくはないのである。というのは、アテナイ人は人を招いたとき、客人たちに自分は少年を追いまわすことには冷淡だとは断じて思われたくなかったからである。

しかしながら、「きれい」の刻文の全てを説明しつくすような万能薬的な説明はないであろう。というのは、刻文がいつもいつも魅力ある人物に関係しているとは限らないし、そもそも人間ならざるものに向けられていることさえあるからである。神話の情景を描いたものでは、B697で女神アフロディテとその息子の英雄アイネイアスが「きれい」のきまり文句で誉めそやされているし、[21] R922の初老のカドモスとその妻ハルモニアも同じ。R310ではアイアスとヘクトルの姿の側に、R311ではアポロンの側に「あなたはきれい」と着色されている。B283の刻文は二つの違った目的を果たしている。即ち、アジア風の衣裳からそれと分かるトロイア王子パリスは「パリス　きれい」と標示されるが、器《うつわ》の肩口の「テレス　きれい」と「ニキアス　きれい」は現実世界のことであり、恐らくこれで「今の世の若者テレスとニキアスは伝説のパリスと同じ位美しい」と言わんとしているのである。[22] 神様や英雄の美しさがこんな風に誉め称えられるのなら、アテナイ人レアグロスが半世紀近くにもわたって「きれい」と誉めそやされ続けたのも理解できる。[23] 彼は青年期には息をのむ程の美しさであったに違いなく、壺絵師たちが「レアグロス　きれい」のきまり文句を使い続けたため、諺的な地位を得るに至っていたのだ。

カドモスとハルモニアの例から思い出されることだが、「きれい《カロス》」は極めて一般的な言葉で、美しさで人を惹きつけるものなら何でも、生物にでも人工物にでも使えるものなのである。そこで考えてみなければならないのは、絵師が自画自賛してこの言葉を使ったり（「これは誰某を描いたきれいな絵」と解釈するわけだ）、「私が描いた情景を現実にご覧になったなら、あなたは当の人物の美しさに感嘆なさるでしょう」という旨を言わんとするためにこの言葉を使うような事例がありはしないか、ということである。以下のような場合にはこれが言えそうである。B358（片側にボクシングする者たち、片側に少年たち）「ボクシングするきれいな男二人」及び「ボクシングする少年二人」、※R196（若者たち、少年たち、女たち）ほとんど全ての人物の横に「きれい」（男には「カロス」、女には「カレー」と）。同様なのは、R251（運動選手たち）、R778（自分こそ最も美しいと主張する三女神によるパリスの審判）、R861（女と若者たち）、R926（裸の女）、R946（老人、若者、二人の女）、R999（戦士とアマゾン）。R1005・R1006・R1007には幼い男児が描かれ、傍に「ミキオン　きれい」と刻まれてあるが、ギリシア語 μικ-ミクは「小さな」という意味であるから、幼児にはぴったりの綽名である。しかし、ミキオンというのはRL16（*IG* I² 924をも参照）では若い運動選手の名前でもあるから、この刻文がそもそもその幼児のことをいうのかどうかは不確かである。

「きれい《カロス》」が間違いなく器《うつわ》そのものについて使われることもあった。はっきりしているのは、B650「きれい（この）壺」、B98「私はきれいな盃、エウクロス（ママ）が私を作った」、BB48「私はきれいなゴルギスのきれいな盃」。時としては、この言葉は情景の一部をなす「もの」に向けられているように見える。R86（女とワイン袋）で、ワイン袋の上に「きれい《カロス》」、女の姿のまわりに「きれい《カロス》、本当に」。R243※（男色行為に耽る若者グループ）では、器の裏正面のワイン袋の上に「きれい《カラ》」（中性複数形）とあるが、これは恐らく、人生における善き事ども（中性複数で考える）を賛美する言葉であろう。(24) R465ではサテュロスが腰かける壺《アムフォラ》の上に「きれい《カロス》」とあるが、別に「きれい　少年」もある。R474では、若者が読んでいるパピルスの巻物の上に「キロネイア」（詩のタイトル）、巻物の入っていた箱の上に「きれい《カレー》」とある。(25) R1023ではサテュロスが運ぶワイン袋の上に「きれい《カロス》」とある他「ヒケテス　きれい《カロス》」もある。(26) アッティカ方言のアルファベットでは、五世紀の終りまでオミクロン（短いο）とオメガ（長いω）を区別しなかったから、(27) ΚΑΛΟΣと書いてあっても καλῶς（「上手に、きれいに」という副詞）の意味の時もあった可能性を考えなければならないが（その場合、自作に対する画家の自己満足の言葉と解す）、(28) そうだと証明できるのは、R377（壺から盃に酒を注ぐ女の姿の横に「私は上手に注ぐ」とある）のように動詞が伴っている時だけである。

かくして、「きれい」の刻文の全ての事例を説明しつくすような、単一にして単純なる解釈はないことが明らかになった。装飾モチーフとして文字を利用すること、日常会話から男たちの口癖を取り出して記すこと、当代の評判の美形を誉めそやすこと、絵（乃至はその部分）の内容あるいは出来映えに一言さしはさむこと、これら全てが「きれい」の刻文の歴史の契機であって、いずれの事例もそれぞれの実態に即して考察されなければならないのである。壺絵師の気まぐれや自由な遊びが何らかの働きをしたことも認めなければならない。[29] ステュシッポス（語構成要素のστύειν ステュエインは勃起させるという意）という醜いサテュロスが「きれい」と呼ばれたり（R110）、足萎《あしな》えの鍛冶神へファイストス（ホメロス『オデュッセイア』八歌三〇八―一一行では美男の軍神アレスとの対照が痛々しい。『イリアス』一歌五九九行以下も参照）が飲酒乱舞の場面できれいと誉めそやされたりしていれば（R950）、絵師のユーモアを認める、という具合に。[30] サッフォが美しかったかどうか知る由もなかったソクラテスが、[31] プラトン『ファイドロス』二三五cで「美人のサッフォ」などと言うのは空々しいお世辞だし、四世紀のオリュントス（カルキディケ半島の地名）のモザイク（絵はない）に「アフロディテ　きれい」とか「幸運の女神　きれい」と嵌め込んだ男は、「きれい」という言葉を単におべんちゃらとして用いようとしただけなのである。メレアグロス六六・五が「汝、美しい船よ」と呼びかけるのも似たようなものである。若者か女の名前が記されていてもいなくても、「きれい」の刻文をもった器《うつわ》は念者から稚児への贈り物としておかしくはない、というよりごく普通のものであった、あるいは、この手の器は念者が特定の人物に恋をしてその器を買い求めたことを言いふらす世間公認の形式であった、などと推測するのは、私の考えでは、間違いであろう。しかしながら、資料の豊富なことを目してギリシア人男性の社会が少年や若者の美しさに夢中になっていたことの証拠と見なすのは正しいし、刻文のきまり文句の至る所に「少年」と「少女」が——「若者」や「男」(32)や「女」ではなく——見られることから、セックスとは年長者と年少者の関係だとするギリシア人特有の考えが思い出されるのである（221頁以下参照）。繰り返し名指しで誉めそやされる人物、絵画と文献の両証拠（79頁参照）を重ね合わすと私達の耳にも響いてくる古代のゴシップ、そういったものに少々耳を澄ませて想像力を働かせてみるなら、古代のアテナイで美少年であるとはどういう気持がするものなのか——あるいは、父親の敵の息子ほど美しくない少年だったらどうか、獅子鼻で膝が節くれだち包皮が半ばめくれ返った少年だったらどうなのか——が聞こえてくるはずである。

「多くを書かない慎み」が壺の刻文の特徴なのであるが、それは一見しての印象よりずっと際立った特徴なのである。R31で股間淫《すまた》のシーンに「アガシクラテス　きれい」と書き加えてあるのは、誰かがどこかでアガシクラテスに何をしたがっているかをはっきりと描くにしては余りにも芸のない言葉であり、「アガシクラテスは物にしやすい少年だ」と言わんとしていると解することだって出来そうである。（R1123の同じようなシーンには

「親睦の盃《フィロテーシオン》」と刻文がある(33)。B108の「アンドキデスはきれいに見える、ティマゴラスには」と男女の愛を描いたR426の「アフロディシア　きれい、エウキロスによれば」の二つは、お世辞としては十分合格である。特に、ティマゴラス自身が陶工であり、職業意識で男性美に関心を持っていたのだから。B406の底に着色された「約束の素股をくれ(34)」は、三人の別々の若者は壺本体の刻文で誉めそやされていることからみて、特定の人物との結びつきは断たれている（多分、品の悪い冗談）。RL40の「ゴルギアスはタミュニスを愛し、タミュニスはゴルギアスを愛す」で使われているのはφιλεῖν フィレイン（好む、愛する）で、ゴルギアスとタミュニスを知らなければ、二人の関係が恋愛関係かそうでないのか誰にも分からないであろう(35)。

テラ島から出た初期の落書はもっと多くのことを語る。*IG* xii. 3. 541「……」は「ファノクレスに恋してる」では主語者の名前が明示されていたにちがいない。同所537と538b（1411）は更に進んで、前者では「デルフォイの神（アポロン）にかけて、クリモンはここでバテュクレスの兄弟なる少年と媾合した」、後者では「クリモンはアモティオンとここで媾合した」とある。「媾合する」にあたる用語はοἴφειν で、クレタ島のゴルテュン市の法律に現れている（「力ずくでオイフェインする」即ち「強姦する」）位だから、英語のscrew（ねじ込む）ほど俗語っぽくはなく、fuck（やる）ほど下品でもないが、性交を表す極めてあけすけな言葉ではある。同所536で読みとれる言葉「フェイディッピダスは媾合した、ティマゴラスとエムフェレスと私は［……］媾合した」からは、相手の性別は——仮に述べられていたにしても——明らかにならない。これらの言葉は祝福された恋愛関係をおごそかに公表したものと見なすべきではなく、[36]七〇〇年後のポムペイの壁でもお馴染みの、自慢・放言・誹謗と見なすべきである。アテナイの落書（273頁参照）などを思い出せば、クリモン（あるいは、誰であれこの537を書いた男）がバテュクレスの兄弟を物にしておきながらバテュクレスと大の仲好しであった、などと想像してはならないのである。[37]アテナイのある落書（*IG* i^2. 922）から読みとれる悪意の精神と比べてみるとよい。「私はカイレフォンの息子リュサニアスをクネーンしない」というその刻文は完全なものであるが、「私」が誰のことかは分からない。「クネーン（κνῆν）」は「引っ掻く、こすり合わす、くすぐる」の意で、クセノフォン『ソクラテスの思い出』一・二・三〇でソクラテスが、エウテュデモスに対するクリティアスの同性愛願望を、岩に身をすりつけたがる豚の願望になぞらえているから、[38]この落書は多分、「リュサニアスには思いどおりに私を使わせない」の意味となる——恋患いのリュサニアスには酷《むご》い冗談ではなかろうか。

たとえせりふ全体が虚構のものであっても、そこに稚児の声が聞こえることが例外的にある。*IG* i. 924では稚児の声もしているのかもしれない。

リュシテオスは町の誰よりもミキオンが好きだと言う、彼が男らしいから。

「好きだ」の原語 φιλεῖν は確かに念者が口にしそうな言葉だが、稚児が感じる愛着・鑽仰の念にふさわしい言葉でもある（162頁参照）。また、「男らしい《アンドレイオス》」の原語 ἀνδρεῖος は ἀνήρ（成人男子《アネール》）の同族語で、こういった間柄では、年少者よりも年長者の方にぴったりだ。もしも、この刻文がリュシテオス自身によって作文され、彼の同意の下に刻まれたことが確かならば、これは稚児の側から関係を公言した極めて特異な例ということになるであろう。しかし、勿論それは確かでないばかりか、リュシテオスとミキオンの関係が恋愛関係であったということさえ確かではない。むしろ、例えば、戦場でミキオンが勇敢にもリュシテオスの生命を救い、その結果、リュシテオスが深く恩に着て感謝するという関係であったかもしれないのである。もしそれがこの刻文の真相ならば、この刻文は珍しいものではなくなってしまう。自ら名乗る二人の人間が、同性愛関係の記念碑を石に刻んで道行く人に常に読ませた、というのであってこそ珍しいのであるが。因みに、六世紀末のアッティカ地方から出た有名な刻文（*IG* i². 920. 一部は韻文）では、稚児の名前を顕わすような軽率さは見られない。

ここに誓いぬ、少年に恋する男《おのこ》は、闘いに、涙に満てる合戦に、赴くことを。

私（即ち墓石）はエロイアダイ一族のグナティオス、戦いに倒れた男（?）、に捧げられた。

裏側には誰かが……」ΘΙΕ（?）ΑΙΕΙ ΣΠΕΥΔΕ［ΙΣ（?）と刻んでいる。即ち、「グナティオスよ、お前はいつも急ぎすぎる」、あるいは「お前はいつも頑張りすぎる」の意である。死者の縁者か友人か、これらの仰々しい言葉を石に記した人物が描いてくれるグナティオス像、己の命を投げ棄《う》つために、あるいは、誉れをあげて私達の知らぬ少年から愛の報いをかち得んがために戦地に赴く男の像、それはクセノフォン『アナバシス』七・四・七の熱血漢エピステネス（159頁）を思い出させる。同性愛の間柄には「ちょっと引っ掻く」以上のものもあったのである。

B　偏愛と幻想

念者が稚児の性器を指でいじくるところを壺絵師が屢々描いたこと、アリストファネスのある箇処がはっきりとその行為のことを述べていること、それはこれまで見てきたとおりである（243頁）。アリストファネスの別の幾つかの箇処を見てみると、年上の男が年少者の性器にどれ程重きをおいたかがよく分かる。『雲』の「正論」と「邪論」の論争の場で、「正論」は、少年たちが剛健で規律正しく控え目であった古き良き時代が過ぎ去ったことを嘆いて、このように言う（九七三―八行）。

体育場で坐る時には、少年たちは片足を前に伸ばして
他所から来た人に罪な処を見せぬようにするものだった。
立ち上る際にも、砂を掃きならして
念者に青春のしるしをつかまれぬよう
気を配るものだった。

あの頃は、臍より下に油を塗ろうという少年はなかったので
ふぐりには、リンゴさながら、露おき和草《にこぐさ》が萌えていた。

「罪な」の原語 ἀπηνής アペーネースは、テオグニス一三五三でエロス神の性質を示す形容詞として使われているが、「残酷な、酷《むご》い」の意味である。これを「はしたない」の意に解釈しようとしても、傍証がない。美しい女が「眼の毒」（ヘロドトス五巻一八節四）であるように、ここでは「正論」は、少年の性器が見る人を責め苛む、ということを言わんとしているのである。その次のセンテンスから推察されるのは、念者たる者は稚児が坐っていた砂の上に、悩ましい思いで性器の跡を求めたのかもしれないということである。最後のセンテンスが何を言わんとしているのかということについては議論もあるが、[1]「正論」が少年の性器の外観に関心を抱いていることは確かである。『蜂』五七八におけるフィロクレオン老人も、陪審員務めの役得を数え上げる際に、少年が一人前の市民として登録できる年齢に達したかどうかが問題となり、その審査が法廷に持ち込まれた時に、「その少年の性器を拝める」役得を語っている。

ギリシア人が男性の性器を美的な見地から判断するための基準を持たなかったとすれば意外でもあろうが、彼らの基準がどんなものであったかは美術作品が示してくれる。壺絵において、若い男性（人間でも英雄でも神でも）に特有のペニスは、細く（はっきりと指よ

りも細いことがある)、短く(付根から亀頭の先までを測る)、長く尖った包皮に終っており、ペニスと包皮の軸は常にといってよいほど一直線である。『雲』一〇〇九—一四で「正論」は、昔ながらの立派な教育を修めたらいろいろ結構な成果が得られると約束するが、肌つや、広い肩、大きな尻[2]と並んで、小さなペニスが挙げられている。短く細いペニスの例は、R467(若者)、R716(若者と少年)、R942(エロス神と若者)、R978(若者)、R1091(若者たち)、R1111(若者)、R1115(若い運動選手)、R1119(武装する若者)などに見える。B28(アキレウス)、R164(若者たち)、R966(若者)などでは、より長いが非常に細い。この小さいペニスに標準サイズの陰嚢が付くのが普通であるから、その対照は時としてびっくりする程である。R373※の若者の陰嚢は普通だがペニスは至って小さく、R638の若者の陰嚢は堂々たるものである。R348※のガニュメデスの陰嚢は異常に小さいが、輪回しをして遊んでいるところから見て、この絵師は彼を若者というよりは子供と想定しているようである。絵師たちは普通、成人男子と未成年を対比するために成人男子に大きめの性器を付けるというようなことはせずに、あくまでも理想の姿を描く(R563のように)。この点、ヘラクレスのような英雄でさえ例外ではなく、R328※では彼の性器は極めて小さいし、RL28で陰嚢が大きいのも、上の諸例から考えるに、それで殊更に彼の男くささを示すためではなさそうである。アンタイオス(R16)やティテュオス(R675)といった巨人族《ギガンテス》、百眼の番人アルゴス(R376)をはじめとする怪物ども、それにプロクルステス(R315)ら伝説上の凶賊でさえ、こと性器に関しては、戯画化されて尊厳を傷つけられるということがないのである。

ホモ・サピエンスの体型の差は、平静時のペニスの角度やその大きさに現れ、どの時代においても地域と優勢な体型との間にはいくつかの相関関係があるようである。現代の西ヨーロッパにおける標本抽出に基づく統計によると、ペニスの長さは平均九・五一センチメートル（亀頭の先端までを測る）、直径は平均二・五三センチメートルである。[3] これらの寸法は、平均身長や太股の太さその他との比で表すことができる。いろいろなことを考え合わせると、アッティカ人のペニスは、体の他の部分の寸法と比べて、実際には特に小さいわけではなかったのではないだろうか。というのは、一つには（生理学的にはとても納得できないけれど、美術的見地からは興味ぶかいことだが）、壺絵に描かれた勃起したペニスは標準サイズであり、萎えたペニスが格別に小さかったのは勃起時の怒張が驚異的だから、と考えられるからである。男（若者）が蹲踞の姿勢で、あるいは性器が太股の下か後に見えるような動き方で描かれるときは、立ったり坐ったりで描かれるときより遥かにペニスは大きいが、絵師が人物の姿勢や動きに合わせてペニスの大きさを選んだのかもしれないから、大きく描かれるときと小さく描かれるときのどちらか一方が他方より写実的であると、頭から決めてかかる根拠はない。戯画やサテュロスの描写では、偉大なペニス（時には途轍もないペニス）が極めて普通であることから、大きなペニスと醜悪な顔、小さなペニスと麗しい顔がセットになっている場合には、賛美されたのは小さなペニスである、と結論するのが無理のないところである（どうしてもこう結論しなければならないとは思わないが）。しかしながら、現実のアッティカ人のペニスは小さくはなかったと思わせる最大の根拠は、壺絵と彫刻とを比べてみると歴然とするとおり、体の多くの部分を描くに際して絵師の方が彫刻家よりも遥かに定石的であったということである。それは足指の長さや、しばしば不自然なほど指関節が撓《しな》っていることや、時として太股が非常に発達していることなどを見れば明らかである。彫刻も、アッティカ人のペニスが特に小さかったとする仮説を裏づけはしない。丁度、現代のデザイナーのスケッチで若い女の脚が嘘みたいな長さであったり、ある種の大衆芸術で若い女のバストが巨大であったりすることから、二〇世紀の男は女の脚の長いのとバストの大きいのを賛美する傾向がある、という結論が論理的に引き出せるように、壺絵で若い男性の身体的特徴が誇張されているのは、すべて賛美される特徴の誇張であったのだろうと推定できるが、彫刻に照らしてもこの推定は揺るがないのである。

ギリシア美術の一大特徴は、画家たちの包皮に対する関心の深さである。少くとも壺絵師たちは、包皮をペニスとは独立の実体として扱っているように見えることが多い。R430、R521、R585では、それは別箇の筆で明瞭に彩色されている。(4) R4の如く、包皮の細心の描き方と体のその他の部分のお座なりな処理とが釣り合わないこともある。普通、包皮は極めて長く、亀頭の末端がペニスの付根から包皮の先端までの半ばを越えるか越えないか位である。例えば、R12（若い運動選手）、R231、R267、R966（若者たち）、R1067（走る若者）。包皮は直径が一定の筒であったり、尖端へと先細りしていく形であったりもするが（例えばR1047※）、非常に多いのは亀頭の先に微かなくびれがきちんと描かれているものである。それが誇張されると、R1027※のように乳首状か、B462※のように漏斗状の包皮となる。[5]包皮に対するこのような関心の深さは、アッティカ壺絵に特有というわけではない。ラコニア地方のCP4でも、半人半馬《ケンタウロス》のずんぐりしたペニスに、ほとんど同じ長さの真直な筒状の包皮がかぶさっているし、その他の形態もCE28（先が広くなった蛇口状）やCP12、CP20（先細りの長いペニス、包皮の上縁《べり》が下縁《べり》よりも少し突き出ている）などに見えるのである。ペニスが勃起している時でさえ、包皮は全く後退していないのが普通である。例えば、R192、R680（若者たち）。R970※の若者の挿入寸前のペニスでも、包皮は極めて長く、鋭く窄《すぼ》まっている。例外はR156とR223※の男女のフェラチオのシーンや、R243※の乱交シーンに見られる。R518では包皮が開いており、R898で若者のペニスに女が指を預けているのは、包皮をめくろうとしているのかもしれない。

サテュロス、醜い老人、蛮地の奴隷、道化役者などの顔から、髪や目や鼻や口に関して何が美しく何が醜いと考えられていたかが推測できるように、同じ材料を用いて、誉められる性器と誉められない性器を識別することができる。誉められない性器というのは太くて長く、時には現実のものを遥かに越えており、付根は比較的細くて亀頭が脹《ふく》れた「棍棒」状を呈しているのである。R456※の醜い男とR458※の若者を対比してみると非常に参考になる。(6) B295の走るサテュロスのペニスは、ほとんど太股と同じ位長い（尤も、棍棒型と比べれば、太い付根から漸次先細りにはなっており、乳首状の不恰好な包皮で終っている）。棍棒状の大きなペニスに短い包皮が動きにつれて揺れるサテュロス（R446）、非常に太いペニスの獣じみた毛深いサテュロスたち（R1075）を参照。R46では、サテュロスの勃起したペニスの亀頭と包皮が「葱坊主」のようである。四世紀南イタリア（ギリシアの植民地）の神話に材をとった道化劇では、喜劇役者は模造性器を着けている。この場合には、ペニスはほとんど膝まで伸び、棍棒型に近づく。例えば、RS141（鍛冶神ヘファイストス）、RS147（老人）、RS151（ヘラクレスと従者イオラオス）、RS175（喜劇役者）。包皮の先が曲がったり捩《ねじ》れたりしているのは、時には醜い特徴、あるいは滑稽な特徴と見なされたようである。例えば、R422※（痩せさらばえてぞっとするような「老年」の神。巨大なペニスは下向きに曲がり、蛇口状の包皮が地面を指している）、R962（ペニスは標準サイズだが、包皮が鋭い鉤《かぎ》のように下に曲がっているサテュロス）、RS30（包皮が天を向いているサテュロス）。C10の裸の男性たちは、人間ではなく恐らく位の低い神格であろうが、一人は極めて大きく太いペニスに短く開いた包皮、背後の一人は長くぶら下がったペニスを持ち、亀頭が完全に露出している。

　六世紀の壺絵では、亀頭の露出はサテュロスのペニスが勃起している時には（そして、それがサテュロスの常態なのである）ごく普通であり、サテュロスが手淫を行っている時には、常にといってよいほど露出している。亀頭は、B394のように赤紫に彩色されることもあるし、勃起したペニスを前から見れば胸の中程まで達していることもある。サテュロスのペニスが萎えた状態と怒張との間のどの辺りの段階にあるか、決めるのは必ずしも容易ではない。B80※では、葡萄搾りをするサテュロスたちの中、二人のペニスは勃起しており、残る三人のペニスはぶら下がっているが、五人とも亀頭は露出している。CP16の性交と排便のシーンでは、太った毛深いサテュロスのペニスが膝まで垂れているが、亀頭はやはり露出している。B370※の踊るサテュロスのペニスは前方に跳ね出し、露出した亀頭の先が二俣に割れて、飾りの目玉がついている。赤絵式の壺絵はサテュロスの勃起の描写ではもっとおとなしく、人間並みの形と大きさに描いているが[7]、野卑なユーモアの要素として露出した亀頭を利用するのを嫌がったわけではない。例えば、R1141（鼻をつまみながら排便する醜い男）。同じ特徴が、コリントスの壺絵では戯画の要素として散見する。例えば、C44（どんちゃん騒ぎの中でしゃがみ込む男）、C52（鉱山で働く奴隷）、C66（焼印を押され足枷をはめられて坐りこむ奴隷）。古典期のボイオティア地方の黒絵式の壺絵でも同様である。例えば、BB16※（怒り狂うゼウス、但し、太鼓腹で小男に描かれている）、BB28（ぎょっとした様子の奇怪な男）。コリントスの例ではペニスは極めて大きく、ボイオティアの例ではそれほど大きくはないが、はっきりと棍棒状になっている。

C52とC66では、絵師が割礼された奴隷を描こうとしたことはほぼ間違いないようである。エジプトとフェニキアの全土で行われた割礼は、地中海東南部から来た訪問者や奴隷の特徴として、ギリシア人にはよく知られていた。R699※でも、エジプト王ブシリスがヘラクレスを殺そうとする場面でこれが利用されているが、エジプト人は頭を丸めており獅子鼻、注意深い絵師によって割礼したペニスを露出させられており、亀頭には斑点、一方、ヘラクレスの割礼じていないペニスは、幅がエジプト人のものの半分である（実に、小指の大きさがあるかなしかである）(8)。ヘロドトス二巻三六節三―三七節二は、エジプト人の風習に対する美的見地からの非難を述べている。

エジプト人から学んだ者は別として、他の民族は性器を生まれた時のままにしておくが、エジプト人は割礼を施す。（中略）性器に割礼を施すのは清潔にしておくためで、見場《みば》の良さよりも清潔を重んじるのである。(9)

喜劇で「割礼（を施す）」を示す語は、ヘロドトスと同じ περιτέμνειν《ペリテムネイン》（「切り取る」。耳を切り取る時の他、刑罰の形態としての身体各部の切断にも用いる）ではなく、形容詞 ψωλός プソーロスまたは現在完了分詞 ἀπεψωλημένος アペプソーレーメノス、（共に「亀頭が露出した」の意）である。アリストファネス『鳥』五〇四―七は、このプソーロスに二つの意味（「坊主頭の」

と「亀頭の露出した、勃起した」の意）を持たせて、フェニキア人を洒落のめしている。今ひとつの箇処（『アカルナイ人』一五五―六一）では、アリストファネスは民族学的知見は無視して[10]、トラキアから来た未開の蛮族を割礼を施された者の如くに扱っている。

触れ役　テオロス殿が連れ帰ったトラキア人、前へ！
ディカイオポリス　こ、こ、こ奴らは何だ？
テオロス　オドマントイ族の精鋭です。
ディカイオポリス　オドマントイ族だって？　こりゃまた何たることだ、誰がこいつらの魔羅を剝《は》いだのだ？
テオロス　この者たちを日当二ドラクメで傭うなら、ボイオティア全土も楯の下に組み伏せてくれましょう。
ディカイオポリス　こんな割礼野郎ども（ἀπεψωλημένοι）に二ドラクメもだって？

『福の神』二六五―七のプソーロスもまた、コンテクストからみて「割礼を施したる」と訳すのがよい。

ご主人は、どこの馬の骨だか老いぼれを連れて戻られた。

むさくて、せむし、見すぼらしくて、皺くちゃ、禿で、歯抜けです。
その上、きっとこいつは、割礼《プソーロス》してますぜ。

絵師の視点から見れば、実際には性器が隠れるか部分的に隠れるような姿勢で男性が描かれる時には、性器が注目されるように、あれこれ無理な工夫がなされる（424頁参照）。まず、衣裳を透明にする方法。殊にR39（アキレウス）のように、寛衣の裾ならば透明にしやすい。R555では、ネオプトレモスのマントさえ透明である。または、R23（怪物ゲリュオンと闘うヘラクレス）やR699※（ブシリス王の臣下のエジプト人）のように、わざとらしく着物をしどけなくする方法。または、R521（男と笛吹き娘）のように、落ち着きは悪くとも、側面図の要素と正面図の要素を結びつける方法。

側面図では、小さくて明らかに勃起していない時でも、ペニスが水平に突き出ていることが極めて多い。例えば、R667（エロス神）、R894、R1027※（若者）。人物が坐っているかもたれ返っているならば、両脚がぴったりくっついていそうには描かれていない時でも、ペニスは天を向いている。例えば、B176（横になる若者）、B295（「跪く」サテュロス）、R48（坐る若者たち）、R136（うずくまる若者たち）、R169（片膝つく若者）、R879（坐るサテュロス）、R1031（片膝つく若者）、RL44、RL56、RS8、RS24、RS44、RS48、RS121（坐ったり寄りかかったりしている若々しい神々と英雄）。RL56とRS121では、ペニスは上方に鋭く曲げられている。R39では、アキレウスに傷口に繃帯を巻いてもらうパトロクロスは、自分の右足の踵に尻を据えて、性器が足の甲に乗るようにしている。まるで、この絵師は性器を隠してはならぬとする強迫観念にとり憑かれているかのようである。R216もある意味では似ているが、もっと卑近な趣がある。即ち、塀をよじ登ろうとする男の、天晴《あっぱれ》、性器が塀の天辺に乗っかかっている瞬間。

あるいは、蹲踞し、うずくまり、片膝をついたり、跳ねるなり何なりの激しい動きをしている男性を横から見ると、太股の下に性器が部分的に見えるのかもしれないが、そのような姿勢と動きを描く時には、絵師は普通、性器をすっかり見えるようにするものである。そして、体の他の寸法に比べて性器というものを、同じ位の人物が立ち、坐り、横たわり、歩き、闘う時よりも遥かに大きく描くものである。このことは、戯画かサテュロスの描写を見れば理解できる。例えば、B226（うずくまるサテュロス）、B310（前かがみのサテュロス）、R754（うずくまるサテュロス）、R1099（陰嚢とペニスの位置が逆だ！）[11]、R1103（壺に頭から飛び込むサテュロス）。しかし、絵師のこの定石は、男や若者にもあてはまる。例えば、B498（踊る男）、R140（前かがみの男）、B470※（坐る若者）、B474（前かがみの若者）、R168（踊る若者）、R169（片膝つく若者）、R498※（走り去る若者）、R1055（急ぐ若者）。R1047※は素晴らしい例で、若者（少年か）が前かがみになっているが、性器は舫綱《もやいづな》からもぎ離された船のように、後方に流れている。R462※は、立った人の小さなペニスと坐った人の太股の下に見える大きなペニスとの好対照を見せてくれるようであるが、前者が素面《しらふ》の若者、後者が酔って吐く男であるから、問題はややこしい。R420の「老年」の神の場合は、大きく無骨なペニスが両股の間へ逆戻りしようとしており、現実離れも甚しい。

以上のような絵師の定石が破られることもあるのは言うまでもないところである。R263では、前かがみの若者の性器は見えない。R450（跳ねる若者たち）では、性器の大きさが少しも誇張されていない。R737（片膝つく若者）。R770（エロス神から逃げる少年）では、マントが翻って性器を隠している。R845（坐るパリス）では、性器は服で隠されている。(12)

溢れんばかりのペニス幻想を表現したいという思い止み難い画家たちにとっては、サテュロスは恰好の画材であったし（サテュロスの勃起したペニスが腕ほどもあるB35は誇張の極致である）、宴会場面につきものの乱痴気騒ぎも、ペニスの威力を言祝《ことほ》ぐ絶好機となった。B678はそういった画家の思いに根ざした幻想だと思うが、楽人の両手は双子笛《アウロス》（B80※の楽器を参照）にあてがわれているのに、ひとりでに射精が起こり、蜜蜂がびっくりしてその直撃を避けようとしている図である。五世紀になって、サテュロスと人間との解剖学的特徴の同化が進むにつれ、幻想が許される度合は減ったけれども、動物の交尾（例えば、R871の驢馬。B582の女が世話する豚も参照）、指先でバランスを取ったり重いものを持ち上げたりする芸当（例えば、R581の酒盛の底抜け騒ぎの場で、ペニスに盃を乗せてバランスをとるサテュロス。

よく似た姿勢だが、若者が腹に鉢を乗せているR275も参照）。別の関連で既に言及したような乱交の情景、そういったものを描く自由は残された。しかしながら、ペニスの王国は壺絵を越えて遥かに広く、画家たちに、具象画の場合でさえ幻想的要素を含むテーマを与え、更に素晴らしい幻想への出発点となるようなテーマを与えたのである。

　喜劇役者がぶら下げた特大の模造ペニスは、アテナイでは四世紀の間に使われなくなったが、アリストファネスの頃の喜劇の舞台では正規の衣裳であったし、壺絵を信じてよいならば、四世紀の南イタリアの喜劇においてもそうだった。サテュロス劇（悲劇作家が悲劇三篇の他に一つ添えてコンテストに提出することになっていた滑稽劇、合唱団はサテュロスに扮装した）の合唱団《コロス》のメンバーが着けるペニスは勃起したものだったが、RL13から判断すると、五世紀の終りまでには小さく大人しいものになっていた。アテナイのほとんどの家の前にも立っていた「ヘルメス像」というのは、四角の石柱で、上にはヘルメスの首が乗り、中ほどに勃起したペニスと陰嚢が飾りつけてあるものだった（プリアポスの像〔258頁参照〕はヘレニズム時代に新しく作られたものである）。アッティカ地方の市《まち》のディオニュシア祭や田舎のディオニュシア祭をはじめとするギリシアの祭の中には、ディオニュソスとその眷族神[13]を称えてファロス（即ち、勃起したペニスの作り物）を担いでまわる行事を含むものがあったが、眷族神の一人ファレスは、男性の疲れを知らぬ性欲を人格化したものであった（311頁参照）。自然石をファロスとして崇めることは、あちこちの土地でも見られるところであった[14]。

このような事象を絵で説明するために、幾つか壺絵を持ち来ることができるが、超自然的な要素も入り込んでいる。例えば、C4（踊り子が振りまわすファロス棒）、CE10（舟の舳先でサテュロスが大きなファロスを手にし、これより小さな男が二つのファロスをひらひらさせる。一つは性器から前に突き出、今一つは尻から後へ）、C58（男が模造ペニスを着けているが、馬鹿でかく、勃起し、強い上反《ぞ》りで、末端は壺の縁《へり》のようで大きい）、C56（二人の男に挟まれた岩、勃起したペニスに似て、張り出した筋が亀頭冠に対応）、B370※及びR94（地面に固定したファロス、前者にははしゃぎまわるサテュロス二人、後者ではギリシア美術には珍しく〔日本の春画では普通のことだが〕血管が太く浮き出ている）、B695（男衆が支え、巨人どもがつき従う巨大なファロス群、巨人の一人はきっとサテュロスだ）、R607（男の背丈より高い固定したファロスと女二人）、R695（身の丈ほどもあるファロスを運ぶ裸の女）。

これらのファロスの幾つか（B370※・B695・R695）には、亀頭に大きな目玉が描かれているが、それは時には張形《オリスボス》にも見られる（R212・R414※）。めくれ返った包皮がくっきりと描きつけられ、おまけに目玉まであるので、ペニスは「頭」と「頸《くび》」になっているが、CE10とB695の場合には、亀頭冠より上の部分が長くされすぎたため、ペニスは牛追い棒と化した。C58の模造性器の強い反り返りは、時には壺絵で描かれるヘルメス像の特徴にもなっている（例えば、R729・RL72・RS36）。この反り返りは、サテュロス（R317など）や人間（R680）にも見られ(15)、緊張の高まりを印象づけると共に、ペニスそれ自体に図々しく攻撃的な人間的性格を帯びさせる効果を持っている。(16) BB40では、毛深い半人半馬《ケンタウロス》たちの勃起したペニスが、反り返り交錯して紋章図案を創り出している。R593に描かれたペニス状の蛇口のついた容器（若者ではなく女——と見て間違いなかろう——がそこから飲んでいる）が、日常的に使われていた品かどうかは分からない。B219の盃の足はペニスと陰嚢の形をしている。C56は、ペニスが勃起した蹲踞する男の形になりかけている（ペニスの両側に踊り子が描かれているのはB370※とR607を思い出させる）。概して陶工たちは、土器を性器の形に作ろうという誘惑に負けることは余りなかったのである。(17)

「シュールレアリスム」的要素はギリシア美術では極く稀なのであるが、一つの例外は「ファロス鳥」である。これは、脚と本体と翼は鳥だが、頸と頭が反り返ったペニス状で、包皮はめくれ返り、亀頭に目玉がついたものである。R414※では、裸の女が模造ペニスの入れ物のカバーを外しているが、曲げた腕には小型のファロス鳥をペットのように抱いている。R416とR1159では、ポッチャリしたファロス鳥が地面から空を見上げ、長い頸が陰嚢に似た胸元から伸びている。もっと大型のファロス鳥は、女たち（B386）やサテュロスたち（R442）を乗せて空を飛んでいる。R259※の馬は、首が撓《しな》やかな人間のペニスと化している。頸と頭の描き方で識別できるのだが、こういった「ファロス動物」の徴候が見てとれるのは、次のようなものである。B398（セイレン）、B570（セイレン）、B494※（嘴がとても短く目玉の大きな鳥）、B658（動物たちの行列）、R171（首輪部分の筋のある猟犬）、

R352（ゼウスの王笏にとまった鷲[18]）。

はっきりとした性的内容を持たないシーンを構成する時にも、画家のペニスへの執心が働いていることを嗅ぎとることは許されるかもしれない（あるいは、許されないか）。決定的にそれと分からせる要素が時として意識下に隠れていたりすると、R1087の場合のように、常に画家の執心が働いていた、と信じるのはむつかしい。R1087では、ヘルメス像の背後に木があり、その大きく反り返った枝がヘルメス像についている筈のペニスの代わりをしている。もう一本の枝は、丁度ヘルメス像にペニスがあるように、その木のペニスの役割を果たしているのである。次に挙げる諸例は、はっきりとユーモラスな意図を持つものではないが、製作者の「ペニス幻想」を巧まずして露呈しているともとれるもの。

R177※（アイギストスを殺さんとして踏み出すオレステス、手にした広刃の剣は反り身で先が鋭く、丁度、性器を隠すような位置にあり、股間から突き出ているように見える）、R837（斜に構えた槍は若者のペニスの延長線となり、穂先と口金は亀頭と後退した包皮を表す）、R821（若者の抱える投槍は長く、もう一人の若者の性器を貫くように見える）、B542（弓を持つスキュティア人が重装歩兵に向い合うが、一見したところ、重装歩兵のペニスを握っているように見える）、B588（イオラオスの持つ棍棒は、彼の勃起したペニスのように見えるし、ライオンと闘うヘラクレスは、刀の鞘を肛門に突き立てているように見える。B589と対照せよ）、CW8（武装する男が抱える槍の柄は、その後で前かがみになっている男の肛門を貫いているようだ。テセウスがミノタウロスを倒す場面では、彼の剣はペニスの延長線となっている)、B39(猪狩りの男の構える槍は、仲間の尻にまで達し、もう一度現れているので、その刃は猪を威嚇している仲間の逸物のようだ)、B562(杖を抱えて蛇から逃げている男は、勃起していると同時に挿入されているように見える)、R525(踊る若者が三角模様の上に描かれている様は、鋭角の頂点へと肛門を下ろしていっているようだ)。この種の構図から意識下のペニスへの執心を推測することが危険なことは、余りにも明白である。何といっても、構図のほとんどは、槍や剣の構え方、鞘の帯び方などを全く正式に描いた上で作られているのであるから。しかし、この問題は更に調べてみる価値はあろう。(19)

ギリシアの壺絵はペニスに「取り憑かれて」いた、などと言うと、既に十分に安っぽく使われてきた専門用語を誤用することになるかもしれないが、本節で考察してきた証拠に照らせば、ギリシアの美術と祭儀はペニスに極めて強い関心を持っていた、と結論するのは正しい。また、この証拠に照らせば、「ギリシア人は、言葉で表すことこそできなかったが、ペニスは武器である、但し、予備に隠し置かれた武器である、と感じていた」という仮説を考察してみるのも正しい。(20) 若者や少年のペニスが真直で尖っていなければならないというのは、戦士となるための男としての適性を象徴していたのである。ペニスが小さくなければならないというのは、成人男子と未成年の対照をきわだたせ、この対照を男と女の対照並みにしたのである。小さなペニスは(殊に、ペニス表面のどの波状紋も亀頭冠の存在を示さないような場合）、慎みと服従の印、性的主導権と性的競合の放棄宣言の印であり、(21)絵師たちが男・英雄・神々の標準態として理想的な若々しいペニスを採用したのは、誰をも彼をも「若者化」(22)しようとする彼らの一般的傾向の、一つの現れなのである。

他方、彼らの女性性器に対する関心は極めて弱く、陰門を異常に高い位置につけて、わざわざ見えるようにしているR565などは珍しいのである。陰門はB51※、R462※、R1151ではくっきりと見えるが、例えばR528や、放尿する女を前から見たR531においてさえ、等閑《なおざり》にされているので、R265での男性性器のとり扱いとは際立って対照的である。女性性器がもっと公平に扱われているのは、コリントスの壺絵師が小さな香水壺に好んで描いた抽象的モチーフの中である。例えば、C22、C24、C32※、C40など。(23)これに対して、B242※のようなアッティカ壺絵の典型的な装飾モチーフは、性的に見てよいかどうか曖昧である。古典期にコリントスの娼婦や遊女が国際的な評判をとっていたこと（ピンダロス断片一二二。プラトン『国家』四〇四dも参照）や、アテナイ人にとって「コリントス」が、一九世紀の英国人にとっての「パリ」と同じような意味あいを持っていたこと（アリストファネス『福の神』一四九―五二、断片三五四を参照）などは、単なる偶然の一致かもしれない。

C　喜劇における同性愛

四世紀の喜劇詩人エウブロスは、トロイア攻略に一〇年を費したギリシア軍のことをこう言っている（断片一二〇）。

商売女の一人とているわけもなく、
奴らは一〇年の間、千摺に精出した。
悲惨な遠征だった。一国を陥した
強者《つわもの》どもが、陥した国の城門よりも
もっと後門を広くして、帰還していった。

長期にわたって女なしで男ばかりが寄り集まっていると、手淫と同様、「やむにやまれず」肛門がお役に立つ、という意味が含まれているが、これは大抵の文化に共通したユーモラスなモチーフである。六世紀のある壺絵（B53）※はこれをうまく利用したもので、三人の男が三人の女とせっせと励んでいる傍で、女にあぶれた男がつれない若者に空しく迫っている。これより遥かに明確な、同性愛の仕手に寛容で受け手に不寛容な態度は、アリストファネスその他の喜劇作家に見出せる。出発点としては『アカルナイ人』二六三―七九を引用するのがよかろう。行列を組み、ファロスを担いでファレス神を称える際に、ディカイオポリスが神に捧げる歌である。

ファレス様、バッコス神の御随身《みずいじん》／酒の友よ、夜をうろつき／間男もすりゃ、稚児あさりもなさる／やれ嬉し、六年ぶりに里帰り／あなた様にもご挨拶／わたしゃ独りで休戦したよ／厄介事も戦争も／ラマコス将軍もおさらばだ。

もっと楽しいことがある、おお、ファレス、ファレス様／ストリュモドロスん所《とこ》の柴刈り娘は、今が食べ頃／こいつが、家《うち》の山から盗む現場を取りおさえ／腰に抱きつき、抱き上げて／地面に組み伏せ、花を摘むのさ／おお、ファレス、ファレス様。

ここでは、姦通（違法だが、ばれずに済めば乙なもの）や、人気のない所で可愛い奴隷娘をつかまえ襲いかかることと並んで、少年愛（παιδεραστία パイデラスティアー）が、ペニスの擬人化である飽くことを知らぬ悪党神のメニューの一つにされている。そして、これらのふるまいは全て、戦争中は制限されていた酩酊、馬鹿騒ぎ、平和ならではの楽しみと同類のものなのである。同じく、同性愛の快楽と他の快楽との間に区別がなかったことは、『雲』一〇七一—四の「邪論」の言葉からも明白である。

まあ、考えてもごらん、お若いの、節度を守っていたからとて
何のことがあるか。お前が捨てようとしている快楽の数々を、思ってみな。
稚児、女子《おなご》、コッタボス遊び、ご馳走、ご酒《しゅ》に、馬鹿笑い、
全く、これらのものを取り上げられて、生きてる値うちがあるのかい。

「邪論」は背徳主義者であり、この後に続けて、口が達者であれば、たとえ亭主に間男の現場を押さえられても言い負かすことができる、と事細かに述べている（一〇七五—八二）。「邪論」とディカイオポリスとの違いは、人生における結構なものとは何かについての由々しい見解の相違にあるのではなく、「邪論」が若者の教育に関して「正論」の厳格さに反対するのに対し、ディカイオポリスは円熟した市民として、功名につながる武勇や苦難は暫し忘れて楽しくやろうという聴衆の願望を、力強く代弁していることである。『鳥』では、中年のアテナイ人エウエルピデスとペイセタイロスが祖国を捨て、何処かにもっと気持のよい生活を求めようとするのだが、この二人も同じことを考えている。鳥の王「戴勝《ヤツガシラ》」から、どんな国に住みたいのかと尋ねられて、エウエルピデスは答える（一二八

—三四）。

朝一番に友達がやって来て、
「何が何でも、お願いしますよ。
朝風呂を浴びたら、お子さんもご一緒に
家《うち》へ来て下さいよ、祝言の披露をするんですから。
必ず来てくれるのですよ、さもなきゃ
もう来てもらいません、私が大金を——すった時にも(1)」
こう言われるのが一番辛い、そんな国です。

ペイセタイロスの返答はもっと振っている（一三七—四二）。

若衆盛りの息子の親父に、ばったり出会って、
「やい、スティルボニデス(2)、冷たいじゃないか、家《うち》の倅が
体育場から、風呂を済ませて帰るところを見かけていながら
キスもなければ、挨拶もなし、抱き寄せもせにゃ
ふぐりを探りもしてくれなんだそうな。親父の代からの友達だろうに」

まるで悪いことをしたみたいに、こう叱られる、そんな国です。

少年たちの性器を見るというフィロクレオンの楽しみ（『蜂』五七八）は、自己の慰楽と役得を思うままに追求することの一局面なのであり、ギリシア的基準に従えば、奴隷娘に対する下心（一三四二―八二）や、口に銜《ふく》んだ陪審員務めの日当を、自分の娘にキスで吸い取られてしまう時の喜び（六〇八以下）とも相容れぬわけではない。『騎士』の大詰、デーモス（アテナイの民衆《デーモス》の擬人化）が堂々と現れ、パフラゴニア出身の奴隷（時の主戦論者クレオンを諷す）が腸詰屋にやっつけられたのに感謝する場でも、次のようである（一三八四―九二）。

腸詰屋　では、そういうことにして、これがあなたの牀杌《しょうぎ》です。
運び手の小僧もあげましょう、キン抜きしてない奴ですぜ。
何なら、牀杌代わりに、こいつに跨がるのも結構。

デーモス　昔に戻れて、やれ嬉し。

腸詰屋　それを言うのはまだ早い、三〇年の媾和条約(3)を
差し上げてからにして下さい。「和睦姫」、さあ、こっちへ。
〔可愛い娘たちの一団、入場〕

デーモス　これはこれは、何という別嬪、本当にこいつと三〇年、差しつ差されつできるのか。

これらの文章は、若々しい男性美に対するギリシア人一般の反応をアリストファネスが病的だとして斥けた、あるいは、非難嘲笑に値する異常な反応だとして斥けた、とする考え方とは調和しない。しかし、ギリシア人の同性愛的気質の底にある矛盾（217頁以下）に照らせば、他の男の同性愛的欲望に屈する男性を、喜劇詩人が常に悪意をもって描いたこととは、完全に調和する。美青年との性交を求めたからといって、あるいは、女よりも若者を愛したからといって、男を、あるいはそのような男のタイプをはっきりと批判嘲笑した文章は、喜劇の中にはない(4)。批判している、とこれまで見なされてきたのは、次の三つの文章である。

(a)　『雲』三四八―五〇。雲がどんな形をとるかについて。

毛むくじゃらで、髪を長くした野卑な男、
クセノファントスの倅みたいな奴を見たならば、
そいつの色狂いをからかって、雲たちは半人半馬《ケンタウロス》の姿になるのだ。

これは、アイスキネス『二』五二の「野卑な連中」との関連で既に検討されたし（132頁）、そこで論じておいたように、「野卑な」「髪を長くした」「毛むくじゃらの」及び「半人半馬《ケンタウロス》」が言わんとするのは、男性の方を好むということではなく、男性であれ女性であれ、魅力ある性的対象なら何でも強引に追い求める、ということなのである。

(b)『蜂』一〇二三―八。作者が自分の成功と評判を自慢するところ。

作者先生の言われるには、偉くなって、空前の尊敬をかちえてからも
思い上り、高飛車に出るという風にはならなかった。
徒党を組んで角力場を取りまき、（少年を）誘惑することもなかった。もしも念者が
可愛さ余って憎さ百倍の稚児を、喜劇のネタにしてくれとせがんで来ても、
そんな頼みは聞いたことがない。正しく節を持して
仲よしの詩の女神《ムーサイ》たちを、取り持ち婆にはしなかった。

「角力場を……誘惑」の自慢は、『平和』七六二以下でもよく似た言葉で繰り返されている。ここで言いたいのは、少年を誘惑しようとすることが道徳的にいけないとか、念者や稚児といった人種があってはならないのだ、ということではない。この喜劇詩人は、社会的地位が上ったからといって、性的に何でも許されるようになったと考える程思い上りはしな

かったし、友達への好意から稚児を威すのに手を貸し、芸術的信条に傷をつける程堕落もしていなかった――右の引用箇処はこういうことを主張しているのである。「角力場」を「ダンス場」で、「稚児」を「少女」で置き換えてみるがよい、主張点は全く変わらず残るであろう。

(c)ミスゴラスの竪琴弾きに対する熱狂ぶりが喜劇作品でいろいろ言われたことは、202頁で考察したとおり。彼がとやかく言われたからといって、男一般が男性美に反応する故をもって批判されるということにはならないのは、丁度、ボルドー産の赤ワインに病みつきになった男を笑うことが、人間の酒好き全般に文句をつけることになるわけではないのと同様である。

更に言えば、同性愛の受け手だとして嘲笑される男に、はっきりと仕手の役割を帯びさせるような文章は、喜劇には皆無である。[5] 唯一、この一般論の例外とまじめに考えてもよい箇処は、『雲』六七五以下だけである。そこでは、女みたいだといつも笑われているクレオニュモスについて（臆病だったので。327頁以下を参照）、「奴は捏ね鉢を持ってなかったので、丸い乳鉢でいつも（パンを）捏ねてた」と言われている。メリッサの亡霊が現れて、夫ペリアンドロス（七・六世紀のコリントスの僭主）が「冷えた竈にパンを差し込んだ」と告げたこと（ヘロドトス五巻九二節ηの二。屍姦である）を思い合わせるならば、『雲』六七五以下を、クレオニュモスは「捏ね鉢」（即ち膣か?）が使えなかったので誰かの肛門に挿入した、という意味に解釈してもよいかもしれない。しかしながら、δέψειν デプセイン（捏ね柔くする、形を作る）というギリシア語の同族語[5a]には δέφεσθαι デフェスタイ（「手淫」）には普通これが使われる）があるから、ここは、クレオニュモスが女に肘鉄を食って、やむなく手淫に走ったという冗談、と考える方が分かりやすい（ここの所をしゃべる役者が、滑稽なファロスを着け、身ぶりも添えるならば、誤解の心配は全くなくなるであろう）[6]。「性的な日和見主義」（不見転《みずてん》ぶり）と歯止めのない刺激は喜劇の特徴である。隣の奴隷娘を押し倒すことを思って悦に入っていた（『アカルナイ人』二七一以下）ディカイオポリスは、劇の大詰（一一九八―一二二一）では、見事な酔いっぷりで二人の娘に支えられ、彼女らの接吻とバストで勃起させられている。彼には妻があるが（一三二、二四五、二六二）、そんなことは誰も思い出さない。『騎士』一三九〇以下におけるデーモスは、魅力的な「和睦姫」に一目惚れして、それと寝てもよいのかと尋ねている。『平和』七一〇以下のトリュガイオスは、「竜田姫《オポーラー》」（稔りの秋の擬人化）を妻《めあ》わされるや否や、「こんなに永い謹慎の後で、竜田姫とお馬ごっこしても毒にはならないだろうか」と問うている。『鳥』六六七―九で、ペイセタイロスとエウエルピデスの前にナイチンゲールが現れた時、ペイセタイロスは、「なあ、相棒、この娘《こ》の股の間で、楽しいことがしてみたい」と言うが、よく似た言葉で虹の女神イリスを威してもいる（一二五三―六）。

お前もわしを困らせると、ゼウスのお使いといえども
両脚をはね上げ、「イリス様の御股頂戴」といくぞ。
見てびっくりするなよ、こんな年寄でも
衝角《しょうかく》の三本分位には、ピンと立つんだから。

女郎宿の設備が旅人に如何に喜ばれても（『蛙』一一三）、娼婦や口説けば落ちる笛吹き女や踊り子が宴会の席でどれ程熱烈に迎えられても（『アカルナイ人』一〇九一、『蛙』五一三―二〇）、それで女郎屋が名士になったり、「娼婦」や「淫売」が尊敬と親愛の言葉になるわけではなかった。同様に、美しい青少年と戯れることが好まれたからといって、誘惑者が被誘惑者に対して抱く蔑《さげす》みの念は少しも減少しなかった。εὐρύπρωκτος エウリュプロークトスは「広い肛門をもった」というのが文字どおりの意味で、喜劇でよく使われる罵《ののし》り言葉であるが、エウブロス断片一二〇で見たとおり、文字どおりの意味も意識されていた。アリストファネス『雲』で、アテナイでは法廷弁護人、悲劇詩人、政治家、広くは眼前の観衆、その大多数は「肛門が広い」と、「邪論」が「正論」に認めさせる所があるが（一〇八五―一一〇四）、これは、若い男が間男してつかまったら、寝取られた亭主によって肛門に二十日大根をぶちこまれる（260頁参照）ので肛門が広くなる、という「正論」の指

摘（一〇八三以下）からの展開である。ここの箇処は、議論に負けて絶望した「正論」が観衆に「揺り動かされる者たちよ（ὦ κινούμενοι オー・キーヌーメノイ）」と叫びかけて終る。κινεῖν キーネイン（掻き立てる、動かす）は卑語では βινεῖν ビーネイン（性交する、犯す）と同じ意味にもなり、主語が性交の仕手か受け手か（男でも女でも）によって、能動相でも受動相でも使われた。

『女だけの祭』序幕で、老人がアガトンなんて知らないよと断言すると、エウリピデスは「いやいや、あんたは彼を犯したんですよ、ただ、分からなかったのでしょう」（三五）と言う。暗に、女性的なアガトンが暗い所で男娼をしていた、と言わんとしているのである。アガトンが、

苦境を乗りきるのに、小細工を弄して[7]もダメ、
ひたすら、受けて立たなければダメ。

と、脚韻踏む二行（一九八以下）を唱えて、エウリピデスを助けることを断ると、老人は怒ってこう叫ぶ（二〇〇以下）。

分かったぞ、この尻軽男め、お前のお釜が大きいのは

科白を放《ひ》り出すためではなく、受けて立ちすぎたからだ。

少し後でアガトンが、エウリピデスの頼みどおりに変装して女たちの集会へ行けないのは、こっそり女を愛しに来たと疑われるからだ、と釈明すると、老人はせせら笑って言う（二〇六）。

へえ、こっそり愛しにだって？　実は犯されに、だろ。

同じように、アガトンの召使が「我らが詩宗アガトン先生は、ちょっと……」と言いかけると、老人は引き取って「犯されに行かれたか？」（五〇）と。『騎士』の腸詰屋は、陋巷に育って無恥無学という設定だが、この男は自分の生き方を要約して、「俺は腸詰を売ってきた、犯されてもきた(8)」（一二四二）と言う。主要人物や合唱団《コロス》に代弁されるアリストファネスの喜劇の立場は、ふつう中年の、というより初老の市民の立場である。彼らには、晴れがましく活動的で敬老精神に欠けた若者どもが議会を牛耳り、軍事職や行政職に選ばれているように見えるのだが（言うまでもなく、年寄りほどその思いがひどくなる）、彼らにはそれが腹だたしくて仕方がない。彼らはその腹だちを、若い奴らは「犯されとる」（エウポリス断片一〇〇・二）。この種の手合が要職に就いているのに憤っている）とか、「肛門が広い」と言うことでぶちまけるのである。例えば、アリストファネス『蜂』一〇六八―七〇。

わしの老年といえども／そこらの青二才どもの巻毛や／身振《しな》(9)や、広がりきったお釜よりは／役に立つはずだ。

一般庶民は、自分たちに号令をかける政治家たちも、実は自分たちより劣った連中で、娼婦とか男色の餌食となる者たちと同じだ、という考えで自らを慰めた。『騎士』八七七でクレオン（劇では「パフラゴニア人」）が、「わしは極道者のグリュットスを市民名簿から削り、お釜連を止めさせた」（この科白は明らかに、アイスキネスがティマルコスを告発したのと同じ性質の告発を成功させたことを踏まえている）と主張したとき、腸詰屋はこう切り返す（八七八―八〇）。

お前みたいに、尻の穴を探しまわる奴が、お釜連を
やめさせたとは、恐れ入った。しかし、奴らをやめさせたのも
政客になられることを妬んでのことに違いないな。

喜劇詩人プラトン断片一八六・五も政治家に対して同じ態度を表明しているし、他ならぬアリストファネスもプラトン『饗宴』の登場人物として、とぼけた話しぶりで次のように発言させられている（一九一e―一九二a）。

　彼らは、元は「男の二倍体」だったものが分かれてできた男性なので（181頁参照）、少年の間は男を愛し、男と添寝し男に抱擁されるのを喜ぶのです。そして、彼らが[10]少年や若者の中で最も優秀なのです。……何よりの証拠は、成人した暁に、真の男として政治の世界に立ちうるのは彼らだけだ、ということです。

作者不明の詩行（不明の喜劇詩人断片一二）「髪を長くした奴は皆、花粉を受ける雌だ」は、階級間の反目を表している。長髪は富裕な有閑階級の若者の特徴と見なされていたのであった（212頁参照）。

『女だけの祭』一二〇〇で、老人がアガトンに対する悪口として言う、καταπύγον カタピューゴーン（尻軽男）は、πυγή ピューゲー（臀部）から出た語で、喜劇の少くとももう一箇処で、間違いなく同性愛の受け手を暗示している。それは『騎士』六三九で、ここでは腸詰屋が「カタピューゴーン」の放屁《とりはずし》を前兆と解している。肛門の構造は男色の常習によって変わるので[11]、その変化によって屁の音色も影響を受けることを言う現代のジョークがあるが、その当否は知らない。「カタピューゴーン」が男同士の性交における仕手を暗示したことがあるかどうかは、疑わしい。『アカルナイ人』七七―九では、ペルシア帰りの使節が、「ペルシアでは、牛飲馬食のできる者だけを人間と見なす」と説明すると、ディカイオポリスは、「わが国では、ライカステースたちとカタピューゴーンたちだけを」とまぜっ返す。λαικάζειν ライカゼインは「フェラチオする」(12)、λαικάστρια ライカストリアは「フェラチオする女」、-της テースは男性の行為者名詞を作る普通の接尾辞であるから、λαικαστής ライカステースは「他人のペニスを吸う男」を意味する筈であり、『アカルナイ人』七九の「ライカステース」と「カタピューゴーン」が共に屈服する側に特有な性行為を指しているのなら、この一行には一種の対称があることになるのである。更に、落書には καταπύγαινα カタピューガイナという女性形が見えるし（273頁参照）、喜劇に幾つも例があるように、「カタピューゴーン」とその同族語は、極めて一般的な悪口や軽蔑の言葉として用いられていたのである。『雲』五二九でアリストファネスは、自分の初期の作品『宴の人々』の中で対立する身持のよい若者と悪い若者を、「ソーフローン（σώφρων）」と「カタピューゴーン」と呼んでいるが、これはさしずめ「品行方正」と「操行不良」だ。『雲』九〇九でも、「正論」が「邪論」のことを「恥知らずのカタピューゴーン奴《め》」と呼んでいるし、『女の平和』一三七のリュシストラテも、セックス・ストライキの計画を打ち明けた女が男なしの辛さを思って青くなったのを見て、「私たち女というのは、何てパンカタピューゴン（好色な）族《やから》なんでしょう」と叫んでいる。アリストファネス断片一三〇は、野菜料理のいろいろや軽食を「カタピューゴシュネー」と呼んでいるが、これは、肉の塊に比べて「屑同然」というわけである。『雲』一三二七―三〇では、エウリピデスの劇作家としての資質について口論した挙句、ストレプシアデスは息子に叩きのめされ、息子を「父親《てて》殺し、押込み強盗」、そして「ラッコプロークトス（水瓶みたいな肛門）」と呼んでいるが、これも同じく罵倒の言葉である。ケフィソドロス断片三・四（足に特別な香水を欲しがって、ラッコプロークトスと罵られる男）、及び、エウポリス断片三五一・四（朝っぱらから酒を呑むのはラッコプロークティアーだとされる）を比較されたい。

喜劇詩人が「エウリュプロークトス、ラッコプロークトス、カタピューゴーン」のような言葉を名指しの人物について使う場合（例えば、『雲』一〇二三、『蜂』六八七）、観衆がそれを無価値、劣悪、恥知らずなどの一般的非難としてよりも、同性愛の受け手だという非難に解釈してくれることが、詩人にとって重要だったのかどうか、普通は分からない(13)。このことは強調しておかねばならないところである。『蜂』八四の場合は、ここで「カタピューゴーン」と言われるフィロクセノスなる人物が、別に『雲』六八六以下でも「男でない」と、エウポリス断片二三五においても「女だ」と貶されているという点で、珍しい例なのである。非難がどの点に向けられているかがはっきりしている場合でも、それが事実かどうかは知りえない(14)のは、落書で名前を記された人物の場合と同断である。この方面での言葉の使い方は、支配する側が屈服する側に対して抱く蔑みの感情を反映している。『女だけの祭』序幕で、アガトン家の奴隷の仰々しいご託を聞かされた老人が、自分のことを「お前と、お前さんの詩人先生の臀《いしき》に、一物を鋳込もうと手ぐすねひいてる男だ」(五九—六二)と述べる場合、あるいは、同じ老人がアガトンに向って、「サテュロスを芝居にする時には、おれを呼んでくれ。お前の後にまわって、勃起して、モデルになってやるからな」(一五七以下)と言う場合には、同性への挿入を攻撃行為と見る見方が窺えるのではないであろうか。

アガトンは稀に見る美男子で(プラトン『饗宴』二一三c)、若い頃はパウサニアスの稚児であったし(プラトン『プロタゴラス』三一五de)、その関係は成人してからも続いていた。『女だけの祭』の頃は三十代だったに違いない。この劇の主人公エウリピデスは、彼を「美貌で、抜けるような肌、剃りあげて、女の声をした」(一九一以下)と呼んでいるが、場面は彼の体形(三一—三)と衣裳(一三六—四〇)の、あるいはその両方の女っぽさに対する揶揄にみちている(九八では、老人は彼をひと目見るなり、時の名妓キュレネを連想してしまった)。パウサニアスとの常ならぬ関係を思うと、アガトンが鬚を短く刈りこんでいたのは、いつまでも鬚の生えかけた若者のように見られたかったから、と十分考えられるのであるが、すっかり剃り落とすことまでしたとは考えにくい(一九一の「剃りあげて」は、顔ではなく体のことかもしれない。二一八—二二〇で、彼が剃刀を持っているのが何故おかしいかといえば、それが女性のお化粧道具だからである）。彼は稚児の段階から性的に支配する段階へと成長したくなかった。そのことが、アリストファネスが彼を「お釜野郎」扱いする十分な理由だったのであろう。アガトンが同性愛の仕手の立場を敬遠したのかどうか、女の着物を着たのかどうか、それは分からない。

アリストファネスの生きたアテナイで、女々しさの最たるものは戦場での怯懦であった。エウポリスの喜劇『戦場に出たことのない男たち』は、別名を『女男』という。クレオニュモスという男は、『アカルナイ人』八八、八四四、『騎士』九五八、一二九三では図体が大きく大食だとして笑われているが、逃げ足を速めるために楯を投げ棄てた奴だと信じられており、この点は、『騎士』一三七二から『雲』三五三―五を経て、『蜂』一五―二三、『平和』四四六、六七〇―八、一二九五―一三〇一、そして『鳥』二八九以下、一四七〇―八一に至るまで、少くとも一〇年の間、喜劇の物笑いのタネにされた。この結果、クレオニュモスという男名前は、名詞の語尾変化についての議論（『雲』六七〇―八〇）の中で、クレオニュメという女名前に変えられてしまったのである（ギリシア語では、男の名前は -os, -ēs, 女の名前は -ā, -ē に終るのが多い）。クレイステネスが喜劇で笑いものにされた期間はもっと永く、二〇年間である。彼の「罪状」は――少くとも、私達が彼を責める理由をもつ唯一の罪状は――立派な鬚が生えてこない顔を所有していたということである。『女だけの祭』二三五で老人は、鬚を剃り落とした後で鏡の中の自分を見て、「こりゃ、クレイステネスじゃわい」と叫んでいる。アリストファネスの初期の劇では、クレイステネスはストラトンという男とセットにされている。『アカルナイ人』一一九―一二四では、ディカイオポリスが、ペルシアの高官に随行する宦官を見て、実はクレイステネスとストラトンだと言い立てているし、断片四三〇では、この二人は「鬚のない少年」である(『騎士』一三七三以下も参照)。『雲』三五五のジョークはクレイステネスの女みたいな様子を踏まえたものだし、『鳥』八二九―三一でも、彼は武器の代わりに筬《おさ》を取り、女みたいに機織《はた》りしていると考えられている。『女だけの祭』五七四―八一では、女たちの祭にしゃしゃり出て来て、女の友、女の身方(「だって、この頬っぺを見れば分かるでしょう」)としてエウリピデスの企みを告げ口している。そして、『女の平和』一〇九二で新たな趣が加わる。平和条約と妻たちのセックス・ストライキの終結を望んで死なんばかりのアテナイ代表が、「もう、クレイステネスを犯すしかない!」と宣言するのである。行きつく先は『蛙』四八と五七。ここでは、クレイステネスがディオニュソス神に「乗られた」という考えが「掛け詞」から紡ぎ出されるのである(ディオニュソスは多分、この後彼との今ひと度の逢瀬に憧れるのであろう)。[15]

同性愛の受け手をからかうためには、女らしさのどんな特徴でも利用してしまうことは、アリストファネス喜劇に不変の、次のような傾向とよく一致している。それは、性的に可能なことなら何でも実現させずにはおかないこと、男女間の性関係は極めてあけすけな生理学用語で表現すること、その他の感情は具体的なイメージで語ること、である。例えば、

「恐怖」ならば、それが下腹に及ぼした影響（おもらし、とりはずし、など）で言い表されることが多い[16]。こういった環境の下で、同性愛は端的に肛門挿入への欲望として描かれる。例えば、『女だけの祭』一一一五―二四でエウリピデスが、我こそはペルセウス、捕《つかま》って板に縛りつけられている老人はアンドロメダ姫だ、という振りをしてスキュティア人警邏をまごつかせる場面。

エウリピデス　いざ、御手《みて》を給え、乙女子よ、君を我が手に触れなばや。
のう、スキュティア人よ、およそ人の子としてある者に
患いあるは常なれど、今我が胸をとらえしは、
あわれ、乙女子への恋患い。

警邏　羨ましくとも何ともない。それどころか、
あいつのお尻《けつ》がこっちに向いてるのなら
くらいついて、お釜を掘ろうが邪魔せんよ。

エウリピデス　乙女の絆《ほだし》解き放ち、妹背の契り結ばんとするを、
スキュティア人よ、何故に許さぬか。

警邏　それ程この爺《じじい》の尻にご執心なら
板に穴開けて、後からかかるがよいわな。

男の売春と同性愛の両方をアリストファネスは同じ肉体的行為に還元しているため、両者の細かな区別は見えなくなってしまっている。トリュガイオスが持ち帰った巨大なセンチコガネ虫を、神々の住むオリュムポスへと昇って行く乗り物にするため肥え太らせている場面（『平和』一一）で、その飼育を任された奴隷の一人が相棒に向って、「稚児の糞から作った」団子をよこせと言う。「センチコガネが、よく練れたのをご所望だ」というわけである。後ほど、トリュガイオスがオリュムポスから地上に戻らねばならなくなった時、センチコガネは天界に留《とど》まることにするが、ヘルメス神の説明によると、そこで「ガニュメデスのアムブロシア（神糞香）を餌にする」（七二四）という。アムブロシアは神々の御食物《みけつもの》であり、不死なる少年の排泄物は当然それからできているから、ゼウスがこの美少年ガニュメデスに対して何をしているのか、嫌でも思い出されるというものである。

　これまで引用した箇処の多くを見れば明らかなように、股間淫ではなく肛門性交をもって同性愛性交の常道だとする点で、喜劇は壺絵とは異っている（アリストファネス『鳥』七〇六は、喜劇の中で股間淫に言及する事実上唯一の箇処である）。更に、性交の最中に念者が手で稚児のペニスを刺激していたかと思わせる箇処は二つある。まず『アカルナイ人』五九一以下で、ディカイオポリスが完全武装のラマコス将軍をからかって、「そんなにお強いのなら、さあ、わしの包皮をめくってみろ。[16a]あんたも立派なものを着けてるじゃないか」と言う所。今ひとつは『騎士』九六二以下で、クレオンと腸詰屋とがデーモスの信頼をかち得ようとして手前味噌の摺りあいをする所。「こんな奴の言うことなど聴かれたなら、革袋(16b)になってしまいますぜ」とクレオンが言えば、腸詰屋は「この野郎の言うことなど聴かれたなら、毛の生え際まで包皮をめくられてしまいますぜ」と切り返す。これらの箇処は、ストラトンのエピグラム(『パラティン詞華集』一二・七)に照らしてみれば分かりやすい。そこでは、少年に比べて少女は味悪しとして、

女子《おなご》はみな、後からかかりても妙味なく、何よりも
遊ばせたわが手を、持っていくべき所もなし。

と歌われているのである。

売春と恋愛との識別は、同性愛関係にある者たちの社会的政治的声価にとってこそ重要であるが、『福の神』一五三―九のお説教では否定されている。

カリオン　いや、少年どもだって、同じように尻を差し出すそうですよ、
念者のためじゃなく、お金のためにね。

クレミュロス　それはまともな少年じゃなく、陰間《ポルノス》だ。

まともな少年なら、お金は欲しがらないからな。
カリオン　じゃ、何を欲しがるのですか？
クレミュロス　良い馬とか、猟犬とか。
カリオン　多分、お金をくれというのが体裁悪いので、名目をつけて醜行をとりつくろっているのでしょう。

稚児となっている少年に対する見境のない敵意は、『騎士』七三六―四〇にも見える。ここでは、腸詰屋が老いたるデーモスのことを「稚児つとめをする少年どものようだ」と言う（「幾人かの少年」とは言っていない）。政治上のライバルが、いわばデーモス（稚児）をめぐる恋仇（念者たち）として描かれているのだが、そのデーモスは、立派な人間は客にとらず、「ランプ屋とか、靴直しとか、革職人とか、鞣し屋とか（成り上がり政治家の職業を諷す）に身を委す」というわけである。稚児に対する軽蔑的な態度はアテナイ社会のある層では常に存在したのかもしれず、一つの黒絵式の壺（B614）がそのことを垣間見させてくれる。そこでは、稚児に言い寄るシーン（稚児は一才雄鶏を受け取っている）に、APENMI 及び IΔOPEN（あるいは IAOPEN か？）の文字が付せられている。もしこれを、ἄρρην《アッレーン》 εἰμί《エイミ》（俺は男だ）及び ἰδοὺ《イドウー》 ἄρρην《アッレーン》（ふん、男。文字通りには、見よ、男）と解釈してよいならば、喜劇によく出てくる例の慣用的表現――怒ったような、あるいはチャンチャラおかしいという感じで ἰδού イドゥーと言った上で、前の人のしゃべった言葉を繰り返す言い方、『騎士』三四三以下の例では、「俺にだって、弁舌の才はある」というのを受けて、「ふん《イドウー》、弁舌の才だって」と冷笑する言い方――が想起されるのである。だとすると、「ふん、男だって」という発言は、大衆が好んだ求愛のシーンの稚児に対する、絵師自身の感想を表したものなのかもしれない(17)。時として、壺絵の男性の名前に形容詞の女性形「きれい《カレー》」が付けられているのは、辛辣な皮肉とも考えられるが、場合によっては同じ壺の別の刻文で正しく女性形になっているものが、別の所でうっかりと繰り返されてしまったものとして(R356・R655・R990)、あるいは、壺絵中のある女性について言われたものとして(R385)説明することができる。名前や姿は女性なのに、形容詞の男性形「きれい《カロス》」が付いている場合もあるし(R152・R917)、絵はなくて、刻文に「少女　きれい《カロス》」(カレーとあるべきところ)とある場合もある(R1139)。これは、絵師がぼんやりしていて、いつも書き慣れている「きれい《カロス》」をつい刻文に書き入れてしまったのであろう。

同じ一人の稚児が、一方ではロマンチックに、他方では辛辣に扱われているのを対比して見ることができる興味深い例は、アウトリュコスの場合である。これは若い運動選手であるが、クセノフォン『饗宴』では、カッリアスの稚児、その宴会に父親と共に招かれ、内気で慎み深く(一・八、三・一三)、招かれて来た人皆が息をのむ程の美しさ(一・九―一一)だとされている。ところが、エウポリスが四二一/二〇年に上演した『アウトリュコス』という喜劇では、この若者と両親のリュコン及びロディアが罵詈嘲笑の的にされており、ロディアは淫乱極まる姦婦となっている。この劇（断片五六）でアウトリュコスが Εὐτρήσιος エウトレーシオスとも呼ばれているのは、文字通りには、アルカディアの地「エウトレーシスの住人」という意味であるが、同時にまた、「簡単に挿入させる奴」（τρῆμα トレーマは膣を表す俗語）の意味も仄めかそうとしているのは明らかである。アウトリュコスのカッリアスに対する男同士の売春の噂がこの劇の中心的モチーフであったかどうかは分からない。しかし、運動競技の成功[18]（アウトリュコスはパンクラティオンという格闘技で優勝した）に寄せられた世間の追従のおかげで、カッリアスとリュコンをも含む政治的諸関係が変わった、ということの方が重要であったのは当然としても、エウポリスの喜劇という証拠に照らしてみる限り、同じ同性愛事件を、クセノフォンとは違った見方で見る人もあったことが分かるのである。

同性愛で言いなりになるのは全て金のためであると考え、おまけに、同性愛関係から命がけの献身、勇気、自己犠牲が生じることもありうるということには全く口を閉ざすのは、もうひとつの喜劇ならではの特徴――行政上の職権を握っている人は全て私腹を肥やすと考え、おまけに、現役の役人が公共精神、廉直、義務感を持っていることもありうるということには口を閉ざすこと――と軌を一にしている。『女の平和』四九〇は、「私達はお金が因《もと》で戦争をしているのです」と論じ、「ペイサンドロスや猟官の輩」を、国家の金を私する機会を得んがために戦争政策を押し進めていると非難することで、観衆には、もっとましな政治家がいると信じる道を残しているし、リュシストラテが国を挙げての政治的腐敗を一掃しようと弁じ立てる『女の平和』五七八も同様である。しかし、『鳥』一一一一(「もしも皆さんが、ちょっとした役職につけられて、着服でもしたくなったなら……」)、『女だけの祭』九三六以下(「ねえ、お役人、その右手にかけてお願いします。誰かがお金をくれる時には、いつも袖の下からそっと出す、その右手にかけて」)、『蜂』五五六以下でフィロクレオンが語る被告人の言葉(「父《と》っつあん、ここはひとつ、お情をかけておくれ。いつか自分でも[19]、役人になった時や戦地で買い出しの時に、ちょろまかしをやったことがあるのなら」)などになると、調子が変わってくる。『アカルナイ人』五九四―六一九では、ディカイオポリスがラマコスとの論争に勝って合唱団《コロス》を身方に引き入れるのだが、その際彼は、軍隊の指揮官や外交使節を、国内での辛い生活から逃げている(七一以下、六〇二)、猟官に汲々としている(五九五)、高い報酬を当てにしている(五九七、六〇二、六〇八)として激しく弾劾している。同じような憤りは、ペルシアに淹留《えんりゅう》すること一二年、過分の手当を引き出し贅沢三昧に明け暮れていたアテナイ使節や(六五―九〇)、トラキア王の宮廷に赴いた使節(一三四―四一)の描写の底にも流れている。同様に、『蜂』六九一―六のブデリュクレオンも、若い告訴役人に対する憤りを掻き立てようとして、奴らは高給を貰っておりながら、おまけに被告人から賄賂を取って仲間うちで分配し、訴訟を「丸めてしまう」、一方、老父《おやじ》は陪審員務めの日当の目腐れ金で頭は一杯だ、と言い立てる。『雲』一一九六―一二〇

○では、フェイディッピデスが訴訟手続のよくできている所以《ゆえん》を父親に説明して、訴訟当事者が預けた訴訟費用を市当局がちょろまかせるようになっているのだ、と語る。これらは、市民団全体に対する不正行為を一般的に非難したものだが、他の箇処がそれを敷衍する。『鳥』一一五以下、かつては人間だった戴勝《ヤツガシラ》にペイセタイロスが語りかける所では、「かつてはあんたも借金があった、わしらと同じでね。借金は返さぬをもって楽しみとしていた、わしらと同じでね」と。戦時における指揮官に関しては、『雲』五七九以下が、彼らが号令する遠征は「無分別だ」と考えているし、『平和』一一七二―九〇の不平によると、指揮官たちは戦場では真先に飛んで逃げるくせに、祖国《くに》では徴兵名簿をいじくり回して倦むところがない、そのため個々の兵隊は（田舎出の兵隊ということ。町の人間の場合は少しはましだ、と一一八五以下にある）、毎日毎日、名簿のどこに名前が載っているか分からなくなるのだ、と。

プラトンを読んでいた人が喜劇に目を転じてびっくりするのは、喜劇が終始一貫、同性愛を極めて粗野な身体用語に還元してしまっていることの他に、同性愛がアテナイ人の性生活の中心から辺境へと押しやられてしまっていることである。つまり、喜劇は基本的には異性愛的世界なのである。勿論、『女の平和』の場合には、特殊な動機があってそうなっている。即ち、リュシストラテ（女主人公）が組織した妻たちのセックス・ストライキが成功するためには、夫婦間性交に代わる強力な代案があってはならないので、劇の筋を破綻なく進めようと思えば、同性愛は追放されなければならないのである。売春についても同じことが言える。更に、夫婦の関係を主にペニスの勃起云々で描写することにしているアリストファネスとしては、男性の緊張は手淫で鎮められるという事実をも無視する必要があったのである（一方、女性の手淫ははっきり口に出してもよかった。一〇五一—一〇、一五八以下）。同様にして、性に飢えた女という、幾らでも笑いを生んでくれそうな状況を最大限に活かすためには（一二五—三九、二二五以下、七〇六—八〇）、妻たちが好色な奴隷と媾曳《あいびき》できる機会を——『女だけの祭』四九一以下に現れるモチーフではあるが——『女の平和』では伏せなければならないし、女の間男好きが笑いの焦点になっている『女だけの祭』四七三—五〇一（『女の平和』四〇三—二三も参照）の場合には、女性の手淫を伏せるわけである。けだし、後世に教えるべく社会統計調査を行うのがアリストファネスの目的ではないのであるから。[20]『女の議会』の場合だと、女たちが国家を乗っ取ろうが、次いで性的主導権を掌握しようが、若くて美しい人よりも老いて醜い人を先に喜ばせなければならないという法律を定めようが、暫くの間は（六一一—五〇、七〇七—九、八七七—一一一一などを参照）、そのために男たちが「そんなことなら同性愛で我慢する方がましか」と思いつくことになってはならないのである。ここにもまた、決定的な劇作りの要請が容易に見てとれるのである。

女をテーマとするのでない劇において、主人公が勝利に酔う場面で出てくるのは、男と女の性である。ディカイオポリスは大団円で二人の娘をものにする（『アカルナイ人』）。牀几《しようぎ》代わりにもなる少年を贈られたのに続き、デーモスは総仕上に「和睦姫」を贈られる（『騎士』）。フィロクレオンは人生の楽事に熱中して遂に笛吹き女を盗む（『蜂』）。トリュガイオスは「竜田姫《オポーラー》」と結婚して「里神楽姫《テオーリアー》」の方は議会に進呈する（『平和』）。そして、ペイセタイロスは「主権姫《バシレイア》」と結ばれる（『鳥』）。『アカルナイ人』の合唱団《コロス》にとって、平和の再来が意味するものは女の楽しみであって（九八九—九九。『平和』八九四—九〇五のトリュガイオスも参照）、少年の楽しみではない。四世紀には、喜劇作家アルカイオス、アンティファネス、エウブロスによるガニュメデス伝説の喜劇化や、ストラッティスによるクリュシッポス伝説（432頁参照）の喜劇化は言うに及ばず、アンティファネス作『少年愛者《パイデラステース》』やディフィロス作『少年愛者たち』のあったことが知られているので、同性愛の関係が喜劇の中心テーマになったことは絶えてなかった、と言うのは正しくないであろうが、アリストファネスとメナンドロスの偶々残っている劇について言うならば、それは正しい。この事実は、アテナイにおいて金持ちと貧乏人の重要な区別はどの辺りにあるのか、ということの考察に私達を向かわせるのである。

アテナイ市民が妻、娘、被後見人、夫に先だたれた母親を厳重に隔離するといっても、それは、あらゆる使い走りの用や、家の外の労働や、家の中を取りしきる命令の遂行などのために、家長がどれだけ奴隷を保有できるかにかかっていたことは、見やすい道理である。金持ちの間では、若者が同じ階級の少女と恋愛できる機会は無に等しく、(女を買うという、不満の残る満足よりも)時間をかけて誘惑の勝利感を味わおうとすれば、少年を誘惑するしかなかった。貧乏人の間では、女たちもしょっちゅう市場に出て農作物や手細工品を売らねばならず(『蜂』一三八九―四一四のパン焼き女は、一三九六以下に見るに、明らかに市民の身分である。『女だけの祭』四四三―五八も参照)、あるいは畠で働く必要もあったので、隔離を厳重にというわけにはいかなかった。[21] エウリピデス『エレクトラ』に出てくる貧しいが心正しく、名目的にエレクトラの夫とされた農夫は、奴隷をもっていない。エレクトラが見知らぬ男二人に話しかけているのを見て彼が苦々しく思ったのは当然としても、このような家庭であれば、生活の一部として妻が独りで水汲みにも出かけなければならない(七〇―六)のである。アリストファネス『女の議会』では、ボーイ・フレンドを待ちわびる娘が「わたしは一人でお留守番、ママはどこかへお出かけなのよ」(九一二―四)と歌っている。

恐らく貧乏人というものは、金持ちがしていることはしてみる値うちがある筈だと考えたであろうし、テオクリトス『五』八六―九の牧人たちも、同性愛での成功と異性愛での成功を同じように自慢しているが、しかし――慎重を期し、議論の先走りを避けて言うならば――セックスの対象としてAタイプとBタイプの両方が手に入る時には、ある人々はAタイプを選択するであろうし、Bタイプしかない時には、誰もAタイプを選択できないことは確かなのである。喜劇の中心的人物は貧乏人ではないが、とびぬけた金持ちでもなく、そして、大抵の観衆は――アリストファネスは劇の登場人物や合唱団《コロス》に、この人たちの意見や立場を代弁させようとした――比較的つつましい社会層にあっては、田舎の生活でも町の生活でも、男が女を誘惑する道が残されているということを、金持ち以上によく知っていたであろう。厳重な隔離を可能にするだけの資力や、印象的な贈り物で望みの人の心を勝ちとるだけの資力の他に、暇というものも求愛のために欠くことのできない条件であった。殊に、求愛が楽に行えるだけ性的にまだませていない少年に、立派な人だ面白い人だと思ってもらうために、体育場で我慢づよく何日間も張り続けたり、美術や戦争や人生について沢山お話しすることが必要な場合には、暇が必須であった。

プラトンの作品に登場する人物は、事実上全て有閑階級に属するし、中の幾人かは、アテナイきっての名族勢家の出である。これに対してアリストファネスの喜劇では、人を「エルガテース（働き者）」と呼んでやるのがお世辞になるのだが（『アカルナイ人』六一一）、この言葉は、エウリピデス『エレクトラ』七五では貧しい農夫について使われているのである。『平和』六三二では、良識があり（六〇三）、行い正しく（五五六）、地の塩であり、戦争の被害者であり（五八八―九七）、平和の救い手（五〇八―一一）である田舎者たちは、「働き者の人々」とされるし、トリュガイオス自身も、「葡萄作りの名人」だと自慢している（一九〇以下）。よく働く男ならば、たとえ貧乏でも結婚できる。というのは、結婚の条件は、必ずしも娘に惚れられることではなくて、娘の父親のめがねに適うことであるから（但し、娘が母親の同情を取りつけて父親の心づもりを砕いてしまいたくなる程、それほど娘に嫌われてはダメである）。しかし、惚れるとか恋の相手を追い求めるとかいうのは、所詮贅沢であり、実りある労働から、たとえ成功しても腹の足しにも衣服の足しにもならないような活動に、時間と努力を振り向けることなのである。ここから、アカイオス断片六、

空っぽの胃袋には、美への欲望《エロース》も宿らない。
飢えた者には、アフロディテも苦《にが》い。

というような意見が出てくる。

この説は後に、より簡潔な形に言い換えられているし（エウリピデス断片八九五）、メナンドロス『先祖の霊《ヘーロース》』一五―七のジョークの下敷にもなっている。メナンドロス『気むずかし屋』三四一―四のゴルギアスは、かつて人に惚れたこともないし、今惚れることもありえない、既にある厄介事だけでも心の安まる暇はないのに、と言っており、テオクリトス『一〇』の田舎者の一人は、刈り入れの作業は遅れて進まないし、野菜畠の草むしりもせずに放ってあるので、恋知らぬ仲間から、「働き者が、手の届かないもの（仕事と関係のないもの、という解釈もある）に憧れるとは何事だ」（九）と尋ねられている。この男が憧れているのは少年では

なくて少女なのであるが、恋の用語と症状はどちらの場合も同じなので、平均的なアテナイ人はお金持ちという点では上流階級の仲間入りをしたいと強く念じながらも[22]、分不相応な金をもった若いなまくら者とは違って、同性愛沙汰に時間をつぶしたりはしないということではさぞかし自負もあった、ということを見てとることはたやすい。

アリストファネスの「喜劇的ヒーロー」は恋をしない。「竜田姫《オポーラー》」や「主権姫《バシレイア》」は、それぞれトリュガイオスとペイセタイロスの壮挙の目標だったのではなく、政治的勝利がくれた思いがけぬボーナスにすぎないし、このヒーローがこのご褒美に対して以後抱いてくれる筈の恋も、いかに激しくいかに永続するにしても、所詮それは性的関係の所産であって、その原因ではないのである[23]。これに対して、新喜劇（三三〇年頃から二六〇年頃までの期間に作られた喜劇を言い、メナンドロスをその代表とする）の若い男たちは恋をする。それどころか、幸運に助けられ容易ならぬ行き違いをくぐり抜けて、恋のハッピー・エンドに至ることこそ、このジャンルの本領なのである。ただ、恋の相手は若い女ばかりなので、ここで考えてみなければならないのは、四世紀末の観衆の気持が、男女の愛は許容してその行き過ぎにさえ寛大なのに、同性愛の方は絨緞の下に掃きこめるようになりだしたのではないか、ということである。この想像には反対のこともいろいろ考えられる。男同士の売春をはっきり言いたてている箇処がメナンドロスの頃の喜劇に決して見あたらないわけではない（248頁参照）、と。確かにそうである。（メナンドロスの場合は、主たる関心は家族や世代間の関係の問題であって、結婚や相続とは無縁で家族問題の埒外にあるような若者の行動ではなかった）。しかしながら、各時代のいろいろな芸術形式において、一般的に締めつけのきついお上品志向が規範となってくることが観察されるのである。ある時ある所でこの規範が働いても、何故そんなものが働くのか、必ずしも理解できるとは限らないのであるが。[24] 例えば壺絵だが、五世紀初めにはサテュロスの体つきが、顔以外は人間に近くなってくる。四世紀にはその顔も変わってくるので、サテュロスと人間の若者とを分かつものは馬の耳とささやかな尻尾だけということになる（RL20・RL56・RS97）。神話伝説上の恐ろし気な存在も、古典期のごく早くに拍子抜けするくらい迫力がなくなり（77頁参照）、顔などは整った人間と区別がつかず、僅かに決まりきった持物によってそれと分かるだけになった。風の精なる怪鳥ハルピュイアたち（R774）、「狂気《リユツサ》」の女神（R902）、復讐の女神《エリニュエス》たち（R932・RS179）など。しかし、後期壺絵の戯画や漫画では、醜悪さは緩和——ではなく誇張されるようになったので、ジャンル間の境界がより截然としてきたかの如くである。それでよいのであって、R898では、三人プレイを行う者たちは欲情と愉悦で燃え上っているべきなのに、後の壺絵師が深い精神性を伝えようとして用いたような悲し気な泣き顔をしており、このジャンルの混淆は成功していない。[25]

五世紀初めまでは、絵師たちは時々いやらしいテーマを描いた。尻を拭く男（R291）、宴席で下痢（B120）、泥酔して吐く男（R519）など。R265では、若者がしゃがみこんで、地面に大小便を同時にしているが、絵師は排泄物がはっきり見えるよう、ペニスを片側にねじ曲げて描いている。嘔吐と放尿は明らかに酔っ払ったお祭り騒ぎと関連するし、放尿は、解剖学的にはセックスとも関連をもつ。これに対して排便は、黒絵式の壺絵では、むしろ飲酒、踊り、セックスと結びついて私達に迫ってくる。例えば、B90（壺のそれぞれの側に描かれた男は横になり、気持よさそうに手淫を行っている。それぞれの把手の下の犬は排便している。手淫に対する嫌味か？）、B330（乱痴気騒ぎの一人が排便）、B394（B346も参照。サテュロスがしゃがみこみ、排便と手淫）、BB8（宴会客の一人は手淫、もう一人は排便）、C70（酔漢の集まりでサテュロスがワイン袋から酒を呑み排便）、CP16（人物の列の中に二人の踊り子、巨大なペニスをぶら下げた毛深いサテュロス、更に、排便する男、後から女に挿入する男など）。

これは、アルカイック期のイアムボス詩人たちやアッティカ古喜劇の下品な言葉を視覚芸術の言葉に翻訳したものと言えようが、壺絵におけるこのようなものの流行は、アリストファネスが生まれるよりかなり前に廃れた。更に、彼が『女の議会』三一一—七二で便秘のブレピュロスを舞台に乗せた時までには、人々が喜んで演じる身体活動のどれか（あるいは全て）を描くことが許されるような芸術分野は、既に厳しく局限されるようになっていたのである。切断されて腐臭を放つ肉というような、ただひたすら不愉快なだけのテーマは常に避けられた。尤も、不愉快なばかりではなく、見せ場を織りなす一点景となりうるだけの力強さと恐《こわ》さをも秘めたものならば——アイスキュロス『慈しみの女神たち』

における恐ろしい復讐の女神たち《エリニュエス》、フィロクテテスの傷、ヘラクレスの断末魔の苦しみ、などのように——悲劇作家が利用して秀れた劇場効果をあげているが。

六世紀後半から四世紀終りにかけて、諸芸術に締めつけがかかったが、そのかかり方が均質でないことからみて、原因は沢山あったものと思われる。原因の中に数うべきものの一つは、通俗的な意味で「哲学的態度」と見なされたものが世間に広まったこと、今一つは、安定期に入った文化は、さほど頭を使わなくても定義でき適用もできるような「洗練の規準」を押し出してくる、という傾向である。この二つのことの結果、抜き差しならぬ身体的要素が人間生活の中で実際に占めている地位を率直に認めることが憚られるようになったのである。ヘレニズム期の詩人たちは、前代の詩から継承した「ロマンチックな」伝統の上に、新しい官能の味わいを接木するという形で同性愛を扱ったが、このことから思うに、メナンドロスの劇では同性愛沙汰が伏せられているからといって、それだけで、同性愛に対する一般大衆の寛容度に重大な方向転換があったことの十分な証拠だ、と考えてはならないのである。

D　哲学における同性愛

　プラトンは男性美の刺激というものに対して、五・四世紀の交《こう》の同じ社会階層の大方のアテナイ人以上に強く同性愛的に反応したのかどうか——この問いは、哲学の歴史、あるいは同性愛の歴史にとっては極めて関係の薄い問いである。哲学的議論がもつ説得力、イマジネーションへの支配力、道徳的社会的な価値、次代の思想への影響力、これらはその議論を展開する人物の性的傾向とは独立のものだし、古典期アテナイの如く、誰でも自由に自己の強い同性愛的反応を口に出せる場合には、哲学者の同性愛気質など、伝記上の重要なデータにさえならないのである。しかし、同じ問いをソクラテスについて問うてみるのは、こと哲学史に関する限り、遥かに有益なことである。というのは、もしこれに答えることができるなら、作品が無事に残っている同時代のただ二人の哲学的著作家——プラトンとクセノフォン——が描くソクラテス像と、実際のソクラテスの教えや影響との関係について、今よりもっと多くのことを知ることになるであろうから。ソクラテスは異性への愛欲が強く、それに耽った（しかし「不正はなかった」、つまり、姦通や暴行はなかった）

というアリストクセノス（断片五五）の奇妙な発言を別にすると、ソクラテスの「性」に関する独立的な証拠は事実上皆無であり（ソクラテスの生活のこの方面については、アリストファネス『雲』も口を噤んでいる）、以下同性愛とソクラテスの哲学との関係について述べる際にも、ソクラテスといえばプラトンとクセノフォンの描くソクラテスのことである。プラトン最後の作品『法律』では、ソクラテスは無名のアテナイ人に置き代えられているが、この人物が提出する学説や議論はプラトンのものと言ってよかろう。私のこの研究の関連においては、ソクラテスの最も重要な面は、彼がアテナイ人の同性愛的な気質を形而上学説と哲学的方法の基礎として利用していることである。同性愛の欲望の成就を「不自然」として断罪することは（『ファイドロス』で徴候が現れ、『法律』で明白になる）、一見してそう思えそうな程には歴史的に見れば重要ではない。(1) なぜなら、「自然」と法及び社会慣習との対比は――ことさらに同性愛に言及しているわけではなく、一般的な形ではあるが――プラトンの生まれるより前に論じられていたし、(2) 肉体的快楽への誘惑に耐える力を誉めることにかけては、プラトンはギリシア人の道徳の伝統と完全に一致していたからである。(3)

私達の出会うソクラテスのまわりには、同性愛的雰囲気が瀰漫している。プラトンの初期の対話篇の幾つかは体育場が舞台である。ソクラテスの若々しい友たちは普通――正常な人は、と言ってもよいかもしれない――少年を恋しており、彼もその関係を完全に認めている。『エウテュデモス』のクテシッポスとクレイニアス、『リュシス』のヒッポタレスとリュシス、『メノン』七〇bでのメノンの念者アリスティッポスへの言及、『国家』四七四d—四七五aでグラウコンを「好色《エローティコス》」だとしてからかうこと、など。ゼノンがパルメニデスの稚児だったという『パルメニデス』一二七bの報告も比べて頂きたい。恋患いのヒッポタレスに同情して話をする際のソクラテスの言葉遣いは、リュシアスの「恋せぬ者の弁」とプラトン『饗宴』のパウサニアスのスピーチとを読み込む時にお馴染になったものである(145頁以下)。ヒッポタレスがリュシスの家族を誉める詩を書いていると聞いて、ソクラテスは彼に尋ねる(『リュシス』二〇五d—二〇六a)。

おかしなヒッポタレス君、勝利を収める前から、自分へのほめ歌を作って歌っているのかね。

いいえ、ソクラテスさん——と彼は言った——自分のために作って歌っているわけではありません。

君はそのつもりではなかろうが——と私は言った。

と言いますと——と彼。

そのような歌は——と私——他ならぬ君に向けられているのだよ。なぜなら、もし君がこれ程の美少年を捕まえたなら、君が言ったこと歌ったことは勲章となって、これ程の美少年を手に入れたということで、本当に勝利者に対するほめ歌のようになるけれども、逆に、もし逃げられたなら、君の美少年についてのほめ歌が大相なものであればあるほど、それだけ君は大相な宝物を失って、滑稽な奴だと思われることになるのだからね。(4)

大体、ねえ君、恋のわけ知りは、捕まえるまでは恋の相手を誉めないものなのだ、事の成りゆく先が心配でね。おまけに、きれいな少年というのは、誉められたり持ち上げられたりすると、自負と自惚で一杯になるのだ。そう思わないかね。

思います——と彼。

そして、自惚が強くなるほど、ますます捕まえにくくなる、だろう。

そのようですね。

それでは、狩をする時、獲物を狩り出して、ますます捕まえにくくしてしまうようなのを、どんな狩人だと思うかね。

勿論、下手な狩人です。

プラトン『プロタゴラス』開巻では、ソクラテスに出会った友人がこう尋ねる(三〇九a)。

これは、ソクラテス、どちらからお帰りですか。それとも、言うまでもないことかな、アルキビアデスの若さの花を追いまわしてきたことは。

これに対して、実に、ソクラテスは異議を唱えていないのであるが、ただ、会話は思わぬ方向に向うことになる(357頁参照)。アガトン家のパーティで、客の全員がエロス神を称えるスピーチをすることにしようという提案が出された時、ソクラテスは「恋の道《エローテイカ》以外は何も分からぬ人間」(『饗宴』一七七d)だからとて賛成している。クセノフォン『饗宴』八・二での発言「恋をしていなかった時など、思い出せない」と比べられたい。プラトン『饗宴』二一六dでは、彼は「いつも美しい人に打ちのめされている」と描写されるし、少年は恋してくれない人にこそ好意を示すべきだとするスピーチをリュシアスが書いたと聞いた時には、「むしろ、我々老人に好意を示すべきだ、と書いて欲しかった!」と咄嗟に答えている(『ファイドロス』二二七c)。『カルミデス』一五四bでは、カルミデスの美しさへのべた誉めを和らげるために「私は審査員失格でね。……年ごろの若者はほとんど皆、私にはきれいに見えるのだから。それにしても……」と言っているが、「それにしても」どうなのかということは、カルミデスがソクラテスとクリティアスの間に坐ることになった時にはっきりする(一五五c—e)。

すると、私はもうドギマギしてしまって、ごく気軽に彼とお話ができるぞという、先刻までの自信が吹っ飛んでしまった。さて、クリティアスが私のことを薬の専門家だと言って紹介すると、彼は名状しがたい風情で私の目を覗きこみ、何か物問いたげだった。角力場に居あわせた人皆が私達のまわりをひしと取り巻いてきたが、正にその時だ、私は彼の着物の中を見てしまったのだ。私は頭に血が上り、もはや心ここにあらず……それでも、頭痛薬をご存じですかと聞かれて、辛うじて、知っていると答えたのだ。

このシーンを男と女の愛の場面に移し変えて、ソクラテスがカルミデスの上着の中をチラと見たというのを、若い飛びきりの美人が何気ない質問をしようとして身を乗り出した時に胸がチラリと覗いたということにするならば(5)、私達としては、古代ギリシア人の目を通して見るということに、考えられる限り近づくことになるのである(6)。上に引用してきたソクラテスの発言の中には——引用は全て中途で止めてあるため、読者は先走りした結論を引き出されたかもしれないが、それについて再考を促すような話の展開部は割愛されている——年下の男性との肉体的接触の中にオルガスムスを望み追求した男たちの言葉遣いや気持と、食い違うものは何もない。しかしソクラテスは、形而上学という羅《うすもの》を何層も被《かぶ》せて性交を取りつくろうことまではしていない。同時代人と同じ経験をしていながら、彼はそこから人とは違った結論を引き出しているのであり、「エロス」を他の名称で呼ぶことを嫌う余り、他の多くのものをも「エロス」の名で呼んでいるだけなのである。[7] ギリシア語では、対象が個々の人間でない場合でも、「エロス」やその同族語を転義的に用いるのはむつかしいことではなかった。例えば、勝利、権力、金、祖国、帰郷などを ἐρᾶν エラーン（恋する、愛する）という風に。[8] ソクラテスは「恋する人《エラステース》（念者）」を転義的に用いているが（『国家』五〇一dでは、「実体と真理を恋する人」として）、時にはそれに文字通りの用法を結びつけることもある。『ゴルギアス』四八一dで、自分を「アルキビアデスと哲学を恋する人」と呼び、話し相手のカッリクレスを「二人のデーモス、つまり、アテナイの民衆《デーモス》（民会）とピュリラムペスの息子デーモス《デーモス》（269頁参照）を恋する人」と呼ぶ場合のように。ソクラテスは、カッリクレスがアテナイ民衆に異議を唱えたり逆らったりできないことと、デーモス少年の言うことには反対できないこととを並べているのであり、自分については、哲学という「パイディカ（美少年、稚児）」の方が人間のパイディカ（アルキビアデス）よりも、気まぐれでも移り気でもないと思っているのである（四八一d―四八二a）。また一方、自分は「生まれつきの性質も善い上に徳を熱心に追求するような人々を恋することにかけては、終始一貫、国家と恋仲間なのだ」（クセノフォン『饗宴』八・四一）と言う時のソクラテスは、個人的なエロスに、社会が勇敢で賢明で廉直な人物に対して抱く愛情や称賛を混ぜ合わすことにより、肉体の美しさへの官能的反応ばかりが自分のエロスの中で幅をきかせているのではないことを、言わんとしているのである。実際、彼は、年長者の知識や老練をひたすら誉める人についても、ためらわず

テスも、

「恋する人」という言葉を用いているので、テッサリアのさる名家はソフィストのゴルギアスを「恋する人たち」となり（『メノン』七〇b）、ソフィストのエウテュデモスとディオニュソドロスのファンたちは二人を「恋する人たち」となり（『エウテュデモス』二七六d）、高名なソフィスト、プロタゴラスにヒッポクラテスを紹介しようとする時のソクラテスも、

どうやら、プロタゴラスとしては、自分を「恋する人たち」がやって来たことを、プロディコスとヒッピアスに見せつけ自慢したいのではないかと思ったので、私は、「そういうことでしたら、プロディコスやヒッピアスやその仲間にも是非来てもらって、私達の話を聞いてもらいましょう」と言ってやった。

ということになるのである（『プロタゴラス』三一七cd）。

これらの箇処は、ソクラテスの姿を伝える文学作品の至る所でお馴染の、おどけたものなのかもしれないが（プラトン『饗宴』二一六e、クセノフォン『饗宴』四・六二の、哲学者に生徒を「取り持つ」というジョークなどを参照）、プラトン『饗宴』の冒頭（一七三b）で、アリストデモスなる人物が「当時の誰よりもソクラテスを恋していた人」と言われる時には、ソクラテスのサークルでは「恋する人《エラステース》」が余りにも自由に使われているため、真面目

な用法とふざけた用法、あるいは、文字通りの用法と転義的な用法との境界が分からなくなってしまっている、と私達が感じるのも無理もないのである。おどけた用法というものは、そのサークル内で、「エロス」は肉体的接触への欲望ではなく、道徳的卓越と知的卓越への愛なのである、ということが十分に理解されている場合に——その場合にのみ——成り立つのである。

プラトン『饗宴』二一六c—二一九eでアルキビアデスが語る有名な話は、ソクラテス自身の若いアルキビアデスとの関係を説明するためのものである。アルキビアデスは、自分の自慢の美しさがソクラテスの欲望を刺激したことを確信し、同時に、ソクラテスが驚くべき稟質《ひんしつ》の持ち主で、その知恵と導きから多大の裨益が得られることをも確信して、ソクラテスに「好意を示す《カリゼスタイ》（身を委せる）」ことを決意する（二一七a）。それ故彼は、ソクラテスが彼の「肉体的好意」を要求できるような機会をわざとお膳立てし、次第に無躾になっていく（彼は、ソクラテスが普通の「恋をする人（念者）」のパターンに従ってふるまうことを期待しているのだ）。彼は、ソクラテスとの出会いの場から召使いを退《さが》らせる（二一七ab）。ソクラテスをレスリングに誘い（二一七bc）、食事に招く（二一七cd）。「まるで、自分の方が稚児《パイディカ》に下心を抱く念者《エラステース》みたい」なのである。そして遂に、迂遠な方法ではダメだと悟り、夕食後も遅くまでソクラテスを引きとめ、一つ部屋のベッドに入り、人払いをする（二一七d—二一八b）。そして、

この人にはもってまわった言い方はすべきでなく、胸の内を率直に語る方がよいと思った。そこで、彼を揺り起こし、

「もう寝たのですか、ソクラテス」と尋ねてみた。

「いいや」と彼は言った。

「それなら、僕の胸の内を分かってくれますか」

「おやおや、一体何だろうね」

そこで私は答えた。「あなたは僕を恋する資格のあるたった一人のお方だと思っています。それなのに、あなたは僕に向ってそれを口に出すのをためらっておられるようですね。しかし僕の方は、このとおり、あなたが愛を要求なさったり、僕の持ち物なり僕の友人の持ち物なりから何か別のものを要求なさった場合に、あなたの意に従わないのは愚の骨頂だと思っているのですよ。僕にとっては、出来る限り善い人間になること、これ以上に大事なことはありませんし、それを助けてくれる人としては、あなたほどふさわしい人はいないと思います。僕としては、あなた程の人物に好意を示さないのであれば、世間の賢い人々の前で非常に恥かしい思いをするでしょうし、その恥かしさは、あなたに好意を示すことによって世間のバカな人々の前で感じる恥かしさより、遥かに大きなものだろうと思っているのですよ」（二一八ｃｄ）。

ソクラテスはアルキビアデスにこう答える、もし君が、今言ったような「美しさ」を本当に私の中に見ているのなら、君は肉体の美しさを代価に差し出すことにより、この上なく有利な交換をしようとしているのだよ、と（二一八e—二一九a）。放った「矢」がソクラテスを「傷つけた」と信じてもよいと思ったアルキビアデスは、もはや躊躇せずソクラテスのベッドに上りこみ、自分のマントを二人の上にかけると、横になってソクラテスに両腕で抱きつくのである（二一九bc）。ソクラテスは興奮のしるしを毫も示さず、朝になると二人は別れる。アルキビアデスは自分の美しさが侮辱されたことで臍をかむが（二一九d）、ソクラテスの内部で理性の原理が肉体の欲求を抑え制御したことに対する驚嘆の念で圧倒されもするのである。このκαρτερία カルテリアー（克己心、忍耐力）は、ソクラテスがポテイダイアの戦役（北ギリシア、四三二—四三〇年）においても発揮した特質である。彼はいくら飲まされても酔った気配は露ほども見せないし、氷原の上でもサンダルなしで、アテナイにいる時と同じマントひとつで歩きまわったのである（二一九e—二二〇b）。

目に見える肉体の美しさを遥かに凌ぐ見えざる美しさがあるという考えは、『プロタゴラス』の冒頭（三〇九b—d）で用いられて劇的な効果をあげている。

友人　アルキビアデスの所から戻って来たのだろう？　で、あの若者の君に対する態度はどうだった?

ソクラテス　上々、と思ったよ、特に今日は。僕のために、助け舟を出して随分いろんなことをしゃべってくれたものね。その彼の所から来たばかり、というわけだ。ところが、ちょっとおかしなことがあってね。彼が傍にいてくれるのに、心がそっちに向かないばかりか、彼のことなどポコッと忘れてしまうことがしょっちゅうあったのだ。

友人　それはまた、君と彼との間にそれ程のことが起こったとは、何事だろう。まさか、もっと美しい人に出会ったというわけではないだろう、少くともこのアテナイでは。

ソクラテス　いや、それ以上なのだ。

友人　何だって? それはこの町の人か、よそから来た人か?

ソクラテス　よそから来た人だ。

友人　どこから来た人だ。

ソクラテス　アブデラ(ギリシア北辺、トラキアの町)からだ。

友人　そのよその人とやらが、クレイニアスの息子(アルキビアデス)以上に美しく見えるほど、君には美しかったのかね。

ソクラテス　最高の智恵が他のものより美しくないわけはないだろう。

友人　ということは、ソクラテス、君は誰か智者に会って来たのか。

ソクラテス　恐らく、当代随一の智者だ、もし君も、プロタゴラスが智恵第一だと思うならね。

ソクラテスにとっては、美しい若者に対する欲望《エロス》よりも、智恵に対するエロスの方が強力だし重要なのである。クセノフォン『饗宴』八・一二では、彼は、肉体の特質よりも魂の性質に恋する方を遥かに善しとしている。このことの論理的帰結として、男と男の性交は避けるべきであるということには——下等な目標を追求するのに精力と感情を注いでいると、上等な目標を追求する能力がダメになる、ということをも信じるのでない限り——ならないのであるが、ソクラテスはそう信じている。従って、アルキビアデスに対してとった態度や『国家』四〇三b——理想国家においては、「正しい恋《エロス》」があれば、念者は「息子の如く」その稚児に触れてもよいが、それ以上に進んではならぬとする——から明らかなように、彼は男同士の性交を禁じるのである。『饗宴』一八四b—一八五bでパウサニアスが到達した結論は、徳と智恵を追求するのである限り、どんな奉仕をし、どんな好意を示しても許されるというもので(235頁参照)、これは、若いアルキビアデスがソクラテスを誘惑しようとして失敗した時に従った原則でもあるのだが、『エウテュデモス』二八二bでは、ソクラテス自身は大切なことをつけ加えている。

相手が念者であれどんな人間であれ、智恵を獲得するために奉仕し隷従することは、恥ずべきことでも非難されることでもないのだよ。賢くなりたい一心で、どんな奉仕を厭わずしても、それが美しい奉仕である限りはね。

クセノフォン『ソクラテスの思い出』一・二・二九以下によると、クリティアスとソクラテスとの敵意は次のような出来事に端を発した。

ソクラテスは、クリティアスがエウテュデモスに恋し、あたかも肉体で淫欲を満たしている手合の如くにこれを遇しようとしているのを見て、「偉い人だと思ってもらいたい稚児に対して乞食みたいにペコペコと頭を下げ、それも卑しいものを望んでお情乞いをするのは、自由人のすることではないし、立派な人にはふさわしくないことだ」と言って止めさせようとした。しかし、クリティアスがこの言に聴かず、行いを改めようともしなかったので、エウテュデモスや大勢の者がいる中で、ソクラテスは「エウテュデモスに身をすりつけたがるクリティアスは、岩に身をすりつけたがる小豚と同じようだね」と言ったと伝えられる。

今ひとつの教訓調の挿話の伝えるところでは（クセノフォン『ソクラテスの思い出』一・三・八以下）、ソクラテスはクリトブロスがアルキビアデスの息子に接吻したと聞いて、美青年に接吻したら自由人も奴隷になってしまうと言ったというが、彼は接吻というものを、人の正気を奪う毒蜘蛛の咬み傷になぞらえているのである。クセノフォンの描くソクラテスには、プラトンのソクラテスのような感受性と都会的洗練が欠けているけれども、両方ともに男同士の性交を非とすることは確かである。

それでは何故、ソクラテスはあっさりと肉体の美しさは重要でないと言わずに、心の善き性質や人格と肉体の美しさの結びつきにこれ程重きを置くのか（プラトン『カルミデス』一五三d、一五四e、一五八b、『饗宴』二〇九b）。美しい若者や少年を見ては彼の胸がほとんど常に高鳴っていたかのように、これ程言い続けるのは（350頁参照）、実際、何故なのであろうか。

プラトンの描くソクラテスの信念によると、私達の感覚的な経験を形づくる個々の人物、動物、事物、作品、行為、事件などは、すべて存続時間も空間における場も限られたものでしかなく、すべて変化と衰滅を免れないのであるが、もうひとつ別の世界を私達にたまさかぼんやりと垣間見させてくれることもある。それは永遠不変の実体の世界、「形相」即ち「イデア」の世界であり、（論理的に反駁不可能な「知識」へと進んで行く）体系的な推論をもってすれば近づいて行けるが、（無定見に修正を許す「思わく」位しか生み出さない）肉体的感覚では知覚できない世界である。「形相」と「個物」との関係は決して定義されないが、前者は後者の中に「現存する」、あるいは、後者は前者を「分有する」と言うことはできる。合理的な説明が等しくそこへ向って行く第一原因は「善」そのものであるが、この第一原因は、形相として見れば理性の目標であり、「善」として見れば欲望の目標である。であるから、それを知覚するということは、それに恋し、それを欲望するということなのだが、私達は誤ってそれが見えなくなってしまう。理性と欲望とが「善」に向って収斂し、その近くで融けあってしまうのである。恋《エロス》は、『饗宴』においては「善」を原因とする永遠なる存在の世界へと私達を引っぱって行く力とされ、『ファイドロス』二四五b、二六五bにおいては、アフロディテとエロスという神々に吹き込まれた「狂気」とされる（恋をするというのは、こちらに自覚的な意図がなくても起こる経験であり、クセノフォン『饗宴』八・一〇、八・三七などにあるように、それは一般には神がよこしたものと見なされていたので、そのように考えられるのであろうか）。『ファイドロス』で（そしてプラトンの他の箇処でも。但し『饗宴』にはない）(9) 展開される学説によると、どの個人の魂も、「生成」の世界においてその人物の肉体と結びつく以前にずっと存在し、かつては「存在」の世界において形相を「知覚」したのである。哲学によって「善」を追求し、いかなる艱難や誘惑も物ともせずに追求を持続しようとする私自身の衝動の強さが何によって決まるかといえば、それは、生きていく私の前に開示される機会というよりは、むしろ、私の魂が「存在」の世界を親しく見た時以来経過した時間の長さと、その時から私の魂と私の肉体の結合の時までの間の堕落の度合とによるのである（『ファイドロス』二五〇e—二五一a）。

以上のような形而上学的信念から、性的な価値を規定する図式が出てくる。肉体の美しさの刺激に反応することは、「善」の一つの相である絶対の「美」を目指す際の一つの過程なのである。[10] ディオティマ（ペロポネソス半島中央部アルカディアのマンティネイアの女性、実在の人物か架空の人物か分からない。『饗宴』のソクラテスは、この女性から恋《エロース》について教えを受けたと告白している）[11] の説く「恋の道《エローティカ》の正しい進み方」は次のようなものである（『饗宴』二一一c—e）。

> これら地上の個々の美から出発して、かの美を目指してたゆまず上昇するのです。丁度階段を昇るように、一つの美しい肉体から二つの美しい肉体へ、二つから全ての美しい肉体へ、次に、美しい肉体から美しい営為へ、更に、美しい営為から美しい学問へ、そして最後に、美しい学問の数々からかの学問へ、即ち、かの美そのものの学問に至るのです。……一旦かの美をご覧になったなら、黄金も綾錦も美少年や美青年も色あせて見えることでしょうが、今のあなたはそれらのものを見て心を奪われてしまっていますし、他の大勢の人たちと同様、美少年を目から離さずいつもくっついておれる限り、できれば飲み食いも忘れて、ひたすら彼を見つめ彼と一緒にいるだけでよいと思っていますね。それ位のことで満足しているのなら、もしも誰かがかの美そのものを、純粋無垢で、まじり気なく、人間の肉体や肌色やはかないよしなし事にまみれない姿で見たならば、即

ち、神的な美という純乎たる形相そのものを見たならば、その喜びはいかばかりでしょう。

仮に、私が今恋している人以上に肉体の美しさと魂の美しさとを兼ね備えた人に出会ったなら、どういうことになるだろうか。ディオティマの説によると、形而上学的な悟りに達する手段として甲よりも乙の方が秀れていることがはっきりしているのなら、私と甲とがどれ程苦しむことになろうとも、私としては乙を選ばなければならないということになりそうである。プラトンの議論は、私達が「エロス」をギリシア語として考えている限りは従《つ》いて行きやすいのであるが、しかし、彼は「恋」について語っているのであろうか。プラトンという人は、その恋がどれ程強くとも、手段としてではなく目的として他人を恋するのは、魂の故障であり欠陥であると信ずるに至った、と思われる節があるから、彼が恋を経験しなかったとか理解しなかったと考える理由はない(12)。彼は間違いなく、自分が賛美するエロスと一般に恋と見なされているものとの区別に気づいていた。というのは、エロスとは各人が昔の自分の「片割れ」に反応することであり、「同類」を認めることこそエロスの喜びの本質的な部分である、という議論をアリストファネスにさせておきながら(『饗宴』一九二b)(13)、その見解を次のように、ディオティマにはっきりと否定させているからである(二〇五de)(14)。

ある説によると、自分自身の「片割れ」を求めている人々こそ恋をしている人々だということです。しかし、私に言わせるなら、エロスが求めるのは半分でもなければ全体でもないのです、それが善きものでないならばね。……思うに、誰も彼も自分自身のものでさえあれば喜ぶ、というわけではないのです。善きものを自分のもの、自分に縁あるもの、悪しきものを自分に無縁のもの、と呼ぶことにしている人なら話は別ですけれども。なぜなら、人々が恋するものは、善きもの以外の何ものでもないのですから。

ソクラテスが話し終った時、アリストファネスは「ソクラテスが自分の説に言及するところがあったので、何か言おうとした」（二一二c）が、丁度この時、したたかに酔ったアルキビアデスが饗宴の場にやって来たので、彼の抗議は語られずじまいであった。『ファイドロス』二五一a—cに見える恋の反応の描写は、身震い、発汗、発熱、苦しみと同時に喜び、神への畏怖の念などを語って、ディオティマによるエロスの解説のどれよりも劇的であるが、この反応は、「恋される者」の中にある「恋される正にその個人以外の何か」を認める段階にとどまっている。最終目標は「存在」の世界にあり、恋する者と恋される者の間にどれ程強い恋が生まれようが、そのどちらも手段にすぎないのである。「存在」の世界へ向う一歩として重要なエロスが同性愛のエロスであるということは、

『饗宴』と『ファイドロス』の全篇で当然視されていることがらである。この点では、ディオティマの立場はパウサニアスのスピーチの立場と一致しているし、エロス神に鼓舞された行為の例としてファイドロスが挙げるものの中には、若妻アルケスティスのアドメトスへの献身（夫の身代わりとなって死のうとした）や、伶人オルフェウスのエウリュディケに対する愛（但し、彼が生きたまま冥界に降ろうとしたところに、やや不満が残る）など、男女間の恋も含まれるが（一七九b―d）、ファイドロスが強調しているのは、やはり同性愛の例であり（一七九e―一八〇bのアキレウスとパトロクロスの例）、エロスについての彼の一般論もすべて同性愛の用語で述べられているのである（一七八c―一七九a、一八〇b）。ディオティマの説明する「出産」とは、死すべき肉体が一種の不死性を獲得しようとする欲望を表現したものであり、それは人類にも動物にもある（二〇七ab）。彼女の言うには、人は誰しもただの人間の子供を生むよりは、不滅の詩作品を作ったり恒久の法を定めたりしたいと思うもので（二〇九cd）、理性に基づく知識を生み出すことこそ、人間の不死性への欲望を最もよく顕示している。「肉体が孕んでいる」男たちは女に恋をして子を生むが（二〇八e）、「魂が孕んでいる」男たちはその制限を超越し（二〇九a）、この人々にのみ「正しい進み方」は開かれているのである。『ファイドロス』でも同様に、親しく「美」そのものを見たことを魂が忘れてしまって久しい男は、「四つ足の獣のやり方で歩み……子種《こだね》を播く」ことのみを望み、「自然に反した快楽を追い求めて恥じない」のである（二五〇e）[15]。異性間のエロスは、ここでは、それ以上の進展のない肉体的快楽の追求として、男同士の性交と同じ基準で論じられているし（「自然に反する」の意味については373頁以下参照）、『饗宴』においては、理性以下のもの、動物の中にも働いているエロスの表現とされている。『ファイドロス』で推奨されるエロスは同性愛的反応から始まるが、魂の「御者」は善き馬と悪しき馬とを御しながら、悪しき馬が美しい少年を見てたちまち淫らな愛欲の誘いかけをするのを阻止しなければならない（二五四a）。稚児（恋される少年）が「獲得」（二五三c）される経過を説明する時の用語は極めて愛欲的である。魂の御者は美しい少年を見るなり「むず痒さ」と「欲望の突き上げ」を覚える（二五三e。アリストファネス『女だけの祭』一三三で、アガトンの蠱惑的な歌で老人が「尻の下がむず痒くなる」のを参照）、念者（恋する男）は「体育場その他の交わりの場で」稚児につきまとう（二五五b）、稚児は念者の情《なさけ》に感極まって抱擁と接吻を返し、彼と一緒に寝たいと思い、どんなことでも拒まないという気になる（二五五d―二五六a）、もし二人の哲学への熱意が不十分だと、油断した一瞬に誘惑に屈することにもなる（二五六cd）、といった具合に。このように一時道を踏み外すことになっても、エロスの中にある善きものがすっかりだめになっているわけではないので、二人のエロスが滅びたり無価値になったりはしないが[16]、最後の最後まで誘惑に耐えた念者と稚児の方が崇高なのである。彼らは魂の中の悪徳の宿る部分を自分に隷属させ、徳の宿る部分を解き放つ（二五六b）ことに成功したのであるから。

ソクラテスがエロスに関する学説を主に同性愛の用語で論じた理由は、容易に理解できる。それは、彼のまわりでは、異性愛よりも同性愛の関係の中で熾烈なエロスが体験されることの方が多かったし、美しい上に感謝もし鑽仰もしてくれる若い男性と密着したいという誘惑にはほとんど抵抗不可能であるということが、当然至極のことと見なされていたからである。同様に、絶えず肉体的満足を自制していたエロスが同性愛のエロスであった理由も容易に理解できる。それは、精液を受けるのは所詮女に定められた役割であったし、一方また、庶民感情が稚児の貞操と念者の無私の熱愛なるものを美化し礼賛したからであった。形而上学の体系の中でエロスがこれ程までに顕著な役割を果たす理由は必ずしも明らかでないが、その最も簡明な説明は『ファイドロス』二五〇dの中に見出せる。そこでの所見によると、「エロスの対象となる限りのもの」の中で、人間の五感によって直接に知覚されうるのはひとり美のみであり、従って、何か美しいものを目にした時こそ、「存在」そのものの世界へとひときわ力強く直接的に接近できる、というのである。更には、次のような事情も考慮される。それは即ち、ソクラテスの理解する哲学とは、弁舌で人を魅了する師が物言わぬ弟子の群に向って垂示するような、孤独な黙想の産物ではなく、問いかつ答え、批判しあい、一方が他方から理解を引き出すという、共同作業の過程だ、ということである。『饗宴』におけるディオティマの話のクライマックスの部分が語っているのは、「存在」の世界についての理性に基づく知識を、年長者が若い男性の中に「出産」

するというイメージである（二〇九b）。これは「美しい媒体の中に出産」するという過程なのであるが（二〇六b参照）、品下れる物質世界にこれの対応物を求めるとすれば、文字通り、異性間性交によって子供を生むことにあたるのである（二〇六c）。念者は稚児を教育しようとし（二〇九c。クセノフォン『饗宴』八・二三を参照）、「正しい少年愛」（二一一b）とは哲学教育の謂なのである。ここに至って私達は、方法論的な見地からすれば、議論における共同作業や批判は有無を言わさぬ師の講義よりも数段進歩していることを認めた上で、年齢も地位も同じような者同士ではなく、年長者と年少者の関係ということにこれほど重きが置かれているのは何故か、その理由を尋ねてもよいかもしれない。実際、ここに至ってこそ私達は、五世紀末と四世紀初めのアテナイの有閑人士の性行動がソクラテスの哲学を表現する形式に決定的な影響を及ぼした、と判定できるのである。それは、存在の世界が実在すること、その世界には理性によって近づけること、その世界は「善」に依存していること、といったソクラテス哲学の基本的な仮定に対する影響ではなく、人生における他のどんなものにもまして年下の男性の美しさに熾烈な感情をもって反応し、その若者を我慢づよく教育することこそ哲学的達成に至る一番の近道である、とする見方に対する影響である。プラトンは、魂が見る窮極的な実体について語る時には、ややもすれば性的な比喩（『饗宴』二一一d）やイメージ（『国家』四九〇b）を用いようとするので、いやでも私達は、哲学的刻苦精励に対して「真の」エロスが報いる恍惚境と、性器が感ず

(17)

(18)

るオルガスムスという恍惚境（これは、性欲の対象に粘りづよく言い寄った報いとして得られる）とのアナロジーを思ってしまう。現代の文学だと、形而上学に性的用語を用いるより、むしろ、性に形而上学の用語を用いそうだが、どちらの場合にも、オルガスムスにはつきものの感じ、即ち、抗しがたい力の下では個としての自分自身《アイデンティティ》などは無になってしまうという感じを介して、アナロジーは成り立ちやすくなっている。プラトンをこのように論じることは、決して形而上学を生理学に「格下げ」することではない。それはただ、哲学的仮定の由来を確認することと、仮定に基づく演繹の作業の有効性を吟味することとは哲学者の仕事であるのに対し、その仮定が現に在ることを説明するのは伝記作者の仕事である、ということを認識するだけのことなのである。

晩年の著作『法律』におけるプラトンは、『ファイドロス』で「道を踏み外す」二人に対して示したような妥協乃至は寛容を、もはや持とうとはしていない。『法律』では、同性愛のテーマは六三六ａ－ｃで初めて提起されるが、そこでは節制と克己との関連で、異性間の性交の快楽は「自然に適っており許される」が、同性愛の快楽は「自然に反する」もので「快楽に打ち克てないがための醜行」であると、アテナイ人が明言している。そしてずっと後になって（八三五ｃ）、「人間の最大の欲望」を抑制するために立法家が抱える問題は山ほどあることを言いながら、性に関する立法というテーマ全体が持ち出される。金持ちになりすぎることを禁じておくと、放縦には少からぬ歯どめがかかるし（八三六

a)、社会は常に役人たちの厳しい監視下にあるのであるが、しかし、少年や少女に対する恋、女に対する男の恋、男に対する女の恋、これらが因《もと》で個々の人間や国家《ポリス》全体に起こった事件は実に夥しいものがあるが、それを用心するにはどうすればよいのであろうか(八三六ａｂ)。

このあと更に、(六三五ｅ—六三六ａの趣旨に従って)スパルタとクレタ島は困った例だと言った上で(『法律』のこのアテナイ人の対話の相手は、スパルタ人とクレタ人である。405頁参照)、このアテナイの論客は同性愛関係という特殊問題に移っていく(八三六ｃ—ｅ)。

もし誰か、自然に従ってライオス[19]以前の法律を定めようとするならば、その際、女性にするのと同じように男性や若者と愛欲の交りを共にしないのが正しいことだと論じ、動物の自然を証拠に持ち出して、自然に悖ることである故、動物の雄が雄に愛欲のために触れることはないことを指摘するならば、その議論は説得的なものとなるでしょう。

……

同性愛の関係は「言い寄られる者」の魂に勇気を植えつけることも、「言い寄る者」の魂に節度を植えつけることもないし、後者は快楽の誘惑に耐えられないということで、前者は「女の真似をしている」ということで非難にさらされるばかりである以上、法律は同性愛の関係に対して好意的な見方をすべきである、などと論じる人はひとりもないでしょう——とアテナイ人の話に続く（八三六ｄｅ）。このアテナイ人の提案によれば、これまでも近親相姦を抑止し、「多くの人々に、そういった交わりへの欲望さえも忍び込まないように」（八三八ｂ）させていた宗教的制裁が性に関する立法全般に押し広げられるべきだとするのである（八三八ｅ—八三九ｂ）。

私が言ったのは正しくそのことだったのです。つまり、子供を作るための性交を自然に従ってこの法律の骨子にするための工夫が私にあると申しましたが、それには、男性からは身を引き、人間の種族を意図して滅ぼすようなことをせず、根づき育ち実ることの決してない岩や石に精を播くことをしない一方で、播かれたものが育ってほしくないような女性の畠一切からも身を引くことです。この法律には……善いところが数えきれぬ程あります。何よりもまず、この法律は自然に従ったものであり、恋の発作や狂気やなべての淫楽、それにあらゆる暴飲暴食を慎ませる力をもち、男たちには自分の妻を専一に愛するようにしむけるのです。

運動選手は競技で勝利を収められるだけの体調を維持するために女も稚児も避けている（八三九e―八四〇b）。それならば――とアテナイ人は問う――我々の国の若者たちに、快楽に対する勝利を収めるために恋情を抑制することを期待してはいけないであろうか[20]。彼によると、法律は次のようにこそ明言すべきなのである（八四〇de）。

> 大きな群の中で生まれ、子供を生む年齢になるまでは雌雄の交わりに汚れることなく、独身のままで清らかに生き[21]、その年齢に達して初めて、雄は雌と、雌は雄と好きな者同士が番いになって、以後は初めの愛の約束を固く守り、敬虔にして心正しく[22]生きる鳥たちやその他多くの獣類――我々の国の市民がそれ以下であってはならないのです。

最後にこのアテナイ人は、「性交および性《エロス》にかかわるすべてのこと」（八四一e）に関する法律として二つの案を提示する。第一の案は第二のものよりも厳格である（八四一de）。

> 一案では、生まれのよい自由人である限り、結婚による正式の妻以外の誰にも触れてはならず、妾に私生児の種子を播くのも、自然に反して男性に不毛の種子を播くのもいけない、とします。今ひとつの案では、男性との交わりについては無条件に禁止してもよ

いかもしれませんが、女性との交わりについては、神々の前での神聖な結婚によって家に迎えた女性以外の女と……交わって、そのことをすべての男女から隠しおおせなかった者がもしあれば、[23]国内での権利を奪われた者となると法律で定めておく、それでよいのではないでしょうか。

自然かどうかという問題の把え方は『ファイドロス』二五〇eに初めて見え、『法律』六三六a—cや以上の引用箇処でははっきりとしたテーマとされているが、何が自然に適い何が自然に反するかを確定するために、プラトンは動物の世界を引きあいに出している。もしも、プラトンが動物についてほとんど何も知らないばかりにこんなことを言うのなら——現に、動物は子供を守り養うためには我が身をも犠牲にするという『饗宴』二〇七bの一般論は、ある種の動物には言えるが、他の多くのものにはあてはまらない——この議論は弱いが、しかしプラトンは、例えば攻撃的な個人主義を弁護したいと思うような論敵たちにも、やはりこの議論が使えるものとは思っていなかったのであろう。彼の考えでは、理性の方面では人間の自然と動物の自然は区別されるが、性交のような非理性的な活動に関しては人間も動物も一緒に論じてよいのである。プラトンの主な関心は、魂の中の非理性的で欲求に関わる要素が放縦に力を得て強大にならないように、身体的快楽を目的とする一切の活動を必要最小限にまで縮小することであるが、それを果たすために彼はいろいろな種類の議論を展開しようとしており、その中に、慎重な議論（理想社会を一心同体にするのに必ず役立ち、ひいては社会の安定強化に役立つ、夫婦結合の強化の説）もあるし、人間以外の世界の推移を見れば神々の掟への服従は明らかであるとする感情を恐らく楯にとった、自然を引きあいに出す議論も含まれているのである。プラトンは、性的な快楽として妥当であると自然が示した域を越えているとの理由で同性愛の関係を禁じてはいるが、その禁じられた行為をしたいと思う欲望が自然に適っているのか否かについては意見を述べていない。当時の時代感情を踏まえて推測するに、彼はそんな欲望があるということは魂の中の欲求に関わる要素が十分に訓練されていない証拠だと見なしていたであろうし[24]、そんな魂なら快感の数々ある中の一つとしてしか同性愛性交を望んでいない、と言いたかったのであろう。

同性愛の行為を自然に反するものとして断罪することは道徳の歴史に深刻な影響を及ぼさずにはすまなかったが、プラトンの最大の弟子がこの問題を用心深く論じていることには注目しなければならない。即ち、アリストテレスは『ニコマコス倫理学』一一四八b一五―一一四九a二〇において、自然に適って快いもの（これは更に、「無条件に快いもの」と「ある種の人間や動物には快いが、別種のものには快くないもの」とに細分される）と、自然に適わずして快いものとを区別しているのである。この後者を彼は、(イ)欠陥のあるどこかおかしい人が快いと見なすもの、(ロ)習慣によって快くなるもの、(ハ)悪しき自然に生まれついた人が快いと思うもの、に分けている。このように細分された三つのものには、(a)「野獣的な」(つまり、人間以下の)性癖、例えば、妊婦の腹を裂いて胎児を食う女のような、(b)狂気を含む病気に由来する性癖、(c)病気に似た性癖、あるいは習慣に由来する性癖、が対応する(ほぼ、(イ)(a)、(ロ)(b)、(ハ)(c)と対応する)。(c)に含まれるのは、自分の髪を毟ったり土を食したりすること、そして(直訳すると)、

加えて、男性にとって性交の(性癖、と補うか?)。というのは、これらは(即ち、かような行為の快楽は)ある者には自然の生まれつきによって、ある者には習慣の結果として生じるからである。例えば、子供の時から非道なことを《ヒュブリゼイン》された者がそうである。さて、自然の生まれつきが原因でそうなった者たちを「自制心がない」と評することは誰にもできないであろう[25]。丁度、抱くのではなく抱かれる[26]からといって、女性を(自制心がないと)評することができないように。

このようなテーマに対して嫌悪感を抱いているからであろうか、翻訳者も注釈者も「男性にとって性交の」という奇妙な語句を論じることをせず、これを「少年愛《ペデラスティ》」「男性との性行為《フェール・ラムール》」等々と訳してきた。もしもこの訳が正しいとすれば[27]、アリストテレスは、若い時に同性愛の受け手をしていた者は長じて仕手の役割をとるようになると言っているこ

とになるであろう。これはギリシア人の発言としてはおかしいであろう。また、同性愛の仕手の快楽が「病気に似ている」とか、心ならずも習い性になった結果ででもない限り経験されそうにないものと言いたげなのも、ギリシア人としてはおかしいであろう。女性が性的に受身であることをもって自然の定めた行動の例とし、肉体的快楽の抑制が欠如しているとして非難される惧れのない行動の例としているところから見るに、アリストテレスは性における受動性を道徳面から如何に評価するかに心を致しているのである。そして――こう考えると「少年愛」等と訳すことの当否がほぼ決すると思うが――アリストテレスが同性愛の受け手のことだけを語っていると仮定するならば、アリストテレスの名の下に伝わる偽書『問題集』四巻二六が専ら受け手のことにばかりかかずらわっていることももっと理解しやすくなるのである。『問題集』の著者は問題を出す。

ある人々が性交の対象にされて喜ぶのは何故か、その中のある者は同時に仕手にもなるが、そうでない者もいるのは何故か。(28)

この著者の説明によると、精液は常に必ず生殖系統に現れるわけではなく――量は多くはなく、圧力によってではないが――直腸に分泌されることもある。分泌された場所が、摩擦されると性的歓びを生み出す部分になるのである。

生まれつき女性的な者たちは……自然に反した身体のつくりである。なぜなら、彼らは男性であるのに、この部分（直腸）[29]が必ずや欠陥のあるものにされるようにできているからである。欠陥が全きものだと破壊を惹きおこし、そうでない場合は（その人の本性の）ねじまげを惹きおこす。しかし、前者のようなことは（今考察している事柄においては）起こらない。というのは、（もしそれが起これば）その男は女になってしまうであろうから。従って必然的に、彼らはねじまげられることになり、精液分泌のためのどこか別の場所で衝動を感じざるをえないのである。それ故彼らは、女たちと同様、飽くことを知らない。それは、液の量が少なく、力ずくで外部に出ていくほどでなく、すみやかに冷えるからである。

このように面妖なる生理学的説明を呈した後に、この著者はアリストテレスの省略の多い筆法を思い出させる言葉遣いで、こう続ける。

ある者は、習慣の結果としてもこのことを経験する。なぜなら、彼らは何であれしているうちにそのものを歓ぶようになり、そのようにして精液を発射するようになるからである。そこで彼らは、そのことを惹きおこしてくれるようなことをしようと欲し、習慣はますます本性のようになっていくのである。それ故、年ごろになる前ではなく年ごろになってから性交の対象にされることに慣れた者たちは、されている間に思い出が甦り、思い出すほどに快楽も生じるため、そしてまた、習慣のためにあたかも本性そうであるかの如くになっているために、(性交を)されることを欲するのである。しかしながら、大抵の場合、習慣もあたかも本性そうであるかの如き人々の中に生じるのである。もしも(人が)好色で柔弱であるならば、以上述べた一々のことが、一層すみやかに結果するのである。

この著者の自然(本性)観は理解しがたいものではない。男性と女性とを分かつ明確な特徴の何がしかを欠き、代わりに明確な女性的特徴を備えているような身体のつくりの男性は、自然に反した体質的欠陥を抱えている、そして、習慣のために明確に女性を特徴づけるような仕方で行動する男性は、あたかもそのような欠陥を持っているかのように行動する、というのである。年下の男性の肉体美に対して生殖器が反応することが男性の自然の欠陥乃至は損傷だと見なされた形跡は——その反応によってかきたてられた欲望の充足を阻止するという法律の務めについてはどのような見方がなされていたにせよ——『問題集』四巻を構成する性交に関する議論の中に、あるいはアリストテレスの中にも、更にはプラトンの中にさえ、絶無なのである。

E　女性と同性愛

女性の同性愛と男性の同性愛に対する女性の態度と、この両方を論じるのに一章の何分の一かを割けば事足りるのは、ギリシア世界には女の作家や画家の数が少く、男の作家や画家もその問題については事実上何も語っていないからである。

恋する者は恋敵に嫉妬するし、恋せぬ者でも誰かの性的関心を引きとめておくことで安全が保たれる場合には、その性的関心が他へ向くことによって安全が脅かされると、やはり不安になり嫉妬もするのが道理というものである。ギリシアの女性が男に恋される男（稚児）に対して特別な敵意をもっていたかどうか、それは分からない。遊女やその手合の女は敵意をもっていたはずだし、個別的に見れば、憤慨や軽蔑や逆に屈辱感故に女が嫉妬プラスアルファを感じた場合もあろう（カッリマコス一一〔187頁参照〕のイオニスという娘の立場に身を置いてみるとよい。あるいはR62の壺絵において、若い男の眼差しが通り過ぎる少年に釘づけになっているのを見た時の少女の気持を想像してみるとよい）。しかし一般的には、男が稚児を追い回すのは結婚前に限られていたので（詠人知らず三二・五〔189頁を見よ〕、メレアグロス八四、八七・五を参照)、夫がいつまでも同性に依々恋々としているのではないかと妻が恐れなければならないような事態[1]は、比較的稀だったであろう[2]。とはいえ、クリトブロスのように結婚したばかり(クセノフォン『饗宴』二・三)の若い男が稚児のクレイニアスを大袈裟に褒めちぎるような例もある(同書四・一二―一六)。テオクリトス『七』一二〇以下、友人のアラトスが若いフィリノスの魅力に身を焼かれているので、フィリノス自身も別の報われぬ恋に苦しむがよい、とシミキダスが念じる所では、悪意の調子が聞きとれるのが珍しく興味ぶかい。

いいかね、あいつなんか梨の実よりも熟れすぎて(即ち、稚児の段階は過ぎて、もはや君には無用なのだ)女たちも言っている、「まあ、フィリノス、あんたのきれいな花もおしまいね」と。

クセノフォン『ヘレニカ』六・四・三七は異様な事件を伝えている。フェライ(テッサリアの町)の僭主アレクサンドロス(三六九―三五八在位)は寵愛する美少年と口論してこれを投獄した。妻がこの若者の釈放を願い出たところ、アレクサンドロスは彼を処刑してしまい、これが因で憤慨した妻に弑《しい》されたというのである。アレクサンドロスが自分の稚児と妻の情事を疑ったかの如き響きがあるが、その疑惑はあたっていたものと思われる。若い男性が念者を惹きつける美質は、同様に女性をも惹きつけるものと考えられたのである。エウリピデス『バッコスの信女』四五三―九のペンテウスはディオニュソスを嘲笑して、その美貌と（「欲望で一杯の」）長髪と白い肌は女たちには殊のほか蠱惑的だと述べている。アフロディテがアドニスに、エオス（曙の女神）がティトノスに、あるいはセレネ（月の女神）がエンデュミオンにという風に、女神が死すべき人間の男性に恋する時には、女神が年上の男性のようにふるまう。エオスとティトノスを描いた壺絵では、ティトノスはガニュメデスのように、あるいは男に求愛される名もない稚児のように描かれているし、テオクリトス『一五』八四―六では、アドニスの姿が「顳顬《こめかみ》に漸《ようよ》う産毛の生え初めし」と歌われているから、アドニスは最も誘惑的な年齢――と考える念者があった。プラトン『プロタゴラス』三〇九a、『饗宴』一八一dを参照――にさしかかった若者に擬せられているのである。ヘラクレスの稚児であるヒュラスは水の精《ニュンフ》を魅惑して、彼女らに水の中に引きずりこまれた（テオクリトス『一三』四三―五四）。

「男と男の、あるいは女と女の（快楽）」という一般的な言及（プラトン『法律』六三六c）を別にすると、古典期のアッティカ地方の文学が女性の同性愛に触れるのはたった一回だけである。それはプラトン『饗宴』一九一eであるが、ここに登場させられているアリストファネスは、その昔「女の二倍体」（181頁参照）であった存在が ἑταιρίστριαι ヘタイリストリアイになったと述べている。この言葉は、これの男性形 ἑταιριστής ヘタイリステースともども、プラトンのこの箇処以外では確証されていない（但し、男性形の方はポルックスの辞書〔六・一八八〕に記載されてはいるが、その出典はアッティカ地方の文書という以外は不詳）。意味は明らかで、他の女に対して丁度男の場合にヘタイレーシス（99頁以下参照）と呼ばれたような関係にある女ということであり、ライカストリア（フェラチオする女、324頁参照）の語尾から蔑称的なニュアンスを受け取っていたかもしれないが、プラトン『エウテュデモス』二九七cに σοφιστής ソフィステース（所謂ソフィスト）の女性形 σοφίστρια ソフィストリア（女流ソフィスト）が「利口な、機略縦横の」の意味で使われている例もあるから、この点は全く不確かである。ヘレニズム期のエピグラム（アスクレピアデス七）に、

サモス島の女、ビットとナンニオンは、アフロディテの道を踏んで
アフロディテの（業《わざ》、と補うか？）には赴こうとせず、
別のけしからぬことへと走りゆく。アフロディテ様、
男と女の臥所《ふしど》より逃げ去る女らを、お憎みあれ。

というのがある。別の詩（三七）では自分の同性愛への強い欲望を言明しているこの詩人にして、女性の同性愛に対してこの敵意とは驚きである。男の恋人を斥ける女をアスクレピアデスが「脱走兵」とか「逃亡者」（「走り去る」「逃げ去る」と訳した）と表現し、アフロディテの「道《ノモイ》」

に背く者としていることから考えるに、喜劇が女性の同性愛については全く緘黙《かんもく》しているのは、男の側に不安があったためかもしれない。喜劇詩人が観客の笑いをとるためにも利用しようとしなかった、いわばタブーのような話題は二つ、一つは四三〇年のアテナイにおける疫病であり、今一つは女性の月経である。[3]

一方スパルタでは、「高貴な（カロス・カイ・アガトス）[4]」女性は乙女に恋をした、とプルタルコス『リュクルゴス伝』一八・九は伝えている。これは、男性の念者・稚児にあたる関係を女性も持っていたということである。テラ島出土のアルカイック期の皿（CE34）※には二人の女性が描かれているが、明らかに求愛のシーンであり、一方が他方の顔に手をやり、二人とも花輪を持っている。二人の女性が一つマントにくるまっている壺絵については、同じように二人の男性がくるまっている（あるいは、肩に掛けた布で部分的に覆われている、247頁参照）シーンを連想すべきではなく、女性の数が三人以上、しかもその女たちが対面することなく全員が同じ方向を向いている、そのようなシーンと関連づけて考えなければならない[5]。アッティカ地方の赤絵式壺での例外はR207※で、跪いた女がもう一人の女の股間に指をやっている。

ギリシア文学において女性の同性愛感情が最も鮮明に表現されているのは、何と言っても、数少い女流詩人の中でも最も早く現れ最も名高いサッフォの詩である。サッフォはレスボス島のミュティレネ市に生まれ、六世紀の初頭に活躍した。同じころ同じ市から出て同じ位有名なアルカイオスと同様、彼女は主に独唱用の抒情詩を作った。彼女が同性愛者だったという証拠は、文字通り断片的でしかない。彼女の詩で完全な姿で今日まで伝わるのはただ一つしかなく（ローマ期の文芸批評家によって引用されている）、その他は、一行がそっくりそのままの形で残ることは稀な古代の本の写しの寄せ集めとか、後世の作家による詩行や詩句の部分的引用によって伝えられているだけなのである。証拠資料も頼りなく曖昧である。テクストの破損から窺えるように、サッフォのレスボス方言は伝承の過程でいろいろ問題を惹きおこしており、その問題を解決するのに必要な単語が欠けていたり、解読不能あるいは語義不確定のため重要な詩行がうまく理解できないことが多い。それに、ヘレニズム期やローマ期の注釈家が残したサッフォについての伝記的な記事は、彼女の作品を完全な姿で利用しえた――何といってもこれは私達にはできないことだ――人々の手になるものではあるけれど、その記事の基になった推論の過程となると怪しいものだし、古代の伝記作家が horror vacui（空白恐怖症）のために単なる可能性を確定事実としてしまったことははっきりしているのである。

現存する証拠資料による限りでは、サッフォの同性との色事を伝えるものはヘレニズム期まで現れない。古典期のアテナイでは『サッフォ』と題する喜劇が少くとも六篇上演されたが、その一つ（ディフィロス断片六九以下）では、イオニアの詩人アルキロコスとヒッポナクスが彼女の恋人ということにされている。アンティファネスの劇（断片一九六）では、彼女は伝説のクレオブリネ（ギリシア七賢人の一人とされるリンドスのクレオブロスの娘。驢馬は音痴だが、その骨はアウロス笛にすると鹿の骨より良い音がすることを踏まえ、「死せる驢馬、角ある脛でわが耳を打つ。その謂は」という謎を出した）やスフィンクス（テーバイ市の境界を扼し、「朝は四つ足、昼二つ足、夕に三つ足で行く生物は何か」という謎を出しては釈けない者を取って食っていた。オイディプスに正解を出されて慙死した）のように謎をかけている。アメイプシアス（断片一六）、エフィッポス（断片二四）、アムフィス（断片三二）、ティモクレス（断片三〇）などの「サッフォ物」については皆目分からないが、エピクラテス断片四は二流詩人たちに並べて彼女をエロティカ（恋の歌）の作者と呼んでいる。メナンドロス断片二五八は彼女がファオン（伝説上の渡し守で非常な美男）に恋をして（喜劇詩人プラトン断片一七四、ウェルギリウス『アエネイス』三歌二七九行へのセルウィウスの注釈を参照）、彼を追いまわし、絶望して自殺したと語っている。(6) 四世紀末のヘルメシアナクス（断片七・四七―五〇）によると、アルカイオスとアナクレオンがサッフォをめぐって恋の鞘当をした。ディオスコリデス一八は彼女を若者一般の恋に結びつけて、ムーサイ（音楽と詩の女神たち）とヒュメン（結婚の神）とアフロディテ（特にアドニスの恋人としての）に尊敬されるサッフォ像を作っている。サッフォの同性愛について語る資料でアウグストゥス帝の時代（紀元前後）、ホラティウス『歌集』二・一三・五、オウィディウス『悲しみの歌』二・三六五）以前のものは一つとして正確な年代決定ができないのであるが、「一説によると彼女は淫《アタクトス》で（原義は「無秩序な」「躾のない」）、ギュナイケラストリア（女を愛する女、女念者）であると非難されている」ことを伝える伝記の断片（*Oxyrhynchus Papyri* 1800 fr. 1 col. i. 16 f.）は、ヘレニズム初期の資料を用いているものと思われる。ともあれ、この伝記では数行後にカマイレオンの名前が出てくるが、彼はサッフォについて一書を物し、アナクレオン断片三五八（400頁参照）はサッフォを恋うる情を歌ったものだという説にも触れているし（カマイレオン断片二六）、サッフォ風の四行詩（*PMG* 953）がアナクレオンのことを歌っているとする解釈も、どうやら彼を根拠にしたものらしい。[7] クレアルコス（断片三三と四一）にもサッフォについての発言があるし、ミュティレネのカッリアスなる人物（恐らく三世紀にまで溯るだろう）もサッフォの詩に注釈を施したことが知られている。

いずれにせよ、サッフォの詩のいくつかが、男の念者が稚児に対して用いるのと同じ言葉で女性に語りかけているのは疑いのないところで、古代末期のテュロス（フェニキアの都市）のマクシモス（一八・九）は、サッフォと少女たちとの関係をソクラテスと美青年たちとの関係になぞらえているし、テミスティオス一三・一七〇dはサッフォとアナクレオンの二人を並べて、自分のパイディカ（美少年・美少女）を「手ばなしで褒める」と評している。最近刊行された注釈の断片（*SLG* S261A）によると、サッフォが「同郷人のみならずイオニア人の最上流女性を教え」とあるので、先のマクシモスの比較が思い出されて面白い。この断片は、サッフォの「市民たちの間での人気のほどはミュティレネのカッリアスが［……］の中で［……］と伝えているほどである」と続くが、カッリアスがどのようなことを伝えているかは、次にアフロディテの名前（一部欠損）が現れることから推測するしかない。それにしても、サッフォはレスボスとイオニアの少女らに何を「教え」たのか。それは言うまでもないこと、彼女自身が卓越していた技、男性優位の分野において男勝りの活躍をしていた詩と音楽であった。レスボス島の良家の子女が親の意向でセックス・テクニックの学校に入れられたなどと想像するのは些か無理があろうが、祭礼時の少女合唱団員としての技芸と魅力を磨くための少女の学校(8)を想像するのは何の無理もないところである。サッフォの次の世代にもエーゲ海東部に女流詩人が輩出していたならば、それらはサッフォの弟子であるとする伝承がレスボスに生まれていたであろう。フィロストラトス『アポッロニオス伝』(一・三〇)——これの資料としての価値は暫く措く。実は、ずっと後の時代のサッフォ伝説の形態を示してくれる以外は、極めて価値が低い——は、サッフォの「弟子」としてパムフュリア(小アジア南部の地)の女性ダモフュラの名を挙げ、彼女もサッフォと同じく少女を弟子にとったと記している。サッフォの「人気」についてのカッリアスの記事も、恐らく彼が知っていた伝承からの孫引で、サッフォと同時代のレスボス人の意見を直接に伝える証拠資料に基づくものではないであろう。

サッフォ自身の言葉に戻ろう。断片一六・一五でアナクトリアを眺めて彼女が喜ぶのは、「私には、地上でこよなき眺めとは、愛するものの眺めです」という一般論の実例となっている。彼女はアッティスという女に向って「遠い昔、私はあなたに恋をした」(断片四九)ことを明かし、自分を嫌って「アンドロメダの所へ飛んでいった」といって彼女を非難している（断片一三一）。「彼女は優しいアッティスを、欲望《ヒーメロス》と共に思い出す」（断片九六）とも比べて頂きたい。この詩の後の方ではアフロディテと説得《ペイトー》の女神が現れるが、前後の文脈は不明である。断片九四では、サッフォがある女と別れる胸の痛みを歌っていることは、使われている代名詞と形容詞と分詞が女性形である（二行・五行・六行以下）ことから分かる。彼女は、香を焚きこめ花冠をかぶって（これは酒宴や祭の際の普通のいでたちである）、この女と一緒にいられた時のことを思い起こしている。この詩の二一―二三行は次のようである。

優にやさしき臥所《ふしど》にて
あなたは欲望（πόθο［ ］）を遣《や》り

ホメロスの叙事詩で、「彼らは飲み食いへの欲望《エロス》を遣ってしまうと」といえば「欲望を満たしてしまうと」の意味であることからみて、欲望を「遣る」とは「満たす」ことである。しかし、誰の欲望を満たすのか。ホメロスでは動詞は中動相であるから、「欲望を自分から追い遣る」「自分の欲望を満たす」ということであるが、サッフォの断片九四では能動相であるので、この詩で呼びかけられている人物は誰か別の人の欲望を満たしてあげたかの如くである。しかし、ホメロスの別の箇処「私は（私の）嘆きへの欲望《エロス》を遣った上で」

(二四歌二二七行)では、中動相でもミーターに合うのに能動相が使われている。ともあれ、柔いベッドの上で(身体の触れあいによって、と考えるのが常識だろう)[9]満たされるのがサッフォの欲望であれ、詩で呼びかけられている女性の欲望であれ、悲しみにたえぬサッフォの別れの歌という文脈からして、詩で呼びかけられている女性と男との関係というよりは、彼女ら二人の関係を歌っているとみる方が適当である。

保存状態の良い二つの詩、断片一及び三一は極めて重要である。断片一ではサッフォは、以前にも助けてもらったことがあることを思い出させながら、女神アフロディテに助力を訴えている。以前には(一四―二五行)、

あなたは、不死のお顔に笑みをうかべ
尋ねて下さった、この度は、またどうしたのか、
何故に、またも呼び出すのか、
狂おしい胸《マイノラース》に、いかなることを
望んでいるのか、と。「この度は、誰を説いてほしいのか、
(解読不明の句)お前の恋ごころ《フィロテース》へと。
サッフォよ、[10]お前に不正をなすのは誰か。
宜しい、その女、逃げまわっていようとも、今に追う身にしてやろう。

贈り物に見向きもせねど、今に贈る身にしてやろう。
今は恋を知らずとも、恋する女にしてやろう、
彼女の心を曲げてでも」（と言って下さった）。
この度も、お出まし下さい……

追う、逃げる、贈り物する、恋するというのはお定まりの内容である。恋の相手が自分に「不正をなす（ἀδικεῖν《アディケイン》）」――即ち、恋する者の望むような仕方と程度で恋に報いてくれない[11]――という恋する者の訴えは、テオグニス一二八三に見える（「少年よ、私に不正をしないでくれ」）。サッフォの詩の顕著な特徴の一つは自分の名前を詠み込んでいることであるが、そのことから、彼女が何らかの状況を仮構して、あるいは何らかの人物を虚構して詩を作っているのではないことが分かる[12]。これまでの通説のように、サッフォ自身がやがてある少女に追いかけられ、愛され、贈り物を受けるようになると理解しなければならないとすると、この詩は支配する側と屈服する側とのあのおなじみの差別をなくして相互対等の恋を歌っているという点で特異だ、ということになる。しかしながら、この詩は「その女……今にお前を追う」「お前に贈る」などとは言っていない。恋に泣く者ならば「いつかお前も恋をして、罰を受けるだろう」（テオグニス一三〇五―一〇、一三三一―四。172頁以下参照）と、つれない恋人を脅すかもしれない[12a]。恐らく、相手の少女も報われぬ恋

を味わうことで罰せられるだろうと請け合うことによって、アフロディテはサッフォを慰めているのである。男女間の恋になるが、テオクリトス『六』一七はキュクロプスの性的関心を刺激しようとして必死になっている海の精《ニュンフ》ガラテイアのことを、「彼女は恋してくれる者を逃げ、恋してくれぬ者を追いかける」と述べており、サッフォの言う「追う」も「気を惹こうとする」というだけの意味かとも考えられる。但し、テオクリトスのこの一行は諺ではないかと思われるので（『一二』七五「手許にいる羊の乳を搾るがよい。何故逃げる者（男性形）[13]を追うのか」を参照）、本来は何ら性的な意味あいを持っていなかったものかもしれない。

サッフォ　断片三一は次のようである。

ひとりあなたと、差し向かい[14]
間近に甘い、ささやきと
なまめく笑みを、聞く人は
ああ、神さまみたい。

それを思うと、このわたし
胸の鼓動の、いかばかり。

あなたを一目、見るだけで(15)
ああ、声にもならず
舌の根固く、結ぼれて(16)
たちまち走る、熱きもの
肌をつらぬき、眼もくらみ
ああ、耳鳴りの音。

冷き汗の、流れおち
身をつつみたる、この震え
草よりもなお、蒼ざめて
ああ、死せるがごとし。

されどひたすら、忍ぶべし（あるいは「忍びたり」か？）……（次の語は解読不能、伝ロンギノスの引用はここで終っている）。

男が（恐らく若い）女と対坐して語るという機会は、古典期のアテナイよりはアルカイック期のレスボスにおいてより多くより多様であったであろう。サッフォの感情の対象が結婚式の花嫁だとすると、この詩がウェディング・ソングだとは極めて考えにくい[17]。しかし、だからといって、恋する少女の結婚によってある人物の中に惹き起こされた感情をサッフォが表現している、という可能性が除外されるわけでは決してない。第一スタンザの「聞く人（男性）」が「神さまみたい」なのは、彼の美と力が人間離れしているからか、少女の性的関心を惹きえて雲の上の幸福に浸っているからか、少女の美しさに直面しても（人間ならばそうなってもおかしくないところを）喪心状態にならないからか[18]、議論の分かれるところである。嫉妬深い人間には二人の思いもよらぬ深い仲をふと漏らすもののように見えて、耐えがたい感情的抑圧の直接原因になるのは正しく話しぶりや笑みであるので[19]、ここの「神さまみたい」が泰然自若を意味しているとする説は疑わしく、私としては、少女を失うのではないかという不安と、その男と張り合っても勝負にならないという絶望感とを示した詩句だと解釈したい。「それを思うと……胸の鼓動のいかばかり」（直訳すれば、それが私の胸内の心を鼓動させた）がアオリスト時称であるのはギリシア語の慣用に従ったもので、物を言おうとする矢先に鼓動に襲われたと言うことで感情の昂りを伝えているのである[20]。詩の「私」は頻々と少女に目をやって（「一目、見るだけで」と訳した所、ギリシア語では繰り返しの表現が使われている）、少女が音（鼓動）から引き出した推論を視覚印象によって打ち消そうと躍起になっているが、その推論を強めることになるばかりなのである[21]。この詩を引用しているプルタルコスや伝ロンギノスといった古代作家たちは、サッフォが克明に記述する身体的徴候を彼女の少女に対する愛欲の顕れと見なしている。[22] 少女に恋をしなかったなら彼女はそのような徴候を経験することはなかっただろう、という意味ではその通りであるが、これらの徴候をひっくるめてみると、これはもう「不安の発作」[23]である。そして、彼女がライバルの男性に対して、相手を見くびるということで示されるような悪意は感じていず、人間が神に対して抱く望みなき羨望を感じているという事実は、同性愛的態度によく合致している。[24]

女性が他の女性の美しさに強く、それも明らかに愛欲的に反応することは、サッフォの詩に限られたわけではない。[25] ギリシア各地のさまざまな祭において作られ（作詩は男性詩人である）演じられたパルテネイア（乙女《パルテノス》らの歌舞団《コロス》のための歌）の中にも、それが見られることがある。五世紀前半のピンダロスがいくつかパルテネイアを作り、その中かなり大きな断片二つと小断片何がしかが残っているが、今日このジャンルといえば、何と言っても[26]初期スパルタの詩人アルクマンが第一に思い出される。それは、七〇行近くが完全に読めるパルテネイオン（単数形）一篇、他にもパルテネイアの断片、そしてそれらに対する古代人の興味深い注釈の断片が今日まで伝わっているからである。断片三・六一―八一は次のようである。

四肢の力を奪う欲望で。そして彼女は／眠りや死よりも強く（私を？）眼でとろかす。

／彼女（の作用？）が甘美（？）なのも宜《むべ》なるかな。／でも、アステュメロイサは私に何も答えず／燦々たる大空を／落ちゆく星のような／または、黄金の若枝、柔い羽毛のような／花冠を手にして／［　］彼女は大股でやって来た。／［　］キニュラスの美しい（？）毛房のなまめきが／乙女らの髪にたゆたう。／［　］アステュメロイサは軍中で／［　］民の寵児／［　］誉れ（？）をかち得て／……／間近に来て（三人称）、（彼女を？　私を？）優しい手にとってほしい／すぐに私は、彼女の嘆願者となりたい［

少女たちの歌舞団《コロス》が自分たちの立場で作られたのではない詩を歌うとか、物語詩を歌いながら他人の科白《せりふ》を直接話法で伝えるということはありうるし、右の場合のように、コンテクストが不明の詩を解釈するには注意が必要である。不幸なのは、コンテクストが分かっていれば解釈が一層むつかしくなるかもしれないということである。

アルクマンのかの有名なパルテネイオン（断片一）では、神話が語られ簡単な教訓が引き出された後に現存する部分が続き、歌舞団が自分たちのこと、一人ひとりの少女のことを名ざしで歌い継いでいく。この詩の解釈について有益でしかも議論の余地ない何事かを言おうとするのは容易でないが、その理由は詩を読んでみれば分かるであろう。[27] この詩は一〇人の少女のために作られ（九八行以下）、ハゲシコラという女性を「私のいとこ」と呼び（五二行以下）、その髪や（五一行）顔や（五五行）踵《かかと》を（七八行、伝統的な形容詞「踵の美しい」が使われている）褒めている。この詩はまた、「太陽の如き」乙女アギドをも称え、名前の列挙を次のように締めくくっている（七三―七）。

あなた（女性）は、アイネシムブロタの所へ行って言いもしないの？／「アスタフィスが私のものになって欲しい／フィリュッラに見つめられたい／ダマレタや可愛いウィアンテミスにも」と。[28]／でも、私を苦しめるのは、ハゲシコラ。

用語はエロチックなものである。苦痛や災難の作用を言い表すことが多い τείρειν テイレイン（「苦しめる」と訳した）でさえ、アイグレに対する愛欲がテセウスに及ぼした作用について用いられている例（ヘシオドス断片二九八）があるとおり。いずれにせよ、これ程までに美しさを称えられている少女が称えてくれる者たちを「苦しめる」とすれば、愛欲的な意味以外は考えにくい。

アルクマンがこのパルテネイオンを作って歌舞させた少女たちが全員同じ家族の者であったかどうかは、彼女たちが集団で歌いながらハゲシコラを「私のいとこ」と呼んでいる事実をどう解釈するかで変わってくる。が、スパルタ方言で ἀνεψιός アネプシオス[29]（「いとこ」と訳した）といえば第何親等を指したのか、これまた分からないことなのである。同じ共同体の中でも、その共同体全体の伝説上の先祖というより、もっと時代的に近い先祖を共通に戴くと目される下位集団の中でしか機能しない祭儀は沢山あった。しかし、祭における歌舞団《コロス》の規模が固定されるということも極めて普通のことであったから、全構成員が同じ親族結合から出るかどうかは別として、どんな時でも歌舞団《コロス》の編成にあたっては選抜ということがついてまわった。ギリシア人は祭でのどんな歌舞音曲にも声の良さと姿の良さを望む傾向があったから、歌舞団を選抜するに際しては、（贔屓や敵意、事前運動などで公正が損われることがどれ程多かったにせよ）美しさと雅びと巧《うま》さを能う限り兼ね備えた少女たちを選び出すというのが表向きの目標となったであろう。この事実は、サッフォとアルクマンを結びつけるものとして興味深い。私達は、サッフォの時代にレスボス島で女性のビューティ・コンテストがあったことを知っている。アルカイオス断片一三〇・三二以下は言う。

裳《も》裾《すそ》ひくレスボス女《おみな》、ここに来て
こもごも競う　あで姿。
女らの　気高き叫び、年ごとに
天にも届けと、響きわたりぬ。

女性の――男性のもあった――ビューティ・コンテストはエリス地方（ペロポネソス半島西北部）でも行われた（テオフラストス断片一一一）[30]。誰が審判をしたのか。ある人の美しさを褒めるということは（好むと好まざるとにかかわらず）一種の性的行為なのであり、それ故、ギリシアのどこかで市民階級の女性が着飾って男たちに品定めされたとか、セックス・アピールを判断基準にして個人名で賞をもらった、などとは考えにくい。プルタルコス『リュクルゴス伝』一四・四によると、パルテネイアの実演の際に若い男に見物人として臨席するのを許しさえするという点で、スパルタは異例だとされているのである。しかしながら、少女らが女たちや他の少女たちから無闇矢鱈に褒めちぎられたというのなら、美少年がたっぷりと褒められて抱くような自信を、この少女たちも味わうことができたということである。女性歌舞団《コロス》の構成員同士の関係、あるいは音楽や詩の先生と生徒[31]との間の関係は、かくして、一種公然たる「下位文化《サブカルチャー》」、いやむしろ「反文化《カウンターカルチャー》」を形作っていて、その中で女たち少女たちは、社会的隔離と一夫一婦制のために男たちからは受けとることができないものを、同性から受けとっていたのかもしれないのである[32]。これらの関係を言い表す用語からは、サッフォやレスボスの少女やアルクマンの歌舞団《コロス》のメンバーたちが身体を触れあってお互いに性的興奮を引き起こそうとしたかどうかは分かりかねる。サッフォ断片九四（388頁）とプルタルコス『リュクルゴス伝』一八・九から見るに、どうやら彼女たちはそれをしたらしいし、アルカイック期のレスボスとスパルタの男たちは女がそれをしているのをよく知っていたようである。エロチックな言葉を耳にして、しかも、それを使う連中はチャンスさえあれば性行為を楽しむ手合だ、とは考えずにすむギリシア人は、ソクラテスのサークルを除くとそれ程多くはなかったはずである。アッティカの美術や文学では女性の同性愛を扱うことは事実上タブーであった（381頁）、と言って正しければ、地域と時代による重要な変化が明らかになる。この種の変化はⅣ章のAで論じられよう。サッフォの同性愛に対して批判的な意見が述べられるのは時代が下ってからであるが、そのことは、ヘレニズム期の道徳基準を決めるにあたり、アテナイ人の社会・道徳・文化に対する考え方が果たした役割を勘案すれば——四世紀アテナイの教養階級では哲学への没頭がますます重要になっていたことを忘れてはならない——説明がつくかもしれない[33]。

　この問題に関連して、もう一つ考察しておくべきことがある。ギリシアの女性の同性愛を論じるに際して、私は「レスビアン」（レスボスの）と「レスビアニズム」の言葉は避けてきたが、十分な理由あってのことであった[34]。古代には「レスボスの女」といえば性的なイニシアチブと無恥の意味を含んでいた（フェレクラテス断片一四九を参照。「レスボスの女」が「ライカストリアイ」（324頁参照）の意味にとられている[35]）。ヘシュキオスの辞典（λ692）はλεσβιάζειν レスビアゼイン（地名の動詞化）を「フェラチオする」と定義しているし（『スーダ辞典』λ306を参照）、アリストファネス『蜂』一三四五以下でフィロクレオンが、宴席から家へ連れ帰った少女に向って「お前が丁度お客どもにレスビアゼインしようとしているのを、まんまと連れ出してやった」と言うのは、明らかに少女の同性愛癖のことを言っているのではなく、単に、「お客どもといちゃつく」というのを喜劇の常道である粗野で過激な言葉に言い換えているだけなのである。[36] 紀元後三世紀に書かれたルキアノス『遊女の対話』五には、レスボス出身で大変男っぽい同性愛の女が出てくるが（髪を剃って鬘をかぶっている）、仲間の女もやはり同性愛者で、二人して一人の少女を可愛がるのだが、この仲間の方はコリントスの出身である。ルキアノスがこの二都市を選んだことに意味があるとすれば、恐らくレスボスもコリントス（309頁参照）もセックス産業で名高かったということであろう。一見してレスボスと同性愛とが結びつけられている古代のテクストは、アナクレオン断片三五八だけなのである。この詩人はある少女への欲望を歌うが、彼女は、

レスボスの、花の都の
乙女ゆえ、わしの髪が
白いと言って、ケチをつけ
他《ほか》のを、うっとり見つめてる。

「髪」（kómē《コメー》）は女性名詞であるから、「他のを」（形容詞女性形）というのは「他の髪を」

と理解できよう。「私の白髪ではなく誰かの黒髪を」なのか、レスボス女のフェラチオでの評判と関連して「私の白いカミの毛ではなく他の誰かのシモの毛を」なのかは不明だが。(37)しかしながら、アナクレオンはこの少女が他の少女に同性愛的な関心を抱いていることを言わんとしている、とも考えられるし、(38)また、「レスボスの」といえば何よりもまず同性愛を意味したというようなことは、彼の時代にも古代のいかなる時代にもなかった、とも考えられるのである。世の中は同性愛者と異性愛者に二分されていると考えたり、同性愛行為に手を染めることは――あるいは、その欲望を胸に懐くだけでも――正常・健康・正気・自然・善と、異常・病的・狂気・不自然・悪とを分かつ境界線を越えて取り返しのつかない一歩を踏み出すことだ、と見なしたりしている限り、同性愛に対するギリシア人の態度を理解しようとしても、それほど成果は得られないであろう。もしもレスボスの女性が無恥と野放図な性行動で有名であったのなら(39)(これは多分、六世紀にアテナイとレスボス島のミュティレネ市とが戦った頃にアテナイの諧謔家がでっち上げた説だ)、痺れるような快楽の追求の中でよくもまあ編み出されたあらゆる性行為が――フェラチオ・クンニリングス・三人プレイ・奇抜な体位・張形の使用などと並んで、同性愛の習いも――彼女らに帰せられてもよかったのである。

第Ⅳ章

変遷

A　ドーリス人

深いつながりをもった方言を話すギリシア人の集団は、お互いに先祖を同じくすると信じていたが、方言で分けた場合に最も重要な三グループといえば、「ドーリス人」（スパルタ、アルゴス、コリントス、クレタの諸都市など）と、「アイオリス人」（ボイオティア地方、レスボス島）と、「イオニア人」（アテナイ、エーゲ海の大部分の島嶼、小アジアのエーゲ海沿岸の諸都市）であった。遠い近いにかかわらず、植民地は当然その母市と同じグループに属したから、例えば、コリントスを母市とするシュラクサイはドーリス系であった。この三つのグループでギリシア世界の区分が尽くされるわけではない。フォキス、エリス、アルカディアといった重要な地域は、ドーリス系でもアイオリス系でもイオニア系でもなかったのであるから。

ギリシア人の同性愛に関して、今日最も広く受け入れられている一般論によると、同性愛の起源はドーリス系都市国家の軍隊組織の中にあり（従って、それが汎ギリシア的に広まったのはドーリス人の影響による）、古典期のドーリス系の地域（特にスパルタとクレタ島）

では、大っぴらな同性愛行為が他のどこでよりも大目に見られていた。この一般論の前半は反論のしようがなく、真実かもしれないが、しかしその証拠たるや、ふつう信じられ断言されている程には説得的ではない。後半の方はひょっとしたら真実かもしれないが、反証も相当多いのである。他の国民と同じで、ギリシア人も、しゃべっている瞬間に具体的な例が心に浮かび、そこから惹き起こされた感情に即して判断を下したし、タテマエとホンネの不一致は周知のことであるので、証拠を評価するにもむずかしさがつきまとうわけである。

さて、この一般論は、プラトン『法律』の二つの文章に基づくところが大きい。それはアテナイ人、クレタ人、スパルタ人の三人が語る条《くだり》で、六三六ａｂにおいて、軍隊組織の共同食事と体育が「節度《ソーフロシュネー》」涵養に役立つとするスパルタ人の主張に対して、アテナイ人はこう述べる。

その体育や共同食事は……昔からの自然に適った法を、つまり、人間と動物の持ち前である性交の快楽を危うくしてしまったようにも思われます。その責任は、まず第一にあなた方の国々、さらに、体育にとりわけ力を入れている全ての国々にあるといえましょう。……よく考えてみなければなりません。女性と男性が子供を生むために交わろうとする際には、そこで得られる快楽は自然に適ったものだと思われますが、男性対男性、あるいは女性対女性の場合の快楽は自然に悖るもので、快楽に打ち克てないがためのこの上ない醜行だと思われるのです。ガニュメデスにまつわる物語《ミュートス》を捏造したといって、われわれ皆がクレタ人を非難する所以です。

スパルタ人は応対に窮して、スパルタにおける酒乱の抑制へと話を逸らせるが、やがてアテナイ人は、性に関する立法の詳細に立ち返って（370頁参照）、こう言う（八三六b）。

一般的な行き方とは面目を異にした法律を作ろうとするわれわれにとって、クレタ全土とスパルタは他の多くの点ではこよなき援助を数々与えてくれますが、こと性の問題となりますと——われわれだけだから申しますが——彼らはわれわれと正反対です。

ここで言っておかねばならないのは、プラトンは本職の歴史家でもなければ歴史家気質の持ち主でもなかったということで、たとえ彼が、同性愛はクレタとスパルタで始まりそこからギリシア中に広まった、ということを言わんとしていたとしても、彼の権威を尊重しなければならぬ義理はないのである。二、三〇〇年も昔にある社会的慣行が広まっていった経過を明らかにすることなど、プラトンであろうが誰であろうが、古典期のギリシア人には無理なことであったのだから。(1) クレタ人が「少年愛《パイデラスティアー》」を創始したということは、プラトンより少し後の歴史家ティマイオス（断片一四四）が確かに信じ表明しているところであり、年代不詳のクレタの歴史家エケメネス（断片一）は、美少年ガニュメデスを誘拐したのはゼウスではなく、伝説上のクレタ王ミノスだったと論じている。『法律』執筆当時のスパルタとクレタは例外的なまでに同性愛を是認した、ということを言わんとしている点では、プラトンにも聴くべきところがある。クレタのことに関する限り、プラトンは、クレタにおける「男同士の交わり《ホミーリアー》」を人口過剰阻止の方策と見做すアリストテレス『政治学』一二七二a二三—二六によって支持されているのだから。まず初めに、古典期を通じて同性愛の地域差を示す証拠を考察し、しかる後に（後世から前代を推し測る場合につきものの不確定要素も考慮に入れつつ）同性愛的気質の起源について説をなすのがよいであろう。

(1) 用語の問題

古代末期及び中世初期の辞典の興味ぶかい項目の中に、次のようなものが見える。『ヘシュキオス辞典』の、

κ 4080　**クレタ風**　衆道を事とすること。

λ 224　**ラコニア風を行う**[2]　衆道を事とする。（『スーダ辞典』λ62を参照）。

λ 226　**ラコニア風**　挿入する、少年を愛する《パイデラスティン》、自分自身（女性複数形）をお客にさし出

すこと、ラコニア人は妻たちを見張ること最も少いから。

κ 4734 **キュソラコーン**（κυσολάκων） アリスタルコス（二世紀の偉大な文献学者）曰く、クレイニアスは「キュソス」（κυσός）でラコニア風を行った故に斯く呼ばれた。また、衆道を事とするのを「ラコニア風を行う」と言った。（κ 4737 **キュソス** 尻または女陰、を参照。『フォティオス辞典』キュソラコーンの項も参照）。

χ 85 **カルキス風を行う** 少年を愛する者たちについて言う。（『スーダ辞典』χ 42 **カルキス風を行う** 少年を愛すること。カルキスの住民の間では男同士の性が行われていたから、を参照）。

これらの単語の中かなりのものはアッティカ喜劇に由来するものだが、ヘシュキオスは（ヘレニズム期の注釈家に従いつつ）列挙し語釈を施すものの出典を稀にしか明記していない。『スーダ辞典』λ62では、「ラコニア風を行う」の説明の後に「アリストファネスが第二の『女だけの祭』(3)で使っている」と付記されているし、いずれにせよ（アリストファネスの幾つかの喜劇に註を施したアリスタルコスの名前がなかったとしても）、アルキビアデスの父クレイニアス(4)を形容する「キュソラコーン」の語が喜劇に出ずることは疑いないであろう。アリストファネスの現存する劇から文章を取り出してきて、それを文脈から外してただの語句にしてしまった場合を想像してみれば容易に理解できるが、ユーモラスな単語の意味については、見解の相違が残りうるのである。

古典期酣《たけなわ》の頃のアテナイ人は、（現に彼らがしていたこと、つまり）スパルタ式の衣裳やしきたりを真似たり親スパルタ政策を採ること[5]だけではなく、同性愛性交に手を染めることにも「ラコニア風を行う」という言葉を用いた、と単純に推論し、更に、こういった行為はスパルタの特性だとアテナイ人が信じていたのは正しい、と推論することに対して、二つの極めて重大な事実を考慮に入れなければならない。第一には、既に見たように、「同性愛性交に易々として屈従する」と言いたてるのは常に敵を貶める中傷的言辞であったし、アリストファネスらの生きた時代には、途中の短い平和の期間を除いて、スパルタとアテナイとは正しく敵同士であったということである。第二は、フォティオスが例の「キュソラコーン」の語の説明の後に、「というのは、アリストテレス[6]によると、これがテセウスがヘレネ[7]にしたやり方だから」と付言していること。アテナイオス六〇二dに見えるタルソスのハグノン（二世紀、アカデメイア派の哲学者）の言葉「スパルタ人は結婚前には稚児と交わる如くに乙女らと交わるのが習いである」と考え合わせると、アリストテレスはテセウスとヘレネ（少女時代にテセウスに誘拐された）が肛門性交を「考案」したという意見を述べているように思われるし、ヘレネはスパルタの半神的女性であったから、「ラコニア風を行う」という言葉の性的な意味は、本来は「肛門性交を行う」――挿入される者が男であれ女であれ――ということであったかもしれないのである。「ラコニア風を行う」という語はドーリス系の都市スパルタと同性愛を結びつけるが、証拠の示す限りでは、「カルキス風を行う」という語はもっと明確に、エウボイア島のイオニア系の都市カルキスと同性愛を結びつけている。アテナイオス六〇一fに引く無名の典拠によると(アテナイオスはカルキスの住民のことを、アイスキネス『一』四一のミスゴラスのように、少年愛に異常なまでに情熱的であった、と考えている)、ガニュメデス自身カルキスの出身で、カルキス近辺でゼウスに攫われたという。プルタルコス『愛をめぐる対話』七六一abも、カルキスの鄙歌《ひなうた》をアリストテレス(8)(断片九八)から引用している。

色香佳し、家柄良しのお稚児どの
ますら男に、花の若さをたっぷりおくれ。
手足をとろかす愛神《エロス》(9)さえ、カルキス人の国にては(10)
男ぶりもて栄えるものぞ。

(2) 現存する喜劇

アリストファネス『女の平和』の和解の場面、妻たちのセックス・ストライキのお蔭で情ないあり様となっているアテナイの代表とスパルタの代表が事の決着を待ちかねているところで、アテナイ側が「どうしてリュシストラテを呼ばないのだ。われわれを仲直りさせられるのは、あの女《ひと》だけなのに」(一一〇三以下)と言うと、スパルタ側は「いかにも。

お望みとあらば、リュシストラトスをも呼ぼう」と答える（リュシストラテは「軍を解く女」という意味をもつ。リュシストラトスはそれを男性名にしたもの）。交渉完了の後、アテナイ代表が「さあ、素っ裸になって、畠を耕したい」（一一七三）――文脈からして、性的なことを言っているのは明らかだ――と言うと、スパルタ代表は「俺はまず初めに肥料《こやし》を捏ねたい」と応ずる。ここではアテナイ人の異性愛とスパルタ人の同性愛が対比されている、と結論づける前に、次のことを考えてみなければならない。即ち、一〇九一行以下ではアテナイ代表が「速やかにわれわれを仲直りさせてくれる者がないのなら、もう、クレイステネスを犯すしかない！」と言っている位だから、アリストファネスとしては、畠のジョークと肥料のジョークの両方をアテナイ人なり別の国の人なりにしゃべらせても何の不都合もなかったはずだし、異性間の肛門性交は（壺絵から判断して、251頁参照）アテナイでは普通だった、ということである。しかしながら、スパルタ人が肛門性交の「考案者」だと見做されていたのならば（前節参照）、肥料のジョークにはおちが一つつけ加わることになるのである。

(3) クレタ島の儀式

四世紀中頃の歴史家エフォロスは、クレタにおける同性略奪の儀式という珍しい記事を伝えてくれている（断片一四九）。それによると、念者が略奪の意図を通告するのに、稚児の家族や友人は稚児を隠そうとはしなかった。そんなことをすれば、その少年が念者に愛される光栄に値しないということを認めることになるからであった。その念者では不足だと思った場合には、家族や友人は力ずくで略奪を阻止したが、そうでない場合には、彼らの抵抗は和やかな形ばかりのもので、結局、念者が二ヶ月の間、稚児を隠れ家へ攫っていくことになった。この期間が終ると二人は町に戻り（この関係の続く間、稚児は παρασταθείς パラスタテイス〔近くに置かれた者、側に運ばれた者〕と言われる）、念者は稚児に高価な贈り物を奮発した。その中の衣裳は、以後、稚児がめでたく白羽の矢を立てられたことの証となった。その稚児は φιλήτωρ フィレートール（恋する男）のお蔭で κλεινός クレイノス（名を挙げた）のである。クレタの町々でこの慣習がどれほど一般的であったかは分からない。ゴルテュン市の法典（二・一―一七）は、被害者が男性か女性かにかかわりなく、日常的な強姦を禁止している（但し、罰は金銭的なものだけである）(11)点ではアテナイの法律と似ているが、上記の儀式にぴったりあてはまる用語とか、儀式の存在を裏づける別のしるしとかをこの法典の中に求めても、無駄である。このクレタの儀式がエフォロスの時代を溯ることどれほどのものなのか、それも勿論分からない。念者の心を惹きつけるのは美貌ではなく勇気と徳性だと考える点では、クレタとスパルタの通念（436頁参照）は一致していたが、これ以外のドーリス系の地域からは、エフォロスが語っているようなやり方を証拠だてるものは何ひとつ出ていないので(12)、それは特殊な地方的展開であり、同性愛的気質の起源の問題には関わってこない、と見做すのが賢明であろう。

(4) エリス地方とボイオティア地方

おかしなことに、プラトン『法律』のアテナイ人はクレタとスパルタに否定的な批判を行っている。これは一部の人々のカルキス観と食い違うばかりでなく、プラトンが『饗宴』の中でパウサニアスに言わせたこととも矛盾するし、プラトンの同時代人で、スパルタ事情に精通し、ギリシア各地から寄せ集められた軍隊を指揮した経験をもつクセノフォンも、『法律』中のアテナイ人とではなく、パウサニアスと同意見なのである。パウサニアスによると（『饗宴』一八二ａｂ）、同性愛の性《エロス》はエリスとボイオティア――因みに、どちらもドーリス系の地ではない――では無条件に是認され、イオニアその他の多くの地では無条件に否認されているが、アテナイとスパルタにおいては、それについての世論は複雑だ、という。クセノフォンの『饗宴』八・三二以下においては、登場人物のソクラテスがはっきりとパウサニアスの名前を出しながら、エリスとボイオティアでは大っぴらな同性愛が幅を利かせているというのは事実だと認めており（「それは彼らの習慣だが、アテナイでは恥ずべきことだ」）、『スパルタ人の国制』二・一二以下では、作者クセノフォン自身が、スパルタをエリス、ボイオティア両地方から区別すると共に、その対極にある「念者が少年に語りかけることさえ完全に禁じられている」土地からも区別している。なるほど、クセノフォンの記述するとおり、スパルタの慣習は複雑である（『スパルタ人の国制』二・

一三）。

もし誰か立派な人物が少年の魂に惚れこみ、清友としてその少年と交わろうと努めたならば、彼（最初の立法者リュクルゴス(13)）はその人物を嘉《よみ》し、その交わりこそこよなき教育であると考えた。他方、少年の肉体に惹かれていることが明らかな場合には、彼はそれを破廉恥の極みと決めつけ、スパルタでは親が子との、同胞《はらから》が同胞との性交を避けるのと同じように、念者は稚児を避けるようにさせた。この事実を信じようとしない人々がいるのも不思議ではない。多くのポリスでは、法律は少年に対して欲望を抱くことに反対していないのだから。

「エロス」と呼ばれるあるものを説き勧めながら、肉体の交わりでそのものを成就することを近親相姦扱いする体系は、プラトン『ファイドロス』で描かれる理想的なエロス像に見るような哲学的構成としてはいかにも結構なものだが、その体系を働かせようとすると、言うこととすることとの間に懸隔が生じそうである。そのような懸隔がスパルタで実際に生じていたかどうかは次節で考察する。ギリシアのどのポリスでも、稚児が兵役に就けるだけの年齢に達すると（アテナイではこの義務は一八歳で始まった。但し、一八―一九歳の年齢集団の者は、アッティカ地方の国境内でのみ就役した）、念者と稚児は同じ戦場に赴くことができた。稚児から抜群の戦士と見られたいという念者の思いは、彼の勇気に拍車をかけた（プラトン『饗宴』一七八e—一七九aを参照）。稚児としては、念者の心意気に愛と賛嘆の念で答えようとすれば、念者の示した範におくれをとるまいとし、それが彼の勇気に拍車をかけることになった。五一四年、アテナイの独裁者ヒッピアスの弟を殺して、自由のために身命をも投げ棄《う》つことの無上の例として、アテナイ人の語りぐさとなったハルモディオスとアリストゲイトンの場合に見たように[14]（139頁）、念者と稚児は至高の英雄的精神を必要とする事業にも、力を合わせて挺身することができたのである。このことを例証するエピソードは数多いが、幾つかは神話的趣をもつものである。例えば、神託がアテナイから人身御供を要求した時、美青年クラティノスが自ら犠牲となったが、彼の念者たるアリストデモスもそれに殉じたという物語（キュジコスのネアンテス断片一。恐らく、プラトン『饗宴』一七九e—一八〇aがこの物語に与って力あったのであろう）。しかしながら、この種のエピソードの全てを古典期以後のロマンチックな作り話と片づけるわけにはいかない。ポントス（黒海南岸）のヘラクレイデス（アカデメイア派の哲学者）のエロスに関する著作（四世紀末）の中に含まれていた話もあったのだから。例えば、カリトンとその稚児メラニッポスがアクラガスの独裁者ファラリス（六世紀前半）に対して陰謀を企てたが、拷問にもめげぬ勇気で独裁者の心を動かし許された話（断片六五。アリストゲイトンが凄惨な拷問に堪えたという伝承〔アリストテレス『アテナイ人の国制』一八・五以下〕を参照）。ファルサロスから来援したクレオマコスが正に戦いに打って出ようとする時、その稚児が彼を激励し鼓舞した（クレオマコスは討ち死にした）ことから、カルキスの男たちは同性愛のエロスに高い尊敬を払うようになったとするプルタルコスの話（『愛をめぐる対話』七六〇e—七六一a）は、登場人物の名前こそ違え、哲学者アリストテレスあるいはカルキスの歴史家アリストテレスから引用されているのである。

エリスとボイオティアでは、念者と稚児は戦場で隣同士に配置された（クセノフォン『饗宴』八・三二）。つまり、この両国は、同性愛的気質の一面を軍事目的に利用していたわけである。エリスの軍隊組織についてはこれ以上のことは分からないが、ボイオティアのテーバイの「神聖隊」(15)というのは、三七八年頃、すべて同性愛のカップルばかりをもって編制されたもので、ボイオティア軍の中核として四世紀中葉には常勝無敵を誇ったが、マケドニアのフィリッポス二世がギリシア勢の抵抗を撃破したカイロネイアの戦い（三三八年）において、最後の一兵まで討ち果てた。テーバイ軍のパムメネスという指揮官は、このような二人一組をもって軍隊編制の原理とすることを唱えたし（プルタルコス『愛をめぐる対話』七六一b）、テーバイでは稚児が成年に達したら、その念者が武具一式をプレゼントする習いであった（同所）。三六二年、テーバイの将軍エパメイノンダスがマンティネイアに戦死した時には、その時の稚児カフィソドロスも傍で死んだが、以前の稚児アソピコスは当代随一の戦士となった（同書七六一d）。美しさで選ばれた若者たちの前でエピステネスが示した勇気については、クセノフォン（『アナバシス』七・四・七）が触れているが（159頁以下参照）、これから見るに、美少年に武勇の程を見せびらかしたいという男たちの切なる思いを利用したのは、三七〇年代のテーバイ人が最初というわけではなかったのである。ここに歴史的展開が現実に進行しているのを見てとれるようであるが、それは非ドーリス系の世界で進行しているのである。スパルタ人の場合でも、念者と稚児が戦列でひしと寄り添うことはあったかもしれないし、そうさせる工夫さえあったのかもしれないが――スパルタの指揮官アナクシビオスが自分の軽率な作戦の埋め合わせをするため討ち死にしようとした時、その稚児は最期まで側を離れなかった（クセノフォン『ヘレニカ』四・八・三九）――念者と稚児をわざと並べて配置するのは、スパルタの軍隊編制のやり方ではなかったのである（クセノフォン『饗宴』八・三五）。

(5) 社会組織と軍隊組織

スパルタとクレタの特殊なところは、男子市民を共同食事と兵舎に隔離したこと（アリストテレス『政治学』一二七一a四〇―一二七二b四、クセノフォン『スパルタ人の国制』五・二、プルタルコス『リュクルゴス伝』一二・一）、スパルタに関しては間違いなく言えることだが（クセノフォン『スパルタ人の国制』六・一、プルタルコス『リュクルゴス伝』一五―七を参照）、家父長の手からわざと権威を取り払ったこと、その権威を年齢集団の最年長者、及び、少年・青年・若者・成人といった様々な年齢集団の責任を任されている人たちに移行させたことである。スパルタの社会全体が初めから終いまで、訓練中の軍隊のように組織されていたのである（プルタルコス『リュクルゴス伝』二四・一を参照）。エウブロス断片一二〇（310頁）を持ち出すまでもなく、今日でも、男性を軍隊や艦船や牢獄に隔離しておくと同性愛的行動に走りやすいことが観察されていることもあって、スパルタとクレタではそのような行動が異常に盛んだったとする安直な議論が行われている。しかし、町の真中にある兵舎で寝食を共にする者たちの行動は、砂漠を行く遠征隊の行動とはわけが違うし、問題の軍隊的社会が女性というものに対していかなる態度をとっているかによっても、この議論の妥当性は変わってくるのである。スパルタ人は、男であれ女であれその人が、スパルタの服属民をおさえる支配力と他国に対する対抗力の維持にどれだけ貢献するかによって、個人を評価した。ということは、彼らにとって最も優秀な女とは、最も壮健な子供をもつ最も健康な母親だったということである。男女ともにこのような態度に影響されていたので、スパルタ女性はギリシア世界の常識を遥かに越えて、公の場に姿を現すことが多かったし、活動の自由ももっていた（プルタルコス『リュクルゴス伝』一四―一五・一。アリストファネス『女の平和』七九―八四も参照）。体育、運動競技、音楽コンテストなど。しかも、そこから男性の見物人が排除されてはいなかったから、スパルタ女性の「恥のなさ」は、アテナイでは逆の意味をもつものであった（エウリピデス『アンドロマケ』五九五―六〇二)。スパルタの若者はその成長過程で、女性に性的に恋するか、自分の所属集団の男性たちに性的な忠誠を捧げるか、単にその対立に心を労するだけではすまなかった。スパルタ人ならば、実際に次の四つの関係に入ることが可能だったのである。第一に、自分の年齢集団の男性たちに忠誠を捧げること。男としての美徳を認められようと彼らと競いあい、ふとしたはずみで彼らと同性愛の関係を結ぶことも(恐らくは)多かったかもしれない。第二に、ギリシア世界のどこのものよりも遥かに強固な「念者-稚児」の関係。第三に、結婚。そして第四に、ハグノンの証言(409頁)に信ずべきところがあるとするならば、未婚の少女と肛門性交で取り結ぶ「恋する男-愛人」の関係である。[16] 第四の関係を大っぴらに認めるところが、他の国々とは違っていたように見えるスパルタの真面目なのである。

閉鎖的で秘密主義的な集団のメンバーは、良くないことをしていると部外者からどんなに言いたてられても、つべこべ言わず、断乎としてそれを否定し去るものである。[17] もしも、四世紀のスパルタ人が口を揃えて、スパルタの念者と稚児は右手で握手する以上の体の接触をした例がないと固く言い張ったとすれば、それへの反証を持ち出すことは、当時でさえ部外者には容易でなかったし、今の私達には不可能だ。秘密主義はスパルタ人の生き方の一部にさえなっていて(トゥキュディデス五巻六八節二参照)、プルタルコス『リュクルゴス伝』一五・八によると、若いスパルタ人は結婚しても年齢集団と生活を共にし、日暮れてのち妻の許に通うのも秘密裡にするのがよしとされた。[18] 恐らくアテナイ人たちは、どのスパルタ人も頼めば尻を差し出すだろうということ位、自分たちには「分かっている」と言って、勘の良さを自慢していたことであろう（歴史家テオポムポス断片二二五は、マケドニア人についてほぼ同じことを述べた上、彼らは鬚が生えた後もそれを行ったというショッキングな事実をつけ加えている）。現代人が、遠い昔の文化の人々が「したに違いない」ことはよく分かっていると確信し、その確信を表明するのは勝手だし、えげつない残虐行為や裏切りを能くしたスパルタ程の社会ならば、偽善行為もお手のものの筈、と私達とすれば信じたいところだが、無知と偏見を結びつけても、実《じつ》のある歴史学上の仮説を生み出しはしないのである。

ホメロスの叙事詩に使われている言語は極めて人工的な混成語ではあるが、音韻論的にはイオニア方言が基本になっており、形態論的にもほぼイオニア方言である。ホメロス生誕の地を名乗る土地がいろいろある中、イオニアのキオス島が最も古くから名乗り出ており、最も可能性が高い。『イリアス』と『オデュッセイア』は「一二世紀」（としておきたい）に起こったと信じられている出来事を語っているが、そこに描かれたギリシア世界は――叙事詩の言語と同じく合成された世界である――一四・一三世紀から（恐らく、物語詩の伝承の中で）生き延びてきたに違いない文化的・技術的・政治的な要素をも含んでいる。が、明白な同性愛は両叙事詩の中には絶無で、詩の古い部分にも潜んでいないし、両叙事詩を今日見るような形に作りなしたイオニア文化によっても持ち込まれていないので、ギリシアの同性愛の起源を青銅器時代やイオニアには求めないのが理に適っている。(18a)そこで、青銅器時代の終り(一二世紀)にギリシア本土に南下して来て、ギリシア語を話す人々、殊にイオニア人に、エーゲ海を東に渡る大規模な移動を強いた部族であるドーリス人が、同性愛の創始者として浮かび上ってくるのである。しかしこれは、先ず論証しておかねばならない前提を、少くとも一つすっぽかした仮説である。というのは、初めて南ギリシアに到達した時には、既にドーリス人は同性愛を大っぴらに行う点で他部族とは違っていた、というのでないならば、言い換えると、アルカイック期にはよく知られた部族の区分法(イオニア、アイオリス、ドーリス、その他)が確立した後に同性愛の習慣が始まったのならば、始まりはドーリス系の地域でも非ドーリス系の地域でも、全くおかしくはなかったからである。それでもドーリス人にこだわるのは、偏に、軍隊組織と同性愛の結びつきの所為であり、トロイア戦争―ドーリス人の侵入―『イリアス』の成立という時間の順序など、それ自体、同性愛の歴史とは何の関係もないことになるのである。

それよりも、同性愛を裏づける直接証拠が、アルカイック期の各地各時代でどのような順序で見出されるか、それを考察する方が役に立つかもしれない。スパルタの植民地であるテラ島の落書は多分七世紀にまで溯るかもしれないが、適当な証拠が乏しいため、その年代については異論の余地が大きく、[19] それらを本質的にはふざけた落書と見る私の解釈が正しいとするならば（288頁）、「誰某が誰某と男色した」と言いふらす落書など、ドーリス人の社会で（あるいはどこの社会でも）同性愛が市民権を得たのはいつかを決定するのに、何の役にも立たないのである。七世紀半ばに花開き、イオニアの詩人カッリノスやアルキロコス、スパルタの詩人テュルタイオスなどからの断片と引用を通じて今日知られているイアムボス詩とエレゲイア詩の中には、同性愛的な要素は認められない。アルキロコスといえば、異性愛行動を歌わせては殊にも奔放な詩人であるから、そこに同性愛が（今までのところ）見られないのは、意味ぶかいことと言えよう。テュルタイオスはスパルタ人のためにスパルタ人のことを歌った詩人であるが、後世の恋愛関係文献（プルタルコス『愛をめぐる対話』など）の中に、スパルタにおける同性愛との関連で彼に触れた記事がひとつもないことも重要かもしれない。[20] 女性の同性愛については、六世紀初めのレスボス島のサッフォの詩に強力な証拠が現れるし、ほぼ時期を同じくしてスパルタでは（340頁参照）、アルクマンのパルテネイアの中に女性の同性愛を強く匂わす言葉が出現する。サッフォと同時代のレスボスの詩人アルカイオスは、キケロ（『トゥスクルム荘対談集』四・七一）によると、「若者の恋を歌う」とされた。アルカイオスの現存の断片の中にはこの説を裏づけるものはないが、彼の全作品中、今日まで伝わるものはごく僅かでしかないので、偶々そのようなものが失われたのかもしれない。私達は、キケロがアルカイオスとアナクレオンを混同したのかもしれないとか、「若者の少女たちに対する恋」のことを言ったのかもしれない、などと臆測するよりも、「（アルカイオスが）黒い瞳と黒髪の美しいリュコスを歌った」とするホラティウス『歌集』一・三二・九―一一のほうが遥かに信頼できることを思い出すべきなのである。

従って、詩の中で初めて男性の同性愛を表現したのはドーリスの詩人ではないし、六世紀の美術に見える同性愛の表現も、すべてドーリス以外のものである。アッティカの黒絵式壺（C42については240頁参照）に初めて同性愛の求愛シーンが現れるのは、ソロン断片二五、

若さの花のただ中で、少年に恋をする男
太股や、芳《かぐわ》しい口に焦がれつつ

と同じ時期である。ソロンはアテナイでは立法家として、また高潔な道徳家として尊敬されていたから、後世、この二行には眉を顰める向きもあった。ソロン以後の世代では、イオニアの抒情詩人イビュコスとアナクレオンの恋愛詩の中に、稚児に向けて歌われたものがある。例えば、イビュコス断片二八八、アナクレオン断片三四六、三五七など。（アナクレオンの数々の稚児たちについては、テュロスのマクシモス三七・五を参照）。六五〇―六二

五年頃のクレタの青銅板では、弓を持つ男が山羊を肩に担いだ青年と対面して、男が青年の前腕をつかんでいるが、(21)青年の方は上着が短くて性器が露出しているのに対し、男の方は同じく上着は短いのに露出はしていない。これは、ギリシアの芸術家が若々しい性器に興味をもったごく初期の例であるが(301頁以下参照)、求愛の情景なのか議論のシーンなのかは確定できない。この青銅板がドーリス系の地域から出たことも、大した意味をもつものではない。というのは、やはり七世紀のサモス島(非ドーリス系)から出た象牙の小さな青年像(22)でも、陰毛に象眼仕上げが施され、性器が強調されているからである。

以上、引用し論じ来った証拠から、同性愛はスパルタあるいはその他のドーリス国家から広まった、とはできないことが了解されるであろう。私達に言えるのは、七世紀の末までには同性愛は広く社会的に受け入れられ、美術にも取り上げられるようになっていた、ということだけである。エフォロスは、クレタでは同性愛が妙に形式を整えたものに発展していくことを一瞥させてくれる。用語法に照らすと、古典期アテナイでは同性愛をスパルタ特有のものと見なしていたと考えられるし、ある時代のある所では、同性愛は特にカルキスで顕著だと思っていたらしい。クセノフォンとプラトンの二つの『饗宴』によると、最も直接的かつ奔放な同性愛表現が観察されたのは、エリスとボイオティアである。最晩年のプラトンは、スパルタとクレタでは同性愛が並はずれて社会の深部にまで入り込んでいることを批判している。

こうして要約したものは、時間の広がりにして二五〇年、八世代にわたるものである。過去というものを思いきって単純な形でとらえたい人々には残念なことかもしれないが、私達が考察の対象としているものは、恐らく、場所によっても時代によっても異った相を見せる現象なのである。

B　神話及び歴史

ホメロス中には明白な同性愛はない、と述べたが（421頁）、それは『イリアス』二〇歌二三一―五行、

また、トロスからは、申し分ない三人の子息が生まれた。
イロス、アッサラコス、それに、神のようなるガニュメデス。
これこそは、死すべき人の子の中で、最も美しい者。
それを、神々が天上に攫われた。その美しさ故に
ゼウスの酌人とし、彼が不死の神々の間に列するようにと。

と矛盾しはしない（ガニュメデスを奪った代償に、ゼウスがトロスに駿馬を与えた、という『イリアス』五歌二六五行以下を参照）。もしも、ガニュメデス伝説の元の形では彼がゼウスの稚児とされていたのなら、ホメロスはその重大な事実を隠したことになる。もしも、こ

の伝説には性愛の要素はなかったとすると、なぜ（まめまめしさや粗相のない手つきではなく）美しさが酌人に望まれる属性であるのか、不思議にも思えるが、しかし、私達としては、ギリシア人の同性愛の問題にかくも永く没頭してきた後とはいえ、回教徒の楽園における人間の霊魂と同じで（『コーラン』七六・一九）、オリュムポスの神々も自分たちの至福の一要件として召使たちの美しさを喜んでいただけだ、と想像することも不可能でない筈である。ゼウスのガニュメデスに対する同性愛的欲望を裏づける現存最古の証拠はイビュコス断片二八九で、そこでは、ガニュメデスの誘拐《ハルパゲー》がエオス（曙の女神。彼女は酌人が欲しかったわけではない）によるティトノスの強奪と同じ文脈で語られていた。『アフロディテへの讃歌』二〇二―六は『イリアス』五歌二六五行以下と二〇歌二三一―五行に依拠するところ大であるが、ゼウス自身にガニュメデスを誘拐させており、続けてエオスとティトノスのことを語っている(1)。

アイスキネス『一』一四二の説くとおり、ホメロスはアキレウスとパトロクロスの性的な関係をどこにも語っていない。それを語らないのは、ホメロスの見るところ、二人の関係には何ら性的な要素がないからだ、と考えるのが妥当であろう。しかし、アイスキネスは古典期の他のギリシア人と同様、パトロクロスが殺された時のアキレウスの度外れな悲嘆といい、アキレウスも死んだら二人の遺骨を一緒に埋めてくれというパトロクロスの命令といい、同性愛を示すものだと考え、ホメロスがそれを口にしないのは感性が洗練されていた証拠だとしている。『イリアス』の中心モチーフを性的なものとする解釈の拠《よりどころ》となったのは、疑いもなくアイスキュロスの三部作、『ミュルミドン人』『ネレウスの娘たち』『フリュギア人』（または『ヘクトル貰い受け』）であったが、これについては、プラトン『饗宴』一八〇aでファイドロスが次のように述べることになる。

アイスキュロスはアキレウスがパトロクロスに恋したと言っていますが、これは烏滸《おこ》の沙汰です。アキレウスはひとりパトロクロスのみならず、全ての英雄たちよりも美しかったし、まだ鬚もはえていなかったのですよ。それに、ホメロスも言っているように、彼の方がパトロクロスよりも若かったのですから。

ホメロス（『イリアス』一一歌七八六行）ではアキレウスの方がパトロクロスより弱年とされている、というのはファイドロスの述べるとおりであるが、ファイドロスも物語の性的解釈を放棄しているわけではない。彼はアキレウスのことを、念者パトロクロスを敬慕するあまり、その仇討のために命を失うことをも辞さなかった稚児、と見ているのである。アイスキュロスは、五世紀前半の特徴であるあからさまな表現を場合によっては用いたと見えて、断片二二八にそれが現れている。アキレウスが死せるパトロクロスに訴える条、

（お前の？）太股への（私の？）穢れない敬慕など、お前は顧みてくれなかったな。

あの、千々《ちぢ》の口づけに対して、何と恩知らずな男よ。

断片二二九にも、「お前の太股との、神聖なる交わり《ホミーリアー》」とある(2)（197頁参照）。

アイスキュロスは伝統的な神話を改変するのを恐れはしなかったが（その改変の中には、後世に迎えられたものもある）――悲劇の作家であるから、観衆に向って一人称で自分の気持を説明するわけにもいかなかったので――『オリュムピア祝勝歌』一のピンダロスほど自己を鮮明に出すことは絶無である。シュラクサイの独裁者ヒエロンのために四七六年に作られたこの頌詩では、ピンダロスはペロプスの神話を扱っている。それは、ピンダロス以前の伝承では次のようであった。タンタロスは神々の食卓に与《あずか》る身であったが、自分の家の宴会に神々を招き、神々の全智を試すため、息子ペロプスを殺し、料理し、食卓に出した。只ひとりデメテル女神が肉の一部を食べたが、他の神々は事の次第を明察し、ペロプスを生き返らせると、デメテルが食べてしまった部分の代わりに象牙の肩をつけてやった。ピンダロスにとっては、神々が人肉を貪るなど考えるだに忌わしいことで、彼はそのようなことを認めようとせず（五二行）、「これまで（の詩人たち）とは対立する」話を述べることを宣言する（三六）。新しい物語では、ペロプスが姿を消すのは料理されてしまったからではなく、彼の白い肩に恋した（二五―七）ポセイドンに誘拐されたから、となる（四〇—五）。

その時、輝く三叉戟《さんさげき》の神が、恋心に胸ふさがれて
お前を攫った。黄金の馬車に乗せると
御稜威《みいつ》遍きゼウスの、天《あめ》の宮へと運んだのだ。
そこへ、遅れてガニュメデスもやって来た。
ゼウスに、同じお勤めをするために。

ペロプスは鬚が生え初《そ》めた頃（六七以下）、地上に戻り、ヒッポダメイアを花嫁に獲得するにはポセイドンの援助が必要となって、この神に「アフロディテの優しい贈り物」を想い出させ、お返しに神佑を願うのである（七五以下）。

この箇処ほど大胆かつ壮大な神話の「同性愛化」を、私達は知らない。ピンダロスの神々はアムブロシア以外のものは消化できないくらい繊細だが、性器が刺激にも奮い立たないほど朴念仁ではないのである。六世紀末及び五世紀初めという時代、つまりペルシア人を撃退した人たち（アイスキュロスもその一人）の世代は、古代のどの時期よりも公然と、強情に、官能的に同性愛を持ち上げ、喜びとしたと言えよう。五世紀末の人たちは恐らくそのことを知っていたし、アイスキュロスの頃の美術と詩がその証拠となる。もしも、ア

リストファネス『雲』の「正論」と「邪論」の論争の場面で、古き良き時代の代表者たる「正論」が少年の性器に好奇心を抱いているように見えるとしても、それは一時代前の念者の眼で四二〇年代の少年の行儀や生活スタイルを眺めているのだ、ということを思い出すべきである（二九一頁参照）。古いタイプの念者とすれば、身体を鍛え、風雪に身をさらし、伝統的な音楽の技を真面目に学ぶことによって少年が身につける魅力に、恥らいと慎みと思慮と敬老精神が一段と磨きをかけるのだがなあ、と考えて少年を眺めているのである。

クセノフォン『饗宴』八・三一のソクラテスは、ホメロスはアキレウスとパトロクロスを描くに際して何ら性的な要素を入れようとはしなかったと述べ、この他にも「共寝をする故ではなく、力を合わせて至難の事業を成し遂げ、お互いを褒め称えあう故をもって世に謳われている」神話伝説上のカップル——オレステスとピュラデス、テセウスとペイリトオスなどを引用している。ソクラテスの描く英雄伝説像は間違ってはいないが、彼が生きた時代そのものは、伝説が人々の想像力を把え続けるためには、同性愛的なテーマを絶えず取り込むことが（少くとも条件の一つとして）必要な、そんな時代だったのである。(3)ボイオティア人は、イオラオスをヘラクレスの戦友からその稚児に変化させたし、アリストテレス（断片九七）の時代には、イオラオスの墓は念者と稚児が互いの愛と貞節を誓い合う神聖な場所であった。イビュコス（断片三〇九）はラダマンテュス（クレタの神話的立法者）をタロス（工匠ダイダロスの甥）の稚児だとした。ヘレニズム期の詩人たち、とりわけファノクレス

（断片一、三—六）はこの傾向を更に押し進めた。キオス島出身のゼニス（断片一）はミノスがテセウス（牛頭人ミノタウロスへの人身御供としてクレタ王ミノスの王宮に赴いた）に一目惚れする話にしたし、カッリマコス『アポロン讃歌』四九では、アポロンは「うら若きアドメトスに恋い焦がれ」と描かれている。こういった展開の中でも最も異様なのは、二流の叙事詩人ディオティモス（アテナイオス六〇三dに引用）によるヘラクレスの描写で、ヘラクレスがエウリュステウスに隷従して十二の難業を果たしたのは、エウリュステウスが彼の稚児だったからだ、というのである（ここには、無情な稚児が念者に課す無理難題のエピソード（コノン断片一・一六など）の反映が見てとれる）。ヘラクレスの稚児で、水の精《ニュンフ》たちに捕まるところがテオクリトス『一三』で歌われているヒュラスは、アポロニオス『アルゴナウティカ』一歌一一八七—三五七行の物語ではヘラクレスの従者になっており、現在ある資料で見る限り、ヒュラスとヘラクレスの性的な関係をテオクリトス以前に溯らせることは不可能である。

現にある伝説にどのようにして、何時、何故に同性愛的性格が付与されたのかを理解することは易しいが、先行形態の分からない重要な神話を相手にする場合には、事情は全く別である。クリュシッポスの神話の場合がそうだ。これは、エウリピデスによるこの名の悲劇（四一一—四〇九年上演）や歴史家ヘッラニコスに見える短い説話（断片一五七。ほぼ同時代）のテーマとなっているものである。クリュシッポスはペロプスの息子だが、ライオス（例のオイディプスの父親）がその並外れた美しさに抑えがたい欲望を抱き、彼をかどわかした――エウリピデスの物語によると、同性に恋をした最初の人類というわけである（ここから、プラトン『法律』八三六cの「ライオス以前の法律」なる言葉が出てくる）。私達は、アイスキュロスが「オイディプス四部作」の第一部として、四六七年に『ライオス』を作ったことを知っている。しかし、そこにクリュシッポスの強奪が出て来たかどうかは知らないし、エウリピデス以前にはクリュシッポス強奪が語られた形跡は確とは認められないのである。[4] このテーマは、四世紀の南イタリアの壺絵画家たち（正確には二人）に用いられたが、それ以前の絵では未だ確認されていない。[5]

テーバイの神話的英雄ライオスは、[6] こうしてギリシア全体の伝統の中で同性愛の「創始者」となった。ギリシア人は全て新機軸をいずれかの神なり、文化英雄なり、神話的（あるいは半神話的）過去の人物なりに――時によっては、往古のある社会にも――帰する習慣をもっていたが、[7]「創案されたもの」が（例えば）家とか宗教とかである場合には、その習慣は素朴なものに見えるし、「創始者」を「でっち上げること」がギリシア人の知的ゲームになっている場合には、その習慣は人為的なものと思われる。しかし、現実に最初に（例えば）肉を調理してから食べた人は誰かを見つけ出せないにしても、ある一人の人物が世界史上初めて意識して肉を料理した地点と瞬間が必ずあった、という事実は変わらない。[8] 同じ発見が後に他の場所でも独立的になされたかどうかは、自ずから別問題なのである。ギリシア人は、少くとも、新機軸には明確な場所があると考える点では正しかった。

大抵の発明――例えば家を造ること――は人間生活を向上させるからこそ採用され広まる、ということは自明の如くであったし、もしも古代ギリシア人に、同性愛がひとたび創案されるや斯くも速く広く深く受けたのは何故か、と質問することができたならば、ほとんど全てのギリシア人は（何人かの哲学者と大抵の皮肉屋は別として）、むしろ葡萄酒のことで同じ質問をされたかの如くに答えることであろう。即ち、女か男のどちらかを楽しむより、女と男の両方を楽しむ方が、人生が豊かで幸せになるのさ、と。(9) しかしながら、ギリシア人が他民族より遥かに念入りに熱心に同性愛に磨きをかけた理由とか、他民族とは違った磨きのかけ方をした理由までは、この答では説明できないのである。

初めはギリシア人のことを何も知らない人類学者なり社会学者なり社会史家なりがいたとして、同性愛の明白な証拠を含むわけでもない資料を次々と与えられていくと、やがて、「それなら、そのような社会では大っぴらな同性愛が大いに発達していたに違いない」と言えるようになるかどうか、それは分からない。同性愛がギリシア人の生活の一大特徴であることを未だ知らないような社会科学者を見つけるのが困難である以上、その実験そのものがまず無理である。私達としては第一に、ギリシア社会では同性愛は他の方法では十全に満たされない欲求を満たした、という妥当な仮定を立て、次に、その欲求の正体を見極め、更に、ギリシア社会特有の形をとる同性愛でその欲求を満たすことを許した――否、奨励しさえした――要因の数々を明らかにするのが至当である。その欲求とは、夫婦生活や親子の関係、あるいは個人と社会の間などには普通見出されないような牢固たる個人的関係への欲求ではなかったか、と私は思う。家族との関係、社会との関係が不足しているのは、元を糺せばギリシア世界が政治的に分断されていたからであろう。ギリシアの都市国家は侵略的な近隣諸邦と張り合いつつ[10]、絶えず生きのびるか否かの問題に直面していたので、戦士が、つまり成人男子市民が「大事な人」だったのである。審議し政治的決定を下す権力も、社会的文化的な新機軸を是とし非とする権限も、その社会の成人男子市民に集中していた。女性は戦士には向かないばかりに、ひいては知的な能力や情緒の安定性の面でも見くびられることになったし、若い男子は、戦士予備軍たるにふさわしいしるしをどれだけ示せるかによって判断されたのである。スパルタとクレタのみは、家族との関係や個人間の関係が形式的にも実質的にも軍隊組織に従属するような、そんな社会を作り上げるまでに至ったが、その他の地域では、社会の要求と家族の要求と個人の要求の三者の妥協の度合が区々《まちまち》だし、変動するのが常であった[11]。男たちは軍事・政治・宗教・社会活動などのためにともすれば集団となったが、それは極めて効率のよい戦闘機関を結成するほどではなかったにせよ、夫と妻の、あるいは父親と息子の親密な関係が育ちきるのを阻害するには十分であった[12]。

　明らかに念者と稚児は、お互いの中に他所では見出せないものを認めた。プラトン(『ファイドロス』二五五b)が、念者の愛は家族友人を合わせたものの愛より大きいことを稚児はよく知っている、と語る時、それは理想化された「哲学的」エロスのことを言っていたのであるが、彼は自分で悟っている以上に、軽蔑する日常的エロスの描写に近づいていたのかもしれない。確かに、『ファイドロス』や『饗宴』におけるプラトンの理論展開の基礎になっている哲学的少年愛《パイデラスティアー》は、肉体の快楽を欠いているとはいえ、本質的には、同性愛的エロスとは教育的関係と生殖的関係の複合なり、と見るギリシア人の一貫した傾向を高めたものに他ならないのである。稚児の強さ・速さ・我慢強さ・男らしさ――つまり戦士予備軍としての資質――は、稚児を魅力的にする属性と見做された（念者たちの口には出さぬ考えや感情については、私は意見を述べないでおく）。スパルタ人とクレタ人は更に一歩を進めて、肉体の美しさよりも人格の良さの方をより尊重する、と公言した（エフォロス断片一四九。足の悪い少年であったアゲシラオスが見事リュサンドロスの稚児になったことについては、プルタルコス『アゲシラオス伝』二・一を参照）。念者はお手本としての価値と、稚児の訓練で見せる忍耐・献身・手腕とで稚児の愛をかちとることが期待された。スパルタでは、念者には教育者としての責任があって、稚児が見せた怯懦の咎は念者が負ったのである（プルタルコス『リュクルゴス伝』一八・八）。「教育」というのはクセノフォンが「浄の男道」を評価する際のキーワードであり（『スパルタ人の国制』二・一三、『饗宴』八・二三）、εἰσπνεῖν エイスプネイン、ἐμπνεῖν エムプネイン（息を吹き込む。アイリアノス『ギリシア奇談集』三・一二、『ヘシュキオス辞典』。ε 2475）が「恋をする」の意となり、

εἰσπνήλος エイスプネーロスや εἰσπνήλας エイスプネーラース（息を吹き込む人。カッリマコス断片六八、テオクリトス『一二』一三）が「恋する人、念者」の意となるスパルタの用語法から見るに、念者は自分のいろいろな性質を稚児の中に移すことができると考えられていたらしい。[13] ギリシアのどこの社会でも、稚児は成長すると生徒の段階を卒業して友人となり、同年輩同士の性的関係がいけなかったように、性的関係を続けることは非難された。ギリシアでも他のどの社会でもそうだが、ひと口に同性愛関係といっても、教育的機能を果たすものと、性器の緊張を惹き起こしたり和らげたりするものとに、二大別して能事畢れりとするわけにはいかない。どんな種類のものにせよ、大抵の関係は複合的なものであり、肉体的接触やオルガスムスへの欲求も、同性愛によって満たされる欲求複合の一要素にすぎなかったのである。[14]

「ギリシア人がどうして同性愛に我慢できたのか、理解できない」とは、私が一度ならず耳にした近代人の意見であるが、これは単にひとつの文化——同性愛に対する宗教的禁圧を前代から受け継ぎ、それを受け継いでいるが故に、同一人物を奮い立たせる性的刺激がいかに多種多様でありうるかということについて、あるいは、人間というものの基本的な心性と表面に現れた一回的な行動との差異について、（つい最近まで）まともな好奇心を示したことのない文化——の意見であるにすぎない。ギリシア人は、性行動を規制するための法典を神が人類に示顕した、というような信念を受け継ぎもしなければ発展もさせなかった。彼らには、性的禁圧を強要する権限をもった宗教機関もなかった。ギリシア人は、自分たちの文化よりも古くて豊かで進んだ、それでいて互いに似もつかぬ文化の数々を目の前に置いて、自由に選択し、採用し、発展させ——何よりも——新機軸を打ち出してもよいと感じていた。(15) 彼らはちっぽけな政治的単位に分断されてはいたけれども、自分たちの道徳や慣習がどこまで局地的なものでしかないかを絶えず意識しており、この意識あればこそ、彼らはまた自分たちの創意で作り出したものを享楽もし、同じような楽しみを自分たちの神々や英雄たちのものにもしたのである。

原註

第I章

(1) ギリシア人は、個々人の性的好みには互いに相違があることに気付いていたが（180頁参照）、彼らの言語には、英語の「a homosexual 同性愛者」と「a heterosexual 異性愛者」という名詞に対応する名詞がない。これは彼らが(a)事実上、誰もが時によって、同性愛の刺激にも異性愛の刺激にも反応する（176頁以下参照）、(b)事実上、同じ時期に他の男たちに挿入し、かつ自分も他の男たちに挿入される男は誰もいない（228頁参照）と考えていたからである。cf. Westwood 100–13.

(2) これは、何一つ隠されたり禁圧されたものはないとか、個人の意識のうちで抑圧されたものは何もない、ということではない。

(3) 文化と社会の性行動を決定する力については、cf. D. J. West 45-7, 114. また、行動様式と人格の基本的な定位との重要な区別についてはcf. Devereux (1967) 69–73.

(4) こう述べるとき、私はミュケナイの資料は無視する。一つには、それが、人々の思想や感情について多くを学ぶことのできるような素材ではないからでもあるが、主として、ミュケナイ世界と文字の発明とを隔てる五百年の文盲状態によって生じた文化的断絶のためである。

(5) 本書に取り組んでいる間に、私は既刊のギリシア壺絵写真集にはほとんど目をとおした。私の一般論は、新しい資料の光に照らすことによって、あるいは、現存資料を解釈する際の私の怠慢と無経験に由来する誤りを正すことによって、修正する必要があるかもしれない。だが、私の一般論のうちどれでも、正反対の一般論に置き換えられるようなことが実際にあれば、私は驚かずにはいられないだろう。自分には絵の解釈についての専門知識がある、などと主張する気は毛頭ないが、専門家たちが屡々誤りを犯しているのを見て、私は自信を強めたのである。例えば、股間淫《すまた》を行っている典型的な一対の男たちを、「角力《すもう》を取る者たち」だと言ったり、野兎を贈り物としている同性愛の口説きの絵を取り上げて、「その日の狩の話」だと言ったりするなどである。このような誤りは、壺絵には同性間性交の場面が稀である、というRobinson & Fluck 14の間違った発言の根底にもあるようだ（この誤りは、*GPM* 214と、ひどいミスプリのあるDover [1973a] 67で繰り返されている）。

(6) Cf. G. Neumann 109.

(7) ここのἔασον《エアーソン》は、「させて！」ではなく、「離して！」を意味するともとれる。その場合、この言葉と「止めて！」とは、共に少年によって発せられたことになる。

(8) Cf. Webster 226-43.

(9) 「シレノス」はサテュロスたち（彼らの特徴的な外観と行動については198、248頁を参照）の父親兼頭目の名であるが、「パン」（牧羊神。上半身は多毛の人間、有鬚、角あり、下半身は山羊の姿。——訳者）や「エロス神」と同様、この名は種属名としても用いられる（サテュロスは好色な山野の精で、その姿はB80※を参照。——訳者）。

(10) Cf. Greifenhagen (1929) 26, 43f., 47f.

(11) ここでも他の箇処でも、私が、「取るに足らぬ」「ほとんどない」その他の表現を、「皆無」と同意語として用いているのではないこと、また、「まれ」を「決して……ない」の意味で、「本質的に」と「根本的に」を「完全に」もしくは「専ら」の意味で用いているのでもないことに、注意して頂きたい。

(12) 三脚台そのものが絵の焦点となっているかどうかは別として、闘争に張りつめた二人の人物画に私達は目を奪われるし、また両者の傍に比較的寛いだ様子のアルテミスとアテナの立姿がある場合、その絵は独特で効果的な垂直－交差－垂直の構図を成す（類似例としてB462※が挙げられよう。——訳者）。若者たちを描く際の、姿形と構図の効果については200頁以下を参照。

(13) 考古学者たちは彫られた「グラフィティー」と塗られた「ディピンティー」とを区別しているが、普通の用法では、この区別はもはや守られていない。

(14) 目下の研究のためには、ごく広く知られているものや、美学的に見て印象的あるいは魅力的なものでも、喚起力がなくあまり読まれない作家の、美学的には印象が薄いが明瞭な箇処ほど重要だとは限らない。だから私の「最も重要な五種の資料」にはいくつかの著名な名が欠けている。

(14a) 訳者註。ギリシアの詩は音節の長短をもって韻律の基本とした。エレゲイア調とは、

—∪∪—∪∪—∪∪—∪∪—∪∪——

—∪∪—∪∪—｜—∪∪—∪∪—

（—は長音節、∪は短音節を示し、短二つは長一つと置き換え可能）の二行一組を最小単位として作られる詩型。

(15) Cf. M. L. West (1974) 43-5.

(16) Cf. *ibid.* 65-71.（テオグニスの邦訳は、西村賀子訳『エレゲイア詩集』、京都大学学術出版会、二〇一五年。——訳者）。

(17) アリストテレス『ニコマコス倫理学』一一二八a二二—五を参照。但し彼の一般論は、四世紀後期と三世紀初期の喜劇のうち、私達が読むことのできる部分によって裏付けられるものの——彼と同時代の失われた劇について何も知らなかったら、そう思ったかもしれぬが——必ずしも当たっている

わけではない。

(18) Cf. AC 30-48.

(18a) 訳者註。イアムボス調の韻律は∪—∪—を基本とする。普通これを三度繰り返して一行とするが、多様な変化もある。

(19) 直訳では「当世の人間より悪質な」。「〜ほど善良でない」の意味で「〜より悪質な」と述べるのは普通のギリシア語である（だから例えば、「〜より醜い」は「〜ほど器量が良くない」と同義である）。

(20) Nygren 166「部分的には宗教的基盤の上に構築された人生哲学という意味での……哲学」という言葉を参照。

(21) プラトン『饗宴』二〇四e—二〇五aを参照。

(22) けれども、下の註24を見よ。

(23) 私が引用符を用いた理由は(a)（「肉体《ソーマ》」に対立するものとしての）ψυχή《プシューケー》の訳語として、「魂《ソウル》」は屢々、必ずしもプシューケーという言葉には含まれない、肯定的で宗教的な含蓄を伴うことと、(b)私は、「美《ビューティー》」「美しい《ビューティフル》」という言葉を、形・色・音に関して以外は用いないから、「美しい《ビューティフル》魂」とは、私にとって無意味な表現だからである。

(24) 『饗宴』中のディオティマという例外については、362頁註11を参照。

(25) プラトンの晩年の意見は、（ソクラテス対話篇ではない）『法律』の解説者である、名を与えられていないアテナイ人の言葉となっている。cf. John Gould 71-130.

(26) プラトンのためにさまざまな弁解が可能であるし、当初受ける印象もよく考えてみれば修正されるのだが、美術や文学に熱中するあまり、道徳上の問題を気にとめなくなる大勢のギリシア人と対比すれば、プラトンはやはり「疑い深く批判的」だといえる。

(27) 無関係な陳述は批判の対象となり、訴訟規則でこれを制止しようとつとめたが(Harrison ii 163)現存の弁論から判断すると、制止はあまり効果的でなかった。

(28) Cf. *GPM* 5-14.(邦訳は、木曽明子訳『アイスキネス 弁論集』、京都大学学術出版会、二〇一二年。第一弁論「ティマルコス弾劾」。――訳者)。

(29) Cf. *HE* i xiii-xxi, xxxii-xlv.(邦訳は、沓掛良彦訳『ギリシア詞華集(一―四)』、京都大学学術出版会、二〇一五―二〇一七年。――訳者)。

(30) 例えば、ローマ帝政期のギリシア詩人ストラトンは、一六、七歳の若い男性を他の年齢の男よりも刺激的だと見なしている。この見解が(多分そうであったと私は思うのだが)古典期のギリシア人のものであったなら、ストラトンは新しいことは何も語ってくれないわけだし、また、古典期のギリシア人の見解と違っているのなら、ストラトンは本書のテーマに無関係である。Flacelière 55f. は相変わらず年代関係を無視していて、ストラトンの時代を仄めかしてもいない。

(31) 五世紀の喜劇からの二つの引用、即ち、クラティノス断片二五八とエウポリス断片三二七では、パイディカは少女を指しているが、その用語法はきっとユーモラスで比喩的なものであろう。ともかく、この語は以後一度も女性について用いられていない。この形容詞は「少年らしい」「子供っぽい」の意味でも見られ、また、パイディアー「たわむれ」「気晴らし」の形容詞としての機能を持つかのように、「真面目な」の反意語として、「冗談の」「ふざけた」の意味でも見出される。私は、男が誘惑したいと思っている少年を相手にして暇な時間を過したという想定から、パイディカが「稚児」の意味で使われたのは洒落として始まったのではないかと思う("He's got himself a smashing bit of homework" のような現代の言い回しを参照)。この語は、五世紀のソフロン作のミーモス劇の曖昧な題名(「パイディカをおどかせ」ということらしい)に現れている。アリストファネス『女の議会』

九二二では「私の玩具《パイグニア》」は「私の情人」を意味するようである。

第Ⅱ章 (A)

(1) このタイプの議論については *GPM* 41, 298f., 302 を参照。

(2) だが常にそうだとは限らない。女は自分の女友達を「私のヘタイラー」と呼びえたが（例えばアリストファネス『女の平和』七〇一）、これは、男が何ら男色を含意せずに「私のヘタイロス」と呼びえたのと変わらない。他方、（例えば、アリストファネス『女の議会』九一二のように）女が「私のヘタイロス」、男が「私のヘタイラー」と言えば、性愛の含みがあるのが普通だった。

(3) Cf. Hauschild 8f.

(4) 貞潔をよしとするギリシアの道徳論については cf. Dover (1973a) 61-5; *GPM* 178-80, 208f., 210.

(5) 例えばデモステネス『二四』七一。アイスキネス『三』三〇―三、四七の議論と、デモステネス『一八』一二〇以下のこれに対する反駁を跡付ける難しさは、一つには、両者共に法律を選択抜粋して引用しているためかもしれない。

(6) Cf. Merkelbach (1975); Wankel 73f.

(7) Cf. Dover (1968) 155-8 及び *GPM* 25f. また贈収賄についてはデモステネス『二四』六六を見よ。

(8) 法廷での証言手続きについては cf. Harrison ii 139f.

(9) デモステネスが『二一』二〇六以下でエウブロスを批判する際の著しい慎重さと比較せよ。その慎重さから、ちょうどその頃、デモステネスがエウブロスと不仲にならぬよう望んでいたことが分かる。「熱心な」の意味でアイスキネスが用いた語は、プラトン『饗宴』二一七aでアルキビアデスが、青年の頃に、己れの美しさに対するソクラテスの同性愛的興味と思い込んでいたものについて用いた語なのである。

(10) いくつかの弁論に、法文もしくは原法文からの抜粋が含まれていたことは疑いないが、弁論が文書として刊行されると、法廷で法文が読み上げられた箇処を示す(例えば「法令」といった)見出しのみが記載される方が普通だった。ずっと後になって、こうした欠落の多くは、法文の偽造によって補修された。偽造文書が、証明可能な歴史上の誤りや、後の時代の言語的特徴を含むことは、よくあることである。

(11) 「少年自身に」が予期されるし、アイスキネスはそう書いたのかもしれない。だが、Kaimakis 35f. 及び Wankel 72 を見よ(ここはドーヴァーに従って訳したが、「もはや他人ではなく、ティマルコスよ、既に本人に向かって語っているのだ」とする現行刊本もある。——訳者)。

(12) Cf. *GPM* 151f.

(13) 話し手は、欲望の対象が女性であったなら、それほど非難の的とならなかったであろう、という仄めかしはしていない。

(14) Cf. *GPM* 279–83.

(15) Cf. *GPM* 54f. 110f. 147. 背景を広くとれば、ヒュブリスは、宇宙の掟あるいは神の掟に対する、自信過剰から来る冒瀆であり、それ故勢い盛んな王や征服者たちに特有である。この言葉はまた、プラトン『エウテュデモス』二七三a(クテシッポスは「若いから」ヒュブリステースである)のように大まかに用いられたり、プラトン『饗宴』一七五eでアガトンがソクラテスをヒュブリステースと呼ぶときのように(いやはや、相変わらず口が減りませんね!)おどけて使われることもある。クセノフォン『キュロスの教育』七・五・六二は手に負えない馬についてヒュブリステースという語を用いている。

(16) Cf. *GPM* 110, 116, 119–23.

(17) Cf. Harrison i 19 n. 2, 34.

(18) 女は強姦されることを「本当は望んでいる」という奇妙な見解を私は支持しないが、ある女性は、本人の内密の証言によれば、激しく抵抗するうちに、性交に対するじかの欲望の方が、暴漢に対する憎悪よりも、突然、はるかに強くなったことに気付いた、という例を私は知っている。ギリシア人には、女性の性欲に対する思い込みがあったから（cf. *GPM* 101f.）、そのようなことはよくあることと考えたであろう。だが彼らは、同性愛関係における受動的当事者がそのことで肉体的快楽を得ることを期待しなかった（161頁を参照）。

(19) Cf. Denniston 267.

(20) Cf. *GPM* 53-6.

(21) *μανία*（マニアー）とその同系語は、英語や他の近代語に見られる狂気を示す語と等しく、「熱狂する」「……に夢中になる」等々の表現に用いられた。

(22) Montuori 12f. は実際、ティマルコス弁論から、男の奴隷を売春させた者は誰でもヒュブリスの罪で告訴されえた、と結論している。この結論は本章A3と両立しない。

(23) Cf. *GPM* 146-50, 156-60, 292-5.

第Ⅱ章（B）

(1) 古代アテナイのような地域社会では、相手側の張ろうとする防御線に関する風聞を耳にするのは容易であったし、たとえ風聞がなくとも、聡明で経験を積んだ告発者には、相手が用いそうな弁明を予想することは可能である。これに加えて、法廷弁論の記録版が流布したのは相手側の弁明を聴いた後のことであり、従って、形の上ではそうではないような体裁を保ちながら、その弁明を斟酌して修正されたのである。cf. Dover (1968) 167-70.

（2）「詭弁家」については108頁註7を参照。

（3）アテナイの将軍は専門職ではなく、一年間の任期で選出された市民で、高度の軍隊指揮権をもっていた。

（4）角力場（これについては本章B4も参照）は上流階級に特徴的な教育の場であった。アリストファネス『蛙』七二九で、旧家名門の市民の特徴として述べられる、「角力だ踊りだ音楽だと育てられ」を参照。私が「教養階級」と訳した διατριβαί《ディアトリバイ》は、ごく一般的には、時間を潰す術を意味し、勉強でも芸術でもおしゃべりでもよいが、それは選択の問題であって、経済的な制約には関係ない。

（5）ティマルコスが犯したのと同じ罪で告発された者があったとしても（322頁を参照）、それ以来非常に長い時が経っていたために、そのような告発を受けた者はいまだかつてなかった、と信じられたのかもしれない。

（6）「恐しい」（または「途方もない」）「無教養《アパイデウシアー》」（ドーヴァーはこれを objectionable philistinism と訳したためこの註を付けたのである。――訳者）。アイスキネスが、ホメロスの「教養ある聴衆」と述べているのは、このような誹謗に対する間接的反駁である（一四二節。163頁に引用）。

（7）このように、（i）アイスキネスは教養階級の同性愛《エロース》を理解していない、と非難しながら、同時に、（ii）アイスキネスは根っから色好み《エローティコス》である、と論じるのは馬鹿げて見えるかもしれない。だが、それが本当に議論になったのなら（註1参照）、その要点は、アイスキネスは真のエロスを彼自身の卑しいエロスを基準として判断している、ということだったのであろう。

（8）φιλονικία《フィロニーキアー》「勝利欲」は、四世紀の比較的初期から軽蔑的な言葉となっている。cf. *GPM* 233f.

（9）エロスは相互的関係ではない。160頁を参照。

（9ａ）ここでドーヴァーは eros を英語として用いると述べているが、本訳では恋《エロス》などのように必要に応じてルビをふることとする。――訳者。

（10）Greifenhagen（1957）. とくに R667 の説明（28-31）を参照。

（11）『ファイドロス』の中でソクラテスは、ファイドロスが暗誦した「恋せぬ者の弁」と同じ前提に立って発言するとき、エロスとはヒュブリスを誘発し、かつ、理性と相容れない欲望であるとしている（『ファイドロス』二三七ｃｄ、二三八ｂｃ）。だが、ソクラテス自身によるエロスの説明は全く異なる角度からこの問題に迫るものである。Hyland 33f. は、（例えば）プラトン『リュシス』二二一ｂをエラーンとエピテューメインの区別の根拠としているが、その際彼は、プラトンはｘかまたはｙに関して何かを「論証」するための根拠を用意する時は常に、「ｘ」または「ｙ」と言わずに、好んで「ｘとｙ」と述べる（『エウテュデモス』二八〇ｂ―ｄの「幸福」と「成功」、また同書二八一ａ―ｄの「知識」「知性」及び「知恵」を参照）ということを十分に斟酌していないのだ、と私は思う。その上、プラトンの抱いているエロスの概念は、他の誰のとも違っているから、彼のエラーンとエピテューメインの用法について何か明らかになっても、一般ギリシア人の用法を解く鍵とはならないのである。

（12）Cf. Dover（1968）69-71.（リュシアスの邦訳は、細井敦子・桜井万里子・安部素子訳『リュシアス弁論集』、京都大学学術出版会、二〇〇一年。――訳者）。

（13）クセノフォン『キュロスの教育』六・一・三一―三でアラスパスは、アブラダタスの妻パンテイアに対する「恋情《エロース》に捉えられて」口説いてみたが失敗し、「進んでしないのなら、いやでもすることになるぞ」と彼女を脅している。

（14）ζηλωτής《ゼーローテース》. 動詞 ζηλοῦν《ゼールーン》は本来（そして屢々）「負けまいと努める」の意味だが、恋愛感情にも使用しうる。

(15) πονηρός《ポネーロス》が「悪い」に当たる最も普通のギリシア語であり、時には無能力、無用を、時には不正直を意味する。cf. *GPM* 52f, 64f.
(16) Cf. *GPM* 201-3.
(17) Cf. *GPM* 140 n. 13.
(18) アイスキネスがここで「少年」ではなく「男」と言っているのは、告発の時点でティマルコスが大人になっていたからである（本訳で「無教養なヒュブリステース〔好色漢〕」とした部分は、直訳では「ヒュブリステースで無教養な男」である。——訳者）。
(19) 教育及び素養と道徳的判断力の関係については *GPM* 89-93 を参照。
(20) アナクシラス断片二二・二三—四、「遊女たちが……自分たちは恋《エラーン》している、愛《フィレイン》している、そしてセックスを楽しんでいる、と素直に言うことはない」という言葉には、一つの情態の三つの異なる側面が列挙されているが、第二、第三の面は第一の面に自ずと伴うものである。プラトンは『法律』八三六e—八三七dでエロスについて大変用心深く論じ、結局、エロスとは、満たさねばならない欲望にまで高まるフィリアーと、似た者同士ということで引かれ合う者たちのフィリアーとが混り合った説明しがたい感情だとしている。この箇処は初期作品のそれと著しく相違しており、エロスと愛に対する一般ギリシア人の態度とはいっそうかけ離れた段階に達している。
(21) Nygren 30 の「エロスとアガペーは本来互いに全く何の関係もない二つの概念である」とは、多分、キリスト教作家の場合それらの語が示す概念について述べたものである。Armstrong 105f. と Rist 79f. は、プラトンの考えたエロスの「エゴイズム」について、あまりに狭い見方をしている、と Nygren を批判している。
(22) 同性愛関係にのめり込んだ男性は皆女性的であり、従って臆病である、というい っそうはなはだしい（誤った）憶説にも幾分責任がある。

(23) こうした逸話では自殺が際立った役割を演じている。例えばコノン断片一・一六（念者が、稚児によって自分に課され、しかもいつまでも報われることのない苛酷な仕事に嫌気がさして、他の若者の方が好きであることを公然と示したために、稚児が自殺する）。殺人もまた然りである。例えば、プルタルコス『愛をめぐる対話』七六八f、及び『愛の物語』二、三。

(24) この表現については181頁を参照。

(25) Cf. *GPM* 159f, 240–2, 296–8.

(26) 男は当然、たとえ女が彼のエロスに十分には報いないとしても、女に愛されるよう望むものである。クセノフォン『ヒエロン』一・三七、七・六で本来同性愛について述べられていること（145頁を参照）は、異性関係にも同じく当てはまる。アガペーに関しては157頁を参照。

(27) プルタルコス『リュクルゴス伝』一八・九ではアンテラーンは「恋仇である」ことを意味する。

(27a) 肛門性交が挿入される人間にとって愉快なものでありうることを忘れてはならない（cf. Eglinton 155f.）。念者が稚児に手淫をほどこすことについては330頁を参照。

(28) アキレウスとパトロクロスに関する伝説の変遷、及び、特にアイスキュロスによるこの伝説の取り扱いについては、427頁以下を参照。

(29) プラトン『ファイドロス』二三四aの、念者ならざる者は、少年を意のままにした念者は後になって友人たちにその少年の名を挙げて自慢するであろう、と仄めかしている。だが、その話し手は、少年を念者たちに背かせるために思い付く限りの議論を展開しているのである。最も多忙な姦通者でさえ女性たちの名を挙げることは避ける異性愛社会からの類推に基づいて、一体そのような自慢が一般的であったかどうか疑ってよいし、そんな言動が世間の賛同を得たとは思えない。クセノフォンが

『ヘレニカ』五・三・二〇で、アゲシポリスはアゲシラオスと「若者らしい、狩猟や馬に関する話や、パイディコスな話」をした、と言うとき、多分ギリシアの読者は「パイディカについての話」を意味するものと取ったであろうが、「少年らしいおしゃべり」を意味したのかもしれない（第Ⅰ章註31を参照）。

(30) 角力場は（アイスキネスが、引用法文中の「角力場で」という言葉を説明して「体育場」という言葉を用いていることから分かるように）体育場の一部である場合もあれば、独立した施設である場合もあった。cf. Oehler 2009f.

(31) 文脈からして、この表現は（他の箇処でも時に見られるように）性交の婉曲表現に違いない。

(32) 「詩人」という言葉で私が言わんとするのは、作詩のために採用された「語り手《ペルソナ》」のことである。作者がある時点において現実の少年に対して抱いた感情を表現する詩があるとしても、それがどの詩なのか分からないからである。

(33) キュディアス断片七一四（プラトン『カルミデス』一五五dに引用）では、美少年が獅子で、多情な大人が欲望に襲われ虜となった仔鹿とされている。

(34) ἡνίοχος 直訳「手綱取り」、は御者を意味する（馬は馬車を引《フェレイン》き、従ってその中の人間を引く）。アナクレオンが用いている ἐπεμβάτης《エペムバテース》は、御者の意味にも馬に跨がる騎手の意味にもなる。

(35) 「汝は岩礁に乗り上げ……腐れた纜《ともづな》にしがみつけり」という表現では、腐った縄に取り付いたことが、難破の原因なのか結果なのかはっきりしない。

(36) Cf. Henderson 119f.

(37) もっとも、アナクレオンの ἐπεμβάτης《エペムバテース》という用語が彼の詩の中では「騎手」を意味することはまず確かである。cf. n. 34.

(38) アガトンに関するエピグラムについては、アウルス・ゲッリウス『アッティカの夜』一九・一一・一以下の「昔の著作家たちは相当多くの者がこの詩をプラトン作と断言している」という言葉を参照。ギリシアのエピグラムで、作者名が一様でないもの、全く作者名のないもの、時には時代上あり得ない作者名を持つものは数多い。

第Ⅱ章 (C)

(1) 「過失」については *GPM* 152f. を参照。

(2) 文意を明確にするため語句を挿入することは、デモステネスとアイスキネスの写本伝承では稀なことではない。だが、他に比べそれが一層目立つ写本が存在する。

(3) Cf. Dover (1973a) 65. 性的「強制」については、Schreckenburg 54–61 を参照。

(4) Cf. Dover (1966) 41–5.

(5) 「いかなる τρόπος で呼ぶべきであろうと」という語句は「どのように呼ぶべきであろうと」を意味し、「いかなる……であろうと」という語(不定代名詞男性対格単数 ὅντινα のこと。——訳者)が挿入されたのは、「法に適う恋——あるいはそれをどのように呼ぶべきであるにせよ——に導かれた結果」という意味を与えるため、一八四〇年に Baiter と Sauppe が提唱したことによる。だが、この校訂は文法、文体または意味の上から必要なわけではない。

(6) この箇処から、クセノフォンの時代には、キスがギリシア人同士の慣習的な挨拶の仕方ではなかったと推定してよい。もっとも、父と息子、兄弟または特別に近く親しい友人同士の場合は別である。

(7) Cf. *GPM* 178–80, 210f.

(8) κακία《カキアー》は、人について述べられた場合は、本来「役たたず」のことであり、その主な内訳は臆病、怠慢、及び――わがままや無能力による――義務不履行である。

(9) アリストファネス『雲』一六への古注は（確言はできぬが）多分ヘレニズム期初期に由来するものであるが、次のように述べている。「ὀνειροπολεῖν《オネイロポレイン》は夢を見ることを意味するが、ὀνειρώττειν《オネイローッテイン》は、稚児と一緒にいる夢を見て性欲が昂った人々に起こることだが、夜中に精液を放出することである」。

(10)「彼女の眼から秋波を送って」と訳す議論も成り立つであろう。いずれにせよ、彼女の眼《まな》ざしによって見る者の心に欲望が起こるという点が眼目である。

(11) エロス神の「矢柄」つまり「矢」によって人間が「傷つくこと」はギリシア詩における月並みなモチーフである。

(12) Cf. *GPM* 98-102; Hopfner 370-2.

(13) クセノフォン『家政論』一〇・二には、女が実際より背を高く見せるために、高いサンダルを履くことが述べられている。

(14) 古代においてエウリピデスまたはクリティアスの作とされていた劇『シシュフォス』では、主人公である伝説上のコリントス王シシュフォスが、宗教とは法を強化するための巧妙な発明である、という理論を提起している（クリティアスB二五）。シシュフォスはいずれにせよ神々を敬わず、そのために神々の罰を受けるが、それでも、彼の語らせられた理論は知的な興味をそそる。クリティアスは、アテナイの敗北と降伏の後、スパルタの支援を受けてアテナイを支配した偏狭な寡頭政治の指導精神となった。だが彼は、味方に付けることもできた人々をほとんど皆遠ざけたため、帰還を目指す民主派との戦闘の際殺害された。後の伝承で彼は怪物と見なされている。

(15) Cf. Westwood 83-90; D. J. West 74-6.

(16) Cf. *GPM* 69-73.

(17) Langlotz pl. 20で一緒に例示されている。

(18)「両性具有のエロス神」については、Delcourt（1966）54-9を、両性具有者の描写に表現される同性愛幻想については、同（1961）65を参照。

(19) 戦士の本質的な二つの属性は、戦場における体力と、戦友たちを勇気づける優れた戦略的想像力である。*Od.* xi. 506-16で、オデュッセウスがアキレウスにネオプトレモス（アキレウスの息子。——訳者）を褒め称える場面を参照。

(20) 個人の本性の改善または改悪の可能性については cf. *GPM* 90.

(21) 六世紀末、クセノファネスが、力強くかつ苦々しげに、この点を主張している（断片二）。

(22) Cf. *GPM* 163f.

(23) 勿論、竪琴の伴奏で歌う大人の男たち、いや、かなり老けた男たちの絵も数多くある。例えばNapoli 124 fig. 50 & pl. 2（及びR336※の裏側）。

(24) 同時に、話し手は、むかつくような詳細を語ることで陪審員たちの耳を汚すつもりはない、という心ばえのよさを示すことになる。

(25) Cf. *GPM* 30-3.

(26) Napoli pl. 1,6; *EG* 104f.

(27) Cf. Boardman（1973）fig. 39.

(28) クラゾメナイ出土の壺絵で、男性に白色が用いられていることについては、cf. CVA Great Britain 13 p. 15.

(29) RL14の鉛色に見える若者は極めて特殊なケースである。死んでいるからというばかりでなく、これはメデイアの魔法で血を抜かれて死んだ青銅の人間タロスの絵だからである。

(30) Cf. Delcourt (1961) 24-7. エウリピデス『バッコスの信女』のディオニュソスは、ペンテウスによって女のような姿を嘲けられており（四五三―九）、RL13など、五世紀末の美術におけるディオニュソス像と合致する。だが、ディオニュソスはアイスキュロス『エドノイ』（断片七二）でも似たような言葉で嘲けられていることを忘れてはならない――しかも、アイスキュロスは『バッコスの信女』成立の半世紀前に死んでいるのである。

(31) この絵における一人の稚児の金髪は *EG* 93 で殊に鮮明である。

(32) アルカイック期と古典期の詩におけるこれらの語については、cf. Treu 176-186.

(32a) プラトン『ファイドロス』二三九cでは、普通の念者はその稚児が軟弱であるよう望むものだ、と論じられている。この考え方の根にある仮説は、文脈から判断すると、肉体的強靭さは精神の独立を意味し、それが念者にとっては由々しい問題である、ということらしい。そのような稚児は「自分の美しさが欠けているために、まやかしの色や装飾品で身を飾っている」という言葉は、ひょっとしたら化粧のことかもしれないが（健康の輝きを模倣するため？）、それよりも多分、健康によってもたらされる「自然の装飾」に対立するものとしての、衣裳に言及したものであろう。

(33) プラトン『法律』九五六aでは、「白い色」が、神々に奉納されるべき人造物に最も「適した」色である、とされている。神々は当然、闇と陰《かげ》りに対立する光と輝き、汚さに対立する清らかさ、または金・銀・象牙のような高価な物質と関連付けられている。

(34) 「黄色い《クローロス》」と「蒼白い《オークロス》」は、病気または恐怖の色であるが、クローロスは若い、生い茂る植物にも用いられる場合があり、従って、良い連想を伴うこともある。テオクリトス『一〇』二六で、「蜜の黄色の」は、他の者たちが貶して「日に焼けた」と呼ぶ女に対する恋人の言葉であり、それ故、メレアグロス九八の「蜜色の肌の」と同様、「白い」に対立する語である。

(35) このことは驚くに当たらない。現代の同性愛者の好みについては、cf. Westwood 88f, 116, 119, 155-65.

(36) ノモスは明確な法規定ばかりでなく、慣習や仕来りをも含む言葉である。

(37) Winckelmann は「やスパルタ」に当たる語句を竄入として削除し、Bethe 442 n. 10 も、その削除を必要と見なしている。Robin はこの語句を、「やボイオティア」の後に移している。私は伝承原典を保存する立場で論じたことがあり（Dover [1964] 37)、今でもその意見は変わっていない。クセノフォン『スパルタ人の国制』一・一二—四で（正確かどうかは分からぬが）記述されている、スパルタの「しきたり」は「込み入って」おり、また、クセノフォンはこれを、エリス及びボイオティアの住民の慣習とかなりはっきりと対比している。

(38) プラトンが『饗宴』を書いた頃（もっとも、「この対話篇の設定年代」に、ではない）、小アジア沿岸のギリシア人都市に対するペルシアの宗主権は正式に認知されていた。

(39) 詩におけるこのモチーフについては、アスクレピアデス一二、カッリマコス八、メレアグロス九二を参照。

(40) 成人前の若者は身をもって政治に参加することは出来なかったが、市民共同体内部の勢力のバランスにおける如何なる変化も、「政治的業績《ポリーティコス》」というギリシア語表現でカバーできる。

(41) Cf. Dover (1965) 13f.

(42) プラトン『饗宴』二一七cに描かれているような、有利な状況を作り出そうという恋する者の巧妙な試みは、現代の男女の関係に置き換えると、ごく聞きなれた響きがする。

(43) Cf. Hopfner 233-6. ネオス「若い（人）」という語は、文脈に応じ、幼児から中年前の男までのどの年齢の者にも用いうる。

（44）アスクレピアデス二四とメレアグロス八〇がその例かもしれない。クセノフォン『ソクラテスの思い出』二・一・三〇の「男たち《アンドレス》を女として用いて」という表現において、男性を示すのに「男たち」という言葉が選ばれたのは、多分、読者に不快な印象を与えるためであろう。テオクリトス『二』四四以下で、恋人に捨てられた娘が口にする言葉にも、同じことが言えよう（191頁を見よ）。

（45）Cf. Schauenburg（1975）119.

（46）Cf. Schauenburg（1971）43-54.

（47）Vermeule 12は二人目の若者を女としているが、この人物画の胴部は間違いなく男性のものである（右方の人物画に見られる女の乳房と対比すること）。脚の位置によって、外陰部は隠れている。

（48）この絵を見ると、私は、一五〇年後に、デモステネス『五四』一六以下で話し手が大いにショックを受けた、と述べている、そんな行動を取る若者たちのことを考えさせられる（133頁を参照）。喜劇詩人テオポムポスの方が時期的に壺絵と近いが、その断片二九では、（直訳は）「過度の若者たち《メイラキア》が」——若者の役をオーバーに演じる者、の意か？——リュカベットスの丘（古アテナイ市東北の丘。——訳者）で、「同年輩の者たちに身を任せる《カリゼスタイ》」と述べられる（Dover［1964］41 n. 7で私の提言した解釈は撤回する）。

（49）Cf. von Blanckenhagen. 彼はR970※をこれと比較している。

（50）刑務所では、「狼」は能動的同性愛者を意味し、受け手に回ることはない（D. J. West 233f.）。

（51）Cf. Dover（1964）31; Mead 290f.

（52）ギリシア人の競争に対する情熱、及びSlaterのいうギリシア的「ナルシシズム」とその情熱との関係についてはcf. Slater 36-8. Slaterがどうも言わんとしているらしい程には、ギリシア人が私達と異なっているとは、私は思わないが、それは、私が「私達」という言葉に別の定義を与えているからである。cf. *GPM* 228-42.

(53) Cf. Slater 33f.; Devereux (1967) 75, 90.

(54) Cf. Trudgill 56-64, 123-5.

(55) Beazley (1947) 213.

(56) Lullies & Hirmer 20, 72, pl. v; Kunze.

(57) Cf. Schauenburg (1965) 863-7; Lullies (1957) 378f.

(58) 花代を釣り上げる少年たちのことを嘆く、グラウコス一を参照。

(59) Cf. Rodenwaldt 14-21. R638では、急いで立ち去ろうとする若者は、財布一杯の金を受け取っていない。彼が運んでゆくのは、R520※の少年と同じく、木の実・無花果等々である。

(60) Vorberg (1932) 463は、花冠を(競技用の——訳者)円盤と取り違えている。

(61) R112(ペレウスとアタランテ)のように、神話から取ったシーンもある。二本の槍を持つ若者が、怯える女を摑むR928は不可解である。

(62) Cf. Sichtermann (1959) 12-4. 今にも拳骨の雨が降りそうな(いくつかは明らかに色恋に関わる)絵は、Boardman (1976) 286f. にリストされている。

(63) Cf. G. Neumann 71-5.

(64) 註26を参照。

(65) Cf. Beazley (1947) 199.

(66) 大部分は黒絵式の期間に属する。Cf. Beazley (1947) 219-23. けれども、赤絵式の期間に「上下の構え」の絵の数が減ったことに伴って、慎みが増したわけではない。cf. (e.g.) R520※. この構図はアッティカ特有のものではなく、クラゾメナイの石棺にも見える (Friis Johansen 186)。

(67) Robinson & Fluck 13は、異性愛のシーンはどちらかというと単調である、というFurtwänglerの判断(iii 21)を、論評を加えずに引用している。

(68) Cf. J. Gould (1973) 74-103.

(69) この壺絵では、他の若者たちのペニスは水平に描かれているが、勃起していないことは確かである。

(70) 私は「手淫」という用語を、その人物が一人だけでいる絵、または、射精の見られる絵(例えば、B118のサテュロス)にのみ使用したい。男が、相手役になってくれるかもしれない者にせがんでいる間、または、自分の番が回ってくるのを待つ間、勃起したペニスを握り締めている絵には、この用語は適切でない。B522の、把っ手の下に、蹲《うずくま》った姿勢で描かれた少年は手淫しているのかもしれない。

(71) アテナイの広場《アゴラ》で発見された落書(Lang (1974) no. 30)では、毛むくじゃらの犬によって後から挿入されている人物の性がはっきりしない。

(72) この『蛙』の箇処では、主人が奴隷を殴るのは、多分、溲瓶《しびん》を持てと命じたのに(五四四)、奴隷が気が付かなかったからであろう。だが、私達には、倒錯した嫉妬か不安に駆られて、私達の支配下にある者たちの性行動に対して腹を立てる傾向が多少ともある。

(73) この箇処に対する私の注では、「大人の男性は、寝床に一人でいて長い間眼を覚していれば手淫せずにはいられぬものだ、という、下品な俗説」に注意を促しておいた。Henderson 220 n. 45は、私がこの俗説を「イギリスのパブリック・スクール」から引き出したもの、と考えている。だが実際は、私がこの俗説を初めて耳にしたのは、一九四三年、イタリア駐在のアメリカ兵の間で用いられていた起床号令の中でであり、二度目に聞いたのは、"*Kes*"という映画(一九六九年、ケン・ローチ監督。——訳者）の中で、話し手はバーンズリー（イングランド北部の都市。——訳者）の坑夫である。もっとも、ストレプシアデスの振舞は、聴衆に下品でみだらな印象を与えるべく巧まれたものだ、という Henderson の説に、私は反対しない。
(73a) R504 では、うんざりした奴隷が地べたに坐って主人が果てるのを待っているが、この絵では、挿入位置が陰嚢と一方の太股との間であるように見える。Eglinton 150, 153f. によると、股間淫は「イギリス式」と呼ばれており、また、これは「寄宿学校で盛んになっている」そうである。
(74) B482 については、211頁を見よ。
(75) Kretschmer の解釈 (89) は、本質的にではないが、やや異っている。
(76) Cf. Schauenburg (1965); Beazley (1947) 203, 221f.
(77) Westwood 129-31 は、これを誤りであると指摘している。
(78) アルケディコス断片四。ティマイオス F35(b) はこれを真に受けている。
(78a) 一般にフェラチオは「女のすること」として嫌われたことについては Eglinton 156 を参照。
(79) キリンは、その長い首に潜む美的魅力を利用して、求愛のテクニックを発達させている。だが、キリンは首を同性愛関係において用いるが、雌との交尾に際しては用いない。このテクニックは、勃起、マウンティング、さらに時には遺精または摩擦によって射精を誘発しようとする試みにおいて頂点に達するが、(これまで観察された限りでは) 肛門性交に至ることはない。cf. Innis 258-60; Moss 45f. 近年の観察によって、他の種の動物についても、同様な報告がなされている。野生動物に関して「同性愛」という用語を用いることについては、I章1の冒頭に提示した定義が満たされているなら、これを避ける理由は見出せない。Tripp 70f. に言及されているペルーの共同社会は、性的な動機付けによる行動をほとんど全て同性愛関係に向けてゆくようである。それが本当なら、Karlen 476

の一般論は無効となる。

(80) Pomeroy 144 の観察は正しい。ペイシストラトスはメガクレスと仲違いしたが、それは、彼がメガクレスの娘を娶って、「定法に悖る仕方で妻と交わった」（ヘロドトス一巻六一・一以下）ためである。だが、ペイシストラトスには、妻が懐妊することを望まぬ強い理由があった。

(81) Devereux (1970) 21 n.1 は、女との肛門性交を描きたがるのは、同性愛志向の現れであると見ている（cf. Pomeroy loc. cit.）。そこで、壺絵に見られる同性愛者の性交（つまり股間淫。――訳者）と、念者が実際に為したがったこととの間には相違があったのではないか、と一応は推測される。

(82) ヘラクレイオンの博物館にあるランプには（Marcadé 59）、仰臥した男に女がフェラチオする様が描かれているが、女の外陰部は高くもたげられていて、男の顔の届く埒外にある。実際、ガレノス一二・二四九（Kühn）には、フェラチオよりもクンニリングスに「我々はいっそうの嫌悪を覚える」と述べられている。

(83) 古代と現代に共通の幻想であるが、これが如何にして実行しうるのか、私は知らないことを白状する。

(84) Cf. Deubner 65-7. またファロスについては下の305頁を参照。

(85) Cf. Charlotte Fränkel 24f. 74. 及び他の例としては B31（「手淫する《デフエスタイ》」と同語源のドフィオス、及び、「包皮の剝けた《プソーロス》」から派生したプソーラース）。

(86) Cf. Henderson 124.

(87) ローマ期のものであるが、プルタルコス『愛をめぐる対話』七六八aには明白な意見表明が見られる。「受け手の役を楽しむ者たちを、我々はげすの中のげすと見なし、彼らに対しては一毫の敬意もしくは愛情をも抱くことがない」。

(88) Westwood 133f. は、股間淫または相互の手淫を行い、肛門性交を拒否する同性愛者たちは、「同性愛を精神的なものと見る」傾向がある、と述べている。註77を見よ。

(89) アリストテレス『弁論術』一三七八b二九以下、デモステネス『二一』七四。市民権の正式の剥奪を意味する動詞は ἀτιμοῦν《アティームーン》であるが、抽象名詞 ἀτιμία《アティーミアー》は、ἀτιμάζειν にも ἀτιμοῦν にも対応する。

(90) Cf. Vanggaard 76–81.

(91) Cf. Fehling 18–27; Vanggaard 101–2. Karlen 414 は、人間は、同性愛的「屈服」を儀式化した多種の動物と違って、「力関係を表現するために」性行為を完遂することがある、という所見を述べている。ジョン・ブアマン監督の映画 "*Deliverance*"（邦題『脱出』）では、都会人である「闖入者たち」が山の民である猟師たちに虐待される様を描く際、このテーマがショッキングな仕方で用いられている。

(92) Cf. Herter (1932) 209–221; Fehling 7–14, 18–20.

(93) Cf. Fehling 8-11. 私自身、捕獲された猿どもが、怒ってか怯えてか、この反応を示すのを見たことがある。

(94) Cf. Fehling 7f.

(95) Cf. D. J. West 116; Vanggaard 71-5. だが、大羚羊（エランド）の場合通常の手順が逆転して、闘争の末に、屈服した雄が支配する雄にのし掛かるのである（Moss 188）。

(96) 例えばイタリア語の *inculato*（～*culo*「尻」）「負けた」はフットボール・チームに使用される。

(97) Cf. Schauenburg (1975) 97–122; Fehling 103f.

(98) これは R476 に描かれている。アリストファネス『女の議会』一二以下、及び同箇処に対する Ussher の註を参照。

(99) Cf. Devereux (1970) 20, (1973) esp. 181, 193.
(100) B60は例外であるが、そこに描かれた若者は女に挿入しようとしており、従って、若者の性器には、彼に触れている男が手を出すわけにいかぬのである。B258では若者が――気をそそるためか、侮辱するためか、それとも単なる偶然か――自分の臀部に触れているが、彼はありきたりの稚児の好意を拒否されたところである。R189※とR255には、酔っ払った威勢のいい若者たちのがさつな悪ふざけが見られる。R255のユーモラスな性格はかなり明瞭である。
(101) プルタルコス『愛をめぐる対話』七六八以下には六世紀の僭主、アムブラキア（古代ギリシア北西端の町。――訳者）のペリアンドロスに関する逸話が述べられている。ペリアンドロスは彼の稚児に、「君はまだ妊娠してないのか？」と訊いて、この非礼に対し厳しい報いを受けた、その稚児が彼を殺したからである、と。この逸話の出典も分からないし、その中の陽気な質問が発されたのが、二人きりのときか、他の人々の面前でかも分からない（クセノフォン『ソクラテスの思い出』一・二・二九以下に関す359頁を参照）。だが、この逸話では、その稚児が女役に甘んじたのは、誰もそれが女のようだと言わぬ限りのことだったことが暗示されている。
(102) カッリマコス七、及びディオスコリデス一三は彼らの稚児たちの強欲さを嘆いている。
(103) Cf. *GPM* 144-60, 296-8.
(104) Cf. *GPM* 109-12, 114-6.
(105) アリストファネス『女の議会』四三二では、民会の中でも、都市貧民によって構成される部分は、直訳では「靴職人的大衆」、即ち「全ての靴職人とその同類」と呼ばれている。
(106) Cf. *GPM* 34-45.
(107) Cf. *GPM* 88-95.

第Ⅲ章 (A)

(1) (碑と訳したのは) ギリシア語でステーライ、これは国家的、地域的、個人的、いろいろな場合の、墓石・顕彰碑・触書などに用いられた石板のこと。

(2) 現存するギリシアの落書はほとんど、色で書かれたものではなく彫り込まれたものである。第Ⅰ章註13参照。但し、時には彫り込みの中に着色の跡の残るものがある。

(3) 色よい返事とすげない返事の二つある中、すげない返事さえしなかったということ。

(4) 「他人のもの」ἄλλος ἔχει (アッロス エケイ) は「きれい、ほんとにきれい」ναίχι καλὸς καλός (ναίχι) の音を響かせているものの如し (三世紀に既に、「ナイキ」の発音が「ネキ」のようになっていて、エケイ (エキ) と韻を踏んだ、ということ。——訳者)。

(5) Gow & Page 及び Pfeiffer (fr. 393) は、現実には恋の落書しか行われなかったと考えたのか、この詩に対する注で、「クロノスは賢い《ソフォス》」を「誰某はきれい《カロス》」のもじりだと見なしているようである。喝采の「ソフォス」について は、クセノフォン『狩猟論』六・一七の猟犬を励ます叫び声「カロース、ソフォース」(副詞形。うまいぞ、でかした、の意) を参照 (クロノスとはメガラ派の哲学者、イアソスのディオドロスの綽名。当意即妙の返答ができなかったという伝承があり、この詩は皮肉。——訳者)。

(5a) Watkins 18f. は「踊り手」という言葉に性的な意味あいがあると論じている。

(6) 324頁参照。

(7) 喜劇における取り扱いについては323頁を参照。「カタピューゴーン」の知られる限りの最も早い用例は八世紀の陶器片に見られる (Blegen 10f.: cf. Jeffery 69)。Fraenkel 44f. は -αινα を悪口的な調子の強い語尾だと考えるが、私はその当否を知らない。アリストファネス『雲』六六〇—九では、ソクラテスがストレプシアデスに対して、ἀλεκτρυών《アレクトリュオーン》は雄鶏専用とし、雌鶏のためには ἀλεκτρύαινα《アレクトリュアイナ》と言うべきだと説いている。

（8） Cf. *ARV* 1601; Lang（1974）nos. 6, 20.

（9） ギリシア語 οἰφόλης《オイフオレース》は *IG* xii. 5. 79（ナクソス島のもの）にも現れる。基になった動詞 οἴφειν オイフェイン（媾合する）については287頁参照。μαινόλης マイノレース（狂える）に倣った語形成かもしれない。

（10） 刻文では ΘΡΕΣΑ とある。アッティカ方言形は Θρῇσσα, ありふれた女奴隷の名前で、トラキア女の意。（スベタと訳した所、女なのに）καταπύγων の形が使われているが、ここではこれでよい。καταπύγαινα（女性形）は多分アッティカ方言で作られた形だし、永くは生き残らなかったのだから。

（11） 壺が焼き上ってから、あるいは、他の場所で他の人々に長年使われた後で刻文を入れることも可能であった。壺以外のものでも然り。B418「ネオクレイデス　きれい」がその例である。Immerwahr は、「私はミュッリネ（女性の名）のもの」と色書きされてある後に「少年　きれい」と書き加えのある素焼の球のことを記している。

（12） Webster 42-62 は特別注文の仮説を検討している。

（13） Talcott 350 は土器の基部の格子模様の上に書かれた複雑な落書を引用している（Agora P5164; cf. *ARV* 1611）。それは次の如し。「神々。テリクレスはきれい。神々。［……］クソノスはきれい。ティモクセノスはきれい。カルミデスはきれい」。頭に立つ「神々」は国家の法令で時に現れる。恭順の意を言葉で示したもので、何か事をなすに先だっての祈りや供犠に相当する。次に続くのが神々とか神的人物のリストであることを意味するわけではない。

(14) A646「皆さん私を買って、そうすればΕΥΕΠΟΛΕΣΕΙ」(Beazley (*AJA* 1950) 315) は εὖ ἐ⟨μ⟩πολήσει⟨ς⟩で、「あなたはお買い得しますよ」あるいは「あなたは得をしますよ」の意であろうか(cf. *LSJ*)。どの解釈をとるにせよ、二人称複数(「買って」の原語の語尾)から単数(「あなたは……」の語尾)への移行がある。

(15) 原語 ΣΟΙ ΚΑΙ ΕΜΟΙ は丁度ミムネルモス断片八・二及びテオグニス一〇五八の行はじめと同じである。R1053(82頁に既出)を参照。R125 の ΙΠΠΑΡΧΟΚΑΛ はヒッパルコス(Ἵππαρχος. この名が「きれい《カロス》」と言われたことは十分証拠づけられる。*ARV* 1584)と呼ばれる人物についての詩の冒頭の語かもしれない。絵の一部とするつもりの言葉でも後から彫り込まれたものもあった。Beazley(*AJA* 1927) 348 は、色つきの梟の横に「クウー」と書き込みのある例を引く。

(16) ギリシア語では主語要素が二つの時は動詞によって前後に分けられるのが普通。主語(1)—動詞—主語(2)という風に。それ故常に、名前(1)—動詞—父の名前(2)と書かれる(訳者註。274頁とここで、R78 の刻文に対するドーヴァーの英訳は違っている)。

(17) Cf. *AC* 63-5; Henderson 131f.

(18) Klein 77 は「男」でなく「若者」と言っているが、彼の挿絵を見るとそうでないことが分かる。

(19) 「私は挨拶する」の例については、Beazley(1925) 35-7; Klein 63-5 を参照。

(20) プラトン『饗宴』二〇一cで、ソクラテスはアガトンに対して ὦ φιλούμενε Ἀγάθων「(皆から?)好かれてるアガトンよ」と語りかけている。

(21) Cf. Ferri 98-100; Beazley(*AJA* 1941) 595; Schauenburg(1971) 49f.

(22) R902 は、鹿に変身させられた上、自分の猟犬に八つ裂きにされる伝説のアクタイオンが「エウアイオン」と呼ばれているから、一見したところでは不吉な兆に近づくようにも見える。しかし、

IGD 62, 65, 69 を見ると、アイスキュロスの息子エウアイオンが悲劇の役を演じたことが十分に考えられるので、神話をテーマにした絵の中にこの名前が見出されてもおかしくはないだろう。

(23) Cf. Ferri 105; *ABV* 669; *ARV* 1591-4; Webster 65. メムノンが誉めそやされている場合は、現実のメムノンか伝説上のメムノンかの疑問が生じる。B322(六世紀末)ではこの名の美少年が誉めそやされているが、伝説上のメムノンもオデュッセウスが出会った最高の美男子であったし(ホメロス『オデュッセイア』一一歌五二二行)、赤絵式の壺の中にも伝説上のメムノンを誉めそやしているものがある。

(24) R1091(若者たち)では、ワイン袋の上に「きれい《カラ》」(中性複数形)、手洗い盤の上に「きれい《カレー》」(女性単数形)と着色されてある。R208(宴席でコッタボス遊び[盃の残り酒を的に投げ注ぐ余興。——訳者]する若者たち)では、一つの盃にKAΛOΣ(男性単数形)、もう一つの盃にはKAΛON(中性単数形)とある。しかし、壺絵師はΣをNのように書くことがあるから(例えば、R44、R110、R476、R1000)、ここの刻文をむつかしく解釈する必要はなかろう(R551の]KAΛON[は暫く措く)。

(25) Cf. Ferri 128f.

(26) 壺の刻文は「迷い子になる」こともある。例えば、R239の「きれい、本当に」はヘラクレスとライオンの側にあるが、多分、壺表面の別の部分の「きれい　カロプス」を強めているのだ。また、器《うつわ》やワイン袋や樽など壺絵に描かれたものの上に言葉を記す傾向も見てとれる。R559でドゥリス(五世紀前半のアッティカ地方の陶工にして壺絵師。——訳者)は「おお。ドゥリスよ」という言葉を、若者が手にした盃の上に記している。それ故、ワイン袋の上に記された「きれい《カロス》」も、絵の別の部分に刻まれた「きれい《カロス》」と意味的には同類かもしれないのである。

(27) R997などに例外も散見する。R690、R691など、一貫してオミクロンの所をオメガと書く場合がある。タソス島から出た刻文の幾つかでも、オメガとオミクロンの通常の用法が逆になっている。

(28) Ferri 100f. はこの線を打ち出している。Beazley (*AJA* 1950). 315 はこれを B646 と結びつけて考察するが、それとの関連において、尤もな理由をもってこの説を否定している。

(29) Robertson (1972) 182.

(30) R1017 は「プソロン」なる人物を誉めそやすが、この名が卑猥なものである（299頁参照）だけに可笑しい。ゲラ出土の四世紀のランプ（Milne 221）は、厚かましくも「天下一の猥褻男（καταπυγότατος《カタピューゴタトス》）」パウサニアスの持ち物だと名乗っている。R1147 では ΚΑΛΟΣ《カロス》（きれい）に代えて ΚΑΚΟΣ《カコス》（卑劣な、ダメな）とする遊びが認められる。Klein 4. 169 を参照。

(31) サッフォは魅力的とはとても言い難かったとする無名の伝記作者の発言（*Oxyrhynchus Papyri* 1800 fr. I col. i 19-25. ローマ時代のもの）は、恐らく、彼女がわが身を他人に比べて絶望している詩や、恋敵の言葉を繰り返している詩から創作されたものだろう。

(32) R358 の名無しのボクサーは明らかに例外であるが、「ボクシングする男二人　きれい」は「その少年　きれい」（定冠詞がつく）と形の上で違っている。

(33) B220 の「きれい　アンティメネス」に続く ΦΙΛΟΝΣΕ を、Beazley（1927）63f. は「フィロンは君を……」と解す。主語・目的語の次に、動詞は穢らわしすぎて口に出せないといったポーズで意味ありげな沈黙をおき、侮辱の意を表す、ととるわけだ。丁度これと同じような侮辱のためのせりふの中断はテオクリトス『一』一〇五に見られ、そこでは、牛飼い（アンキセス）が女神と寝たといって、ダフニスがアフロディテを嘲るのである（「言われているじゃないか、牛飼いがアフロディテと……」）。――訳者補記）。しかしながら、これは「もし彼が君を愛してるなら」と解しうるのである。註38参照。

(34) 247頁参照。R595では ΑΠΟΔΟΣ (「約束のものをくれ」あるいは「(贈り物を) 返してくれ」) は男と少年の会話の一部になっている。

(35) Beazley (*AJA* 1927) 352f. によるシナリオは忘れてはならない。

(36) Bethe 449f., 452f. はそのように見なし、Vanggaard 23f., 63f. はそれを承けて「神聖な場所やアポロンの名前からみて……神聖な行為が語られていることは明白」という。彼はギリシア人の誓言の慣習を過小評価し、大衆の聖所に対する崇敬の念を過大評価している。cf. Semenov 147f.; Marrou 367.

(37) 257頁で論じたテオクリトス『五』の牧人たちを参照。

(38) R567で「ヘルモゲネス　きれい」の次にくる EENEMEKNEPINE は ἦν《エーン》 ἐμὲ《エメ》 κνῇ《クネー》 ῥίνη《リーネー》「もし彼がその鮫肌で私をこするなら」かもしれない。ῥίνη は「ヤスリ」または皮が極めて粗い魚の意。Beazley (*AJA* 1960) 219 は ἦν《エーン》 ἐμὲ《エメ》 ἐγκρίνῃ《エンクリーネー》「もし彼が私を (友人の中に) 数えるなら」を示唆し、Webster 45 もそう読むが、但し、「私」とは壺のこととととって、「もし彼が私を選ぶなら」と訳している。今ひとつの動詞 κνίζειν は κνῇν の同族語で、意味的にも重なるが、それが「刺激する、かき立てる、困らせる、悩ませる」の意味で少年の美しさが念者に及ぼす作用を言い表せたのに対し、κνῇν は少年の肉体が念者のペニスに及ぼす作用の方に向いた言葉である。

第Ⅲ章 (B)

(1) 私は『雲』のこの箇所に対する註において、「露」とは少年のペニスが刺激されて勃起した時に見られるカウパー腺液の分泌だと解釈したが、これは無理であった。私の『雲』の注釈書に対する書評でこの点を衝いた何人かの方々に同意せざるをえない。ただ、これまでのところ、「露」の意味論に十分な注意を払った解釈は他にないようだし、なぜ「正論」が「露と和草」と「臍下の塗油」とを相容れぬものと考えたか、を説明した解釈もないようである。稚児は興奮しないというタテマエ（161頁）と現実とのギャップについては、245頁、255頁、330頁を参照。

（2）大きな太股に伴う大きな尻については197頁参照。

（3）Cf. Dickinson 75; Masters and Johnson 191.

（4）R752 の小人の包皮は、苦もなく結び目を作れるほどに長い。

（5）R6 のサテュロスは、両端がくびれて中ぶくれの、菱形を引き伸ばしたような包皮を持つ。

（6）R329※ のサテュロスでは、ペニスの外側に亀頭冠の線がはっきりと見えるが、同じ画家の手になる若い運動選手の絵（R326）では、首から下の他の解剖学的特徴はすべてよく似ているのに、これが見えない。しかしながら、R332 の運動選手ではこれが見えるようである。

（7）R235 のサテュロスの勃起したペニスは珍しいタイプだ。波うちながら先細りになっている。

（8）Cf. Hopfner 218-21.

（9）（「見場の良い」と訳した）εὐπρεπής エウプレペースは、道徳的にも（「尤もらしい」の意味にもなる）美的にも使われる。だから、アリストファネス『女だけの祭』一九二で、若々しい（そして女っぽい）様子のアガトンについても使われている。

（10）ギリシア人はトラキア人のことをよく知っていたし、壺絵師も彼らを割礼した者として描くことはない。

（11）Cf. Lang (1974) no. 14.

（12）R62 の抑制は興味ぶかい。ベッドで裸の女をくすぐる若者が、マントで自分の両脚をくるんでいる。マントは勃起のために明らかに押し上げられているが、性器は見えないようになっている。

(13) これらの存在については、Herter (1926) を参照。
(14) Cf. Herter (1938) 1688-92.
(15) 勃起の角度と反り返りの度合については、Dickinson 77f. 及び figs. 105-8, 112-6 を参照。
(16) その持ち主から独立して感情を有し意欲するかの如くにペニスを描くのは、ポルノグラフィー(文学)の常套手段である。しかし、言うまでもなく、ポルノグラフィーが「効く」(つまり、読者を性的に興奮させることに成功する)のは、読者に無理なく受け入れてもらえるようなことを、読者に考えさせ感じさせる場合だけなのである。
(17) 例外については、Boardman (1976) 288f. 及び *EG* 70f. を見よ。Herter (1685) 1968 は新石器時代のエーゲ海域からの諸例を述べている。
(18) ここと次のパラグラフでは、読者諸賢に次のことを申し述べておきたい。それは、多少ともギリシア人の同性愛に関係した事例を探し求めて *CVA* を調査したが、作業が半ばにも進まぬ中に、私には、至る所にペニスのイメージが見えだしてきた、ということである。ファロス鳥が一才雄鶏と関係あるかもしれぬということ、男性の性的攻撃のシンボルとしての一才雄鶏(この方が納得しやすい)、これについては Hoffmann (1974) 204-13 を参照。
(19) エクセキアス(六世紀半ば、アテナイの秀れた陶工にして黒絵式の壺絵師。——訳者)作の壺絵の槍が果たしている役割の諸相(性的相ではない)については、Schneider を参照。
(20) C62(260頁参照)では、黒く描かれた優勢なテュデウスの包皮は長くて張りがあるが、白く描かれた敗者ペリクリュメノスの包皮は張りがなく短い。
(21) ペニスが小さければ小さいほど、それが勃起して亀頭が——包皮が自ら、あるいは手によって後退して——露出した時のドラマは大きい。

(22) これはBeazley（*AJA* 1950）321の表現。
(23) C28※は、横たわる女を後から見た場合（R62の右側の女のように）の尻と太股を思わせる。C19※は何にもまして肛門に似ているが、図案化された乳首と考えることもできよう。女性の胸のモチーフを使った、いわゆる「石榴《ざくろ》」壺（C15など）を参照。

第Ⅲ章 （C）

（1）「あなたの助けが欲しい。今助けてくれないのなら、いつか、助けてくれと言って来てもダメですよ、あなたが困り、私が金持ちになった時に」というのを、ユーモラスにひっくり返した。
（2） 劇では、この段階ではペイセタイロスの名前はまだ明らかにされていない。スティルボニデスの名は「輝き（στιλβ-）」を思わせる。
（3）「媾和条約《スポンダイ》」の文字通りの意味は「神への献酒」である。外交条約には、誓約の交換と神への献酒を注ぐ儀式がつきもの。
（4） Henderson 218は、喜劇中に名指しで嘲笑された「能動的少年愛者」として一〇人を挙げる（五番と一〇番は同一人物だから、実際には九人である）。以下反論。一番のアガトンについては、下の註5を見よ。二番のアルキビアデスは、喜劇や伝記において、性のあらゆる面で抑制がないとされているのである。四番のクレオンについては、用語はヘンダーソンの言うとおり比喩的だし、クレオンの誰彼なしに対する攻撃が問題とされているのである。三番のアウトクレイデスは、アイスキネス『一』五二の「野卑な連中」の一人だが、これがティモクレス作『オレスタウトクレイデス』の中で、傲慢不遜のふるまい一般の故にではなく、少年を愛した故に嘲笑された、と信じる根拠はない。アリストファネス断片一一四の冗談が、カッリアスではなく六番のメレトスに向けられたもの、と信じる根拠はない。『騎士』一三七八以下の性的な言葉の遊びが、七番のファイアクスその人を皮肉っていると信じる根拠はない。『アカルナイ人』六〇三が、八番ファイニッポスと九番テイサメノスの性的な面に言及していると見るのは、この文章の主旨を誤っている。ここは、仰々しい名前と贅沢な習慣を身につけた有閑階級の思い上った若僧どもが、軍務を食い物にしていることを言わんとしているのである。

(5) Henderson 218 は『女だけの祭』二五四を、アガトンの女装用衣裳は「幼児のペニスの匂いがする」、の意味にとっている。しかし、その衣裳を着けていたアガトンは男性なのだから、ここは、発言者の老人が気取った声で「これは素晴しい、何といい匂い……」と叫んだ後に、調子を変えて「……ペニスの」と付けた、ととってこそ面白い。πόσθη ポステー（ペニス）を縮小形 πόσθιον ポスティオンで言うのは、上手《うわて》に出て蔑みの感じを出すため。

(5a)『雲』六七六では δέψειν ではなく μάσσεσθαι《マッセスタイ》（捏ねる）が使われている。——訳者。

(6) 舞台演技に関してそれだけで証拠となるようなものは絶無だが、言葉だけでは曖昧な所が所作によって完全に明確にされる方途もあることは、間違いなかろう。Henderson 200, 214 は『雲』六七六「丸い乳鉢でいつも捏ねてた」のイメージを、「男色した」（多分、仕手のつもりだろう）の意にとっている。壺絵でペニスを握っているサテュロスたちについての彼の一般論は、全体として正しいが（245頁参照）、私がそこの文章中に引用した珍しい絵（B118）には妥当しない。

(7) 直訳すれば「工夫・発明ではなく、体験・受難《パテーマタ》によって……」。παθήματα とは、人の身に起こること、なされること。「する（ποιεῖν《ポイエイン》, δρᾶν《ドラーン》）」と「される、身に受ける（πάσχειν《パスケイン》）」の対立は、明らかに性的にも応用される。それ故、ラテン語でも同性愛の受け手を pathicus という。

(8) 未完了過去の形 βινεσκόμην《ビーネスコメーン》を *LSJ* は受動相ではなく、能動の意味をもった中動相と考える。しかし、腸詰屋が「たんとセックスもした」と言っても、ここの文脈で面白くも何ともないであろう。そんなことは誰でもしていることだし、彼は今、大きくなってからは何で飯を食ったか、という問いに答えているのだから。

(9) 女みたいな、あるいは気どった姿勢と身ごなしについては、200頁参照。

(10) 「男たれ」とか「我々に必要なのは男だ」のような表現については、*GPM* 102を参照。Symonds 44とKarlen 30は『饗宴』のこの箇処の諷刺に気づいていないようだ。

(11) Cf. D. J. West 27f.

(12) 私は本書初版においては「ライカゼイン」を「性交する」の意ととったが、Shipp 1f. 及びJocelyn の諸所を読んで、それが誤りだと思うようになった。ローマ時代のパピルス (Bilabel no. 7452, lines 8-10) には、ある女がβινηθῇ《ビーネーテー》(犯される)ことも、πυγισθῇ《ピュギステー》(後門を犯される)ことも、λεικάσῃ《レイカセイ》(ママ。能動相、フェラチオする)ことも、私以外の男を喜ばすためにどんなこともすることもないよう祈念した呪文が見える。四世紀の落書(Lang〔1976〕no. C33)は、テオドシアという女が「ライカゼイン」を上手にすると述べているから、これが女性のなしうる何かであることが分かる。「ライカストリア」という形の他に、五世紀の刻文(Robert 13f.)には女性の名前に添えて「ライカステラ(λαικάστερα)」と「ライカス(λαικάς)」の形も見える。ストラトン断片一・三六の慣用的な呪いの文句 οὐ《ウー》 λαικάσει;《ライカセイ》(ペニスをしゃぶりたくはないか?)は、明らかに今日の「犯されてしまえ!」に相当するし(cf. Degani 364f.)、ケフィソドロス断片三・五の λαικάσομ'《ライカソム》 ἄρα《アラ》(それ位ならペニスをしゃぶります)は「犯された方がましだ」といった意味である。現在時称では能動相の形だが、未来では中動相の形(意味は能動。——訳者)をとるギリシア語の動詞は多いので、λαικάσει(未来、中動相、二人称)や λαικάσομαι(同じく、一人称)を受動の意味にとる必要はない。アリストファネス『騎士』一六七「お前は誰でも好きなように逮捕してもよいし、市会堂でライカゼイン（フェラチオ）してもよいのだよ」というのは、科白の終りで一転激しい侮辱を発したもので、アリストファネス一流の「意表をつく」喜劇的テクニックなのである。

（13） Henderson 210の論調（これらの言葉を同性愛的文脈で解釈する傾向が強い。――訳者）には反対である。彼が「無価値」とか「役立たず」ではなく「邪悪な」とか「意地悪な」という訳語を用いているのも、不適当だと私には思われる。

（14）「非難の中には何がしかの真実があったに違いない。さもなければ、アリストファネスがそれを言って無事に済んだ筈がなかろう」――こんな議論を唱えることができるのは、今日の政治の実際について僅かのことしか知らない人たちだけである。いずれにせよ、私達はどの箇処についても、喜劇詩人なり弁論家なりが「どんな報復を受けなくて済んだか」知らないのであるから、先の議論は本末顚倒である。

（15） Cf. Dover（1963a）8-12.

（16） Cf. Taillardat 151-220.

（16 a） 直訳すれば「何故あんたはわしの包皮をめくらなかったのか」。この慣用的表現についてはKühner-Gerth i 165を参照。

（16 b） Cf. Henderson 212.（革が擦り鞣されることに同性愛の受け手のイメージを見ている。――訳者補記）

（17） 但し、「見よ、男だ」と解釈することも可能である。R78（Kretschmer 231）の「見よ、燕だ」を参照。

（18） 神話上のアウトリュコスは大泥棒にして大嘘つきだが（ホメロス『オデュッセイア』一九歌三九

四―八行)、運動競技を非難する論（断片二八二）を含むエウリピデスのサテュロス劇のテーマでもある。

(19)「あなた自身、私の立場であったことがあるのなら、して欲しいと思った筈のことを私にもして下さい」。これはよくあるきまり文句。cf. *GPM* 271f.

(20) Cf. *AC* 160f.

(21) Cf. *GPM* 209-13.

(22) Cf. *GPM* 34-45.

(23) 二人で性経験を深めていくことは、お互いが性的情熱を抱きあうようになるための基礎なのであって、二人の間に前からあった情熱が向って行くべきゴールなのではない、とする考え方は、少年と少女が隔離され、縁談の責任は両親に帰せられている社会では、広く見られる。

(24) 五世紀末には、ファロスを備えていないヘルメス像さえ現れはじめる。cf. Lullies (1931) 46.

(25) Cf. *EG* 124.

第Ⅲ章 (D)

(1) 同性愛関係は「不自然」なのかどうか、もしそうなら、如何なる意味でそうなのか、という問いに対しては、今日、驚くべき量の議論、感情論が費されてきた。どの社会も、最終的には社会にとって望ましい状況に役立つと思う行動は奨励し、そのような状況を発展させるのに邪魔になりそうな行動には水を差すことがよく分かっているし、「自然」と「社会にとっての望ましさ」の間には何ら明白な関係がないことは、私には自明のことであるので、私は同性愛が自然か不自然かといった議論には、熱意をもって与することができない。192頁も参照。

(2) Cf. *GPM* 74f., 255-7.

(3) Cf. *GPM* 175-80, 208f.

(4)「それだけ君はがっくりときて」とか「それだけ可哀そうがられて」というのを期待したいところだが、ギリシア人がひどく気にするのは、事の成否が社会での自分の立場に及ぼす影響の方なのである。Cf. *GPM* 226-9, 235-42.

(5) Cf. Wender 78f.

(6) 概ね、あるいは完全に同性愛的な性向の人たちの中には、はっきりしすぎる位はっきりとギリシア人の目を通して見る人が既にいるのかもしれないが、いずれにせよ、その人たちにとっては、カルミデスを少女だと想像してみても何の役にもたたないであろう。私の想定するところでは、異性愛者が女の顔を見た時と胸を見た時の刺激の差は、同性愛者が男の顔を見た時と胴体を見た時の刺激の差よりも大きいのであるから。しかしながら、今の場合には、ソクラテスの瞥見したのはカルミデスの胴体ではなく性器であった、と理解する線を考えてみてもよいであろう。

(7) 私がこのように言うのは、エロスについてのソクラテスの学説を理解しそこねているからではなく、ソクラテスの考えには同調せず、従って、彼の学説全体に反対だからである。反対はするが、だからといって、ソクラテス自身の行動を辛辣に見ようという気にはならない。他の点ではともかく、一つの点では決して胡麻化されたくないと思う余り、したり顔で、ソクラテスはアルキビアデスに男色行為をしたのだと主張する者たちは、ルキアノス『哲学諸派（生き方）の競売』一五（売りに出されたソクラテスが、セールス・ポイントは少年愛者であることだと言うと、買手は美しい息子を持っているので心配する場面。――訳者）が意図的にやったのと同じ位、無意識的に面白いことを言っていることにはなるが、その連中のバランス感覚は批判さるべきである。仮に彼らの説が間違っていないとしても、彼らはソクラテスについて、『カルミデス』一六一c、一六三e、一六六cd、『饗宴』二〇一c、『ゴルギアス』四七二abなどの何分の一でも注目に値することは、何ら発見していないのである。

(8) エウリピデス断片三五八では、子供たちが母親を恋する《エラーン》よう命ぜられているが、用語は殊更に大胆だが、近親相姦的な欲望を抱けと命じているのでないことは明らかなので、誤解のおそれはない。

(9) ある作品で述べることと、それ以前の作品で述べたことを調和させるのは、プラトンのやり方ではなかった。それ故、彼がいつ考えを変えたのか、同じ問題の違った局面を違ったイメージでいつ探求しはじめるのか、それを決定できることは稀である。

(10) Cf. Robin 220-6.

(11) 「ディオティマ」というのは真正なギリシア語の女性名前である（男性名前の「ディオテイモス」というのは極めて普通のもの）。ディオティマという、マンティネイア出身の女性の宗教の専門家については、『饗宴』以外に証拠はなく、いずれにしても、アリストテレスの意見によると、ソクラテス的というよりは極めてプラトン的な要素を含む学説を、このような人物がソクラテスに教えたというのは、考えにくい。恋《エロース》の解説を女性にさせたことについて、プラトンの動機ははっきりしない。恐らくプラトンは、この解説の中にある少年愛賛美が、パウサニアスのスピーチの中にあるそれとは違って、公平な立場からの賛美であることを明白にしておきたかったのであろう。

(12) Cf. Vlastos 27-33.

(13) プラトン『リュシス』二二一e—二二二aでは、エロスとは自分自身の「縁者」への反応だと論じられる。『ファイドロス』二五二c—二五三cも参照。しかし、自分を補ってくれる唯一無二の個人（つまり正しい「処方箋」）を求めることと、自分に似ている誰か（二人より高い所にある第三者に二人共が似ているという程度の似方）を求めることでは、重要な違いがある。

(14) Cf. Dover (1966) 47–50; den Boer 48f.

(15) Vlastos 25 n. 76は、「四つ足の獣」は決して異性間の性交のことを言うのではないと論じているが（精液の受け皿として、たまたま妾が第一に挙げられ、付け足しに男が挙げられる『法律』八四一dのような箇処も確かにあるが、それにも拘らず）、「子種を播く《パイドスポレイン》」の語でプラトンが意図したのは、あるいはその読者が了解したのは、（相手が男であれ女であれ）精液の射出という意味にすぎない、という彼の意見には私は賛成できない。ギリシア人の性交体位（250頁以下参照）を踏まえるなら、「四つ足の獣」が異性間性交を指すことははっきりしているし、プラトンが言わんとしているのは、「美」そのものの像がぼんやりしてしまった男は肉体的快楽ばかりを追求する、ということなのである。

(16) プラトンが、道を踏み外した二人について「この上なく堅い愛の保証を取り交わしている」と言う時、それで二人の性交を言わんとしているのではなく、性交などしない人々にも似た二人の関係が休止したことを言わんとしているのである。

(17) これらはあくまで仮定であって、真面目に証拠と呼べるようなものを呈示できる結論ではない。また、これらが仮定であることは、論証できなかったことをも論証できるかの如くに言いなすことはしないプラトンも、はっきりさせている。第I章、註20を参照。

(18) 『ファイドロス』二四九aでは、一万年を経ずして「やって来た所へ戻って行く」とされる魂は、「哲学してきた人、あるいは、哲学しながら少年を愛してきた人」の魂だけである。この「あるいは」が「つまり」の意味かどうかは議論の余地あるところだが（T.F.Gould 117 & n. 74を参照）、たとえ「つまり」の意味ではないとしても、哲学的な「少年愛」が終末論的な意義づけを帯びていることははっきりしている。

(19) 神話上、同性愛の創始者とされる人物。432頁参照（ここで言われていることとは反対に、動物の間でも同性愛は屢々見られる。第Ⅱ章Cへの註79、91をも参照。――訳者補記）。

(20) 自己と理性との同一視についてはcf. *GPM* 124-6を参照。

(21)「汚れなき」「清らかな」「罪のない」といった言葉は普通、「性的でない」「性行動をしない」の意味で用いられているけれども、その用法を支持するようなことは何も言えない、と私達の中の多くは考えるかもしれない（少くとも私がそうだ）。しかし、この用法はプラトンに始まるものではなく、ギリシア人の信仰や宗教的実践、に深く根ざしたものなのである。

(22)「敬虔にして心正しく」というのは弁論での常套句である。cf. *GPM* 248.

(23)『法律』八四一bでは、合法的なものであろうがなかろうが、性行為というものを恥じ隠すのが望ましいとされている。これは、恥ずかしく思えば嫌でも回数が減るし、ひいては、性欲の人間に対する支配力も弱まるだろうということを狙っているのである。

(24) 魂の三分割説に関しては、ここでも他の所でも、私は単純化しすぎた嫌いがある（cf. Guthrie iv 422-5)。要点は、プラトンにとっては、魂の内部で理性の支配が弛緩すると「力の空白」が生じ、そこへ色欲や貪欲がなだれこむ、ということである。

(25)『倫理学』のこの部分が何よりも問題にしているのは、悪いと思うことをするのを控えることができないという生まれつきの性質である。

(26) ὀπυίειν オピュイエインは諸方言では「結婚する」という意味だが、アッティカ方言やヘレニズム時代のギリシア語ではもっと実際的な訳語を宛てなければならない。但し、それほど下品な言葉ではない。

(27) 文法的には「男性との性交」とも訳せよう。cf. Kühner-Gerth I 427f.

(28)『問題集』の著者は受動相 ἀφροδισιάζεσθαι《アフロディシアゼスタイ》（性交される）を用いており、これは能動の ἀφροδισιάζειν《アフロディシアゼイン》（性交する）とは意味が異なる。私の信じる限りでは、受動の形で能動の意味らしい箇処は只ひとつ、飲み食いの欲を認めることは誰も気にしないのに、ἀφροδισιάζεσθαι を欲する人々がそれを認めることを恥じるのは何故か、と問いかける『問題集』四巻二七だけである。飲み食いの欲は生きていく上で必要不可欠であるのに対し、「性交への欲」は「過剰の産物」、即ち何物かを除かんと欲することだとする著者の答はおかしい。この著者ならすぐ前の章の議論を用いて、人々は欠陥を認めることを恥じるのだと言ってもらいたいところである。他方、もしもテクストが間違っており、受動の所を能動に読むべきであるのなら、人々が性行動好きを認めることを恥じるのは何故か、というただそれだけの問題となり、万事順調に運ぶのである。本当にテクストが間違っているのなら、その原因は、前の長い章が受け手の役割のことばかりを論《あげつら》っているためであろう。

(29) 破壊といっても死ではなく、種に特有な形の抹殺、ここでは男性の抹殺ということ。Robinson & Fluck 41 は著者が挿入による肛門の損傷のことを言っていると信じているが、間違っている。

第Ⅲ章 (E)

(1) エウリピデス『メデイア』二四六において、女の惨めな宿命をかこつメデイアは、夫の方は家が嫌になれば「誰か友だちか同年輩の者の所へ」出かけて行って、心の憂さを晴らすこともできると言う。Wilamowitz がこの一行をエウリピデスの真作でないと断じて以来、『メデイア』のテクスト校訂者はこれを後世の挿入として削除するのが慣行になっている。夫は妻以外の者との性交によっても心の憂さを晴らすことができる、などと弟子たちが考えることのないようにと、ビザンチン時代のお上品な教師がこの一行を挿入したというのである。この説は現実的ではないのだが、ἥλικα《ヘーリカ》（同年輩の所へ）がこの詩行のミーターに合わないということもあって、削除説は安易な支持を受けている。しかし、ビザンチン時代のある学者が推測する如く、ἥλικας《ヘーリカス》（複数）とすればミーターが合うし、僅かこれだけの校訂でこの一行は残せるのである。「誰か友だち《フィロス》」（年下であることが暗示されている）の語で、メデイアは稚児を言わんとしているのである。

（2） 180頁参照。

（3） フィレタス一・五（「殿方の口にはなさらぬこと」）はこれを指すのかもしれない。Hopfner 332を参照。「女が沐浴した水で、男が身をすすぐのは不吉」（ヘシオドス『仕事と日』七五三以下）の格言をも参照。

（4） 男性市民について言われる時には単に「善い」としか訳されないことが多いこの語の意味については、*GPM* 41-5を参照。

（5） Cf. Guarducci: Schauenburg (1964).

（6） ファオン神話をサッフォ自らがとり扱ったものについてはNagyを参照。

（7） アテナイオス五九九dに「そして、サッフォは……と言ったと彼は言う」とあるのは、「そして、サッフォは……と言ったという説があると彼は言う」（五九九c参照）とすべき所を不正確に表現したものだというのなら話は別である。

（8） 昔はサッフォの詩の官能性を軽視しようとする傾向があったが、今はその反動として、サッフォは「女教師」だった、などと言えば笑われそうである。しかし、ギリシア世界では、何かができる人は、それをするだけではなく他人に教えもしたのである。

（9） 断片九九・五は学者泣かせの所であるが、恐らく重要ではない。前後も破損が甚しいが、ολισβ

[ο]δοκοις とある。「張形《オリスボス》の受け手」なる言葉はサテュロスの名前「フレボドコス」(血管《フレプス》の受け手、即ち、ペニスの受け手、255頁参照) を思い出させるが、R223※に描かれている両頭の張形《オリスボス》(cf. Pomeroy 88) を根拠にして、張形はアルカイック期及び古典期の女性の同性愛で使われていたというどころではなく、それこそが第一の用途であったと仮定するならば、問題の箇処をサッフォの同性愛に関するものと見なすのも自然であろう。しかしながら、張形は本質的には女性の孤独な手淫と結びつくものであるから、ここのサッフォは、喧嘩相手の女性(彼女に言わせると相手も見つけられないような女)の悪口を言っているか、誰かの悪口的な記述を伝えているのかもしれない。

(10) ギリシア語原文では、καὶ οὐκ《クーク》 ἐθέλοισα《エテロイサ》(心ならずも。「彼女の心を曲げてでも」と訳した。——訳者) と分詞の女性形が使われているのが、アフロディテに働きかけを祈る相手が女性であることを示す唯一のものである。ここはミーターの上では—∪∪—(長・短・短・長) が要求される (καὶ と οὐκ は融音している)。具合の悪いことに、レスボス方言で「欲する、喜んでする」という動詞は常に θέλειν であって ἐθέλειν ではないし、この方言で用いられる否定辞は単音節の οὐ と οὐκ だけであって、二音節の οὐχί や οὐκί は未だ用例が検証されていない。テクスト校訂の試みの中には、レスボス方言としての規則性を回復しようとする余り、サッフォの欲望の対象が女性であることを示す唯一の語 (ἐθέλοισα) を改変しているものがある (Knox 194; Beattie 183 など)。

(11) Cf. Gentili (1972) 63-6. しかし、均衡や相互性といったギリシア人の概念をいかに恋の関係の中に持ち込もうとも、「不正」のような価値語は、他人に私達の望みどおりのことを——正当にであれ不当にであれ——させようとする時に用いる殺し文句であることも忘れてはならない。(cf. *GPM* 50-6, 181f., 217)

(12) ギリシアの抒情詩を自伝と見なすと危険なことについては、Dover (1963b) 201-12 を参照。断片三一についてはLefkowitzを参照。

(12a) 断片一について初めてこの解釈を提示したのはGiacomelliと思われるが、その論文の一三七頁にはこの他にも類例が挙げられている。

(13) 一般論を述べる場合には、男性形は男性と女性の両方を言い表している。188頁参照。

(14)(15)(16) ここの三つの註は、原著者がサッフォの詩を英訳するに際して細いニュアンスを説明したものであるが、本訳では省く。尚、サッフォの邦訳と評伝は、沓掛良彦『サッフォー 詩と生涯』、平凡社、一九八八年。――訳者。

(17) Cf. Page (1955) 30-3.

(18) Marcovich 20f. 29の説。詠人知らず一三・三以下「あの子を見て、欲望の炎に灼かれないなら、お前は神か木石」を参照。しかし、アルカイック期及び古典期の文学で「神のようだ」といえば、「神のように動じない、傷つかない」ではなく、「神のように大きい、美しい、崇高だ、強い、誇らしい」といったことが含意されているのである。

(19) ギリシアの抒情詩の解釈に際しては、主観を排除するのは容易でない。この詩のいくつもの解釈説の中から最終的な決定をなすにあたっては、普段(折よく主観の有効性に気づいた場合に)自分に許している以上の主観が入っていることを申し添えておく。

(20) Cf. Kühner-Gerth i 164.

(21) Marcovichの解釈によれば、この詩の流れは、(a)「そもそも、あなたの声と笑みがあなたへの恋心でもって私を刺激した」、(b)「次いで、あなたを見る度に、私は喪心状態になる、云々」となる(以下、語の解釈と英訳上の問題点の議論が続くが、本訳では省く。――訳者)。

(22) プルタルコス『愛をめぐる対話』七六三aは、「恋人(女性)が現れると」サッフォの感情が再発すると述べている。Beattie (1956) 110f. は断片三一の七行目を「(この状況を) 見ると」と読む校訂案を採用し、サッフォは男に恋し少女に嫉妬している、と解釈する可能性を開いている。
(23) Cf. Devereux (1970) 18f.
(24)「ファロス畏怖」と関連づけようとするDevereux 22f. の説は、Marcovich 20によると、サッフォの嫉妬という仮説を「極端にまで (不合理な所へ) まで」押しやっているとして一蹴される。しかし、事実と相容れないが故に不合理な言説と、不合理ではあるが真実の言説の主題たりうる事実との間には重大な相異がある。私の経験からすると、フロイトの心理力学の中の幾つかの要素は真で、それと衝突する常識的思いこみは嘘であると信じざるをえない。「ファロス畏怖」や「ペニス羨望」(cf. Slater 45-9) の問題についてては私は自分の意見を持ちあわせてはいないが、読者に区別して頂きたいのは、(a)言説の真偽、(b)その言説が伝える事実の善悪、あるいは、事実らしいものの一応の善悪、(c)その言説を信じた結果の善悪、の間の違いである。「トルコでは地震は普通だ」という説は(a)と(b)の違いをよく説き明かしており、(a)と(c)の違いは「遺伝子工学」の発達によって私達に思い知らされている。
(25) Cf. Diels 352-6.
(26) 七世紀末から六世紀初頭。cf. M. L. West (1965) 188-94.
(27) 英訳は Page (1951) 21f. 及び Bowra (1961) 45f. にある。(邦訳は、丹下和彦訳『アルクマン 他 ギリシア合唱抒情詩集』、京都大学学術出版会、二〇〇二年。——訳者)。
(28) M. L. West (1965) 199f. の句読を採用した。
(29) Cf. Bowra (1961) 47.
(30) このようなコンテストを祭儀の奉仕者の選抜と結びつける Nilsson 1674 の説は正しいと思う。アテナイの「男らしさ《エウアンドリアー》」のコンテストは成人兵士が対象で、美青年は含まれなかった。

(31) サッフォ断片二一三は（古代の注釈家の言い換えから判断するに）「プレイストディカはゴンギュラともども、「ゴルゴのシュンズュクス」と呼ばれるでしょう」と言っているようである。「シュンズュクス（同じ範につながれた）」という語は詩では「配偶者」の意味でも「僚友」の意味でも使われている。ゴンギュラとゴルゴの名前はサッフォの別の詩にも見える。「シュンズュクス」でどういうものが意味されているか分からないが、サッフォ一身に集まってくるものというより、彼女のサークル内での結びつきを言うのであろう。
(32) この説は Judith Hallett 女史の未刊の論文によって示唆されたもので、感謝にたえない。男性の社会グループと女性のそれとの間の対応関係については Merkelbach を参照。
(33) 四・三世紀における抑制と性的上品志向増大については342頁参照。
(34) Cf. Kroll (1924) 2100. Symonds 71 には「レスビアン」という言葉について事実誤認がある。
(35) Gentili (1973) 126 は、話者がレスボスの女という贈り物のことを満足気に語っていると想像しているが、次の行「結構な贈り物だ」の皮肉を見落としている（エウリピデス『キュクロプス』五五一、Denniston 128 を参照）。
(36) Giangrande 131f. のように、「レスビアン」というのは必ずフェラチオの意味でそれ以外の性的方法は含まれない、と言うのは、証拠から見て少々行き過ぎである。喜劇における「レスボス流の」行動への幾つかの言及は、後の注釈家によってそのように解釈されたし、その中幾つかの場合にはそれでよいと私も確信しているが、喜劇の科白自体はそのような狭い解釈を良しとしない（殊にアリストファネス『女の議会』九二〇、その箇処への Ussher の註を参照）。χάσκειν カスケインという動詞は「色事の文脈で少女に使われると、フェラチオしたさを示すテクニカル・タームとなる」（Giangrande 132）と言うのも人を誤らせる。これは「口を開ける」という意味で、口を開けないとフェラチオは出来ない理屈ではあるけれど、こんなのは普通テクニカル・タームといわれるようなものではない。「……に口を開ける」といえば転義的に、馬鹿みたいに口を開けて賛嘆・欲望・期待するという意味になるのである。

(37) Giangrande 132は、「私の頭の髪」と「私の他の毛」との対照をとりたがっているが、強調の所有形容詞（ἐμός私の）を用いたギリシア語が提示しているのは「私の髪」と「他（人）の」の対照である。cf. Campbell 168.

(38) この少女は男性に対して性的興奮を覚えないような性向をもつわけではなく、「女友だちとのたわいのないおしゃべりに夢中になっているのだ」とするM.L. West (1970) 209の考えが正しいとすれば、私はひどく驚くことになるだろう。

(39) ディデュモス（一世紀、アレクサンドレイアの文献学者。――訳者）が「サッフォはpublica（娼婦）だったかどうか」を論じているが（セネカ『書簡集』八八・三七）、それは、「彼女は同性愛者であると同時に（であるよりむしろ）異性のための娼婦たりえたか」という意味ではなく、「彼女はどんな性行動も嫌と言わぬ恥知らずな女であったか」という意味である。

第Ⅳ章 （A）

(1) この経過を裏づける適切な資料はない。同時代の伝承に関するアルカイック期の詩人たちの発言を寄せ集めれば、一考に値する証拠とはなろうが、そんな発言が十分に揃っているとは考えがたい。

(2) この章では便宜上、ラコニアはスパルタと同じとし、テーバイはボイオティア同盟の有力な一員であることから、テーバイは事実上ボイオティアと同じとする。

(3) 手持ちの証拠から見る限り、『女だけの祭』と題するアリストファネスの失われた喜劇は、現存する同名の喜劇とは何ひとつ共通点を持っていない。

(4) 「クレイニアスの息子アルキビアデス」の代わりに「キュソラコーンの息子アルキビアデス」というようなジョーク(父親クレイニアスではなく息子アルキビアデスをからかう言い方である)については、Dover (1964) 36を参照。

(5) プラトン『ゴルギアス』五一五eでは、カッリクレスは「ラコニア風を行う(親スパルタ派の)アテナイ人のことを「(ボクシングで)耳のつぶれた連中」と呼んでいる。『プロタゴラス』三四二bを参照。ソクラテスのサークルの中にはクリティアスをはじめ、スパルタを礼賛しアテナイを裏切る用意のある人物もいたが、プラトンの作品中では、スパルタ的禁欲と不潔を真似ていた人々には出会わないようである(アリストファネス『鳥』一二八一以下には「ラコニア狂い」なる言葉があるが、特別な人々の集団と結びつけられているわけではない)。

(6) 有名な哲学者アリストテレスか、その同時代(?)の歴史家カルキスのアリストテレスかは、確言できない。

(7) 「ヘレネ」の読みは意味をなさない名前を校訂したもの。まず間違いなかろう。

(8) 註6参照。

(9) 原語 λυσιμελής リューシメレースは、膝の力が抜けるような感じにさせるという意。

(10) 原語で「国々」と複数になっているのは、カルキスを母市とする植民地をも含んでいるため。

(11) Cf. Willetts 10.

(12) Bethe 456f. はプルタルコス『愛の物語』の二話の中にクレタの儀式との類似を認めている。ひとつは(第二話)、八世紀のシュラクサイの建設者として知られるコリントスのアルキアスが、恋するアクタイオンをかどわかそうとするが、アルキアスの仲間とアクタイオンの身内との争いとなり、不幸にもアクタイオンが引き裂かれてしまうという話。もうひとつは（第三話）、エウボイア島のオレオスという町の支配者として派遣されて来たスパルタ人が、ある若者を強奪し、あくまで抵抗するので殺したという話。しかし、アクタイオンの物語は稚児をめぐる諍いというよくある話（165―171頁参照）から生じるものだし、もうひとつの物語も、より詳しく語られる物語（二人の若いスパルタ人が、一宿の恩義ある人の娘たちを強姦した挙句殺害する話）の枠の中で語られるもので、支配下の異国人に対するスパルタ人の悪虐無道ぶりを説き明かすための物語なのである。プルタルコス『リュクルゴス伝』一五・四によると、スパルタでは結婚は略奪《ハルパゲー》という儀式を経ることになっていたが、スパルタの略奪結婚はクレタの同性略奪から発生した――その逆ではなく――と想定するのはおかしいであろう。

(13) スパルタ人はリュクルゴスを自分たちの立法者だと見做していた。彼がいつ頃の人で、古典期スパルタの慣習の中でどれ程のものが彼の時代まで溯るかについては、議論が分かれる。クセノフォン『スパルタ人の国制』一四が、今のスパルタ人はリュクルゴスの目指したところには遠く及ばないでいると見なしているのも、かなり重要である。

(14) トゥキュディデス六巻五四節一は、ハルモディオスとアリストゲイトンの行為を恋愛沙汰から偶然発生したものとして、その政治的重要性を軽視しているが、恋愛沙汰そのものについては些かも悪くは言っていない。

(15) 年代決定についてはDover（1965）9-15を参照。

(16) 稚児（愛される男）を示すテッサリアの（ドーリスのではない）言葉はἀΐτας アイタースであった（テオクリトス『一二』一四）。アルクマン断片三四は、「美少女」の意味でἀΐτης アイーティスを使っている。

(17) スパルタ人が姦通を犯す可能性を否定し去るスパルタ人のエピソード（プルタルコス『リュクルゴス伝』一五・一七以下）を参照。

(18) これは、全ての性関係には羞恥と秘密が必要だとするプラトン『法律』八四一a―eの規定の手本となったものかもしれない。

(18a) Lesky 81が示唆するように、ホメロスの叙事詩では礼儀を守るために同性愛への言及が抑えられた可能性はある。プラトン『饗宴』一八二abについては413頁参照。Clarkeは、ホメロスの幾つかの文章で同性愛が暗示されていると論じる。それらの文章についての彼の解釈にも反論の余地があるが、いずれにせよ、同性愛への言及は隠密なものであり、（六世紀の詩におけるように）あけすけなものではなかったのである。

(19) Cf. Jeffery 318f.

(20) テオグニスの年代については第I章の註16を参照。テオグニスの全詩の中で、同性愛の詩は最も後期のものかもしれない。テュルタイオスが若い男性の美しさに触れた箇処（断片一〇・二七―三〇）は、ホメロス『イリアス』二二歌七一―三行を下敷にしており、老人が戦場で傷ついて死ぬのを見るのはあさましいことだが、若者が戦傷死するのはふさわしいことだ、と強調している。殊に興味ぶかいのは、テュルタイオスが美しい若者を「女たちには ἐρατός エラトス（愛らしい。142頁参照）」、「男たちには θηητός テーエートス（天晴な、人目を惹く）」と語っていることである。

(21) Boardman (1973) fig. 49.

(22) *ibid.*, fig. 32.

第IV章（B）

(1) Cf. Sichtermann (Berlin n.d.); Kunze 38f. コルフ島の神殿から最近発見された切妻壁彫刻の一部では(Boardman 1978 fig. 207a)、饗宴の寝椅子の上でディオニュソス神が裸の少年と一緒に横になっている。

(2) 407頁で引用済みのアリストテレス『政治学』一二七二a二三―六で用いられているのと同じ ὁμιλία(交際、つきあい、性交)。ハグノンは処女と交わるスパルタ人に関して、同族語 ὁμιλεῖν ホミーレインを用いている(私は以前の論文 Dover〔1964〕37 で引用間違いをした)。他方、伝デモステネス『六一』の著者は、少年とその賛美者たちとの「プラトニック」ぶった交わりについて、これらの言葉を使ってよいと感じている。

(3) 同性愛を含む神話の年代を余りにも古くに置きすぎることに対する Kroll (1921) 903 の警告を参照。個々の詩人の神話の取り扱い方の基礎にある、同性愛に対する態度の分析は、全く別個の問題である。バッキュリデス『五』一五五―七五については Devereux (1967) 83 を、ソフォクレス『トラキスの女たち』中のデイアネイラについては Devereux (1973) 113-47 を参照。

(4) しかし、エウリピデス劇の先蹤で五世紀に溯るものについては、Lloyd-Jones 120-4 を参照。Keydell 146f.

(5) Cf. *IGD* III 3. 16-8.

(6) プルタルコス『ペロピダス伝』一九・一は、ライオス物語とテーバイ人の強い同性愛気質を結びつける説を紹介するが、本意はそれを否定する所にある。アリストテレス『政治学』一二七四a三一以下によると、テーバイ人は立法家フィロラオスを、オリュムピア競技の若き優勝者ディオクレスの念者だと見なしていた。フィロラオスはコリントス人だが(そして、コリントスはドーリス系)、どの段階で、あるいはどの地で伝承に性的な要素が入り込んだのかは、分からない。

（7）ピンダロスについて Kleingünther 25, 143f. を、ヘロドトスについては *ibid.* 45–65 を参照。

（8）同様に、あるチンパンジーが蟻を引っぱり出そうとして、初めて蟻塚に木片を差し込んだ瞬間があった筈だ。数年前の日本でのこと、あるサルがイモを食べる前に潮水で洗い、そのやり方をサル社会に定着させるということがあったが、サル学者はほとんどその最初の瞬間に立ち会ったわけである。(cf. Wilson 170)

（9）ペルシア人が他民族から進んで享楽《エウパテイア》（慰安、放蕩と言ってもよい）を採り入れることについては、ヘロドトス一巻一三五節（「彼らはギリシア人から学んで、少年と交わるのである」）を参照。クセノフォン『キュロスの教育』二・二・二八がペルシア人キュロスに語らせる揶揄の言葉は、稚児を持つのは「ギリシア流」だということを前提にしている。ファノクレス断片一・七―一〇によると、伝説のオルフェウスがトラキアの女たちに殺されたのは、異性愛より同性愛が勝ることをトラキアで彼が初めて説いたからである。

（10）全てのポリスは全てのポリスと「宣戦布告なき戦争」状態にあるということ、「平和」と呼ばれるものが全くの幻想であること、これらについてはプラトン『法律』六二六aのクレタ人の言葉を参照。Marrou 26–33 は、同性愛は戦士社会の気質《エートス》から発展した（そして、古典期にははや堕落していた）と見る。私はむしろ、同性愛の発展に戦士社会が恰好の条件を提供した、と言う方がよいと思っている。

（11）Cf. *GPM* 156–60, 288–310.

（12）Cf. Devereux（1967）78f.; Slater 53–64. 後者に対しては、Pomeroy 95f. が部分的に疑問を呈している。

（13）Cf. Ruppersberg. Bethe 465–74（cf. Devereux［1967］80）は、念者が稚児の体内に射精するのは男らしさを移入することだ、と信じられていた可能性を考えている。人類学的な類例や、臨床心理学

からの顕著な証拠もある。（Karlen 420, 424, 435, 482）

(14) アルキビアデスのある念者が大勢の客の前で、酔っ払ったアルキビアデスに無礼にも金銀の什器の半分を持ち去られた時、後の半分を残してくれたアルキビアデスの親切に大喜びする話（プルタルコス『愛をめぐる対話』七六二c、『アルキビアデス伝』四・五以下）から思うに、性愛《エロス》が稚児（恋される者）の残酷願望を満たすような場合や、這いつくばり、不幸は善であると言い張りたいという、念者の一種宗教的とも言える欲求（旧約のヨブ〔忍苦の代名詞。——訳者〕とポリアンナ〔極楽蜻蛉の代名詞。——訳者〕の混淆だ）を満たすような場合も、あったのかもしれない。

(15) ギリシア文化の著しい「青年期」的性格については Devereux（1967）72-7 を参照。未分化の性の横溢を大人の生活にまで持ち越すのは、そのひとつの局面であった。

訳者あとがき（一九八四年）

本書はK. J. Dover, Greek Homosexuality. London 1978の全訳であるが、ダックワース社のペーパーバック・リプリント版（一九八一年）に付せられた訂正と追加（巨細とりまぜて七五項、参考文献の追加一四点）、及びそれ以後の、著者から連絡を受けた補訂（八項）を全て訳し込んだ。著者による改訂の中、最も重要なものは「ライカゼイン」の語義解釈の変更であり（本書二四九頁、三二四頁）、ａｂの付いた註は後の追加である。

サー・ケネス・ジェイムズ・ドーヴァーは一九二〇年クロイドンの生まれ、オックスフォード、ベイリャル・コレッジを卒業後、母校のフェロー、チューターを務め、セント・アンドルーズ大学ギリシア語教授を経て、一九七六年以来、オックスフォード、コーパス・クリスティ・コレッジの学長の任にある。かたわらギリシア協会会長、英国古典学会会長、英国学士院院長などの顕職をも歴任した、今日のギリシア古典学界における泰斗である。一昨年春には二度目の来日、各地で講演されたが、紙上のインタビュー記事に目をとめられた読者も多いことと思う（一九八二年四月三〇日、朝日新聞夕刊）。数多い著書の中、わが国にはこれまで『わたしたちのギリシア人』（久保正彰訳、青土社刊）が紹介されている。

当代無双の碩学であるばかりでなく、本書の如きテーマを論じるのにこの人以上の適任者はいない、というのも衆目の一致するところであろう。ドーヴァーが最初期に心血を注いだのはギリシア語学の問題であり、これまでに最大の時間と精力を傾注してきたのはトゥキュディデスの注釈の仕事であろうが、それに優るとも劣らぬ感興をもって取りくんできたのが、アリストファネス研究（『雲』テクストと注釈、一九六八年、一九七〇年。『アリストファネスの喜劇』一九七二年）、法廷弁論の研究（『リュシアスとリュシアス集成』一九六八年）、エロスに関わる牧歌詩の研究（『テオクリトス詩選』一九七一年）、民衆道徳の研究（『プラトンとアリストテレスの時代におけるギリシアの民衆道徳』一九七四年）、プラトン研究（本書以後の一九八〇年に『饗宴』の注釈）であり、これらの研究は孰れも、今にして思えば、本書構想のための抜きがたい柱であったのである。

ギリシアといえば、ゼウスとガニュメデス、ポセイドンとペロプス、オルフェウスとカライス、ライオスとクリュシッポス、ヘラクレスとイオラオスなど神話上の同性愛カップルは固より、政治家ソロン（稚児はペイシストラトス）、哲学者パルメニデス（相手はゼノン）、プラトン、アリストテレス、悲劇詩人ソフォクレス、歴史家ヘロドトス、彫刻家フエイディアス等々、同性愛癖を伝えられる歴史上の名士は枚挙に遑なく、それ故、古代ギリシアは衆道ノ幸ハウ国、いかなる恋愛よりも男子の同性愛が賛美された、とする俗説がある。一方、同性愛はドーリス系ギリシア人の罪であり、それ以外の殆どのギリシア都市では法的に禁じられていた、とする学説が行われている。ドーヴァーはそのような大雑把な偏見には与せず、前八世紀から前二世紀に至るギリシアの、各時代各地域の庶民の同性愛に対する態度を克明に分析しようと試みる。同性愛を歌う詩は詩的伝統に則っているだけかもしれず、喜劇は笑いをとるために同性愛の話題を利用しているだけかもしれず、プラトンの哲学も形而上学説を展開するために同性愛の用語とイメージを利用しているだけかもしれない、として、著者はこれらを資料として用いるにはあくまでも慎重であり、「普通のギリシア人」のタテマエとホンネを最もよく窺わせるものとして、「同性愛的売春」事件に関わる法廷弁論を取り上げ、その検討に最大のスペースを充てているのが本書の特徴である。同性愛を主題とする夥しい壺絵とその刻文をこれ程の規模で研究したのも、本書が初めてであろう。

同性愛者の法的資格、同性愛と金銭授受、アテナイ人と外国人の差別の問題、美少年の美の基準、求愛のしかたと稚児の反応、喜劇と壺絵における遂情体位の相異、教育的使命、軍隊編制における同性愛の利用など、著者は様々な局面に光をあてつつ、同性愛とは本質的に年長者と年少者、支配する者と屈服する者の関係であり、ギリシア人はそこに、夫婦や親子兄弟、国と個人などの間では望むべくもない強固な人間関係を求めていたのだ、と説く。著者の論点の中には、同性愛の理論家・実践家から批判されなければならないものもあるかと思うが、本書の提示する豊富な資料を基にして新たな論議の興ることを期待したい。『古代ギリシアの同性愛』以後に現れた類書には、次のようなものがある。

F. Buffière, Eros adolescent. La pédérastie dans la Grèce antique. Paris 1980.
M. H. E. Meier & L. R. de Pogey-Castries, Histoire de l'amour grec dans l'antiquité. Paris 1980 (1930).
H. Patzer, Die griechische Knabenliebe. Wiesbaden 1982.
B. Sergent, L'homosexualité dans la mythologie grecque. Paris 1984.
K. Siems, hrsg. Mensch und Sexus in der antiken Gesellschaft. (Wege der Forschung Bd. 605). Darmstadt (in Vorbereitung).

翻訳は、序文とⅠⅡ章を下田が、ⅢⅣ章は中務が分担した。
はじめに本書の翻訳をわれわれに勧めて下さったのは、リブロポート編集部の石原敏孝氏と大先輩の井上達三氏であった。望外の好機を与えられた御二方に感謝すると共に、上梓まで種々お骨折りを頂いた石原氏に心からお礼を申し上げたい。

一九八四年一〇月　訳者

著者後記（一九八九年）

この本を書いたときの私は、アルカイック期・古典期・ヘレニズム初期のギリシアの美術と文学に現れた同性愛の表現を、できる限り正確にかつ完全に説明するのが私の仕事だと考えていた。表現と現実の間にはかなりの差があったかも知れないことは当時も今も充分に自覚しているが、書評をしてくれた人たちの幾つかのコメントから推量するに、どうやらこの自覚をもっと明確に表明しておくべきであったようだ。例えば、壺絵における同性愛性交の表現は股間淫が圧倒的に多いが、喜劇では肛門挿入が常道とされている事実からして、絵師たちはほとんど絵画の伝統に従っていただけだ、と考えられる。このように考えることに私も異存はない。

同様の批判が寄せられたのは、稚児は性交から快楽を引き出さない、とプラトンおよびクセノフォンが考えていたということ（一六一頁以下）についてであった。この場合には、この二人の考えに対する反証を私は過小評価していたように思う。念者が稚児のペニスを刺激していると思わせる箇処が喜劇に二つある。一つはアリストファネス『アカルナイ人』五九一以下。ディカイオポリスが完全武装のラマコス将軍をからかって、「そんなにお強いのなら、さあ、わしの包皮をめくってみろ。あんたも立派なものを着けてるじゃないか」と言う所。今ひとつは、『騎士』九六二以下で、クレオンと腸詰屋とがデーモスの信頼をかち得ようとして手前味噌の擂りあいをする所。「こんな奴の言うことなど聴かれたなら、革袋になってしまいますぜ」(cf. Henderson 212) とクレオンが言えば、腸詰屋は「この野郎の言うことなど聴かれたなら、毛の生え際まで包皮をめくられてしまいますぜ」と切り返す。これらの箇処は、ストラトンのエピグラム(『パラティン詞華集』一二・七)に照らしてみれば分かりやすい。そこでは、少年に比べて少女は味悪しとして、「女子《おなご》はみな、後からかかりても妙味なく、何よりも/遊ばせたわが手を、持っていくべき所もなし」と歌われている。これらの理由から私は、B250※の中央の青年のペニスは勃起しているのではなく、男の腹によって押し上げられているのかもしれない、とした私の見方(二四四頁)を撤回する。しかし、これが例外的であることには変わりはない。

λαικάζειν(ライカゼイン)、λαικαστής(ライカステース)、λαικάστρια(ライカストリア)等の語についての私の説は間違っていた(原書の113頁と142頁以下。本書では273頁、324頁、第Ⅲ章Cの註12で訂正後を訳した)。G.P. Shipp, *Antichthon* xi (1977) 1 f. の提示した新しい証拠を踏まえたM・W・ヘラエウスとA・E・ハウスマン(共に古典学者)の考えに従って、H.D. Jocelyn, *Proceedings of the Cambridge Philological Society* ccvi (1980) 12-66は、これらの語がフェラチオを示すことを証明した。Shipp が注目を促すローマ時代のパピルスは、女が βινηθῇ（ビーネーテー、受動相、犯される）ことも、πυγισθῇ（ピュギステー、受動相、後門を犯される）ことも、λεικάσῃ（ママ、正しくは λαικάσῃ ライカセー、能動相、フェラチオをする）ことも、「私以外の男を喜ばすためにどんなことをする」こともないよう祈念した呪文である。四世紀の落書（Mabel Lang, *Graffiti and Dipinti* = *The Athenian Agora* xxi（Princeton 1976) no. c33）は、テオドシアという女が「ライカゼイン」を上手にすると述べているから、これが女性のなしうる何かであることが分かる。「ライカストリア」という形の他に、五世紀の刻文（L. Robert, *Collection Froehner: Inscriptions Grecques* (Paris 1936) 17 f.）には女性の名前に添えて「ライカステラ（λαικάστερα）」と「ライカス（λαικάς）」の形も見える。ストラトン断片一・三六の慣用的な呪いの文句 οὐ λαικάσει;（ペニスをしゃぶりたくはないか?）は、明らかに今日の「犯されてしまえ!」に相当するし（cf. Degani 346 f.）、ケフィソドロス断片三・五の λαικάσομ᾽ ἄρα（それ位ならペニスをしゃぶります）は「犯された方がましだ」といった意味である。現在時称では能動相の形だが未来では中動相の形をとるギリシア語の動詞は多いので、λαικάσει（未来、中動相、二人称）や λαικάσομαι（同じく、一人称）を受動の意味にとる必要はない。アリストファネス『騎士』一六七「お前は（誰でも好きなように）逮捕してもよいし、市会堂でライカゼイン（フェラチオ）してもよいのだよ」というのは、科白の終りで一転激しい侮辱を発したもので、アリストファネス一流の

「意表をつく」喜劇的テクニックなのである。フェラチオは本質的に屈服する側の役割だから、『アカルナイ人』七九でライカステースとカタピューゴーンがセットになっていることにも適合する。これまでのところ、念者が稚児にフェラチオをするという証拠は見出していない。スパルタにおけるフェラチオの証拠だと言われているものについては、私の *The Greeks and Their Legacy* (Oxford 1989) 123 f. をご覧いただきたい。

古代ギリシアの同性愛の起源について、「それはドーリス人の間で始まり、そこから残りのギリシア世界に広まっていった」というのは何の答にもなっていない、と今も私は考えている。ドーリス人以外のギリシア人がこれを受け入れたスピードと熱心さを説明できないからである。とはいえ、同性愛の求愛の最古の表現はクレタ島から出たことは言っておかねばならない。六五〇―六二五年頃の青銅板では、弓を持つ男が山羊を肩に担いだ青年と対面して、男が青年の前腕をつかんでいる (Boardman (1976) fig. 49)。上着が短いので青年の性器は露出しているのに対し、男の方は同様に上着は短いのに露出していない。これはギリシアの芸術家が若々しい性器に興味を持った初期の例であるが、同じく七世紀のサモス島（ドーリス系ではない）から出た象牙の小さな青年像 (*ibid.* fig. 32) で、陰毛に象眼仕上げが施され、性器が強調されていることと比較されよう。

太平洋の多くの文化で見られるように先史ギリシアにおいても、同性愛性交がイニシエーション儀礼の重要な部分をなしていたかもしれないということに、近年多大の注目が寄せられてきた。H. Patzer, *Die griechische Knabenliebe*（Wiesbaden 1982）, B. Sergent, *L'Homosexualité dans la mythologie grecque*（Paris 1984）, J. Bremmer, 'An Enigmatic Indo-European Rite: Paederasty', *Arethusa* xiii（1980）279–98. この仮説によると、風習を生み出した儀礼が廃れた後も風習が残ったことになる。*The Greeks and Their Legacy* の一二章で、私はこの仮説を斥ける多くの理由を呈示しておいた。ここでは私は、（ものすごく卑猥な詩の多いアルキロコスも含めて）七世紀末以前の詩には同性愛的欲望をあからさまに述べたものはない、ということを強調するだけで充分だし、それに、先史時代の儀礼から生じた風習が、アルカイック後期から古典期に弱まるどころか強まった、などと想定するのはほとんど意味がない。W. M. Clarke, *Hermes* cvi（1978）389–96（アイスキネスと同様）アキレウスとパトロクロスの関係をエロチックなものと見なし、ホメロスの中に他にも婉曲に上品に同性愛をほのめかすとする箇処を認めているが、そんなことをしても、あからさまな表現とそれとなき表現の決定的な違いを小さくするのに何の役にも立たない。

最後にもう一点。「序文」において「性愛」「異性愛」「同性愛」という語の用法について語り、同性愛を「擬似《クワシ》性愛」あるいは「偽《プセウド》性愛」として扱いたいと語ったことで、私は咎められた。私の思考の道筋は単純なものだった。生殖機能の面から定義できる性が一つ以上あるところから、「セックス」という言葉が存在する。従って私は、「セクシャル」

という語を「性（の違い）に関する」という意味で使うのである。

セント・アンドルーズ
K・J・ドーヴァー

新版訳者あとがき（二〇〇七年）

著者が「後記（一九八九年）」を書かねばならなかったことについては、些か注釈が必要であろう。原書は初め一九七八年にダックワース社から刊行されたが、一九八一年に同社からペーパーバック・リプリント版が出た時には、四頁に及ぶ正誤表が付加された。原書はさらに一九八九年にアメリカで覆刻されるが、そこでは or が of に、he が be に等は正されたものの、refuse が accept に訂正されることはなく、著者の解釈の変更も十数行に及ぶ書き加えもすべて無視され、しかも正誤表が印刷されていない。それ故の「著者後記」である。しかし、そこに述べられていることはすべて本訳書には訳しこまれている。すなわち、著者後記の四九九頁「念者が稚児のペニスを」からの一一行分は三三〇頁以下に、ライカゼインの語義解釈の変更については三二四頁およびそこへの註12に、クレタの青銅板については四二四頁に、著者の最新の考えとして組み込まれている。

リブロポートの石原敏孝さんが井上達三さん（筑摩書房元社長）の意を承けて、当時京都産業大学に勤めていた訳者を来訪されたのは一九八二年一〇月、*Greek Homosexuality*を訳さないか、との用向きであった。二〇世紀を代表する古典学者の本を訳せるのは夢のようで、即座にお引き受けした。著者の本はすでに何冊も読んでいるという安心感のようなものもあったが、ただ、私はプトレマイオス『地理学』の翻訳も引きずっていたので、共訳者を加えることを願い出た。作業に入るに先立ちお手紙を差し上げると、ドーヴァー先生からは一九八一年リプリント版の正誤表コピーとそれ以後の追加訂正が届けられ、それらすべてを訳し込むようにと指示をいただいた。翻訳に取りかかってからは、ミスプリや疑問点が幾つか集まる度に質問状を呈したところ、折り返し回答と指示があり、壺絵が分かりにくいと申し上げた時には、私のスケッチではこうだった、と絵を送って下さったこともあった。このようなやりとりの中でとりわけ深く印象に残ることがある。テオクリトス『二』四四行以下（一九二頁）の英語訳について疑義を呈したところ、「もちろん、あなたが正しい。私は詩をミスリメンバーしていた」とのお返事。『テオクリトス詩選』のテクスト校訂と注釈のお仕事のあるドーヴァー先生は、本を書くに際して記憶から詩を引用しておられたのだ。

一九九五年、私は文部省より在外研究を命じられ、生まれて初めて海を渡ることになった。訪問先としてセント・アンドルーズを選んだのは、エリザベス・クレイク先生（後に京都大学教授）がおられたからであるが、ドーヴァー総長にお会いできるという期待もあった。たまたま前年に刊行されたドーヴァー先生の自伝 *Marginal Comment* を飛行機の中で読み、心の準備ができたのは幸いであったし、人口二万人の中に六千の大学人が住む小さな町では、邂逅もさほど難しいことではなかった。大学図書館から出るドーヴァー先生は、黒い大きな判型からコスター編『アリストファネス古注』と分かる本を歩きながら読んでおられた。スーパー・テスコでお会いした時には、先生の方から(私の履く下駄をご覧になって)「セント・アンドルーズでこれを見るのは初めてだ」と仰言った。「古代中国の詩人はこれを履いて、山に登る時には前歯を外し、下る時には後歯を外しました。極めて便利な履き物です」というような解説を咄嗟にしたのは、異国に日本の食物を一切持ち行かなかったのに、履物には固執したことについての弁明のつもりであった。また、クレイク邸での園遊会の折には、ドーヴァー先生の『アリストファネス「蛙」注釈』に話が及んだ時に、ギリシアの蛙はこのように鳴くのだよ、と実演までしてくださった。『古代ギリシアの同性愛』について語りあう勇気はなかった。

第一次世界大戦の後に国際連盟の設立に尽力し、後のユネスコの礎を築いたギルバート・マリー(一八六六—一九五七)を別にすると、政治の分野で活躍した古典学者を私は知らないが、ドーヴァー先生にも一つエピソードがある。一九八〇年代、文教予算の削減を断行するマーガレット・サッチャー首相にオックスフォード大学の名誉博士号を贈ってはならぬとする運動が興ったが、その先頭に立たれたのである。なお、インタネットの

Wikipediaによると、ケン・ローチ（本書にも言及される映画監督）、ボブ・ディラン（歌手）、セベ・バレステロス（ゴルファー）等がセント・アンドルーズ大学総長時代のドーヴァー先生に学位を授与されているという。

旧訳が二三年ぶりに新版として甦るにあたり往時を振り返るようなことになったが、この間に大きな喪失があった。翻訳については（すなわち、語学力と日本語力については）誰よりも信頼をおき共訳者となってもらった下田立行君が、二〇〇三年九月に世を去った。論文を書くのが嫌いで、子規を愛し、あらゆる横文字を縦にすることを楽しんだ下田君の最後の仕事は、古代小説の最高峰、ヘリオドロス『エティオピア物語』（国文社、二〇〇三年）となった。下田君も私も古い日本語への傾きがあり、この訳書でも今となっては改めるべきかと思われる表現が少なくないが、最小限の変更にとどめた。その代わり、リブロポート版では訂正できなかったミスプリを正し、漢字のルビを増やした。

この度の新版ではリブロポート版とは版を改めたため、版組・校正・頁照合等で思いもかけぬ困難が続出した。これらの作業を迅速的確に進めて下さった青土社の菱沼達也氏に心からお礼を申し上げたい。

中務哲郎

二〇〇七年一一月

RS69		*LCS* 66 (Lucanian, no. 326), plate 31. 2.
RS73	Taranto 52535	*LCS* 67 (Lucanian, no. 336), plate 31. 4.
RS77	Madrid 32681	*LCS* 73 (Lucanian, no. 371), plate 34. 3.
RS81	Bari 6327	*LCS* 96 (Lucanian, no. 502), plate 47. 3f.
RS85	Compiègne 1023	*LCS* 101 (Lucanian, no. 529), plate 52. 1.
RS89	Bari 6264	*LCS* 102 (Lucanian, no. 535), plates 51. 8, 53. 1.
RS97	London F179	*LCS* 113 (Lucanian, no. 582), plate 58.
RS101	Naples 1761	*LCS* 167 (Lucanian, no. 927); Charbonneaux fig. 354.
RS109	Dublin 960. 1	*LCS* 214 (Campanian, Part 1, no. 74), plate 34. 6.
RS113	Cambridge GR 14/1963	*LCS* 236 (Campanian, Part 2, no. 63), plate 93. 4.
RS121	London F211	*LCS* 258 (Campanian, Part 2, no. 211), plate 103. 1f.
RS129	Naples 856	*LCS* 497 (Campanian, Part 4, no. 412), plate 192.
RS133	London F473	*LCS* 597 (Sicilian, no. 82), plate 232. 3f.
RS137	Gela 9163	*LCS* 619 (Sicilian, no. 232), plate 243, 6.
RS141	Bari 3899	PhV 27, no. 18; *IGD* no. IV. 26.
RS147	Harvard, McDaniel	PhV 30, no. 24; *IGD* no. IV. 16.
RS151	Leningrad inv. 299	PhV 33, no. 31; *IGD* no. IV. 22.
RS159	Santa Agata dei Goti	PhV 44, no. 59; *IGD* no. IV. 33.
RS163	Rome, Vatican U19	PhV 46, no. 65; *IGD* no. IV. 19.
RS171	Naples Ragua 13	PhV 62, no. 115; *IGD* no. IV. 32.
RS175	Ruvo 1402	PhV 68, no. 135; *IGD* no. IV. 12.
RS179	London 1917. 12-10. 1	*IGD* no. III. 1. 11.

RL35	London E424	*ARV* 1475, 1695 (Marsyas Painter, no. 4); Charbonneaux fig. 381.
RL40	Oxford G141–48	Beazley (1927) 352f.
RL41	New York 25. 190	Charbonneaux fig. 378.
RL44	Berlin 2688	*RCA* 59, plate II. 1.
RL52	Leningrad 1891. 818	*RCA* 120, plate IX. 2.
RL56	Paris G507	*RCA* 131, plate XV. 4.
RL60	Manchester University	*RCA* 141, plate XIX. 4.
RL64	New York 24. 97. 5	*RCA* 203, plate XXVII. 4.
RL68	Naples H2202	*RCA* 363, plate XLVIII. 2.
RL72	Vienna 924	Metzger (1965) 88, plate XXXIV.

(9) 南イタリア式及びシチリア式赤絵壺（5世紀末及び4世紀）

RS8	Compiègne	*CVA* France 3, plate 28. 3.
RS12※	Karlsruhe B136	*CVA* Germany 8, plate 66. 1.
RS13	Karlsruhe B134	*CVA* Germany 8, plate 66. 3.
RS16	Karlsruhe B41	*CVA* Germany 8, plate 69. 1.
RS20※	Karlsruhe B2425	*CVA* Germany 8, plate 73. 5.
RS24	Altenburg 272	*CVA* Germany 18, plate 85. 1.
RS26※	Schwerin 720	*CVA* DDR 1, plate 45. 2f.; *LCS* 68 (Lucanian, no. 337), plate 31. 5f.
RS27	Schwerin 703	*CVA* DDR 1, plate 49. 1; *LCS* 165 (Lucanian, no. 919).
RS28	Milan HA C231	*CVA* Italy 51, plates (IVD) 1. 1, 2. 2f.
RS30	San Francisco, de Young 226/24866	*CVA* USA 10, plate 24. 2; *LCS* 34 (Lucanian, no. 114).
RS31	Paris K710	Charbonneaux fig. 350.
RS32	Ruvo 1088	Charbonneaux fig. 357.
RS36	Vienna 942	*LCS* 28 (Lucanian, no. 98), plate 8. 5.
RS44	Paris, Bibl. Nat. 442	*LCS* 36 (Lucanian, no. 136).
RS48	New York 91. 1. 466	*LCS* 49 (Lucanian, no. 251), plate 20. 3.
RS52	Taranto 8263	*LCS* 55 (Lucanian, no. 280); Charbonneaux figs. 347f.
RS56	London F184	*LCS* 58 (Lucanian, no. 289), plate 28. 1f.
RS60	Taranto, private	*LCS* 60 (Lucanian, no. 302), plate 29. 6.
RS64	Reggio di Calabria 7004	*LCS* 64 (Lucanian, no. 315), plate 30. 2.
RS68	Taranto 50938	*LCS* 66 (Lucanian, no. 325), plate 31. 1.

R1099	Barcelona 4237	*CVA* Spain 3, plate 25. 7.
R1103	Geneva inv. 16. 908. 1939	*CVA* Switzerland 1, plate 9. 2.
R1107	Barkeley 8/5	*CVA* USA 5, plate 31. 1a.
R1111	Oxford (Miss.)	*CVA* USA 6, plate 23. 2.
R1115	New York 41. 162. 28	*CVA* USA 8, plate 46.1c; *ARV* 165 (Pheidippos no. 6).
R1119	Bryn Mawr, College P205	*CVA* USA 13, plate 10. 1.
R1123	Athens Acr. 188	Beazley (1947) 222, no. 16.
R1127※	Berlin	Brendel fig. 20.
R1135※	Athens Agora. P7690	Graef and Langlotz ii 14, plate 9.
R1137	Athens Acr. 226	Graef and Langlotz ii 18, plate 12.
R1139	Athens Acr. 676	Graef and Langlotz ii 62, plate 112.
R1141	Athens Acr. 1073	Graef and Langlotz ii 92, plate 83.
R1143	Munich 2686	Greifenhagen (1957) 23, fig. 18.
R1147		Klein 4, 169.
R1151	Athens	Marcadé 137; *EG* 122.
R1155	Private	Schauenburg (1975) 103.
R1159	Boston 08. 31c	Vermeule 11, plate 11. 5.
R1163		Vorberg (1932) 409.
R1167		Vorberg (1932) 447.

(8) アッティカ式赤絵壺(5世紀末及び4世紀)

RL2	Florence 81947	*ARV* 1312 (Meidias Painter, no. 2); Charbonneaux fig. 327.
RL4	London 98. 7-16. 6	*ARV* 1333 (Nikias Painter, no. 1).
RL13	Naples 3240	*ARV* 1336, 1704 (Pronomos Painter, no. 1) *IGD* no. II. 1.
RL14	Ruvo 1501	*ARV* 1338 (Talos Painter, no. 1); Charbonneaux fig. 38.
RL16	Ferrara T412	*ARV* 1348 (Painter of Ferrara T412, no. 1).
RL20	Bologna 329	*ARV* 1410 (Meleager Painter, no. 21).
RL28	Munich 2398	*ARV* 1446 (Pourtales Painter, no. 3).
RL32	Athens 12592	*ARV* 1447 (Painter of Athens 12592, no. 3).

R946	Munich 2415	*ARV* 1143, 1684 (Kleophon Painter, no. 2).
R950	Munich 2361	*ARV* 1145 (id., no. 36); *Par* 456.
R954※	London F65	*ARV* 1154 (Dinos Painter, no. 35).
R958※	Bonn 78	*ARV* 1171 (Polion, no. 4); *Par* 459.
R962	New York 25. 78. 66	*ARV* 1172 (id., no. 8); *Par* 459.
R966	Madrid 11365	*ARV* 1174, 1685 (Aison. no. 1).
R970※	Berlin F2414	*ARV* 1208, 1704 (Shuvalov Painter, no. 41). *Par* 463; *EG* 124f.
R978	Berlin 2728	*ARV* 1275 (cf. Codrus Painter, no. 4).
R990	London E719	*ARV* 1560.
R994	Athens, Agora P5160	*ARV* 1561.
R997	Heidelberg	*ARV* 1579.
R999	Hamburg 1963. 2	*ARV* 1593, 1699 (no. 37); *Par* 507.
R1000		*ARV* 1593 (no. 45, 'lost').
R1005	Athens 1226	*ARV* 1601.
R1006	Athens, Agora P10948	*ARV* 1601.
R1007	London E548	*ARV* 1601.
R1015		*ARV* 1605 ('once Chiusi').
R1017		*ARV* 1607 ('once Mastrillo').
R1019	Paris, Bibl. Nat. 508	*ARV* 1610.
R1023	Rome, private	*Par* 523.
R1027※	Copenhagen Chr. viii 56	*CVA* Denmark 4, plate 162. 1 b.
R1031	Copenhagen, Ny Carlsberg 14628	*CVA* Denmark 8, plate 336. 1 b.
R1039	Compiègne 1106	*CVA* France 3, plate (III Ib) 13. 9f., 15. 1.
R1047※	Frankfurt VF β 402	*CVA* Germany 30, plate 59. 2.
R1053	Athens 1357	*CVA* Greece 1, plate (III Ic) 3. 1.
R1055	Athens 1431	*CVA* Greece 1, plate (III Ic) 3. 5.
R1067	Rhodes	*CVA* Italy 10, plate (III Ic) 6. 3.
R1071※	Siracusa inv. 20065	*CVA* Italy 17, plate (III I) 7. 1f.
R1075	Siracusa inv. 23508	*CVA* Italy 17, plate (III I) 14. 1.
R1079	Milan CMA265	*CVA* Italy 31, plate (III I) 3. 1.
R1087	Milan HA C316 bis	*CVA* Italy 51, plate (III I) 3. 2.
R1091	Amsterdam, Scheurleer inv. 21	*CVA* Netherlands 2, plate (III Ib) 7. 1–3.
R1095	Barcelona 4201	*CVA* Spain 3, plate 17. 3.

R861	Oxford 1929. 466	*ARV* 911 (Painter of Bologna 417, no. 73); *Par* 430.
R863	Florence 77922	*ARV* 911 (id., no. 75); *Par* 430.
R867※	Florence 9626	*ARV* 953 (Angular Painter, no. 47); *Par* 433.
R871	Munich 2469	*ARV* 971 (Cf. Class of the Seven Lobster-Claws); *Par* 435.
R875	Berkeley 8. 4581	*ARV* 974 (Lewis Painter, no. 31).
R879	Schwerin 716 (1277)	*ARV* 976 (Zephyros Painter, no. 4); *CVA* DDR 1, plate 34. 3.
R887	Athens 1923	*ARV* 995 (Achilles Painter, no. 119).
R890	Athens 1963	*ARV* 995, 1677 (id., no. 122); *Par* 438.
R894	Athens 1818	*ARV* 998, 1677 (id., no. 161); *Par* 438.
R898	Paris C9682	*ARV* 1029 (Polygnotos, no. 16); Marcadé 143; *EG* 126f.
R902	Boston 00.346	*ARV* 1045 (Lykaon Painter, no. 7); *Par* 444; *IGD* no. III. 1. 28.
R904	Naples Stg. 281	*ARV* 1045 (id., no. 9).
R912	Paris, Bibl. Nat. 846	*ARV* 1050, 1679 (Pantoxena Painter, no. 1); *Par* 444.
R913	Boston 10. 224	*ARV* 1050 (id., no. 2): *Par* 444.
R917	Munich 2411	*ARV* 1501f., 1680 (Group of Polygnotos, no. 18).
R918	Boston 95. 21	*ARV* 1052, 1680 (id., no. 19).
R922	New York 22. 139. 11	*ARV* 1083, 1682 (Cassel Painter, no. 5).
R926	Bologna 261	*ARV* 1089 (Painter of the Louvre Centauromachy, no. 28).
R928	Florence inv. 4012	*ARV* 1101 (Ariana Painter, no. 9).
R930	Vienna 2166	*ARV* 1111 (Painter of Tarquinia 707, no. 1); *Par* 452.
R932	London 1923. 10-16. 10	*ARV* 1112 (Orestes Painter, no. 5); *Par* 452; *IGD* no. III. 1. 8.
R934※	Frankfurt VF β 413	*Par* 453 (Cf. *ARV* 1115, 1683; Hephaistos Painter, no. 31 bis).
R938	Paris G4549	*ARV* 1128 (Washing Painter, no. 106).
R942	Oxford 308	*ARV* 1139 (Manner of Hasselmann Painter, no. 5).

R762	Munich 2335a	*ARV* 637 (id., no. 34).
R766	Berlin 2334	*ARV* 646 (Oionokles Painter, no. 5).
R770	London E297	*ARV* 647 (id., no. 13).
R774	London E302	*ARV* 652 (Nikon Painter, no. 2).
R778	London E289	*ARV* 653 (Charmides Painter, no. 6).
R779	Paris C10764	*ARV* 653 (id., no. 7).
R783※	Boston 00. 356	*ARV* 741 (cf. Carlsruhe Painter); *Par* 413.
R789	Leningrad 712	*ARV* 784 (Painter of Munich 2660, no. 27).
R791※	Oxford 517	*ARV* 785 (Euaichme Painter, no. 8); Boardman (1975) no. 373.
R795	Geneva I519	*ARV* 792 (Euaion Painter, no. 49); *CVA* Switzerland 1, plate (III I) 10. 3f.
R797	Florence 3946	*ARV* 792 (id., no. 51).
R801	Boston 95. 28	*ARV* 816 (Telephos Painter, no. 1); *Par* 420; Boardman (1975) no. 379.
R805	Warsaw 142313	*ARV* 821 (Boot Painter, no. 4); *Par* 421.
R813	Berkeley 8. 3225	*ARV* 822 (id., no. 24).
R817	Altenburg 271	*ARV* 832 (Amphitrite Painter, no. 31).
R821	Berlin 1960. 2	*ARV* 861, 1672, 1703 (Pistoxenos Painter, no. 12); *Par* 425; *CVA* Germany 22, plate 105. 3.
R825	Rome, Villa Giulia 50329	*ARV* 872 (Manner of the Tarquinia Painter, no. 26).
R829※	Basel, Cahn 9	*ARV* 874 (Painter of Florence 4021, no. 3).
R833※	Ferrara T 212 B	*ARV* 880, 1673 (Penthesilea Painter, no. 12); *Par* 428.
R837	Ferrara T 18 C	*ARV* 882, 1673 (id., no. 35); *Par* 428.
R841	Boston 03. 815	*ARV* 887, 1673 (id., no. 145); *Par* 428.
R843	Leningrad inv. 4224	*ARV* 889 (id., no. 166).
R845	New York 07. 286. 36	*ARV* 890, 1673 (id., no. 173); *Par* 428.
R847	New York 28. 167	*ARV* 890, 1673 (id., no. 175).
R851※	Bologna 384	*ARV* 903 (Veii Painter, no. 57).
R853	Florence 74356	*ARV* 904 (id., no. 59); *Par* 429.

R688	Cleveland 30. 104	*ARV* 516 (Cleveland Painter, no. 1); *CVA* USA 15, plates 23. 3f., 24. 1f.
R690	London E318	*ARV* 530 (Alkimachos Painter, no. 20); *Par* 383.
R691	Naples 3125	*ARV* 530 (id., no. 21).
R692	Leningrad 611	*ARV* 530 (id., no. 26).
R693	Boston 10. 185	*ARV* 550, 1659 (Pan Painter, no. 1); *Par* 386; Boardman (1975) no. 335.
R695	Berlin (East) inv. 3206	*ARV* 551 (id., no. 10); *Par* 386; Marcadé 107; Boardman (1975) no. 342.
R699※	Athens 9683	*ARV* 554 (id., no. 82); *Par* 386; Bowra (1957) plate 60; Boardman (1975) no. 336.
R701	Munich 2417	*ARV* 556 (id., no. 101); *Par* 387.
R705	Adolphseck 51	*ARV* 557 (id., no. 119).
R712※	Harvard 60. 346	*ARV* 563 (Pig painter, no. 8); Boardman (1975) no. 321.
R716	Cleveland 24. 197	*ARV* 564 (id., no. 18); *Par* 389; *CVA* USA 15, plate 28. 1f.; Boardman (1975) no. 320.
R720	New York 41. 162. 86	*ARV* 564 (id., no. 24).
R728	Adolphseck 41	*ARV* 566 (Manner of the Pig Painter, no. 6).
R729	Athens	*ARV* 567 (id., no. 7); *Par* 390.
R733	Milan C316	*ARV* 569 (Leningrad painter, no. 40); *CVA* Italy 51, plate (III I) 2.1..
R737	Warsaw 142290	*ARV* 571 (id., no. 76); *Par* 390.
R741	London E264	*ARV* 579 (Oinanthe Painter, no. 1); *Par* 392.
R742	London E182	*ARV* 580 (id., no. 2); *Par* 392.
R750※	Madrid 11038	*ARV* 586 (Earlier Mannerists [viii]. Undetermined, no. 46).
R752	Athens, Agora P8892	*ARV* 587 (id., no. 63); Lang (1974) no. 34.
R754	London E467	*ARV* 601 (Niobid Painter, no. 23); *Par* 395.
R758※	Vienna 652	*ARV* 636 (Providence Painter, no. 10).

R589	London E51	*ARV* 449, 1653 (Manner of Douris [II], no. 4); *Par* 376.
R593		*ARV* 450 (id., no. 22).
R595	Richmond (Va.)	*ARV* 450 (id., no. 24).
R603※	Boston 13. 94	*ARV* 1570 (Style related to Douris); Vermeule plate 12.5; *EG* 102.
R607	Rome, Villa Giulia 50404	*ARV* 1565 (cf. 456. Magnoncourt Painter).
R619	New York 06. 1152	*ARV* 463 (Makron, no. 52); Marcadé 87.
R623	Gotha 49	*ARV* 467 (id., no. 119); *Par* 378.
R627	London E61	*ARV* 468, 1654 (id., no. 145).
R628	New York 12. 231. 1	*ARV* 468, 1654 (id., no. 146).
R630	Paris G143	*ARV* 469 (id., no. 148).
R632	Oxford 1966. 498	*ARV* 469 (id., no. 152); *Par* 378.
R634	Vienna 3698	*ARV* 471, 1654 (id., no. 193).
R636	Berlin 2292	*ARV* 471 (id., no. 195); *CVA* Germany 21, plate 90. 2.
R637※	Munich 2655	*ARV* 471 (id., no. 196).
R638	Rome, Villa Giulia 916	*ARV* 471 (id., no. 197).
R642	Bochum University	*ARV* 1654 (cf. 472; id., no. 206 bis); Kunisch 100–3.
R647	Paris C205 fr.	*ARV* 477 (id., no. 301).
R651※	Boston 08. 31e	*ARV* 478 (id., no. 306); Vermeule 14, plate 12. 1.
R655	Athens, Acropolis 560	*ARV* 479 (id., no. 336).
R659※	Paris G416	*ARV* 484, 1655 (Hermonax, no. 17); *Par* 379; Boardman (1975) no. 354.
R663	St. Louis, Washington Univ. 3271	*ARV* 488 (id., no. 77).
R667	Munich 2413	*ARV* 495, 1656 (Painter of Munich 2413, no. 1); *Par* 380.
R671	Warsaw 142310	*ARV* 500 (Deepdene Painter, no. 32).
R675	Paris G164	*ARV* 504, 1657 (Aegisthus Painter, no. 1); *Par* 381.
R680	Adria B114 +	*ARV* 505 (id., no. 9).
R682※	Vienna, Univ. 551a	*ARV* 505 (id., no. 13).
R684※	Cambridge 37. 26	*ARV* 506 (id., no. 21); *Par* 381.

R518	Florence 3921	*ARV* 372 (id., no. 31); *EG* 97-9.
R519	Würzburg 479	*ARV* 372, 1649 (id., no. 32); *Par* 366.
R520※	Oxford 1967. 304	*ARV* 378 (id., no. 137); *Par* 366; Boardman (1975) no. 260.
R521	Paris G156	*ARV* 380, 1649 (id., no. 172); *Par* 366.
R525	Leningrad 680	*ARV* 382, 1701 (id., no. 191).
R527	Gela	*ARV* 384 (id., no. 219); *Par* 366.
R528	Corpus Christi College, Cambridge	*ARV* 402, 1651 (Foundry Painter, no. 12); *Par* 370; Boardman (1975) no. 261.
R529	Leningrad 663	*ARV* 403 (id., no. 25).
R531	Berlin 3757i	*ARV* 404 (Manner of the Foundry Painter, no. 11).
R539	Paris G278 + Florence ZB27	*ARV* 407 (Briseis Painter, no. 16).
R543※	Tarquinia	*ARV* 408 (id., no. 36); *EG* 112.
R545※	Oxford 1967. 305	*ARV* 408 (id., no. 37); *Par* 371; Boardman (1975) no. 272.
R546	Boston 63. 1246	*Par* 373 (Dokimasia Painter, no. 34 quater); Boardman (1975) no. 274.
R547※	Hillsborough (Ca.), Hearst	*ARV* 421 (Painter of Paris Gigantomachy, no. 83).
R551	Paris G131	*ARV* 1566 (cf. 425-9, early Douris).
R555	Vienna 3695	*ARV* 429, 1653 (Douris, no. 26); *Par* 374.
R559	Athens 1666	*ARV* 1567f. (cf. 429, Douris).
R563	Boston 98. 930	*ARV* 431 (id., no. 45); *Par* 374.
R565	Rome, Vatican	*ARV* 432, 1653 (id., no. 53).
R567	Paris G115	*ARV* 434, 1653 (id., no. 74); *Par* 375.
R569	Christchurch (N. Z.), University College	*ARV* 438 (id., no. 138).
R571	New York 23. 160. 54	*ARV* 441, 1653 (id., no. 186).
R573※	Munich 2631	*ARV* 443 (id., no. 224).
R574	Boston 95. 31	*ARV* 443 (id., no. 225); *Par* 375; *EG* 103.
R577※	Boston 1970. 233	*ARV* 444 (id., no. 241); Buitron 107; Boardman (1975) no. 297.
R581	London E768	*ARV* 446 (id., no. 262); *Par* 375; Boardman (1975) no. 299.
R585	Athens 15375	*ARV* 447, 1653 (id., no. 274).

R456※	Boston 95. 29	*ARV* 324, 1645 (id., no. 65); von Lücken plate 56. 6.
R458※	Schwerin 725 (1307)	*ARV* 325 (id., no. 73); *Par* 359; *CVA* DDR 1 plate 18. 2.
R462※	Munich, Bareiss 229	*Par* 360 (id., no. 74 ter).
R463	Boston 63. 873	*Par* 360 (id., no. 74 quater).
R465	Boston 10. 179	*ARV* 327f. (id., no. 110); *Par* 359.
R467	Vienna 1848	*ARV* 329 (id., no. 128).
R471※	Brussels A889	*ARV* 329, 1645 (id., no. 130); *Par* 359; Boardman (1975) no. 224.
R472※	Copenhagen, Thorvaldsen 105	*ARV* 329 (id., no. 131).
R474	Berlin 2322	*ARV* 329, 1645 (id., no 134).
R476	Oxford (Miss.)	*ARV* 331 (Manner of Onesimos, no. 20); *Par* 361.
R478	Berlin 2316	*ARV* 1559f. (cf. 333, Manner of early Onesimos).
R480	Berlin (East) 2325	*ARV* 335 (Antiphon Painter, no. 1); *Par* 361; Boardman (1975) no. 239.
R484	Erlangen, University 454	*ARV* 339 (id., no. 49).
R486	Orvieto inv. 585	*ARV* 339 (id., no. 51).
R490		*ARV* 339 (id., no. 55); Boardman (1975) no. 241.
R494※	Hannover 1958. 57	*ARV* 356 (Colmar Painter, no. 51); *Par* 363; *CVA* Germany 34, plate 31. 5.
R496	Oxford 300	*ARV* 357 (id., no. 69) *Par* 363; Boardman (1975) no. 236.
R498※	Hannover 1964. 5	*ARV* 359 (Painter of the Louvre Komoi, no. 26); *Par* 364; *CVA* Germany 34, plates 31. 3, 35. 2.
R502※	Mykonos	*ARV* 362 (Triptolemos Painter, no. 21).
R504		Antike Vasen no. 50.
R506	Tarquinia	*ARV* 367 (id., no. 93); *EG* 114.
R507	Tarquinia	*ARV* 367 (id., no. 94); Boardman (1975) no. 302; *EG* 115.
R514	London E68	*ARV* 371, 1649 (Brygos Painter, no. 24); *Par* 365; *EG* 63.

R369	Paris G136	*ARV* 231 (id., no. 78).
R373※	Tarquinia RC2398	*ARV* 236 (Chairippos Painter, no. 4).
R377	Paris G54 bis	*ARV* 246 (Painter of the Munich Amphora, no. 8).
R381	London E261	*ARV* 248 (Diogenes Painter, no. 2); Boardman (1975) no. 194.
R383	Paris, Niarchos	*ARV* 250 (Syleus Painter, no. 18); Boardman (1975) no. 197.
R385	London E350	*ARV* 256 (Copenhagen Painter, no. 2).
R387	London E442	*ARV* 257 (id., no. 9); Boardman (1975) no. 201.
R391	Bologna PU283	*ARV* 260 (Syriskos Painter, no. 8); Boardman (1975) no. 203.
R405	Naples 3152	*ARV* 275 (Harrow Painter, no. 60).
R406※	Vienna 3737	*ARV* 275 (id., no. 61).
R414※	Paris, Petit Palais 307	*ARV* 279 (Flying-Angel Painter, no. 2); Boardman (1975) no. 176.
R416	Athens, Agora P27396	Lang (1974) no. 29.
R418	Athens, Villa Giulia 50462	*ARV* 284 (Matsch Painter, no. 3).
R420	Athens, Villa Giulia 43828	*ARV* 284 (id., no. 27); Boardman (1975) no. 182.
R422※	Paris G234	*ARV* 286, 1642 (Geras Painter, no. 16).
R426	London E718	*ARV* 306 (cf. Painter of Würzburg 517).
R430	London E296	*ARV* 309 (Tithonos Painter, no. 6).
R434	London E816	*ARV* 315 (Near the Eleusis Painter, no. 2); Brendel plate 22; Boardman (1975) no. 219.
R438	Paris G25	*ARV* 316 (Proto-Panaitian Group, no. 5).
R442	Brussels A723	*ARV* 317 (id., no. 15).
R446	Oxford (Miss.)	*ARV* 320 (Onesimos, no. 10).
R450	Boston 01. 8020	*ARV* 321 (id., no. 22); *Par* 359; Bowra (1957) plate 56b.
R454※	Paris G291	*ARV* 322 (id., no. 36); Ginouves plate XIII. 39.
R455※	Basel, Antikenmuseum BS439	*ARV* 323 (id., no. 56); *Par* 359; Boardman (1975) no. 230.

R303※	Berlin 2269	*ARV* 177 (Kiss Painter, no. 1); *Par* 339; Boardman (1975) no. 123; *EG* 89.
R305※	Oxford (Miss.)	*ARV* 177 (id., no. 3); *Par* 339.
R309	Würzburg 507	*ARV* 181 (Kleophrades Painter. no. 1); *Par* 340; Boardman (1975) no. 129.
R310	Würzburg 508	*ARV* 182, 1631 (id., no. 5); *Par* 340.
R311	New York 13. 233	*ARV* 183, 1632 (id., no. 13): *Par* 340.
R313※	Tarquinia RC4196	*ARV* 185, 1632 (id., no. 35); *Par* 340; Boardman (1975) no. 133.
R315	London E441	*ARV* 187 (id., no. 57); Boardman (1975) no. 137.
R317	Paris G57	*ARV* 188 (id., no. 65).
R321	Naples 2422	*ARV* 189, 1632 (id., no. 74); *Par* 341; Boardman (1975) no. 135.
R322	Rome, Villa Giulia 50384	*ARV* 189, 1632 (id., no. 75).
R326	Munich 2310	*ARV* 197, 1633 (Berlin Painter, no. 6).
R328※	Würzburg 500	*ARV* 197, 1633 (id., no. 8); *Par* 342; Boardman (1975) no. 145.
R329※	Munich 2311	*ARV* 197, 1633 (id., no. 9).
R332	Munich 2313	*ARV* 198 (id., no. 12).
R336※	London E267	*ARV* 199 (id., no. 28).
R340	Zürich ETH17 (418)	*ARV* 202 (id., no. 85); *CVA* Switzerland 2, plate 23. 3.
R344	Rome, Villa Giulia 50755	*ARV* 204 (id., no. 111).
R348※	Paris G175	*ARV* 206, 1633 (id., no. 124); *Par* 342.
R351	Paris G192	*ARV* 208, 1633 (id., no. 160); *Par* 343; Boardman (1975) no. 155.
R352	Munich 2304	*ARV* 220 (Nikoxenos Painter, no. 1); *Par* 346.
R356	Boston 95. 19	*ARV* 220 (id., no. 5).
R358	Munich 2381	*ARV* 221 (id., no. 14); Boardman (1975) no. 163.
R361	Tarquinia	*ARV* 224 (Akin to the Nikoxenos Painter, no. 7); *EC* 107.
R365	Munich 2306	*ARV* 225 (Painter of Munich 2306, no. 1).
R367	Hamburg 1966. 34	*Par* 347 (Eucharides Painter, no. 8 ter); Boardman (1975) no. 165.

R212	London E815	*ARV* 125 (Nikosthenes Painter, no. 15).
R216	Boston 24. 453	*ARV* 129 (Pamphaios, Potter, no. 28).
R219※	Athens 1409	*ARV* 130 (id., no. 31); *Par* 333.
R223※	Boston 95. 61	*ARV* 132 (Nikosthenes, Potter); Vermeule 12, plate 9; Boardman (1975) no. 99; *EG* 86.
R227	Boston 08. 30a	*ARV* 135 (Wider Circle of Nikosthenes, Potter); Vermeule 13, plate 10.1.
R231	Warsaw 198059	*ARV* 1628 (cf. 136, Poseidon Painter, no. 3); *CVA* Poland 6, plate 7. 3.
R235	Altenburg 233	*ARV* 137 (Aktorione Painter, no. 1).
R239	Copenhagen 127	*ARV* 138 (Charops Painter, no. 1).
R243※	Turin 4117	*ARV* 150, 1628 (cf. Manner of Epileios Painter); *CVA* Italy 40, plate (III I) 3. 2.
R247	Durham (N. C.), Ruestow	*Par* 336 (cf. *ARV* 148–51, Manner of Epileios Painter).
R251	New York 06. 1021. 166	*ARV* 153 (Painter of Berlin 2268, no. 1); *Par* 336.
R255	Geneva I 529	*ARV* 154 (id., no. 7); *Par* 336.
R259※	Berlin 2320	*ARV* 157 (id., no. 84).
R261	London E6	*ARV* 166 (Pheidippos, no. 11); *Par* 337; Boardman (1975) no. 80.
R263	Rome, Villa Giulia 50448	*ARV* 167 (Bowdoin-Eye Painter, no. 7).
R265	Brussels R259	*ARV* 169 (Scheurleer Painter, no. 7); Boardman (1975) no. 84.
R267	Munich 2586	*ARV* 169 (Near the Scheurleer Painter, no. 1).
R275	Paris G73	*ARV* 170, 1630 (near Scheurleer Painter and near Bowdoin-Eye Painter).
R279	Oxford 1911. 616	*ARV* 173 (Ambrosios Painter, no. 1).
R283※	Rome, Villa Giulia 50458	*ARV* 173 (id., no. 5).
R291	Boston 08. 31b	*ARV* 174 (id., no. 22); Vermeule 14, plate 11. 2.
R295※	New York 07. 286. 47	*ARV* 175, 1631 (Hegesiboulos Painter); Boardman (1975) no. 126.
R299	Havana, Lagunillas	*ARV* 1570 (cf. Painter of Agora Chairias Cups, 176f.).

R110	Naples 2617	*ARV* 65 (id., no. 108).
R112	Bologna inv. D. L. 8	*ARV* 65 (id., no. 113).
R114		*ARV* 66 (id., no. 121).
R125	London E37	*ARV* 72, 1623 (Epiktetos, no. 17); *Par* 328.
R132	Leningrad inv. 14611	*ARV* 75 (id., no. 60); Boardman (1975) no. 71.
R136	Oxford 520	*ARV* (id., no. 84); *Par* 328; Boardman (1975) no. 76.
R140	London E137	*ARV* 78 (id., no. 95); Boardman (1975) no. 78.
R144	Athens 17303	*ARV* 80, 1624 (Manner of Epiktetos. no. 12).
R148	Palermo V651	*ARV* 85 (Skythes. no. 21).
R152	Paris G14	*ARV* 85 (Pedieus Painter, no. 1); *Par* 330.
R156	Paris G13	*ARV* 86 (id.); Marcadé 138f.
R160	Paris C11224	*ARV* 89 (Euergides Painter, no. 20).
R164	New York 09. 221. 47	*ARV* 91 (id., no. 52).
R168	Athens 1430	*ARV* 95 (id., no. 122).
R169	Laon 371060	*ARV* 95 (id., no. 123); *Par* 330.
R171	Oxford 1966. 447	*Par* 330 (id., no. 136).
R173	Brussels Cinq. R260	*ARV* 97 (Manner of the Euergides Painter, no. 10).
R177※	Rome	*ARV* 108 (Kachrylion, Potter, no. 29).
R189※	Warsaw 198514	*ARV* 113 (Thalia Painter, no. 4); *Par* 332.
R192	Berlin 3251 + Florence I B49	*ARV* 113, 1626 (id., no. 7); Boardman (1975) no. 112.
R196※	Berlin 2279	*ARV* 115, 1626 (Peithinos, no. 2); *Par* 332; *EG* 92f.
R200※	Bologna 436	*ARV* 118 (Epidromos Painter, no. 11).
R204	London E25	*ARV* 1577 (cf. 117f.).
R207※	Tarquinia	*Par* 333. (cf. *ARV* 120; Apollodoros, no. 9 bis); *EG* 111.
R208		*ARV* 120, 1627 (id., no. 12); *Par* 333.
R210	Munich inv. 8771	Boardman (1975) no. 115 (Cf. *ARV* 119, the Elpinikos Painter).

R8	Paris F203	*ARV* 4 (id., no. 13); Boardman (1975) no. 4.
R12	Warsaw 142463	*ARV* 10, 1618 (Goluchów Painter, no. 1); *Par* 321.
R16	Paris G103	*ARV* 14, 1619 (Euphronios, no. 2); *Par* 322.
R20	Leningrad 644	*ARV* 16, 1619 (id., no. 14); *Par* 322.
R23	Munich 2620	*ARV* 16f., 1619 (id., no. 17); *Par* 322.
R27※	Gotha 48	*ARV* 20 (Gotha Cup); *Par* 322; Boardman (1975) no. 51.
R31	Athena, Agora P7901	*ARV* 1559 (cf. 20, Gotha Cup).
R35	Brussels A717	*ARV* 20, 1619 (Smikros, no. 1); *Par* 322.
R39	Berlin 2278	*ARV* 21, 1670 (Sosias Painter, no. 1); *Par* 323.
R44	Paris C10784	*ARV* 23 (Phintias, no. 3).
R46	Leningrad inv. 1843	*ARV* 23 (id., no. 5).
R48	Athens 1628	*ARV* 25 (Phintias, Potter, no. 1).
R50	Oxford 333	*ARV* 1602 (cf. 26).
R52	Munich 2907	*ARV* 26, 1620 (Euthymides, no. 1); *Par* 323; Boardman (1975) no. 33.
R55※	Munich 2309	*ARV* 27, 1620 (id., no. 4); *Par* 323; Boardman (1975) no. 34.
R57	Turin 4123	*ARV* 28, 1620 (id., no. 11); Boardman (1975) no. 36.
R59※	Paris G45	*ARV* 31 (Dikaios Painter, no. 4); *Par* 324.
R62	Brussels R351	*ARV* 31 (id., no. 7); Boardman (1975) no. 46.
R70	Berlin 1966.20	*Par* 508 (cf. Near the Dikaios Painter, *ARV* 32).
R78	Leningrad 615	*ARV* 1594 (cf. 33-5, Pioneer Groups: Sundry); *Par* 507.
R82※	New Haven, Yale 163	*ARV* 36 (cf. Gales Painter).
R86	Bonn 73	*ARV* 48 (cf. Eye-cups, no. 162).
R90	New York 10. 210. 18	*ARV* 54 (Oltos, no. 7); *Par* 326.
R94	Boston 08. 31d	*ARV* 56 (id., no. 23); Vermeule 14, plate 11. 3.
R102	Tarquinia RC6848	*ARV* 60, 1622 (id., no. 66); *Par* 327.

C44	Athens 571	Collignon and Couve plate 23.
C52	Berlin	Pfuhl（1955）plate 17.
C56	Corinth IP 1708	Pickard-Cambridge 306, plate Xb.
C58	Oslo, Jensen	Pickard-Cambridge 307, plate Xc.
C62	Paris E 640	Robertson（1959）80.
C66	Boston 13.96	Seeberg（1967）25-9, plate IIb.
C70	Munich	Sieveking and Hackl fig. 176.
C74		Sotheby's 43, no. 107.
C78		Vorberg（1932）112.

（4） エーゲ海島嶼及び小アジア（6世紀）

CE10	Oxford 1924.264	*CVA* Great Britain 9, plate（IId）10. 24; Boardman（1958）.
CE20	Athens	Brendel fig. 7.
CE28	London A1311	Cook 20, plate 11a.
CE33※	Heraklion	Richter plate VIIIb; Schefold plate 27b.
CE34※	Thera	Richter plate VIIIc.
CE36	Würzburg 354	Rumpf plate 43.
CE37	Madrid 10909	Rumpf plate 44.

（5） ラコニア式（6世紀）

CP4	Paris Campana 44	*CVA* France 1, plate（III Dc）7f.; Lane 146f., plate 42a.
CP12	Oxford	Lane 131, plate 34c.
CP16	SParta	Lane 137, plates 39a, 40.
CP20	London B3	Lane 150, plate 46a.

（6） エトルリア及び南イタリア式黒壺絵（6世紀）

CW8	Paris, Bibl. Nat. 172	Ducati plate 14f.
CW12	Würzburg	Vorberg（1932）182.
CW16		Vorberg（1932）463.

（7） アッティカ式赤壺絵及び白地壺（530年頃-430年頃）

R4	Berlin 2159	*ARV* 3, 1617（Andokides Painter, no. 1）; *Par* 320.
R6	Bologna 151	*ARV* 4, 1617（id., no. 10）; *Par* 320; *CVA* Italy 33, plate（III H）95. 3.

B658	Athens Acr. 1623a	Graef and Langlotz i 172, plate 85.
B662	Athens Acr. 1669ab	Graef and Langlotz i 176, plate 85.
B666	Athens Acr. 1684a	Graef and Langlotz i 177, plate 85.
B670	Athens Acr. 1685a	Graef and Langlotz i 177, plate 85.
B676	Athens Acr. 1913	Graef and Langlotz i 192, plate 90.
B678	Berlin 1684	Licht iii 73.
B686	Rome, Villa Giulia	Mingazzini plate 33. 1.
B694	Rome, Villa Giulia	Mingazzini plate 89. 2.
B695	Florence 3897	Pickard-Cambridge plate IV.
B696	Athens 1121	Schauenburg (1965) 855f., fig. 6.
B697	Munich, Bareiss	Schauenburg (1969) 42, plates 1–3.
B702	Boston 08. 31f	Vermeule 11 plate 6. 5.

(2) ボイオティア式(主に黒絵壺、6・5世紀)

BB8	Thebes R50. 265	*ABV* 30 (Boeotian Imitators of the KX Painter, no. 8).
BB16※	Heidelberg 190	*CVA* Germany 10, plate 27. 4.
BB20	Heidelberg inv. S148	*CVA* Germany 31, plate 163. 1.
BB24※	Berlin 3364	*CVA* Germany 33, plate 197. 4.
BB28	Tübingen, University S/10. 1361	*CVA* Germany 36, plate 51. 3f.
BB40	Hamburg inv. 1963. 21	Hoffmann (n.d.) 19, no. 12.
BB48	Private	Rolfe 89–101.
BB60	Athens 11554	Wolters 201f.

(3) コリントス式(6世紀)

C4	Corinth KP 2372	Seeberg (1971) 40, no. 211 bis.
C10	Paris E632	Seeberg 45, no. 226; *IGD* no. I, 6.
C15	Paris H30	*CVA* France 12, plate (III Cc) 7, 16. 18, 22.
C19※	Paris inv. AM1566	*CVA* France 12, plate (III Ca) 28. 7.
C22	Paris inv. AM1569	*CVA* France 12, plate (III Ca) 28. 15.
C24	Paris inv. AM1571	*CVA* France 12, plate (III Ca) 28. 24.
C28※	Leipzig T315	*CVA* Germany 14, plate 32. 2.
C32※	Leipzig T4763	*CVA* Germany 14, plate 32. 5.
C40	Warsaw 199241	*CVA* Poland 5, plate 35. 7.
C42	Oxford 1966. 1011	[Beazley] (1967) 29, no. 71, plate VI.

B486※	Sèvres, Musée Céramique 6405	*CVA* France 13, plate 15. 7.
B494※	Paris C11251	*CVA* France 19, plate 157. 4.
B498	Paris E665	*CVA* France 19, plate 164. 4.
B502※	Munich 2209a	*CVA* Germany 9, plate 140. 8.
B510	Heidelberg inv. S148	*CVA* Germany 31, plate 163. 1.
B516	Leipzig T3359	*CVA* DDR 2, plate 31.1f.
B518	Leipzig T3362	*CVA* DDR 2, plate 32. 1f.
B522	London C820	*CVA* Great Britain 2, plate (III He) 10. 4.
B526	Athens 501	*CVA* Greece 1, plate (III Hg) 5. 1f.
B534	Rome, Villa Giulia 1932	*CVA* Italy 3, plate (III He) 50. 13.
B538※	Bologna PU239	*CVA* Italy 7, plate (III He) 44. 3.
B542	Bologna 1434	*CVA* Italy 7, plate (III He) 11. 4.
B554	Tarquinia	*CVA* Italy 26, plate (III H) 34. 2.
B558	Parma C120	*CVA* Italy 45, plate (III H) 2. 1.
B562	Ferrara inv. 159	*CVA* Italy 48, plate (III H) 41. 2.
B566	Leiden 1965/11/2	*CVA* Netherlands 3, plate 24. 2.
B570	Oslo, Etnografisk museum 11074	*CVA* Norway 1, plate 22. 4.
B578	Barcelona 420	*CVA* Spain 3, plate 9. 1b.
B582	Zurich inv. 2472	*CVA* Switzerland 2, plate (III H) 16. 12.
B586	Boston 80. 621	*CVA* USA 14, plate 40. 2, 4.
B588	Boston 97. 205	*CVA* USA 14, plate 41. 1, 3.
B589	Boston 1970. 69	*CVA* USA 14, plate 42. 2.
B592	Leningrad 1440	Beazley (1947) 203 no. α 15; Schauenburg (1965) 859f., fig. 7f.
B594	Boston 08. 32c	Beazley (1947) 204 no. α 17; Vermeule 10, plate 6. 1.
B598※	Boston 08. 292	Beazley (1947) 208 no. α 41; Vermeule 10, plate 5. 1f.,; *EG* 80f.
B610	Berlin 1947	Beazley (1947) 209f.
B614	Boston 08. 30d	Beazley (1947) 212 no. β 10; Vermeule 10, plate 6. 4.
B622	Orvieto	Beazley (1947) 214 no. β 13.
B634※	Berlin 1798	Beazley (1947) 218 no. γ 13.
B646	Paris F358	Beazley (1950) 315.
B650		Caskey and Beazley iii 1.

B354	Munich, private	*ABV* 469 (Cock Group, no. 71).
B358		*Par* 220 (cf. *ABV* 481f., Doubleens).
B362	Rome, Villa Giulia	*ABV* 495 (Class of Athens 581, no. 149).
B366	Bucarest 0461	*Par* 241 (Class of Athens 581 [ii]; Cf. *ABV* 503f.).
B370※	Athens 9690	*ABV* 505 (Painter of Athens 9690, no. 1); Metzger (1965) plate XXVII.
B378	Capua, Museo Campano inv. 163	*ABV* 707 (Manner of the Haimon Painter, no. 502 bis [*ABV* 559]).
B382	Mainz, University 91	*Par* 289 (Painter of Elaious I, cup typeB; cf. *ABV* 576).
B386	Berlin 2095	*ABV* 610, 711 (Group of Berlin 2095, no. 1); Marcade 103.
B394	Frankfurt VF β 310	*ABV* 631 (Essen Group, no. 1); *CVA* Germany 30, plate 55. 3.
B398	Paris, Bibl. Nat. 333	*ABV* 646 (Late Cups; Leafless Group no. 203).
B406		*ABV* 664 ('once Lord Guildford'); *Par* 317.
B410	Munich	*ABV* 664.
B418	Rome, Conservatori	*ABV* 671; *CVA* Italy 36, plate (III H) 28. 3f.
B422	Compiègne 978	*ABV* 674.
B426	New York 41. 162. 32	*ABV* 676, 714; *Par* 319.
B430	Lyon 75	*ABV* 677.
B434	Naples RC 187	*ABV* 678.
B442	Paris F 283	*ARV* (not *ABV*) 1584.
B450	Copenhagen Chr. viii 323	*CVA* Denmark 3, plate 101. 1.
B454	Copenhagen Chr. viii 961	*CVA* Denmark 3, plate 117. 5.
B458	Copenhagen Ny Carlsberg 13966	*CVA* Denmark 8, plate 324. 1b.
B462※	Paris F314	*CVA* France 2, plate (III He) 8. 2.
B470※	Paris, AM 1008	*CVA* France 5, plate (III He) 29. 3, 30. 3.
B474	Paris, Bibl. Nt. 185	*CVA* France 10, plate 57. 5.
B478	Paris, Bibl. Nt. 308	*CVA* France 10, plate 87. 15.
B482	Paris F85 bis	*CVA* France 12, plate (III He) 79. 6.

		CVA Germany 37, plate 418.
B250※	London W39	*ABV* 297 (Painter of Berlin 1686, no. 16); Boardman (1974) no. 136; Schauenburg (1965) 863f. & fig. 10; *EG* 79.
B254	London B253	*ABV* 308 (Swing Painter, no. 68).
B258	Paris F51	*ABV* 313 (Painter of Louvre F51, no. 1); *Par* 136.
B262	Providence (R. I.), School of Design 13. 1479	*ABV* 314 (id., no. 6).
B266	New York 56. 171. 21	*ABV* 321 (Medea Group, no. 2); *Par* 141.
B267	London B262	*ABV* 321 (id., no. 3).
B271※	Munich 1468	*ABV* 315 (cf. Painter of Cambridge 47, no. 3); *CVA* Germany 32, plate 343.
B283	Madrid 10920	*ABV* 332 (Priam Painter, no. 17); *Par* 146.
B287	Rome, Villa Giulia 3550	*ABV* 375 (Leagros Group, no. 201).
B295	Paris, Bibl. Nat. 322	*ABV* 380 (id., no. 296); *Par* 164.
B299	New York 26. 60. 29	*ABV* 384 (Acheloos Painter, no. 17); *Par* 168.
B302	London W40	*ABV* 384 (id., no. 20); Boardman (1974) no. 211.
B310	Paris, Bibl. Nat. 320	*Par* 171 (cf. *ABV* 389, Chiusi Painter).
B318	London B631	*ABV* 423, 697 (Charinos, Potter).
B322	Munich 2447	*ABV* 425 (cf. Class of London B632).
B326	London B507	*ABV* 426 (Keyside Class, n. 9).
B330	Athens 1045	*ABV* 186, 432 (Kleisophos).
B334	Copenhagen 8385	*Par* 179 (Class of London B524, no. 12; cf. *ABV* 438).
B336	Munich 1525	*Par* 192 (cf. *ABV* 443); *CVA* Germany 37, plate 400. 2.
B338	Rhodes 13472	*ABV* 449 (Painter of Rhodes 13472, no. 1); *Par* 195.
B342※	Boston 08. 31i	*ABV* 454 (cf. Painter of the Nicosia Olpe, no. 1); Vermeule 11, plate 4. 6.
B346	Maplewood, Noble	*Par* 198 (Painter of Munich 1842; cf. *ABV* 454).

B122	New York 17. 230. 5	*Par* 78 (Oakeshott Painter, no. 1; cf. *ABV* 188); Boardman (1974) no. 118.
B126		*ABV* 188 (Little-master cups, signed, name uncertain, no. 2).
B130	Berlin 1773	*ABV* 198 (Painter of the Boston Polyphemos, no. 1); *Par* 80.
B134	Athens Acr. 1639	*ABV* 198, 689 (id. [?], no. 2); *Par* 80.
B138	Munich 2016	*ABV* 199 (cf. Painter of the Boston Polyphemos).
B142	Paris CA3096	*Par* 82 (Group of Courting Cups, no. 1; Cf. *ABV* 199ff.).
B146	Paris F139	*Par* 82 (id., no. 10; cf. *ABV* 199f.).
B152	Naples Stg. 172	*ABV* 203, 689 (Kallis Painter, no. 1).
B154	Paris, Bibl. Nat. 343	*ABV* 206 (Krokotos Painter [Group of Walters 48. 42]); *Par* 93.
B158	Paris F 133	*ABV* 208 (Durand Painter, no. 2); *Par* 98.
B166	Paris C 10352	*Par* 82 (Group of Courting Cups, no. 9; cf. *ABV* 211).
B170	Paris C 10363	*Par* 82 (id., no. 14; cf. *ABV* 211).
B176	Hannover 1961. 23	*ARV* (not *ABV*) 122 (Painter N, no. 7); *CVA* Germany 34, plate 17. 4.
B178	Berlin 1671	*ABV* 226 (BMN Painter, no. 2); Marcadé 109.
B186	Boston 99. 156	*ABV* 239 (Affecter, no. 11); *Par* 110.
B190	Bologna PU189	*ABV* 245 (id., no, 67).
B194	New York 18. 145. 15	*ABV* 247, 715 (id., no. 90); *Par* 111.
B202	Munich 1575	*ABV* 256, 1617 (Lysippides Painter, no. 16).
B214	Boston 01. 8058	*ABV* 263 (Related to the Lysippides Painter, no. 6).
B218	London B339	*ABV* 264 (Group of London B339, no. 1).
B219	London, Bomford coll.	Boardman (1974) no. 177; id. (1976).
B220	Leiden xv e 28	*ABV* 266, 691 (Antimenes Painter, no. 1); *Par* 117
B222	London B336	*ABV* 266 (id., no. 3).
B226	London B266	*ABV* 273 (id., no. 118).
B242※	Munich 1509	*ABV* 285 (Group of Bologna 16. no. 1);

		Boardman (1974) no. 46.
B28	Athens, Acropolis 611	*ABV* 82 (Nearchos, no. 1); *Par* 30.
B31	New York 26. 49	*ABV* 83, 682 (id., no. 4); *Par* 30; Boardman (1974) no. 50.
B35	Leipzig T4225f, h	*Par* 35, 40 (Castellani Painter; cf. *ABV* 94); *CVA* DDR 2, plates 9. 6, 9. 9.
B39	Rome, Conservatori 119	*ABV* 96 (Tyrrhenian Group, no. 21); *Par* 37.
B49	Munichi 1432	*ABV* 102 (id., no. 98); *Par* 38; *EG* 76.
B51※	Munichi 1431	*ABV* 102 (id., no. 99); *CVA* Germany 32, plates 316. 1f., 317. 1.
B53※	Heidelberg inv. 67/4	*ABV* 102 (id., no. 101); *Par* 39; *CVA* Germany 31, plates 143f.
B60		*Par* 41 ("Philadelphia market"; cf. *ABV* 105, near the Tyrrhenian Group).
B64	Paris, Bibl. Nat. 206	*ABV* 109 (Lydos, no. 27).
B65※	Nicosia, Cyprus Museum C440	*ABV* 109 (id., no. 28); *Par* 44.
B76※	Rome, Vatican 352	*ABV* 134 (Group E, no. 30).
B79	Berlin 3210	*ABV* 151, 687 (Amasis Painter, no. 21); *Par* 63; Boardman (1974) no. 87
B80※	Würzburg 265	*ABV* 151, 687 (id., no. 22); *Par* 63.
B84	Paris A479	*ABV* 156, 688 (id., no. 80); *Par* 65.
B90	Boston 10. 651	*ABV* 157 (id., no. 86); *Par* 65; Boardman (1974) no. 82; *EG* 82.
B94	Palermo	*ABV* 675 (cf. 161).
B98	Rhodes 10527	*ABV* 162 (Eucheiros, Potter, no. 1).
B102	Würzburg 241	*ABV* 169, 688 (Phrynos Painter, no. 5); *Par* 70; Boardman (1974) no. 124.
B107	Oxford 1929. 498	*Par* 72 (Sokles Painter., no. 2); cf. *ABV* 172f.
B108	Paris F38	*ABV* 174 (Taleides Painter, no. 7); *Par* 72.
B109	Harvard 60. 332	*ABV* 175 (id., no. 8); *Par* 73.
B114※		*Par* 73 ('London market'; cf. *ABV* 175).
B118	London B410	*ABV* 181 (Tleson, Potter, no. 3); *Par* 75.
B120	Athens 1045	*ABV* 186 (Kleisophos).

壺絵についてのデータ

本書で言及した壺絵のデータを記す。ここに挙げた壺絵の全てが同性愛的行動を描いたり、性的な刻文を伝えたりしているわけではない。また、同性愛的行動を描き、あるいは、性的な刻文を伝える壺絵の多くが、以下のリストからは洩れている。

リストの第1列は壺絵番号を、第2列は所在地を、第3列は参照すべき文献または図版集を示している。所在地としては都市名だけを記したが、それぞれの施設名は次のとおりである。

Adolphseck: Landgraf Philipp von Hesse; Altenburg: Staatliches Lindenau-Museum; Amsterdam: Allard Pierson Museum; Berkeley: University of California; Berlin: Staatliche Museen; Bonn: Akademisches Kunstmuseum; Boston: Museum of Fine Arts; Brussels: Musées Royaux; Cambridge: Fitzwilliam; Cleveland: Museum of Art; Compiègne: Musée Vivenel; Frankfurt: University; Geneva: Musée d'Art et d'Histoire; Hamburg: Museum für Kunst und Gewerbe; Hannover: Kestner; Harvard: Fogg; Heidelberg: University; Karlsruhe: Badisches Landesmuseum; Leiden: Rijksmuseum van Oudheden; Leipzig: University; Leningrad: Hermitage; London: British Museum; Munich: Antikensammlungen; New York: Metropolitan Museum; Oxford: Ashmolean; Oxford (Miss.): University of Mississippi; Paris: Louvre; Ruvo: Jatta; Vienna: Kunsthistorisches Museum; Würzburg: Martin von Wagner; Zürich: University.

これ以外は、国立博物館、またはその地の主要な(あるいは、唯一の)考古学博物館のことと了解されたい。

(1) アッティカ式黒絵壺(6世紀)

B6	Athens 15499	*ABV* 39 (Sophilos, no. 16); *Par* 18; Boardman (1974) no. 26.
B12	London B600. 28	*ABV* 67 (cf. Manner of the Heidelberg Painter); *Par* 27.
B16※	Copenhagen 5180	*ABV* 69 (Painter of the Boston Circe Acheloos. no. 5).
B20	Oxford (Miss.)	*ABV* 70 (Sandal Painter, no. 1).
B24	Florence 4209	*ABV* 76, 682 (Kleitias, no. 1); *Par* 29;

(1975) 69–75

Watkins, C., 'La famille indo-européenne de grec ὄρχις: linguistique, poétique et mythologie', *Bulletin de la Société de Linguistique* lxx (1975) 11–25

Webster, T. B. L., *Potter and Patron in Classical Athens* (London 1972)

Wender, Dorothea, 'Plato: Misogynist, Paedophile and Feminist', *Arethusa* vi (1973) 75–90

West, D. J., *Homosexuality Re-examined* (London 1977)

West, M. L., 'Alcmanica', *CQ* N. S. xv (1965) 188–202

id., 'Melica', *CQ* N. S. xx (1970) 205–15

id., *Studies in Greek Elegy and Iambus* (Berlin 1974)

Westwood, G., *A Minority: a Report on the Life of the Male Homosexual in Great Britain* (London 1960)

Willetts, R. F., *The Law Code of Gortyn* = *Kadmos* Suppl. i (1967)

Wilson, E. O., *Sociobiology* (Cambridge, Mass. 1975)

Wolters, P., 'Eingeritzte Inschriften auf Vasen', *MDAI* (*Athen. Abt.*) xxxviii (1913) 193–202

Zinserling, V., 'Physiognomische Studien in der spätarchaischen und klassischen Vasenmalerei', *Wissenschaftliche Zeitschrift der Universität Rostock* xvi (1967) 571–5

id., 'A Boston Fragment with a Prisoner', *BICS* xiv (1967) 25–35
id., *Corinthian Komos Vases* = *BICS* Suppl. xxvii (1971)
Semenov, A., 'Zur dorischen Knabenliebe', *Philologus* N. F. lxx (1911) 146–50
Shipp, G. P., Linguistic Notes I. λαικάζω, *Antichthon* xi (1977) 1f.
Sichtermann, H., *Ganymed: Mythos und Gestalt in der antiken Kunst* (Berlin n.d.)
id., 'Hyakinthos', *Jahrbuch des deutschen archäologischen Instituts* lxxi (1956) 97–123
id., 'Zeus und Ganymed in frühklassischer Zeit', *AK* ii (1959) 10–15
Sieveking, J., and Hackl, R., *Die königliche Vasensammlung zu München*, i (Munich 1912)
Slater, P. E., *The Glory of Hera* (Boston 1968)
Sotheby's Sale Catalogue 26 Nov. 1968
Stibbe, C. M., *Lakonische Vasenmaler des sechsten Jahrhunderts v. Chr.* (Amsterdam and London 1972)
Symonds, J. A., *A Problem in Greek Ethics* (London 1908)
Taillardat, J., *Les Images d'Aristophane* (Paris 1965)
Talcott, Lucy, 'Vases and Kalos-names from an Agora Well', *Hesperia* v (1936) 333–54
Tarbell, F. B., 'A Supposedly Rhodian Inscription Re-examined', *CP* xii (1917) 190f.
Trendall, A. D., *Phlyax Vases*, second edition = *BICS* Suppl. xix (1967) [=Trendall 1967a]
id., The *Red-Figured Vases of Lucania, Campania and Sicily* (Oxford 1967) [=Trendall 1967b]
Trendall, A. D., and Webster, T. B. L., *Illustration of Greek Drama* (London 1971)
Treu, M., *Von Homer zur Lyrik: Wandlungen des griechischen Weltbildes im Spiegel der Sprache*, second edition (Munich 1968)
Tripp, C. A., *The Homosexual Matrix* (New York 1975)
Trudgill, Eric, *Madonnas and Magdalens* (London 1976)
Vanggaard, T., *Phallós* (English translation, London 1972)
Vermeule, Emily T., 'Some Erotica in Boston', *AK* xii (1969) 9–15
Vlastos, Gregory, *Platonic Studies* (Princeton 1973)
Vorberg, G., *Ars Erotica Veterum* (Stuttgart 1926)
id., *Glossarium Eroticum* (Stuttgart 1932)
Wankel, H., 'Aischines 1. 18–20 und der neue Kölner Papyrus', *ZPE* xvi

don 1955)
Pickard-Cambridge, A. W., *Dithyramb, Tragedy and Comedy*, second edition, revised by Webster, T. B. L. (Oxford 1962)
Pomeroy, Sarah B., *Goddesses, Whores, Wives and Slaves: Women in Classical Antiquity* (London 1975)
Reynen, H., 'Philosophic und Knabenliebe', *Hermes* xcv (1967) 308–16
Richter, G. M. A., *Korai: Archaic Greek Maidens* (London 1968)
Richter, G. M. A., and Hall, L.F., *Red-Figured Athenian Vases in the Metropolitan Museum of Art* (New Haven 1936)
Rist, J. M., *Eros and Psyche* = *Phoenix* Suppl. 6 (Toronto 1964)
Robert, L., *Collection Froehner: Inscriptions Grecques* (Paris 1936)
Robertson, (C.) Martin, *Greek Painting* (Geneva 1959)
id., '"Epoiesen" on Greek Vases: Other Considerations', *JHS* xcii (1972) 180–3
Robin, L., *La Théorie platonicienne de l'amour* (Paris 1908)
Robinson, D. M., 'The Villa of Good Fortune at Olynthos', *AJA* xxxviii (1934) 501–10
Robinson, D. M., and Fluck, E. J., *A Study of the Greek Love-names* (Baltimore 1937)
Rodenwaldt, G., 'Spinnende Hetären', *AA* 1932 7–22
Rolfe, J. C., 'An Inscribed Kotylos from Boeotia', *HSCP* ii (1891) 89–101
Rumpf, A., *Chalkidische Vasen* (Berlin and Leipzig 1927)
Ruppersberg, A., *'Eispnēlas'*, *Philologus* N. F. lxx (1911) 151–4
Schaal, H., *Griechische Vasen aus Frankfurter Sammlungen* (Frankfurt am M. 1923)
Schauenburg, K., 'Iliupersis auf einer Hydria des Priamosmalers', *MDAI* (*Röm. Abt.*) lxxi (1964) 60–70
id., 'Erastes und Eromenos auf einer Schale des Sokles', *AA* 1965 849–67
id., 'Herakles bei Pholos', *MDAI* (*Athen. Abt.*) lxxxvi (1971) 43–54
id., *'Eurumedōn eimi'*, *MDAI* (*Athen. Abt.*) xc (1975) 107–122
Schefold, K., *Myth and Legend in Early Greek Art* (English translation, London 1966)
Schneider, L. M., 'Compositional and Psychological Use of the Spear in Two Vase Paintings by Exekias: a Note on Style', *AJA* lxxii (1968) 385f.
Schreckenberg, Hans, *Ananke: Untersuchungen zur Geschichte des Wortgebrauchs* (Munich 1964)
Seeberg, A., 'Hephaistos Rides Again', *JHS* lxxxv (1965) 102–9

Lloyd-Jones, Hugh, *The Justice of Zeus* (Berkeley, Los Angeles and London 1971)
von Lücken, G., 'Die Schweriner Onesimos-Schale', *Wissenschaftliche Zeitschrift der Universität Rostock* xvi (1967) 485–90
Lullies, R., *Die Typen der griechischen Hermen* (Königsberg 1931)
id., 'Neuerwerbungen der Antikensammlung in München', *AA* 1957 373–416
Lullies, R., and Hirmer, M., *Greek Sculpture*, second edition (English translation, New York 1960)
Marcadé, J., *Eros Kalos* (Geneva 1962)
Marcovich, M., 'Sappho Fr. 31: Anxiety Attack or Love Declaration?', *CQ* N. S. xxii (1972) 19–32
Marrou, H. I., *History of Education in Antiquity*, third edition (English translation, London 1956)
Masters, W. H., and Johnson, V. E., *Human Sexual Response* (London 1966)
Mead, Margaret, *Male and Female* (London, 1949)
Merkelbach, R., 'Sappho und ihr Kreis', *Philologus* ci (1957) 2–29
id., 'Aischines 1. 20', *ZPE* xvi (1975) 145–8
Metzger, H., *Les Représentations dans la céramique attique du IVe siècle* (Paris 1951)
id., *Recherches sur l'imagerie athénienne* (Paris 1965)
Milne, Marjorie, and von Bothmer, D., *'Katapugon katapugaina'*, *Hesperia* xxii (1953) 215–24
Mingazzini, P., *Vasi della collezione Castellani* (Rome 1930)
Montuori, Mario, 'Su Fedone di Elide', *Atti dell' Accademia Pontaniana* N. S. xxv (1976) 1–14
Moss, Cynthia, *Portraits in the Wild* (London 1976)
Nagy, G., 'The White Rocks of Leukas', *HSCP* lxxvii (1973) 137–77
Napoli, M., *La Tomba del Tuffatore* (Bari 1970)
Neumann, G., *Gesten und Gebärden in der griechischen Kunst* (Berlin 1965)
Neumann, Harry, 'Diotima's Concept of Love', *AJP* lxxxvi (1965) 33–59
Nilsson, M. P. , 'Kallisteia', *RE* x (1919) 1674
Nygren, A., *Agape and Eros* (English translation, London 1953)
Oehler, J., 'Gymnasium', *RE* vii, 2 (1912) 2003–26
Page, Denys, *Alcman: the Partheneion* (Oxford 1951)
id., *Sappho and Alcaeus* (Oxford 1955)
Pfuhl, E., *Malerei und Zeichnung der Griechen* (Munich 1923)
id., *Masterpieces of Greek Drawing and Painting* (English translation, Lon-

Byzantine Studies viii (1967) 255–66
Innis, Anne C., 'The Behaviour of the Giraffe', *Proceedings of the Zoological Society of London* cxxxi (1958) 245–78
Jacobsthal, P., *Ornamente griechischer Vasen* (Berlin 1927)
Jeffery, L. H., *The Local Scripts of Archaic Greece* (Oxford 1961)
Jocelyn, H. D., 'A Greek Indecency and its Students: λαικάζειν', *Proceedings of the Cambridge Philological Society* ccvi (1980) 12–66
Kaimakis, D., et al., 'Vier literarische Papyri der Kölner Sammlung', ZPE xiv (1974) 29–38
Karlen, Arno, *Sexuality and Homosexuality* (London 1971)
Keydell, R., 'Peisandros (13) ', *RE* II xix (1937) 146f.
Klein, W., *Die griechischen Vasen mit Lieblingsinschriften*, second edition (Leipzig 1898)
Kleingünther, A., *Protos heuretes = Philologus* Supplbd. xxvi. I (1933)
Knox, A. D., 'On Editing Hipponax: a Palinode?', *Studi Italiani di Filologia Classica* xv (1939) 193–6
Kretschmer, P., *Die griechische Vaseninschriften* (Gütersloh, 1894)
Kroll, W., 'Knabenliebe', *RE* xxi (1921) 897–906
id., 'Lesbische Liebe', *RE* xxiii (1924) 2100–2
Kühner, R., *Ausführliche Grammatik der griechischen Sprache*, revised by Gerth, B. (Hanover and Leipzig 1898–1904)
Kunisch, N,. *Antiken der Sammlung Julius und Margot Funcke* (Bochum 1972)
Kunze, E., 'Zeus und Ganymedes, eine Terrakottagruppe', *Hundertstes Winckelmannsprogramm der archäologischen Gesellschaft zu Berlin* (Berlin 1940) 25–50
Lagerborg, R., *Die Platonische Liebe* (Leipzig 1926)
Lane, E. A., 'Lakonian Vase-Painting', *ABSA* xxxiv (1933/4) 99–189
Lang, Mabel, *Graffiti in the Athenian Agora* (Princeton 1974)
id., *Graffiti and Dipinti = The Athenian Agora* xxi (Princeton 1976)
Langlotz, E., *Griechische Vasenbilder* (Heidelberg 1922)
Lefkowitz, Mary R., 'Critical Stereotypes and the Poetry of Sappho', *Greek. Roman and Byzantine Studies* xiv (1973) 113–23
Lesky, A., *Vom Eros der Hellenen* (Göttingen 1976)
Licht, H., *Sittengeschichte Griechenlands* (Dresden 1925–28)
Lipsius, J. H., *Das attische Recht und Rechtsverfahren* (Leipzig 1905–15)
Littman, R. J., 'The Loves of Alcibiades', *TAPA* ci (1970) 263–78

Gentili, B., 'Il "letto insaziato" di Medea e il tema dell' *adikia* a livello amoroso nei lirici (Saffo, Teognide) e nella *Medea* di Euripide', *Studi classici e orientali* xxi (1972) 60–72

id., 'La Ragazza di Lesbo', *QUCC* xvi (1973) 124–8

Giacomelli, Anne, 'The Justice of Aphrodite in Sappho Fr. 1'. *Transactions of the American Philological Association* cx (1980) 135–42

Giangrande, G., 'Anacreon and the Lesbian Girl', QUCC xvi (1973) 129–33

Ginouvès, R., *Balaneutikè* (Paris 1962)

Gould, John, *The Development of Plato's Ethics* (Cambridge 1955)

id., 'Hiketeia', *JHS* xciii (1973) 74–103

Gould, T. F., *Platonic Love* (London 1963)

Gouldner, A. W., *Enter Plato* (London 1967)

Graef, B., and Langlotz, E., *Die antiken Vasen von der Akropolis zu Athen* (Berlin 1925–33)

Greifenhagen, A., *Eine attische schwarzfigurige Vasengattung und die Darstellnug des Komtos im sechsten Jahrhundert* (Königsberg 1929)

id., *Griechische Eroten* (Berlin 1957)

Guarducci, Margherita, 'Due o più donne sotto un solo manto in una serie di vasi greci arcaici', *MDAI* (*Athen. Abt.*) liii (1928) 52–65

Guthrie, W. K. C., *History of Greek Philosophy* (Cambridge 1962–)

Harrison, A. R. W., *The Law of Athens* (Oxford 1968–71)

Hauschild, H., *Die Gestalt der Hetäre in der griechischen Komödie* (Leipzig 1933)

Henderson, J., *The Maculate Muse: Obscene Language in Attic Comedy* (New Haven and London 1975)

Herter, H., *De dis atticis Priapi similibus* (Bonn 1926)

id., *De Priapo* (Giessen 1932)

id., 'Phallophorie', *RE* II xix (1938) 1673–81

id., 'Phallos', *ibid.*, 1681–1748

Hoffmann, H., *Vasen der klassischen Antike* (Hamburg, n.d.)

id., 'Hahnenkampf in Athen. Zur Ikonologie einer attischen Bildformel', *Revue Archéologique* 1974, 195–220

Hopfner, T., *Das Sexualleben der Griechen und Römer*, i pt. 1 (Prague, 1938)

Hoppin, J. C., *A Handbook of Attic Red-Figured Vases* (Cambridge, Mass. 1919)

Hyland, D. A., ''Ερως, 'Επιθυμία and φιλία in Plato', *Phronesis* xiii (1968) 32–46

Immerwahr, H., 'An Inscribed Terracotta Ball in Boston', *Greek, Roman and* id., 'The Nature of Sappho's Seizure in fr 31 LP as Evidence of her Inversion', CQ N. S. xx (1970) 17–31

id., *Ethnopsychanalyse complémentariste* (Paris 1972)

id., *Tragédie et poésie grecques: études ethnopsychanalyitiques* (Paris 1975)

Dickinson, R. L., *Human Sex Anatomy*, second edition (London 1949)

Diels, H., 'Alkmans Partheneion', *Hermes* xxxi (1896) 339–74

Dover, K. J., 'Notes on Aristophanes' *Acharnians', Maia* N. S. i (1963) 6–25 [=Dover 1963 a]

id., 'The Poetry of Archilochos', *Entretiens de la Fondation Hardt* x (1963) 183–222 [=Dover 1963 b]

id., 'Eros and Nomos', *BICS* xi (1964) 31–42

id., 'The Date of Plato's *Symposium', Phronesis* x (1965) 2–20

id., 'Aristophanes' Speech in Plato's *Symposium', JHS* lxxxvi (1966) 41–50

id., *Lysias and the Corpus Lysiacum* (Berkeley and Los Angeles 1968)

id., *Aristophanic Comedy* (Berkeley and Los Angeles 1972)

id., 'Classical Greek Attitudes to Sexual Behaviour', *Arethusa* vi (1973) 59–73 [=1973a]

id., 'Some Neglected Aspects of Agamemnon's Dilemma', *JHS* xciii (1973) 58–69 [=Dover 1973b]

id., *Greek Popular Morality in the Time of Plato and Aristotle* (Oxford 1975)

Ducati, P., *Pontische Vasen* (Berlin 1932)

Dugas, C., *Les Vases attiques à figures rouges = Exploration archéologique de Délos* xxi (Paris 1952)

Eglinton, J. Z., *Greek Love*, second edition (London 1971)

Fehling, D., *Ethologische Ueberlegungen auf dem Gebiet der Altertumskunde* (Munich 1974)

Ferri, S., 'Sui vasi greci con epigrafi "acclamatorie"', *Rendiconti della Regia Accademia dei Lincei*, cl. sci. mor., S. VI xiv (1938) 93–179

Flacelière, *Love in Ancient Greece* (English translation, New York 1962)

Fränkel, Charlotte, *Satyr-und Bakchennamen auf Vasenbildern* (Halle 1912)

Fraenkel, Eduard, 'Neues Griechisch in Graffiti (I) Katapugaina' *Glotta* xxxiv (1954) 42–5

Friis Johansen, K., 'Fragmente Klazomenischer Sarkophage in der Ny Carlsberg Glyptothek', *Acta Archeologica* vi (1935) 167–213

Furtwängler, A., and Reichhold, K., *Griechische Vasenmalerei* (Munich 1904–32)

id., *Athenian Black-Figure Vases* (London 1974)
id., *Athenian Red-Figure Vases: the Archaic Period* (London 1975)
id., 'A Curious Eye-Cup', *AA* 1976 281–90
id., *Greek Sculpture: the Archaic Period* (London 1978)
Boardman, John, Dörig, J., Fuchs, W., and Hirmer, M., *The Art and Architecture of Ancient Greece* (English translation, London 1967)
Boardman, John, and La Rocca, E., *Eros in Grecia* (Milan 1975)
den Boer, W., *Eros en Amor: Man en Vrouw in Griekenland en Rome* (The Hague 1962)
Bowra, C. M., *The Greek Experience* (London 1957)
id., *Greek Lyric Poetry from Alcman to Simonides*, second edition (Oxford 1961)
Brendel, O. J., 'The Scope and Temperament of Erotic Art in the Greco-Roman World', in Bowie, T., et al., *Studies in Erotic Art* (New York and London 1970) 3–108
Buitron, Diana M., *Attic Vase Painting in New England Collections* (Cambridge, Mass. 1972)
Campbell, M., 'Anacreon fr. 358 P', *Museum Criticum* viii/ix (1973/4) 168f.
Caskey, L. D., and Beazley, J. D., *Attic Vases in the Museum of Fine Arts, Boston* (Oxford 1931–63)
Charbonneaux, J., Martin, R., and Villard, F., *Classical Greek Art 480–330 B.C.* (English translation, London 1972)
Chase, G. H., 'An Amphora with a New Kalos-name in the Boston Museum of Fine Arts', *HSCP* xvii (1906) 143–8
Clarke, W. M., 'Achilles and Patroclus in Love', *Hermes* cvi (1978) 381–396
Collignon, M., and Couve, L., *Catalogue des vases peints du Musée National d'Athènes* (Paris 1902–04)
Cook, R. M., 'Fikellura Pottery', *ABSA* xxxiv (1933/4) 1–98
Degani, E., 'Arifrade l'anassagoreo', *Maia* xii (1960) 190–217
id, 'Laekasin-AAIKAZEIN', *Rivista di cultura classica e medioevale* iv (1962) 362–5
Delcourt, Marie, *Hermaphrodite* (English translation, London 1961)
id., *Hermaphroditea* (Brussels 1966)
Denniston, J. D., *Greek Particles*, second edition (Oxford 1954)
Deubner, L., *Attische Feste* (Berlin 1932)
Devereux, G., 'Greek Pseudo-homosexuality and the "Greek Miracle"', *Symbolae Osloenses* xlii (1967) 69–92

文献表

注で言及した書物は全てここにあるが、ギリシア人の性生活についての、ましてや同性愛の歴史についての文献が、これで尽くされているわけではない。

Antike Vasen, Sonderliste R (Münzen und Medaillen A. G., Basel, December 1977)

Armstrong, A.H., 'Platonic Eros and Christian Agape', *Downside Review* lxxix (1961) 105–21

Beattie, A. J., 'Sappho Fr. 31', *Mnemosyne* S. IV ix (1956) 103–11

id., 'A Note on Sappho Fr. 1', CQ N. S. vii (1957) 180–3

Beazley, J. D., *Attische Vasenmaler des rotfigurigen Stils* (Tübingen 1925)

id., 'Some Inscriptions on Vases', *AJA* xxxi (1927) 345–53, xxxiii (1929) 361–7, xxxix (1935) 475–88, xlv (1941) 593–602, liv (1950) 310–22, lviii (1954) 187–90, lxi (1957) 5–8, lxiv (1960) 219–25

id., 'The Antimenes Painter', *JHS* xlvii (1927) 63–92

id., 'Two Inscriptions on Attic Vases', *CR* lvii (1943) 102f.

id., 'Some Attic Vases in the Cyprus Museum', *Proceedings of the British Academy* xxxiii (1947) 195–244

id., *Attic Black-Figure Vase-Painters* (Oxford 1956)

id., *Attic Red-Figure Vase-Painters*, second edition (Oxford 1963)

id., *Paralipomena: Additions to* Attic Black-Figure Vase-Painters *and* Attic Red-Figure Vase-Painters (Oxford 1972)

[Beazley, J. D.] *Ashmolean Museum Catalogue of Sir John and Lady Beazley's Gifts to the Ashmolean Museum* 1912–1966 (London 1967)

Beazley' J. D., and Payne, H. G. G., 'Attic Black-Figured Fragments from Naucratis', *JHS* xlix (1929) 253–72

Bethe, E., 'Die dorische Knabenliebe', RM N. F. lxii (1907) 438–75

Bilabel, F., *Sammelbuch griechischer Urkunden aus Ägypten* iv (Heidelberg 1931)

von Blanckenhagen, P. H., 'Puerilia', in *In Memoriam Otto J. Brendel: Essays in Archaeology and the Humanities* (Mainz 1976) 44–6

Blegen, C. W., 'Inscriptions on Geometric Pottery from Hymettos', *AJA* xxxviii (1934) 10–28

Boardman, John, 'A Greek Vase from Egypt', *JHS* lxxviii (1958) 4–12

id., *Greek Art* (second edition, London 1973)

IGD = Trendall and Webster (1971)
LCS = Trendall (1967 b)
Par = Beazley (1972)
PhV = Trendall (1967 a)
RCA = Metzger (1951)

(3) 雑誌

AA = *Archäologischer Anzeiger*
ABSA = *Annual of the British School at Athens*
AJA = *American Journal of Archaeology*
AJP = *American Journal of Philology*
AK = *Antike Kunst*
BICS = *Bulletin of the Institute of Classical Studies*
CP = *Classical Philology*
CQ = *Classical Quarterly*
CR = *Classical Review*
HSCP = *Harvard Studies in Classical Philology*
JHS = *Journal of Hellenic Studies*
MDAI = *Mitteilungen des deutschen archäologischen Instituts*
QUCC = *Quaderni Urbinati di Cultura Classica*
RM = *Rheinisches Museum*
TAPA = *Transactions of the American Philological Association*
ZPE = *Zeitschrift für Papyrologie and Epigraphik*

略号表

(1) テクスト・刻文・壺絵の集成

CA =*Collectanea Alexandrina*, ed. Powell, J. U. (Oxford 1925)

CAF =*Comicorum Atticorum Fragmenta*, ed. Kock, Theodor (Leipzig 1880-8)

CGF =*Comicorum Graecorum Fragmenta*, ed. Austin, Colin, i (Berlin 1973)

CVA =*Corpus Vasorum Antiquorum*

DK =*Die Fragmente der Vorsokratiker*, ed. Diels, H., sixth edition, revised by Kranz, W. (Berlin 1951-2)

FGrHist =*Die Fragmente der griechischen Historiker*, ed. Jacoby, F. (Berlin, 1923-30, Leiden 1943-)

HE =*The Greek Anthology*, ed. Gow, A. S. F., and Page, Denys, i *Hellenistic Epigrams* (Cambridge, 1965)

IEG =*Iambi et Elegi Graeci*, ed. West, M. L. (Oxford 1971-2)

IG =*Inscriptiones Graecae*

PLF =*Poetarum Lesbiorum Fragmenta*, ed. Lobel, E., and Page, Denys (Oxford, 1955)

PMG =*Poetae Melici Graeci*, ed. Page, Denys (Oxford 1962)

SEG =*Supplementum Epigraphicum Graecum*

SLG =*Supplementum Lyricis Graecis*, ed. Page, Denys (Oxford 1974)

TGF =*Tragicorum Graecorum Fragmenta*, ed. Nauck, A. (Leipzig 1889, repr, Hildesheim 1964)

Wehrli =*Die Schule des Aristoteles*, ed. Wehrli, F. (Basel 1944-59)

(2) 近代文献 (*ABV* 以下の書の詳細は文献表について見られたい)

LSJ =Liddell, H. G., and Scott, R, *Greek-English Lexicon*, revised by Stuart Jones, Sir Henry, and McKenzie, R, with Supplement (Oxford 1968)

RE =*Real-Encyclopädie der classischen Altertumswissenschaft*

ABV =Beazley (1956)

AC =Dover (1972)

ARV =Beazley (1963)

EG =Boardman and La Rocca

GPM =Dover (1975)

文庫版訳者あとがき（二〇二五年）

下田立行君との共訳になる『古代ギリシアの同性愛』は初めリブロポートから刊行されたが、青土社版、ちくま学芸文庫版と版を改めるに伴い、訳者あとがきも三度に及ぶことになった。西洋古典学の専門書としては恐らく最も広く知られた書物の一つである本書の内容については、古典期アテナイの社会・生活史に詳しい栗原麻子さんが解説を寄せて下さるので、私は本書に関わる喪失と感謝を簡単に記すに止めたい。

青土社版へのあとがきに、私は共訳者を失ったことを記したが、この度は原著者の死に触れなければならない。サー・ケネス・ドーヴァーは二〇一〇年三月に簀《さく》を易《か》えた。二〇世紀の西洋古典学界に強い影響を及ぼし続けた碩学のobituaryは欧米の幾つもの新聞雑誌に現れたが、ここではドーヴァー古稀の賀に献じられた献呈論文集、明け透けな告白が物議を醸すことにもなった自伝、生誕百年を機に編まれたドーヴァー研究、この三冊を紹介しておきたい。

E. M. Craik, ed., 'Owls to Athens'. Essays on Classical Subjects presented to Sir Kenneth

Dover. Oxford 1990.
K. Dover, Marginal Comment: A memoir. London, Duckworth 1994.
S. Halliwell, Ch. Stray, edd., Scholarship and Controversy. Centenary Essays on the Life and Work of Sir Kenneth Dover. Bloomsbury Academic 2023.

もう一つの喪失は、この訳書の生みの親とも言うべき井上達三さんが二〇一七年六月に館《かん》を捐《す》てたことである。想像するに、筑摩書房元社長の井上さんはこの本をご自分で出したかったが事情が許さず、元部下でリブロポートに移った石原敏孝さんにその出版を託された。回り回ってこれが筑摩書房に戻ったことで、井上さんの素志が叶ったのではないかと思う。

この度の新版では、本書文庫化の立案者でもある編集部の天野裕子さんと校正担当者が青土社版とのつき合わせは固《もと》より、原書との克明な照合も行い、細かい数字のミスなどを見つけて下さった。文献表に記載漏れのあった壺絵集を最後まで特定できなかったが、これは東京大学の日向太郎さんと芳賀京子さんのご助力で判明した。四〇年前の旧訳が文庫化されるにあたり、この方々にお礼を申し上げる次第である。

二〇二五年二月　　中務哲郎

文庫版解説　色差豊かな世界の分析

栗原麻子

K・J・ドーヴァー『古代ギリシアの同性愛』の初版が出版されたのは、一九七八年のことである。同性愛行為は、聖書以来、キリスト教の教義のうえで自然に反する罪とみなされてきた。さらに一九世紀に同性愛的指向を指す「ホモセクシュアル」の語が造られ、同性愛者は病理的に異性愛者とは異なる性的カテゴリーに属するとみなされるようになる。同性愛行為は、多くの刑法で処罰の対象とされ続け、イングランドで同性愛行為が合法化されるのは一九六七年、スコットランドではようやく一九八〇年のことであった。「口にするのも憚られるようなギリシア人の悪徳に関する記述は飛ばしなさい」。同性愛を描いたE・M・フォスターの小説『モーリス』の一場面で、ケンブリッジ大の古典学教授は、古典講読の受講生にこのように指導する。D・M・ハルプリンは『同性愛の百年間』（一九九〇年）でこのセリフを引いて、一九七〇年代のゲイ・ムーヴメント以前、同性愛がイギリス社会でどのように扱われていたのかを如実に示している。『モーリス』の脱稿は一九一四年のことであったが、それがようやく公開されたのは、イングランドで同性愛行為が合法化されてから四年後の一九七一年、『古代ギリシアの同性愛』が出版されるわずか数年前のことであった。秘められてきた「ギリシア的愛」をドーヴァー卿が陽の光のもとにひきずり出したことの衝撃が納得されようというものである。ドーヴァー自身、同性愛の研究が、学問的営為の「不倶戴天の敵である『道徳的評価』の介入」によって停滞し、その状況が、初版時にも継続していたと述べている。

ところでフォスターは、講読の場面に続けて、プラトンの『饗宴』を「ギリシア的愛」への導入書として引き合いに出している。一九九四年に出版された回想録『*Marginal Comment: Memoir*（欄外の追憶）』によれば、ドーヴァーがギリシアの同性愛に学問的関心を向けるきっかけも、まさにこの『饗宴』の講義を担当したことであった。なかんずく『饗宴』のパウサニアスの発言が、『古代ギリシアの同性愛』の議論のひとつの核を成している。念者は誘惑し、少年の親は誘惑から少年を守り、少年は念者の資質と本気度を見極めるまで誘惑に靡《なび》かない。念者には「追う」ことが、少年には「逃げる」ことが推奨される。ドーヴァーが導き出した同性愛の非対称性は、フーコー『性の歴史』第2巻「快楽の活用」（一九八四年）に取り込まれ、活発な議論を引き起こすことになった。

「追う」ものと「逃げる」ものの非対称の関係は、能動と受動、男性的な役割と女性的な役割、支配と従属の関係に重なりあう。「追う」ものが恋愛成就することは、「追う」ものにとっては勝利、「逃げる」ものにとっては敗北となる。E・クールズが『ファロスの王国』（一九八五年）で指摘したように、アテナイは男性性が支配する社会であった。女性的であることは従属を意味する。従って、同性愛をめぐる恋の駆け引きは、名誉を賭けたゼロ・サム・ゲームの勝負の様相を帯びる。「男らしさ」をめぐる名誉のための競争という側面は、D・コーヘンによって強調され、さらに二〇〇〇年代に入るとマスキュリニティ（男性性）研究と結びついていくことになる。

だが、そもそもゼロ・サム・ゲームの落としどころはどこにあるのか。稚児を敗者とすることなしには同性愛は成立しないのか、という疑問が生ずる。そこでドーヴァーは、「正しい（legitimate）」同性愛と、正しくないそれとの間の線引きを試みる。

まず報酬の有無（特に売春）が問題となる。アイスキネスによれば、法は「（正当な）恋（エロス）」と売春の区別を求めている（アイスキネス『ティマルコス弾劾』一三七節）。アテナイ法上、売春が政治活動をはじめとする能動的市民権の剝奪につながると論じられている。その理由は、売春するものは、自ら欲して屈辱的な体位で男性器の挿入を受けることによって、男性らしさを失うからである。とはいえ、あからさまな金銭取引による売春と、贈り物の授受の間の区別は曖昧であった。絵画資料に求愛行動として描かれる鳥などの贈り物を受け取ることも、売春とみなされる恐れがあった。

報酬の有無と並んで身体的接触の程度が問題となる。稚児は、念者の見極めがつくまでは身体的接触を拒絶しなくてはならなかった。身体的接触の程度には、肉体的接触を忌避して全く触れさせない段階から、股間淫、肛門性交、そしてフェラチオまでのヴァリエーションがあった。ドーヴァーは陶器画を根拠として、股間淫が念者と稚児の間の妥協点、稚児が男性としての名誉を保つことのできるボーダーラインであったとみる。

しかしながらJ・ボードマンが指摘するように、絵画資料は実生活のスナップショットではなく、様式に則り、社会の理念の一端を表現しているに過ぎない。そうだとすれば、陶器画が股間淫を描くことを好むのは、それがモラルのうえでより好ましい形態であったからなのだろうか。それともジャンルの好みなのだろうか。アリストパネス喜劇は、なぜ肛門性交を好んで描くのだろうか。ドーヴァーは、挿入を権力と結びつける近代的思考に囚われて、肛門性交を、売春を疑わせる卑しい行いと断定したのだろうか。おそらくそうではない。プラトンの『饗宴』で、パウサニアスは、教師への感謝として「股間」または「肛門」に迎え入れることは構わないと述べている。それをドーヴァーも認識していたのである。性愛はあくまで個人的な行為であり、公共の言説はともかく、私生活の門のなかでは、身体的接触のボーダーラインは緩やかだった可能性がある。ドーヴァーは、『古代ギリシアの同性愛』に先立ち、一九七四年に『*Greek Popular Morality in the Time of Plato and Aristotle*（プラトンとアリストテレスの時代のギリシア人の道徳律）』を公刊しているが、その作者らしく、性規範をめぐる行論は、断定を避けニュアンスに富んでいる。彼が法廷弁論家アイスキネスを取り上げるのは、あくまで「平均的アテナイ人」が、どのような道徳律や社会規則に「見かけは敬意を払い、それを守っているふりをしていた」のかを見るためであり、私生活の奥で何が行われているかについては、示唆するにとどめるのである。

稚児には欲望を抑制すること、過剰とならないこと、節制（ソフロシュネ）が求められていた。稚児には欲望に打ち勝つ克己心が求められた。稚児は念者に恋情（エロス）を感じてはならない。稚児にとって身体的接触は「勤め」に過ぎない。必要なのは愛（フィリア）であり、愛しているからお返しに「身を任せる（カリゼスタイ）」のである。突っ込まれることで支配されることではなく、欲望に敗北することが問題なのである。この論点は、M・フーコーやJ・ウィンクラー、J・デイヴィッドソンらによって、さらに強調されていくことになる。

最後に異性愛との関係について述べておこう。ドーヴァーは同性愛を単独で扱うのではなく、異性愛と比較する。ここで性愛とは異性愛のことであり、同性愛は擬似性愛であるとわざわざ述べていることは、今日のLGBT+の考え方からすれば同意し難い。それは、当時としては、ギリシアの同性愛に対する同性愛嫌悪《ホモフォビア》を避けるための方策であったのかもしれない。ドーヴァーはいう。「同性愛関係について考察してきた言葉はみなさん、男女の性愛に関する文脈でも使用しうる」と。少年がしばしば女性的であると考えられたことは、現代家庭の少女の置かれた立場とアテナイの少年の立場を比べてみることを可能にするが、このような対比には、しっくりと当てはまる部分と当てはまらない部分がある。少年と女性の対比はどの程度まで成り立つのか。市民階層の少年は将来的には市民男性として支配する側にならなくていけないために、その「女性性」はアンヴィバレントであった。いっぽう女性は、少なくとも法的に、そして表向きには多くの場合、従属的であり続ける存在であった。さらに同じ女性であっても、遊女や売春婦と正妻では要求される名誉が違っていた。本書が描き出す性的な行動をめぐる倫理規範を、女性の場合と対比し、アテナイのジェンダー構造の全体の中に位置づける必要が残されている。

喜劇、悲劇、詩歌、法廷弁論から陶器画までに及ぶ多様な資料を用いて、これまでギリシアの同性愛にとって周縁的な問題であると思われていた、肉体的接触を議論の中心に引き摺り出したことで、ドーヴァーの著作は高く評価される。いっぽうで、その分析はあくまで帰納的であり、単純な図式化を拒む。読者は色差豊かな個々の事例に魅惑されながら、言葉と意味の海に投げ出されることになる。

訳者である中務哲郎先生は、ご研究の傍ら、アリストパネス、キケロなどの古典作品と研究書の翻訳多数を上梓され、『物語の海へ——ギリシア奇譚集』（岩波書店、一九九一年）をはじめとする随筆集でも読者を魅了し続けておられる。もうお一人の訳者である故下田立行先生とご一緒に、E・クールズ（下田立行、中務哲郎、久保田忠利訳）『ファロスの王国——古代ギリシアの性の政治学』（岩波書店、一九八九年）も訳されている。下田先生には訳書として、『エチオピア物語（上）（下）』（岩波書店、二〇二四年）のほか、A・レスキ『ギリシア人の愛』（人文書院、一九九〇年）、M・I・フィンリー『オデュッセウスの世界』（岩波文庫、一九九四年）など多数がある。お二人の流麗な訳文で、しかも文庫版でドーヴァーの豊穣な世界を楽しむことができるのは、何とも喜ばしいことである。

（くりはら・あさこ　大阪大学大学院人文学研究科教授）

『プロタゴラス』 206, 221, 226, 326, 349, 353, 381, 488(5).
『ゴルギアス』 269, 352, 478(7), 488(5).
『メノン』 348, 353.
『国家』 214, 215, 309, 348, 352, 358.
『法律』 187, 347, 369, 370, 373, 381, 405, 407, 413, 433, 442(25), 455(33), 479(15), 480(23), 490(18), 492(10).
エピグラム（Page, *Epigrammata Graeca*） 174.
プルタルコス（後46頃-120頃、著述家）
『アゲシラオス伝』 436.
『アルキビアデス伝』 493(14).
『愛をめぐる対話』 158, 226, 410, 416, 450(23), 461(87), 463(101), 484(22), 493(14).
『愛の物語』 450(23), 488(12).
『リュクルゴス伝』 212, 383, 398, 417, 418, 436, 450(27).
『ペロピダス伝』 491(6).
プロディコス（5C後半、ソフィスト） DK 143, 185.
ヘシオドス（700頃、叙事詩人）断片は Merkelbach-West 142, 264, 396, 482(3).
ヘシュキオス（後5、辞典編纂者） 133, 399, 408, 436.
ヘッラニコス（5C、歴史家）*FGrHist* 4 432.
ヘラクレイデス（381頃-310頃、アカデメイア派哲学者） 415.
ヘルメシアナクス（300頃、エレゲイア詩人）*CA* 385.
ヘロドトス（480頃-425頃、歴史家） 119, 212, 292, 299, 461(80), 492(7), 492(9), 496.
ヘロンダス（3C、ミミアムボス詩人） 254.
ホメロス（8C、叙事詩人） 127, 150, 388, 420, 426, 428, 475(18).
ホメロス風讃歌 427.
ホラティウス（1C、ローマの詩人） 385, 423.
ポリュストラトス（2C、エピグラム詩人）*HE* 214.
ポリュビオス（200頃-120頃、歴史家） 248, 255.
ポルックス（200頃、辞典編纂者） 382.
マクシモス（テュロスの、後125頃-185頃、修辞学者） 386, 423.
ミムネルモス（7C、エレゲイア詩人）*IEG* 467(15).
メナンドロス（342頃-292、喜劇詩人）断片は Körte-Thierfelder 178, 341, 342, 345, 385.
メレアグロス（1C、エピグラム詩人）*HE* 90, 171, 183, 187, 188, 190, 210, 214, 225, 228, 248, 270, 285, 380, 457(44).
詠人知らず（エピグラム詩人）*HE* 188, 189, 196, 270, 271, 484(18).
詠人知らず（抒情詩人）*PMG* 386.
リアノス（3C、叙事詩、エピグラム詩人）*HE* 214, 228, 248.
リュシアス（458頃-380、弁論家） 122, 143, 144, 146, 147, 150, 152, 169, 170, 180, 212, 271, 348, 496.
ルキアノス（後120頃-195頃、諷刺作家） 260, 400, 477(7).

テオポムポス（5C 末、喜劇詩人）
CAF 420, 457(48).
テミスティオス（後 317-388、哲学者、弁論家） 386.
デモクリトス（460 頃-？ 自然哲学者）DK 147, 148.
デモステネス（384-322、弁論家、政治家）
『一八』 119, 153, 444(5).
『一九』 97.
『二一』 128, 134, 444(9), 462(89).
『二四』 444(5), 444(7).
『二七』 127.
『三五』 132.
『五四』 133, 170, 457(48).
『五七』 264.
『五九』 123.
『六一』 141, 153, 157.
テュモクレス（不明のエピグラム詩人）*HE* 162.
テュルタイオス（7C、エレゲイア詩人）*IEG* 490(20).
トゥキュディデス（460 頃-400 頃、歴史家） 123, 139, 419, 489(14).
ネアンテス（200 頃、弁論家）*FGrHist* 84 415.
パウサニアス（後 2C、著述家） 123.
ハグノン（2C、アカデメイア派哲学者） 409, 419, 491(2).
バッキュリデス（505 頃-450 頃、抒情詩人） 491(3).
ビオン（3C、哲学者） 226.
ピンダロス（520 頃-440 頃、抒情詩人）断片は Snell-Mähler 80, 172, 270, 309, 429.
ファニアス（不明のエピグラム詩人）
HE 162.
ファノクレス（3C、詩人）*CA* 431, 492(9).
フィレタス（4-3C、学匠、詩人）*HE* 482(3).
フィロストラトス（後 210 頃、ソフィスト）
『アポッロニオス伝』 387.
フェレクラテス（5C 後半、喜劇詩人）
CAF 399.
フォティオス（9C ビザンチンの大主教、古典学者） 409.
不明の喜劇時人 *CAF* 323.
プラトン（5C 末頃、喜劇詩人）*CAF* 323, 385.
プラトン（428-347、哲学者）
『政治家』 214.
『パルメニデス』 348.
『饗　宴』 85-87, 144-146, 153, 160, 162, 163, 165, 180, 205, 216, 221, 231, 234, 323, 326, 348, 350, 353, 354, 358, 360, 361, 363, 365, 367, 368, 373, 381, 415, 424, 428, 436, 442(21), 444(9), 445(15), 456(38)(42), 466(20), 478(11), 490(18a), 496.
『ファイドロス』 85, 87, 144, 161, 162, 168, 219, 228, 285, 347, 350, 361, 365, 367, 369, 373, 414, 435, 436, 448(11), 450(29), 455(32a), 478(13), 479(18).
『カルミデス』 151, 166, 197, 223, 225, 227, 228, 264, 350, 360, 451(33), 478(7).
『リュシス』 157, 162, 167, 171, 206, 219, 223, 225, 228, 237, 348, 448(11), 478(13).
『エウテュデモス』 151, 157, 167, 225, 348, 353, 358, 445(15), 448(11).

『キュロスの教育』 179, 188, 445(15), 448(13), 492(9).
『ヘレニカ』 380, 417, 451(29).
『ヒエロン』 145, 146, 162, 179, 184, 450(26).
『スパルタ人の国制』 194, 413, 317, 436, 456(37), 489(13).
『ソクラテスの思い出』 99, 143, 145, 162, 184, 185, 288, 359, 463(101).
『家政論』 184, 453(13).
『饗宴』 77, 143, 156, 160-162, 164, 195, 219, 221, 224, 228, 333, 350, 352, 353, 358, 361, 362, 368, 380, 413, 416, 417, 424, 431, 436.
グラウコス（不明のエピグラム詩人） *HE* 157, 458(58).
クラティノス（520頃-420頃、喜劇詩人） *CAF* 415, 443(31).
クラテス（テーバイ、4C後半、哲学者、詩人） 249.
クリティアス（460頃-403、アテナイの政治家） DK 193, 452(4).
クレアルコス（4-3C、ペリパトス派哲学者） Wehrli 185, 386.
ゲッリウス（アウルス、後2C、ローマの随筆家） 452(38).
ケフィソドロス（不明の喜劇詩人） *CAF* 325, 474(12).
コノン（紀元前後、神話著述家） *FGrHist* 26 432, 450(23).
ゴルテュン市の法典 287, 412.
サッフォ（7-6C、抒情詩人） *PLF* 386-394, 398, 483(9)(12)(12a), 484(22), 486(31).
——の不明の伝記作者 385, 468(31).
——の不明の注釈家 386.
スーダ辞典（後10C、文学百科事典） 160, 275, 407, 408.
ストラトン（4C末、喜劇詩人） *CGF* 474(12).
ストラトン（後1C、エピグラム詩人）（パラティン詞華集） 328, 331, 443(30), 502, 503.
ゼニス（キオスの、4C〔?〕、著述家） *FGrHist* 393 432.
セネカ（4〔?〕-後65、ローマのストア派哲学者、悲劇詩人） 487(39).
セルウィウス（後400頃、ラテン文法家、注釈家） 385.
ソフォクレス（496-406、悲劇詩人） 断片は *TGF* 197, 491(3).
ソロン（640頃-558頃、政治家, 詩人） *IFG* 468(30).
ディオスコリデス（3C後半、エピグラム詩人） *HF* 248, 385, 463(102).
ディオティモス（不明の叙事詩人） 432.
ディデュモス（1C、注釈家） 487(39).
ディフィロス（4C後半、喜劇詩人） *CAF* 278, 279, 338, 384.
ティマイオス（4-3C、歴史家） *FGrHist* 566 255, 407, 460(78).
ティモクレス（4C、喜劇詩人） *CAF* 385, 472(4).
テオグニス（6C、エレゲイア詩人） 82, 157, 172, 184, 274, 278, 292, 390, 466(15), 490(20).
テオクリトス（3C、詩人） 191, 214, 257, 339, 380, 381, 391, 432, 437, 455(34), 457(44), 468(33), 469(37), 489(16), 496, 508.
テオフラストス（371頃-287頃、ペリパトス派哲学者） 断片は Wimmer 265, 398.

326, 327, 337, 339, 366, 470(9), 473(5), 487(3).
『蛙』 133, 245, 246, 319, 328, 447(4), 459(72).
『女の議会』 209, 337, 339, 344, 444(2), 462(98), 463(105), 486(36).
『福の神』 99, 147, 214, 237, 251, 300, 309, 331.
断片 *CAF* 309, 325, 328, 472(4).
CGF 254.
アルカイオス（メッセネの、2C前後、エピグラム詩人）*HE* 162, 195, 210.
アルカイオス（ミテュレネの、7-6C、抒情詩人）*PLF* 422, 423.
アルキロコス（7C、抒情詩人）*IEG* 99.
アルクマン（7C後半、抒情詩人）*PMG* 422, 489(16).
アルケディコス（4C後半、喜劇詩人）*CAF* 460(78).
アレクシス（4C、喜劇詩人）*CAF* 203.
アンティファネス（4C、喜劇詩人）*CAF* 203, 278, 338, 384.
イオン（キオスの、5C、悲劇・抒情詩人、哲学者）*FGrHist* 392 213.
イソクラテス（436-338、弁論家）123.
イビュコス（6C後半、抒情詩人）*PMG* 423, 431.
インスクリプティオーネース・グラエカエ *IG* 99, 186, 272, 281, 283, 288, 465(9), 466(22).
ウェルギリウス（70-19、ローマの詩人） 385.
エウブロス（4C後半、喜劇詩人）*CAF* 310, 319, 338, 418, 444(9).
エウポリス（446頃-411、喜劇詩人）*CAF* 100, 206, 321, 325, 327, 333, 334, 443(31).
エウリピデス（480頃-406、悲劇詩人）断片は *TGF* 178, 204, 320, 326, 328-329, 339-341, 381, 418, 432-433, 455(30), 476(18), 478(8), 481(1), 486(35), 491(4).
エケメネス（不明の歴史家）*FGrHist* 459 407.
エピクラテス（4C、喜劇詩人）*CAF* 385.
エフィッポス（4C、喜劇詩人）*CAF* 385.
エフォロス（4C、歴史家）*FGrHist* 70 411, 412, 424.
オウィディウス（43-後17頃、ローマの詩人） 385.
カッリマコス（310頃-240頃、学者、詩人）（エピグラムは *HE*、断片は Pfeiffer） 173, 187, 271, 272, 379, 432, 456, 463(102).
カマレイオン（300頃、ペリパトス派哲学者）Wehrli 386.
ガレノス（後129-199、医学者） 461(82).
キケロ（106-43、ローマの政治家、文人） 422.
キュディアス（不明の抒情詩人）*PMG* 451(33).
クセノファネス（6-5C、哲学者）*IEG* 132, 454(21).
クセノフォン（430頃-355頃、軍人、文人）
『アゲシラオス』 184.
『アナバシス』 158, 169, 186, 225, 228, 290, 417.
『狩猟論』 464(5).

原典・資料索引

作家説明の次の略号は資料集成の名称を示す。

アイスキネス（390頃-315頃、弁論家）
『一　ティマルコス告発』　81, 88-90, 129, 133, 148, 162, 206-207, 228, 264, 316, 410, 427, 472(4).
『二　使節の背任について』　207, 249.
『三　クテシフォン告発』　208, 444, (5).
アイスキュロス（525-456、悲劇詩人）（断片は Mette）　275, 429, 455(30).
アイリアノス（後2C後半、随筆家）
『ギリシア奇談集』　436.
アカイオス（5C後半、喜劇詩人）*TGF*　341.
アスクレピアデス（3C、エピグラム詩人）*HE*　184, 188-189, 210, 214, 247, 382, 456(39), 457(44).
アテナイオス（後200頃、随筆家）　409, 410, 482(7).
アナクシラス（4C、喜劇詩人）*CAF*　100, 147, 449(20).
アナクレオン（6C、抒情詩人）*PMG*　222, 265, 386, 400, 423, 451(34)(37).
アポロニオス（ロドスの、295頃-215、叙事詩人）　432.
アムフィス（4C、喜劇詩人）*CAF*　385.
アメイプシアス（5C後半、喜劇詩人）*CAF*　385.
アラトス（3C、教訓叙事詩人）*HE*　214, 269, 281, 380.
アリストクセノス（370頃-？　ピタゴラス派哲学者）Wehrli　347.
アリストテレス（384-322、哲学者）
『アテナイ人の国制』　415.
『ニコマコス倫理学』　374, 441(17).
『詩学』　84.
『政治学』　407, 417, 491(2)(6).
『問題集』　132, 376, 481(28).
『弁論術』　212, 462(89).
断片 Rose　410, 431.
アリストファネス（448頃-380頃、喜劇詩人）
『アカルナイ人』　268, 269, 271, 311, 318-319, 324, 327, 328, 330, 335, 338, 340, 473(4), 504.
『騎士』　125, 126, 212, 246, 253, 314, 318, 321-323, 327, 328, 331-333, 473(4), 475(12), 502, 503.
『雲』　112, 132, 155, 178, 206, 223, 246, 260, 291, 293, 312, 315, 317, 319, 324, 325, 327, 328, 335, 336, 347, 431, 453(9), 465(7), 469(1), 473(5a)(6), 496.
『蜂』　174, 212, 252, 253, 268, 269, 271, 292, 314, 316, 322, 325, 327, 335, 338, 339, 399.
『平和』　165, 226, 246, 251, 253, 316, 318, 327, 330, 336, 338, 340.
『鳥』　166, 212, 237, 243, 247, 248, 252, 299, 312, 318, 327, 328, 330, 335, 336, 338, 488(5).
『女の平和』　252, 254, 324, 328, 334-337, 410, 418, 444(2).
『女だけの祭』　250, 252, 320, 323,

マ行

ヤ行

ラ行・ワ行

ナ行

ハ行

タ行

サ行

カ行

総索引

必ずしも本文に現れる語句にはよらず、内容をとって立項したものもある。439頁以降のものには（　）で註番号を添えた。

ア行

本書は、二〇〇七年一二月二〇日、青土社より刊行された
（一九八四年一二月のリブロポート刊行の版の改訂版）。

「ヒューマニズム」について
M・ハイデッガー
渡邊二郎 訳

『存在と時間』から二〇年、沈黙を破った哲学者の後期の思想の精髄。「人間」ではなく「存在の真理」の思索を促す、書簡体による存在論入門。

ドストエフスキーの詩学
ミハイル・バフチン
望月哲男／鈴木淳一訳

ドストエフスキーの画期性とは何か？《ポリフォニー論》と《カーニバル論》という、魅力にみちた二視点を提起した先駆的著作。（望月哲男）

表徴の帝国
ロラン・バルト
宗左近 訳

「日本」の風物・慣習に感嘆しつつもそれらを〈零度〉に解体し、詩的素材としてエクリチュールとシーニュについての思想を展開させたエッセイ集。

エッフェル塔
ロラン・バルト
宗左近／諸田和治訳
伊藤俊治図版監修

塔によって触発される表徴を次々に展開させることで、その創造力を自在に操る、バルト独自の構造主義的思考の原形。解説・貴重図版多数併載。

エクリチュールの零度
ロラン・バルト
森本和夫／林好雄訳註

哲学・文学・言語学など、現代思想の幅広い分野に怖るべき影響を与え続けているバルトの理論的主著。詳註を付した新訳決定版。（林好雄）

映像の修辞学
ロラン・バルト
蓮實重彦／杉本紀子訳

イメージは意味の極限である。広告写真や報道写真、そして映画におけるメッセージの記号を読み解き、意味を探り、自在に語る魅惑の映像論集。

ロラン・バルト モード論集
ロラン・バルト
山田登世子編訳

エスプリの弾けるエッセイから、初期の金字塔『モードの体系』に至る記号学的モード研究まで。初期のバルトの才気が光るモード論考集。オリジナル編集・新訳。

呪われた部分
ジョルジュ・バタイユ
酒井健 訳

「蕩尽」こそが人間の生の本来的目的である！思想界を震撼させ続けたバタイユの主著、45年ぶりの待望の新訳。沸騰する生と意識の覚醒へ！

エロティシズム
ジョルジュ・バタイユ
酒井健 訳

人間存在の根源的な謎を、鋭角で明晰な論理で解き明かす、バタイユ思想の核心。禁忌とは、侵犯とは何か？ 待望久しかった新訳決定版。

ミメーシス（上）
E・アウエルバッハ　篠田一士／川村二郎訳
西洋文学史より具体的なテクストを選び、文体美学を分析・批評しながら、現実描写を追求する。全20章の前半のホメーロスよりラ・サールまで。

ミメーシス（下）
E・アウエルバッハ　篠田一士／川村二郎訳
ヨーロッパ文学における現実描写の流れをすばらしい切れ味の文体分析により追求した画期的文学論。全20章の後半、ラブレーよりV・ウルフまで。

人間の条件
ハンナ・アレント　志水速雄訳
人間の活動的生活を《労働》《仕事》《活動》の三側面から考察し、《労働》優位の近代世界を思想史的に批判したアレントの主著。（阿部齊）

革命について
ハンナ・アレント　志水速雄訳
《自由の創設》をキイ概念としてアメリカとヨーロッパの二つの革命を比較・考察し、その最良の精神を二〇世紀の惨状から救い出す。（川崎修）

暗い時代の人々
ハンナ・アレント　阿部齊訳
自由が著しく損なわれた時代を自らの意思に従い行動し、生きた人々。政治・芸術・哲学への鋭い示唆を含み描かれる普遍的人間論。（村井洋）

責任と判断
ハンナ・アレント　ジェローム・コーン編　中山元訳
思想家ハンナ・アレント後期の未刊行論文集。人間の責任の意味と判断の能力を考察し、考える能力の喪失により生まれる〈凡庸な悪〉を明らかにする。

政治の約束
ハンナ・アレント　ジェローム・コーン編　高橋勇夫訳
われわれにとって「自由」とは何であるのか――。政治思想の起源から到達点までを描き、政治的経験の意味に根底から迫った、アレント思想の精髄。

プリズメン
Th・W・アドルノ　渡辺祐邦／三原弟平訳
「アウシュヴィッツ以後、詩を書くことは野蛮である」。果てしなく進行する大衆の従順化と、絶対的物象化の時代における文化批判のあり方を問う。

スタンツェ
ジョルジョ・アガンベン　岡田温司訳
西洋文化の豊饒なイメージの宝庫を自在に横切り、愛・言葉そして喪失の想像力が表象に与えた役割をたどる。21世紀を牽引する哲学者の博覧強記。

ハプスブルク帝国 1809–1918　A・J・P・テイラー　倉田稔 訳

ヨーロッパ最大の覇権を握るハプスブルク帝国。その19世紀初頭から解体までを追う。多民族を抱えつつ外交問題に苦悩した巨大国家の足跡。（大津留厚）

歴史（上）　トゥキュディデス　小西晴雄 訳

野望、虚栄、裏切り――古代ギリシアを殺戮の嵐に陥れたペロポネソス戦争とは何だったのか。その全貌を克明に記した、人類最古の本格的「歴史書」。

歴史（下）　トゥキュディデス　小西晴雄 訳

多くの「力」のせめぎあいを通して、どのように諸々の政治制度が確立されてきたのか？　透徹した眼差しで激動の古代ギリシア世界を描いた名著。

日本陸軍と中国　戸部良一

中国スペシャリストとして活躍し、日中提携を夢見た男たち。なぜ彼らが、泥沼の戦争へと日本を導くことになったのか。真相を追う。（五百旗頭真）

世界をつくった貿易商人　フランチェスカ・トリヴェッラート　玉木俊明 訳

東西インド会社に先立ち新世界に砂糖をもたらし西欧にインドの捺染技術を伝えたディアスポラの民。その商業組織の全貌に迫る。文庫オリジナル。

カニバリズム論　中野美代子

根源的タブーの人肉嗜食や纏足、宦官……。目を背けたくなるものを冷静に論ずることで逆説的に人間の真実に迫る血の滴る異色の人間史。（山田仁史）

インド大反乱一八五七年　長崎暢子

東インド会社の傭兵シパーヒーの蜂起からインド各地へ広がった大反乱。民族独立運動の出発点ともいえるこの反乱は何が支えていたのか。（井坂理穂）

帝国の陰謀　蓮實重彦

一組の義兄弟による陰謀から生まれたフランス第二帝政。「私生児」の義弟が遺した二つのテクストを読解し、近代的現象の本質に迫る。（入江哲朗）

増補 モスクが語るイスラム史　羽田正

モスクの変容――そこには宗教、政治、経済、美術、人々の生活をはじめ、イスラム世界の全歴史が刻み込まれている。その軌跡を色鮮やかに描き出す。

交易の世界史（上）
ウィリアム・バーンスタイン
鬼澤忍 訳
絹、スパイス、砂糖……。新奇なもの、希少なものへの欲望が世界を動かし、文明の興亡を左右してきた。数千年にもわたる交易の歴史を一望する試み。

交易の世界史（下）
ウィリアム・バーンスタイン
鬼澤忍 訳
交易は人類そのものを映し出す鏡である。圧倒的な繁栄をもたらし、同時に数多の軋轢と衝突を引き起こしてきたその歴史を圧巻のスケールで描き出す。

フランス革命の政治文化
リン・ハント
松浦義弘 訳
フランス革命固有の成果は、レトリックやシンボルによる政治言語と文化の創造であった。政治文化とそれを生み出した人々の社会的出自を考察する。

ローマ人の世界
長谷川博隆
古代ローマに暮らしたひとびとは、どのような一日を過ごしていたのか？カルタゴなどの故地も巡りつつ西洋古代史の泰斗が軽妙に綴る。（田中創）

移民の歴史
C・ハルツィヒ／D・ヘルダー／D・ガバッチア
大井由紀 訳
国境を越えた人口移動。その背景には、地球上にくらす人類の、個別複雑な生活誌がある。それを読み解く移民研究を平明に解説した画期的な入門書。

戦争の起源
アーサー・フェリル
鈴木主税／石原正毅訳
人類誕生とともに戦争は始まった。先史時代からアレクサンドロス大王までの壮大なるその歴史をダイナミックに描く。地図・図版多数。（森谷公俊）

近代ヨーロッパ史
福井憲彦
ヨーロッパの近代は、その後の世界を決定づけた。現代をさまざまな面で規定しているヨーロッパ近代の歴史と意味を、平明かつ総合的に考える。

イタリア・ルネサンスの文化（上）
ヤーコプ・ブルクハルト
新井靖一 訳
中央集権化がすすみ緻密に構成されていく国家あってこそ、イタリア・ルネサンスは可能となった。ブルクハルト若き日の着想に発した畢生の大著。

イタリア・ルネサンスの文化（下）
ヤーコプ・ブルクハルト
新井靖一 訳
緊張の続く国家間情勢の下にあって、類稀な文化と個性的な人物達は生みだされた。近代的な社会に向かう時代の、人間の生活文化様式を描ききる。

ディスコルシ

ニッコロ・マキァヴェッリ
永井三明 訳

ローマ帝国はなぜあれほどまでに繁栄しえたのか。その鍵は〝ヴィルトゥ〟。パワー・ポリティクスの教祖が、したたかに歴史を解読する。

戦争の技術

ニッコロ・マキァヴェッリ
服部文彦 訳

出版されるや否や各国語に翻訳された最強にして安全な軍隊の作り方。この理念により創設された新生フィレンツェ軍は一五〇九年、ピサを奪回する。

マクニール世界史講義

ウィリアム・H・マクニール
北川知子 訳

ベストセラー『世界史』の著者が人類の歴史を読み解くための三つの視点を易しく語る白熱の入門講義。本物の歴史感覚を学べます。文庫オリジナル。

古代ローマ旅行ガイド

フィリップ・マティザック
安原和見 訳

タイムスリップして古代ローマを訪れるなら？ そんな想定で作られた前代未聞のトラベル・ガイド。必見の名所・娯楽ほか情報満載。カラー頁多数。

古代アテネ旅行ガイド

フィリップ・マティザック
安原和見 訳

古代ギリシャに旅行できるなら何を観て何を食べる？ そうだソクラテスにも会ってみよう！ 神殿等の名所・娯楽ほか現地情報満載。カラー図版多数。

古代ローマ帝国軍非公式マニュアル

フィリップ・マティザック
安原和見 訳

帝国は諸君を必要としている！ ローマ軍兵士として必要な武器、戦闘訓練、敵の攻略法等々、超実践的な詳細ガイド。血沸き肉躍るカラー図版多数。

世界市場の形成

松井透

世界システム論のウォーラーステイン、グローバルヒストリーのポメランツに先んじて、各世界が接続される過程を描いた歴史的名著を文庫化。（秋田茂）

甘さと権力

シドニー・W・ミンツ
川北稔／和田光弘訳

砂糖は産業革命の原動力となり、その甘さは人々のアイデンティティや社会構造をも変えていった。モノから見る世界史の名著をついに文庫化。（川北稔）

スパイス戦争

ジャイルズ・ミルトン
松浦伶 訳

大航海時代のインドネシア、バンダ諸島。欧州では黄金より高価な香辛料ナツメグを巡り、英・蘭の男たちが血みどろの戦いを繰り広げる。（松園伸）

ちくま学芸文庫

新版《しんぱん》　古《こ》代《だい》ギリシアの同性愛《どうせいあい》

二〇二五年三月十日　第一刷発行

著　者　K・J・ドーヴァー
訳　者　中務哲郎（なかつかさ・てつお）
　　　　下田立行（しもだ・たつゆき）
発行者　増田健史
発行所　株式会社　筑摩書房
　　　　東京都台東区蔵前二―五―三　〒一一一―八七五五
　　　　電話番号　〇三―五六八七―二六〇一（代表）
装幀者　安野光雅
印刷所　株式会社精興社
製本所　株式会社積信堂

ISBN978-4-480-51290-1 C0122